소모되는 남자

소모되는 남자

로이 F. 바우마이스터 지음 | 서은국, 신지은, 이화령 옮김

남녀차에 대한

새로운 사회진화적 해석

시그마북스
Sigma Books

소모되는 남자

발행일 2015년 9월 21일 초판 1쇄 발행
2023년 1월 5일 초판 4쇄 발행
지은이 로이 F. 바우마이스터
옮긴이 서은국, 신지은, 이화령
발행인 강학경
발행처 시그마북스
마케팅 정제용
에디터 최연정, 최윤정
교정·교열 신영선
디자인 장영수, 김문배, 강경희

등록번호 제10-965호
주소 서울특별시 영등포구 양평로 22길 21 선유도코오롱디지털타워 A402호
전자우편 sigmabooks@spress.co.kr
홈페이지 http://www.sigmabooks.co.kr
전화 (02) 2062-5288~9
팩시밀리 (02) 323-4197
ISBN 978-89-8445-726-3(03180)

IS THERE ANYTHING GOOD ABOUT MEN?
HOW CULTURES FLOURISH BY EXPLOITING MEN, FIRST EDITION
was originally published in English in 2010.
This translation is published by arrangement with Oxford University Press.
Copyright © 2010 by Oxford University Press, Inc.
All rights reserved.
Korean translation copyright © 2015 by Sigma Books
Korean transaltion rights arranged with Oxford University Press through EYA(Eric Yang Agency).

차례

1

이상하고
생뚱맞은 질문

1

．
．
．
．
．

과연 남성이어서 좋은 점이 있을까? 현대사회에서는 다소 도발적인 질문이다. 누구도 감히 남성이 어떤 면에서 여성보다 우월하다고 말하지 않기 때문이다. 우리는 차별적인 언어 사용이나 행동을 피하고, 정치적으로 정당한 입장을 취해야 하는 사회에서 살고 있다. 이 사회적 통념은 우리가 이런저런 것들에 대해 오히려 여성이 남성보다 우월하다고 말해야 할 것 같은 느낌을 준다. 하지만 병 따기 같은 사소한 일을 제외하고는 모든 방면에서 남성이 여성보다 낮다고 주장하는 것은 거의 금기시되고 있다.

이 책에서 나는 남성과 여성에 대한 다소 급진적인 이론을 전개하고자 한다. 남녀의 차이는 트레이드오프^{tradeoff}를 기반으로 한다는 이론이다. 남녀 중 한 성별이 어떤 부분에서 더 우월한 모습을 보인다면, 그 성별이 가지는 우월한 능력은 이외 부분에서의 부족함으로 나타날 것이라는 내용이다. 그렇지 않다면 조물주는 남녀가 거의 모든 부분에서 동등한 능력을 발휘하도록 했을 것이다.

하지만 이것이 핵심은 아니다. 나는 누가 어떤 방면에서 더 우월한가에 대한 질문을 넘어선 이야기들을 하고자 한다. 단지 남성이 '어떤 것들을 잘하는지'만 알고 싶은 것이 아니다. 더불어 남성이 '무엇을 위해' 이런 것들을 잘하는지 알고 싶다.

우리를 인간이도록 하는 가장 중요한 특성 중 하나는 진화하고 적응하며 서로 경쟁할 수 있는 거대한 사회 시스템을 만들고, 이를 지속시키는 능력이다. 이런 시스템들을 '문화'라고 부른다. 여기에서 내가 주장하고자 하는 것은 바로 이 문화가 어떤 일들에는 남성이 여성보다 더 유용하다는 점을 깨닫고, 이런 업무들에 있어서는 통상적으로 남성들을 착취한다는 것이다. 우리는 남성이 여성보다 잘하는 일이 무엇이고, 문화가 왜 이런 일들을 남성에게 맡기게 되었는지 살펴보고자 한다.

남성에 대한 긍정적인 이야기를 금기시하게 된 이유는 여성운동과 이 운동이 미친 광범위한 영향력 때문이다. 이 현상은 사회와 문화 안에서 남녀가 서로 어떻게 관련되어 있었는지를 바탕으로 한다. 남녀는 사회 안에서 늘 다른 지위에 놓여 있었고, 이 상태는 오랜 시간 유지되어왔다. 그렇게 분리되었던 남성과 여성이라는 두 세계가 이전에는 상상할 수 없는 수준으로 병합되기 시작했다. 그런데도 아직 남녀는 여전히 모든 부분에서 그리 동등하지 않다. 왜 그럴까?

이런 일에 대체 누가 신경이나 쓰겠냐고 물을지 모르지만 사람들은 실제로 이런 부분에 신경을 쓴다. 특히 남성은 그간 여성보다 사회적으로 높은 지위를 가지고 있었다. 역사상 대부분의 통치자는 남성이었고, 심지어 지금도 남성으로 구성된 집단이 대부분의 나라를 통치하고 있다. 사회 내 다른 많은 영역들도 남성들이 지배한다. 기업과 지역 이사회는 물론 가족 안에서도 남성들이 더 권위를 가지고 있는 듯하다.

글로벌 월드 포럼에서는 최근 국가별로 다양한 영역에서의 양성평등 수준을 평가한 결과, 여성이 남성보다 높은 사회적 지위를 누리는 국가는 단 한 곳도 찾을 수 없었다고 발표했다. 게다가 여성의 지위가 완벽히 남성과 동등해진 국가 또한 없었다. 결국 현재 세계 모든 국가에서는 남성이 여성보다 높은 사회적 지위를 차지하고 있는 것이다.

왜 남성이 문화를 지배하고 세계를 주도하게 되었을까? 조금 단순하게 보면, 이 질문에 대한 답은 두 가지로 설명될 수 있다.

첫 번째는 남성이 여성보다 본질적으로 우월하다는 견해로, 20세기까지 거의 모든 곳에서 받아들여졌던 생각이다. 신의 뜻이든 진화의 과정이든 인간을 창조한 어떤 힘이 남성을 우월하게 만들고, 여성은 남성을 돕고 봉사하기 위해 창조되었다는 견해다.

두 번째는 첫 번째 견해에 반대되는 관점이다. 이 견해는 어떤 중요 영역에서도 여성이 남성보다 열등하지 않을 뿐 아니라 오히려 남성보다 우월할 수 있다고 본다. 따라서 현재 나타나는 사회적 지위의 차이를 남성이 여성을 억누르기 위해 모의한 것, 즉 억압이라는 개념으로 설명한다. 남성이 '가부장제'라는 자신들을 위한 영리한 시스템을 고안하여 여성들을 억누르고 남성들끼리만 보상을 분배해 왔다는 것이다.

이 책에서는 새로운 세 번째 관점을 제시하고자 한다.

남성이 여성보다 똑똑한 것도 아니고(첫 번째 이론), 여성에 대한 사악한 음모자들도 아니다(두 번째 이론). 남녀의 차이는 기본적인 호불호와 관련되었다고 보는 것이 옳다. 남녀 차이는 남성이 다른 남성을 어떻게 대하는지, 이 남성들의 관계방식이 여성들 간에 이루어지는 관계방식과 어떻게 다른지에 기인한 것이다. 또한 남녀 차이는 문화가 어떻게 작동하는지에 관련된 것이다. 남성들이 갖게 된 우연적 요소로 인해 문화는 여성보다는 남성들의 관계모형을 근간으로 발전되었다.

물론 이외의 영역에서는 여성들의 관계방식이 필요하기도 하다. 단지 시장경제나 대규모 단체와 같은 큰 시스템을 만들어내는 영역에 중요하지 않을 뿐이다.

바로 여기에 남녀 간의 중요한 트레이드오프가 존재한다. 문화는 경쟁과 무역, 외부인과의 의사소통 그리고 꽤 많은 폭력성이 존재하는 남성들의 관계를 기반으로 시작되었기 때문에 언제나 남성들이 문화의 선두를 담당했다.

그러나 점점 많은 것들이 변하고 있다. 이제 여성들은 남성들이 건설한 거대 시스템의 문을 두드리고 있다. 이 세계에 진입하고자 하는 여성들의 요구가 이어지고 있고, 이 요구들은 실제 시스템 내에서 다양한 수준으로 수용되고 있다.

반면 남성들이 여성들의 거대 사회 시스템에 진입하고자 하는 경우는 어디에서도 찾아보기 어렵다. 물론 여성들이 건설한 사회 시스템은 거의 존재하지 않기 때문에 그리 놀라운 사실은 아니다. 하지만 여성 주도적으로 창조된 사회 시스템이 거의 없다는 점은 곰곰이 생각해 볼 필요가 있는 현상이다.

이 책은 그런 책이 아니다

시작하기 전에 분명히 짚고 넘어가야 할 것이 몇 가지 있다. 이 책은 우선 여성들에게 대항하는 책이 아니다. 그렇다고 특별히 남성을 지지하지도 않는다. 논의를 진행해 가면서 남성과 여성 모두에 대해 긍정적인 점들을 다양하게 언급하겠지만 이런 내용들이 이 책의 핵심은 아니다.

이 책의 핵심 관심사 가운데 하나는 문화가 남성들을 어떻게 이용하는지 분석하는 것이다. 문화가 여성을 이용한다는 점을 부인하는 것은 아니다. 많은 문화들이 실제로 여성들을 이용하고, 몇

몇 문화는 다른 문화보다 더 많이 그리고 종종 더 잔혹하게 여성들을 이용하기 때문이다.

이 책은 개인적인 경험을 바탕으로 한 것도, 개인적 불평을 늘어놓은 것도 아니다. 내 자신이 여성이나 문화의 희생양이라고 생각하지도 않는다. 몇 가지 예외를 제외하고 여성들은 대개 나에게 매우 선하고 고마운 존재였고, 문화 또한 마찬가지였다.

이 책은 또한 남성들을 희생양으로 만들어 어떤 이득을 취하려는 의도로 쓰인 책이 아니다. 걸핏하면 자기 집단이 무언가에 희생되었다고 주장하는 요즈음의 세태를 나는 곱지 않게 본다. 이 책의 요지를 남성이 차별받고 있다거나 남성과 여성의 지위가 비등하다는 것으로 이해한다면 핵심을 놓친 것이다. 또한 저자인 나도 메시지 전달에 크게 실패한 것이다.

나는 남성과 여성, 어느 쪽 편도 들고 싶지 않다.

많은 여성들이 자신이 속한 문화에서 착취당하고 희생양이 되었다. 불운했던 많은 여성들의 삶이 사회로 인해 위태로워졌다. 하지만 남성들도 착취당하기는 마찬가지다. 단지 우리가 여성이 사회에서 어떻게 착취당하는지 보는 것에 더 익숙해졌을지도 모른다. 하지만 바로 이 점 때문에 여성의 반대편인 남성의 입장에서 그들이 경험하는 문화적 착취를 생각해 볼 필요가 있다.

중요한 것은 사회적 역할과 관념, 관습들로 이루어진 거대한 문화 시스템이 사람들을 특정 방식으로 행동하도록 떠밀 수 있다는 점이다. 시스템이 부추기는 이런 행동방식이 정작 개인에게는 별

다른 이득이 되지 못하는 경우도 있다. 이 시스템은 당신이 하고 싶지 않은 일을 직업으로 삼게 한다거나, 부당한 대우들을 견뎌내고 열심히 일해서 번 돈을 원치 않는 집단이나 프로젝트를 지원하는 데 쓰도록 하기도 한다. 심지어 자신에게 총을 겨누는 사수들을 향해 행군하도록 만들기도 한다. 동물의 본능으로는 하지 않았을 행동들이다. 이렇게 문화는 남성과 여성을 특정한 방식으로 이용한다.

여기에 어떤 메시지가 있다면 그것은 남성과 여성이 서로가 기여하는 점에 대해서 인정해 주고 감사해야 한다는 것이다. 인류의 역사가 이어져 오는 동안 남성과 여성은 파트너가 되어 서로의 이익을 위해 함께 일해 왔다. 파트너로서 남녀는 서로 다른 일을 담당함으로써 모두의 안녕에 질적으로 다른 방식으로 기여해 왔다. 사실 모든 파트너십은 이런 방식으로 기능한다. 그러므로 남녀는 서로에게 작은 감사를 전하는 것이 맞을 것 같다.

성대결에 집착하는 싸움꾼들은 물러가라

이 책은 남녀의 '성대결'에 관한 것이 아니다. 여성 대 남성의 점수를 매기려는 것도 아니다. 사실 나는 개인적으로 '대결'을 이용한 접근법은 바람직하지 않다고 생각한다. 실제로 남녀가 본질적으로 적이나 원수라는 생각, 즉 서로를 착취하고 억압하기 위해 음모를 꾸민다는 생각은 남녀에 대한 이해를 왜곡하는 가장 그릇되고 해로운 믿음이라고 생각한다.

페미니스트 이론의 부작용은 남녀를 갈등관계로 생각하게 만든다는 점이다. 여성을 억압하는 남성 혹은 여성의 성공으로 위협받는 남성을 주로 떠올리게 한다. 나는 실제로는 남성과 여성이 대부분의 영역에서 함께 일한다고 생각한다. 함께 일할 때는 갈등도 발생하지만 이런 갈등이 책에서 다루고자 하는 바는 아니다. 이 책의 목표 중 하나는 남성과 여성의 관계를 적대적이라기보다 협조적이고 보완적인 관계로 재해석하는 것이다.

정치적 성향이 강한 여성학 과목들을 수강했던 사람들을 제외하면 대부분의 여성은 남성을 적으로 바라보지 않는다고 생각한다. 마찬가지로 대부분의 남성들 또한 여성을 적으로 바라보지 않는다.

수년 전, 문화가 남성을 어떻게 이용하는지에 대한 강연을 처음 시작했을 때 강의를 듣던 한 사람이 끝나고 나를 찾아왔다. 20년 이상 남성들을 집단 상담한 전문가라고 자신을 소개한 그는 오랫동안 기억에 남는 이야기를 해주었다. 그는 남성집단을 상담해 온 수년 동안 어떤 남성도 여성을 자신의 적이나 원수라고 말한 적이 없었다고 했다. 그들이 여성을 주제로 이야기를 하지 않아서가 아니었다. 남성들은 오히려 끊임없이 여성에 대한 이야기들을 털어놓으면서 그들이 가진 문제들을 속속 드러내었다. 그들이 이야기한 내용들은 어떻게 하면 여성을 이해할 수 있고, 여성들과 잘 지낼 수 있으며, 여성들이 원하는 것을 주고 만족시킬 수 있는지 그리고 어떻게 여성과의 관계를 쌓고, 무너진 관계를 회복할 수 있는지에 관한 것들이었다. 어떻게 여성을 착취하고 억압하여 그들의 영역 안에만 가둬둘지 혹은 여성들의 직업적 성공을 막을지에 관한 내용은 전혀 없었다고 한다. 남성사회의 본질에 대한 페미니스트의 관점은 실제를 한참 빗나간 것 같다.

여성집단들이 가끔 남성들을 적으로 간주하고 논의할 가능성은 있다. 설사 그렇다 해도 그 가능성은 성대결에 집착하는 사람들이 원하는 만큼 흔히 일어나는 일은 아니라고 생각한다.

나는 수년 동안 미국 오하이오 주에 위치한 케이스 웨스턴 리저브라는 사립대에서 학생들을 가르치고 연구해 왔다. 이 학교가 나에게 잘 맞았던 이유 중 하나는 대부분의 교수와 학생들이 정치적 현안들에 크게 좌우되는 느낌이 없다는 점이었다. 하지만 이 대학도 정치적 시류에 완전히 독립적이진 못했다. 한 가지 예로 이 학교 경영진은 여성 교수진에 대한 장려와 지원이 필요하다고 생각하고, 여성 신입교수진들을 대상으로 커리어 시작에 필요한 도움과 조언을 제공할 프로그램을 만들자고 제안한 적이 있었다.

'주니어 패컬티junior faculty', 즉 신입교수진은 아직 종신교수직을 받지 못한 젊은 교수들을 지칭하는 전문용어다. 교수에게는 어려운 시기다. 더 이상 학생이 아니기 때문에 그 누구도 옆에서 지도나 조언을 해주지 않지만 새로운 책임들이 많이 생긴다. 수업을 진행하고, 여러 학교위원회에서 일하고, 학생들을 지도하고, 실험실을 운영하고, 데이터를 수집하며, 계속 논문을 출판해야 한다. 이 시기에 이들은 교수로서 감당해야 하는 일련의 복잡한 일들을 한꺼번에 조율하고 다루는 방법을 터득해야 한다. 이 과정에서 특히 여성 교수들이 더 힘들어한다고 한다. 이 기간이 40세 이전에 가정을 꾸리고자 하는 여성으로서의 욕구와 충돌하는 시기이기도 하고, 선배 교수들에게 충분한 도움을 받지 못하기 때문일 수도 있다.

이런 이유들로 많은 대학들은 젊은 여성들이 커리어를 계속 유지할 수 있도록 특별 프로그램을 하나둘 마련해 가는 상황이었다. 내가 소속된 대학에서도 당시 대학들의 트렌드를 파악하고 이런 프로그램을 마련해야 한다고 생각했다.

대학 측에서는 여성 신입교수진들이 이 프로그램에서 가장 필요한 점들을 알아보기 위해 우선 여성 교수진을 대상으로 여론을 조사하고, 캠퍼스 여성센터에도 문의했다. 여성 교수진은 이 프로그램에 대한 대규모 회의를 진행하고, 제안 내용에 대해 상세히 논의했다. 그리고 한 가지 중요한 변경사항을 적용하여 이 프로그램을 표결에 부쳐 승인했다. 그 변경사항은 대학이 이 프로그램을 남성과 여성 교수진 모두에게 제공해야 한다는 것이었다.

이들은 젊은 교수들에게 도움과 조언을 제공하는 것 자체는 분명 좋은 의견이라 생각했다. 하지만 이 프로그램으로부터 받을 수 있는 혜택을 여성 신입교수진들로 한정짓는 것은 공정한 것도, 그리 필요한 것도 아니라고 생각했다. 그들은 결국 이 프로그램을 모든 남녀 신입 교수진들이 이용할 수 있도록 하자는 의견을 강하게 지지했다.

이 사례의 핵심은 소위 성대결이라는 관점에 적합한 사례가 실제로는 훨씬 적다는 점이다. '성차의 정치gender politics'에 대한 페미니스트들의 설명을 들어보면 남성과 여성이 인류역사 내내 서로를 적으로 여겨왔고, 현재까지도 이 구도가 계속되고 있다는 인상을 받게 된다. 나는 그보다는 일반적으로 남성과 여성이 서로를 상당히 호의적으로 바라보고 있고, 되도록 공정하게 대하려고 노력한다고 생각한다.

앞의 사례에서 여성 교수들이 너그러이 남성 동료들과 프로그램을 공유하고자 했던 모습은 드문 일이 아니다. 그렇다고 그동안 여성들만 남성들에게 호의를 베풀어온 것도 아니다. 남성도 마찬가지로 자신들의 권리와 특혜를 여성들에게 확대하는 것에 대해 적극적으로 찬성의 목소리를 높여왔다. 이 사례에서 여성 교수진들을 위한 프로그램을 만들자고 제안한 사람들도 대학 내 남성 학과장들과 행정 관계자들이었다.

페미니즘에 대하여

현대 미국 페미니즘은 우리에게 진실을 알려준 통찰력 있는 학문이라 말할 수 있다. 하지만 다른 한편으로 일부 학자들은 사적이거나 정치적 이익을 위해 진실을 외면하며 증오를 키우는 데 일조했다. 페미니즘은 수많은 다른 관점과 태도를 아우르는 폭넓은 영역이다.

우리 중 다수, 특히 나이를 어느 정도 먹은 사람들은 1970년대 페미니스트 운동에 대한 좋은 추억이 있다. 우리가 페미니즘과 함께 연상하는 것들은 양성평등, 사회적 통념에 대한 도전, 열린 생각과 태도, 남녀에 대한 긍정적인 이상의 추구 같은 것이었다. 하지만 최근에 와서 페미니즘은 매우 다른 (심지어 반대의) 가치들과 묶여졌다. 예컨대 남성을 발판 삼아 여성을 승진시키는 것, 편협한 사고를 고집하며 새로운 생각을 억압하는 것, 남성을 규탄하는 것들이다.

과거에 나는 스스로를 페미니스트라고 부르곤 했지만 이제는 불편하다. 이것은 나만 느끼는 불편함이 아닐 것이다.

페미니스트 운동은 이러한 옛 시각과 새로운 시각 모두를 품고 있다. 『누가 페미니즘을 훔쳤는가?Who stole feminism?』의 저자 크리스티나 호프 소머즈Christina Hoff Sommers는 페미니스트 운동이 하나의 유토피아를 추구했던 남성 친화적 운동에서 적대적인 반남성주의 운동으로 변질되었다고 주장했다.

1960~1970년대 페미니즘이 뜻한 목표들을 달성해 엄청난 성공을 거두자 많은 사람들은 페미니즘의 주된 역할이 마무리되었다는 인상을 갖게 되었다. 이후 이 운동에 온건적 입장을 가진 여성들의 참여가 줄어들면서 페미니스트 운동은 좀 더 급진적이고

광적인 일부에 의해 주도되기 시작했다.

물론 이 책에도 페미니스트들의 생각이 이따금 언급되겠지만 그렇다고 페미니스트 학자들이나 운동 혹은 그들의 생각과 논쟁하는 것이 아님을 강조하고 싶다. 나는 사실 페미니스트들과 논쟁하는 것이 그다지 의미 있다고 생각하지 않는다.

페미니즘이 어떤 일을 하는지에 대해서는 다프네 파타이[Daphne Patai]와 노레타 코어티지[Noretta Koertge] 교수에 의해 적절하게 요약되어 있다. 여성학 프로그램에서 커리어를 쌓은 이들은 『페미니즘 주장하기[Professing feminism]』라는 책에서 여성학과 프로그램들에서 해온 학문적 활동들에 대해 서술했다. 이들은 대부분의 페미니스트들이 페미니스트 이외의 사람들이 하는 비판에는 전혀 관심이 없다고 지적했다.

페미니스트들은 서로에게 하는 약간의 비판에 대해서는 경청한다. 하지만 그 비판의 주된 관심은 페미니스트 정치와 신조에 자신들이 얼마나 순수하게 전념하고 있는지에 대한 것뿐이다. 과학자들은 비판을 할 때 주로 연구 방법 자체나 다른 이론들로 그 데이터를 얼마나 잘 설명할 수 있는지에 주목한다.

하지만 이 교수들에 의하면, 이 같은 방식의 비판은 여성학에서는 흔치 않다고 한다. 이것은 결국 나 같은 외부인이 어떤 페미니스트적 주장에 대항하는 매우 통찰력 있는 의견을 제시하더라도 페미니스트들은 귀담아 듣지 않고, 관점도 전혀 바꾸지 않을 것임을 의미한다. 그래서 이 책은 그들을 의식하며 쓴 것이 아니다.

하지만 페미니스트의 관점을 가끔 언급해야 하는 한 가지 이유가 있다. 어쨌든 페미니스트는 그동안 남성과 여성, 남성과 여성이 서로 관련되어 있는 방식에 대한 담론을 지배해 왔다. 그들의 관점은 표준적이고 일반적인 사회통념이 되었다. 왜 여성이 남성에 비해 수입이 적은지와 같은 이슈를 제시할 때 독자들 대부분은 자동적으로 표준적인 페미니스트 관점을 떠올리게 될 것이다(예를 들어 가부장적인 시스템은 여성들에게 공정한 임금을 주지 않는 방법으로 여성들을 억압한다는 것 같은 의견이 여기에 해당한다).

나의 논쟁은 실제 페미니스트 학자들, 그중에서도 깊은 생각과 개방적 관점을 가진 학자들을 대상으로 하는 것이 아니다. 나는 이런 학자들 덕분에 내 생각을 발전시킬 수 있었고, 그중 일부는 정말 뛰어난 학자들이기도 하다. 나의 논쟁 대상은 이들보다는 특정 고정관념들을 빚어낸 페미니스트 관점이다. 나는 실제 페미니스트들과는 논쟁하지 않지만 남성들이 흔히 이해하고 있는 페미니스트들과 논쟁하는 것이다.

이쯤에서 여러분에게 때때로 출현해 우리 안에 자리 잡은 사회적 통념을 상기시켜줄, '가상 페미니스트Imaginary Feminist'라는 캐릭터를 소개할까 한다. 지적인 페미니스트들은 아마 이 캐릭터가 말하는 것들에 대해 동의하지 않을 수도 있다. 이들은 "모든 페미니스트들이 꼭 그렇게 주장하는 것은 아닙니다"라고 이야기할지도 모르겠다. 여기에는 나 역시 동의하지만 이 점이 내가 관심을 갖는 부분은 아니다. 나는 많은 남성들이 가지고 있는 남녀의 사회적 관계에 대한 오해들을 다룰 필요가 있고, '가상 페미니스트'는 바로 이 오해들을 대표한다. 실제로 어떤 페미니스트들이 이런 오해들에 책임을 져야 하는지에 대해서는 논쟁의 여지가 있다. 하지만 가상 페미니스트의 관점을 무시하기 전에 남성들에게 실제로 물어보기를 제안한다. 이 가상 페미니스트의 생각이 그들이 평소 이해하고 있는 페미니스트의 견해와 큰 차이가 있는지를.

나는 이 가상 페미니스트가 페미니스트 전체를 대변하지 않는다는 점을 인정한다. 하지만 가장 남성들의 눈에 띄는 페미니스트의 모습을 압축한다. 예를 들자면 이런 주장을 하는 이들이다.

어떤 페미니스트들은 공공 화장실에서 남성용 소변기를 없애자는 캠페인을 해왔다. 그들은 남성이 서 있는 자세로 소변을 볼 때 여성을 지배하고 억압하기 때문에 남성도 여성과 같은 방식으로 바닥에 주저앉게 해야 한다고 생각한다. 남성과의 섹스는 '적과의 동침'이라며 여성들이 레즈비언이 되도록 부추기는 페미니스트 지도자들도 여기에 해당된다. 문을 잡아주는 매너 있는 남성들에게 모욕감을 주는 여성들도 그렇다. 보다 일반적으로 말하자면 남성들이 말하는 모든 것에 대해 공격하며, 그들이 의견을 표현하지 못하도록 위협하는 여성들을 말하는 것이다. 이들은 모든 것을 남성의 사악함과 억압 때문이라고 단순화해 설명하는, 불만이 가득한 사람들이다.

누가 더 눈에 띄는가

나는 이 책의 초안을 작성할 당시 두 성별 사이의 적대감이 너무 과장되었다는 주장을 펼쳤다. 한 가지 예로 여성 선거권 운동을 제시했는데, 여성이 선거권을 가지게 된 것은 결국 전적으로 남성 투표단이 여성의 투표 참여에 찬성했기 때문이다. 이를 여성에 대한 적대감이라고 보기 어렵다. 남성들이 정말로 누구에게 대항할 때 반응하는 방식(예를 들어 적의 군사침략에 맞서 싸우는 것과 같은 상황)과 비교한다면 남성들은 많은 경우 여성들을 두 팔 벌려 환영한 것이나 다름없다.

한 비평가는 이 언급에 대해 맹렬히 반대하며 내가 역사를 제대로 모른다고 말했다. 그녀는 여성 선거권 운동에 가담했던 사람들은 언어적 학대와 함께 신체적 학대도 때때로 견뎌야 했고, 단식 투쟁을 감행했던 사람들에게는 강제로 음식을 먹이는 등 갖가지 일들이 벌어졌다고 주장했다.

이런 특정한 일에 대해서는 당연히 그녀의 의견이 맞다. 하지만 다른 한편으로는 여성 선거권 투표에 대한 나의 의견 또한 맞다. 두 관점 모두가 맞다는 점을 이해하기 위해서는 전반적인 경향과 눈에 띄게 대치했던 소수를 구분해야만 한다. 여성 선거권 운동은 이런 두 갈래의 방법 모두로 이루어졌던 것이다.

남성 대다수가 취했던 행동들에는 반론의 여지가 없다. 투표 결과는 남성들의 손에 달려 있었고, 대부분의 남성은 여성들에게까지 선거권을 확대하는 것에 찬성 투표했다. 이 과정에서 남성들은 여성들을 자신의 권리를 침범하거나 위협하는 존재로 여기지 않았다.

그러나 20세기 초 영국과 미국의 여성 선거권 운동가들에게는 목소리 큰 소수가 보였던 공공연한 적개심과 난폭한 학대에 비해 상대적으로 침묵하는 듯했던 다수 남성들의 지지가 눈에 잘 띄지 않았다. 어쩌면 그래서 여성들은 여성 선거권 운동가들에게 많은 남성들이 적개심을 보였다고 생각할 수 있다. 하지만 그것은 친근했던 다수보다 불쾌했던 몇몇의 인상이 더 강렬하게 남았기 때문이다.

역할을 뒤집으면 남성들이 오늘날 페미니스트를 인식하는 방법에도 비슷한 논리가 적용된다. 남성을 혐오하기보다 오히려 남성에게 호의적인 페미니스트 여성이 분명히 더 많이 존재한다. 이여성들은 남성들을 희생시켜 여성들만의 정치·사회적 이상을 고무시키기보다는 모든 이에게 동등한 기회가 주어져야 한다고 믿는 사람들이다. 이들은 자신의 목적에 부합하지 않더라도 진실을 말해야 한다고 믿는다. 또한 어떤 논쟁에서도 침묵하는 남성들에게 도덕적인 위협을 행사하거나 군림하지 않는다.

하지만 이런 여성들은 남성의 눈에 띄는 페미니스트들이 아니다. 남성들과의 대립을 일삼는 소수의 페미니스트들은 자신들이 사실상 모든 페미니스트와 여성을 대표하는 것처럼 행동하며, 거침없이 말하고 대립을 일삼는 까닭에 남성들의 눈에 더 많이 띄게 된다. 화합을 중시하고 평화적인 성향의 페미니스트들을 더 많이 접할 수 있음에도 말이다. 나의 논쟁 대상은 공격적이고 대립적인 페미니스트의 관점이다. 그들이 바로 가상 페미니스트가 대변하는 사람들이다.

억압과 편견

가상 페미니스트가 끊임없이 내놓게 될 주제 한 가지는 사회가 여성들에 대한 편견들로 가득 차 있고, 남녀 관계의 역사는 남성이 여성을 억압하는 다양한 방법들로 구성되어 있다는 것이다. 이것은 일반적인 통념이 되었다. 당신이 여기에 의문을 던진다면 가상 페미니스트는 논리적인 주장이나 분명한 데이터를 가지고 대응하는 대신, 늘 그래왔듯이 여기에 대해 의문을 가졌다는 이유만으로 당신을 편향적이고 억압적이라며 비난할 것이다.

만약 가상 페미니스트가 증거를 제시한다면 '여성이 남성보다 임금이 적다'거나 '사람들이 딸보다 아들을 선호한다'와 같은 것들이 될 것이다. 그녀는 이런 것들을 괜찮은 증거라 생각한다.

과학, 특히 사회과학에서의 통계적 자료는 늘 다양한 해석의 여지가 있다. 어떤 결과에 대한 설명은 항상 다수 존재하기 마련이다. 나는 이런 과학적 연구 분야에 종사해 왔기 때문에 출판을 하려는 연구 내용을 보면 연구가 어떻게 진행되었는지 파악할 수 있다. 논문 심사자들은 논문이 출판될 만한지 판단하는 사람들이다. 이들은 심사 과정에서 연구자가 제시한 설명 외에 적용 가능한 다른 모든 설명들을 과학적으로 배제했는지에 대해 주로 토론한다.

억압이나 편견에 관련된 주장들에는 이런 합리적인 검토 과정이 아직까지는 면제되는 것 같다. 이런 주장들은 다른 과학이론들이 통과해야 하는 엄격한 잣대로 평가되지 않는다.

남녀의 임금 차이를 가지고 이야기해 보자. 임금격차 문제는 이 책에서 다양한 관점으로 논의되겠지만 지금은 간단한 수준에서 생각해 보자. 일반적으로 여성의 임금이 더 적다는 것이 사회가 여성을 억압한다는 것을 증명할까?

여러 연구자들이 이 질문에 대해 연구해 왔고, 이 억압 가설은 다른 가설들과의 대결에서 통상적으로 쓰라린 참패를 경험해 왔다. 남녀 간 임금 차이를 설명할 수 있는 수많은 이론들이 있고, 여러 이론들은 억압 가설보다 훨씬 탄탄한 설명을 제시한다.

남성은 여성보다 시간제 근무 대신 전일제 근무를 더 많이 한다. 남성은 더 열심히 일하며, 업무시간에 여성보다 매년 수백 시간 이상을 더 쏟아붓는다. 전체 인구를 통틀어 평균적으로 남성이 여성에 비해 야망과 포부가 크다. 남성은 여성에 비해 커리어를 쌓아나가는 데 중요한 30대 시기에 휴직하는 경향이 적다. 남성은 여성보다 더 큰 위험을 감수한다. 남성은 더 높은 임금을 받기 위해 다른 종류의 경력적 혜택들을 기꺼이 희생하고자 한다.

예를 들면 경력이 쌓이면 받을 수 있는 혜택들, 출장을 덜 가거나 스트레스가 적고 개인의 안전에 유리한 업무를 선택할 수 있는 권리를 포기하는 경향이 크다. 남성은 또한 여성에 비해 임금을 높이기 위해 더 많이 협상하는 경향이 있다. 이 모든 것들이 남성이 더 많은 임금을 받는 현상에 기여한다.

남아선호 현상은 흥미로운 사례 중 하나다. 나는 강단에 선 지 얼마 되지 않았을 때 남아선호 현상을 여성에 대한 편견과 연관지어 강의한 경험이 있기 때문에 이 사례가 더욱 흥미롭다.

1979년 첫 강의를 준비할 때 내가 접한 연구 결과는 부모들은 첫째아이가 딸일 때 둘째아이를 갖는 경우가 더 많다는 것이었다. 당시 이 현상에 제시된 설명은 부모들은 아들을 원하므로 딸을 낳은 경우 다시 아이를 갖지만 첫아이가 아들인 경우에는 그렇지 않다는 것이었다. 나는 이 설명에 일리가 있다고 생각했다. 아직 의심 없는 젊은 연구자였던 나는 그 저널의 논문들을 신뢰하고 강의를 통해 이런 해석을 전달했다.

하지만 사실 이런 설명을 대체할 수 있는 다른 설명들이 있었다. 나는 그중 분명히 딸을 선호하는 경향이 강한 부모들조차도 비슷한 패턴을 보이는 사례를 많이 보았다. 이들도 역시나 딸을 낳은 이후 다른 아이를 갖지만 아들을 낳은 후에는 더 이상 아이를 갖지 않는 경향이 있었다. 이들은 분명 자신의 딸들을 사랑하고 있었고, 그들이 반여성적 편견을 가지고 있다고 비난하는 것은 불합리해 보였다. 그런 부모들의 양육 경험담과 연구 결과가 일치하는 부분이 있다. 남자보다는 여자아이를 키우는 것이 더 수월하다는 것이다(아들·딸에 대한 부모의 선호 이전에 고려해 볼 만한 점이다). 어느 정도는 앞에서 언급한 현상이 설명된다.

첫아이의 출생이 다가오면 많은 커플들이 염려하기 시작할 것이다. 우리의 삶은 어떻게 바뀔까? 우리가 과연 좋은 부모가 될 수 있을까? 잘 대처할 수 있을까? 이윽고 작고 귀여운 여자아이가 태어난다. 이것저것 적응을 좀 하고 나서 부모는 생각한다. 아, 이거 전혀 나쁘지 않은데? 많은 사람들이 경고하고 불평하던 것만큼 힘들지는 않잖아? 생각보다 수월하고 할 만한데? 그럼 아이를 하나 더 갖자!

남자아이들은 사고를 더 많이 친다. 여자아이들보다 더 자주 소리치고 우는 데다 시끄럽기까지 하다(약간 동떨어진 이야기지만 이 견고한 현상은 여성이 남성에 비해 더 감정적이라는 전통적인 주장에 이의를 제기하는 연구라고 평가받았다). 남자아이들은 기고 걷기 시작하면서 이것저것 손을 대고, 주변을 훨씬 더 엉망진창으로 만들어 버린다. 가구에 올라가고, 집 안의 온갖 천들을 잡아당긴다. 다른 아이와 싸우기까지 한다. 남자아이를 가진 부모들은 아이가 다루기 어렵다고 느낀다. 자, 이제 아이는 그만 낳자.

최근 나는 중국을 방문했다. 중국 문화에는 공공연한 남아선호가 깊숙이 자리 잡고 있다. 그런데 오늘날 중국은 한 자녀 정책을 펼쳐 자식이 한 명이라도 있으면 아기를 더 이상 갖지 못하게 하고 있다. 이로 인해 태아가 딸이란 걸 알게 되면 아들을 낳기 위해 낙태하려는 경우가 많아졌고, 결국 임신 중 태아 성별 진단을 법적으로 금지해야 했다. 현지인에 의하면 중국에서 아들을 낳은 부부에겐 모두가 "정말 잘됐네요!"라며 축하하고, 딸을 낳은 부부에겐 "역시 잘됐다!" 하고 조심스럽게 말한다고 한다. 단속이 다소 덜한 시골 지역에서는 딸 하나 있는 부부들이 가끔 아들 하나를 더 가질 수 있도록 허가해 준다고 한다. 반면 첫아이가 아들인 경우엔 아이를 더 갖는 것이 허용되지 않는다.

하지만 그곳에서조차 이런 남아선호 현상을 억압과 편견의 원인으로 지적한다면 너무 성급할 것이다. 중국 문화와 법에는 연로한 부모를 아들이 모셔야 하는 책임이 명시되어 있지만 딸은 예외였다. 만약 아들이 당신을 부양하지 않으면 아들을 고소할 수도 있다. 실제 그런 판례들이 있고, 내가 중국에 머물러 있을 때 비슷한 사례가 신문에 보도되기도 했다.

노인층에 대한 탄탄한 연금 시스템이나 사회보장제도 혹은 여타 다른 지원이 없는 사회에서는 이런 책임 명시가 극단적으로 중요하다. 이런 경우 아들을 가지려는 욕구가 반드시 어떤 비합리적이고 편협한 여성 혐오의 흔적이라고는 할 수 없다. 이것은 단순히 당신이 나이가 많아 일하기 어려울 때 당신을 부양할 사람이 누가 될지에 대한 신중한 고민인 것이다. 당신은 자신의 노년기 부양을 회사나 국가 정부에게 기대할 수 없고, 딸에게도 강요할 수 없다. 하지만 유일하게 아들에게는 강요할 수 있다.

남성은 자신의 부모에 대한 부양의 의무를 지는 반면 여성에게는 이런 의무가 면제된다. 중국 사회 전반에 걸쳐 여성에게 호의적인 법이 팽배해 있다는 것을 말하려는 것은 아니다. 하지만 이 현상은 이 책에서 조명할 것, 즉 사회가 어떻게 남성을 이용하기 위해 선택하는지에 대한 작은 흔적이라고 볼 수 있다.

만약 이 법이 여성에게만 적용되고 남성에게는 적용되지 않는다면 우리의 가상 페미니스트는 재빨리 '착취'라는 단어를 사용할 것이다. 사회가 부모 부양의 책임을 여성에게만 지운다는 불평과 함께. 남녀의 사회적 역할과 문화를 이해하길 원한다면 사회가 어떻게 여성뿐 아니라 남성을 착취하는지 살펴보아야 한다.

남성과 여성 그리고 문화 시스템

나는 남성과 여성은 몇 가지 기본적인 면에서 차이가 있고, 이런 남녀 차이를 몇몇 성공적인 문화에서는 잘 활용함으로써 다른 문화와의 경쟁에서 우위를 점하게 되었다고 본다. 이때 가상 페미니스트는 의문을 가질 수 있다. 왜 모계사회 구조를 이용하지 않는가? 왜 여성들은 통치할 수 없나? 그렇다. 사실 안 될 이유는 없다. 모든 경우를 다 시도해 보겠지만 결국은 문화를 번성시키는 가장 좋은 시스템이 살아남게 되는 것이다.

사실 모계사회와 여성 통치도 시도된 적이 있다. 불행히도 이런 모계문화와 사회들은 그리 오랫동안 지속되지 못했다. 아마도 어떤 이유가 있을 것이다. 사실 여성들도 사회를 지배할 수 있고, 실제로 상당히 효과적으로 지배하는 능력이 있다. 하지만 보통 여성들은 사회를 지배하지 않는다. 이것은 능력의 문제가 아니다. 다만 위험을 감수하고 권력 경쟁에 뛰어드는 희생을 할 의지가 있는지 여부와 좀 더 관련이 있다.

남성과 여성이 살아가고 있는 각각의 삶의 형태를 이해하기 위해서는 우선 서로를 적으로 생각하는 관점부터 넘어서야 한다. 이를 위한 좋은 방법은 여성과 그에 대치하는 남성의 두 주체로 이루어진 구도보다는 적어도 3개 이상의 독립적인 주체들을 포함하는 구도로 보는 것이다. 다시 말해 남성·여성과 더불어 문화 시스템 자체를 세 번째 주체로 생각하는 것이다.

엄밀히 말해서 시스템은 독립적인 요인이 아니다. 하지만 인간은 더 나은 삶을 위해 시스템이라는 것을 사용한다. 나는 문화를 인류가 이용한 생물학적 전략의 일부라고까지 주장한 바 있다. 문화는 기본적인 생물학적 문제인 생존과 번식을 인간이 어떻게 해결하는지를 보여준다. 문화를 통해 우리는 정보를 공유하고, 다른 일들을 조직화하며, 부를 증대시킨다. 갑자기 홀로 숲에 남겨져 맨몸과 기지로 간신히 살아가는 상황에 비한다면 우리는 문화 안에서 훨씬 풍요로운 삶을 살아간다.

문화와 시스템을 분리해서 논의하는 것을 어색하게 느끼는 사람도 있을 것이다. 시스템도 결국 사람들에 의해 만들어진 것 아닌가? 어떤 면에서는 그렇다. 하지만 이것이 사람들이 시스템을 단순히 분해하거나 바꿀 수 있다는 것을 의미하지는 않는다. 은행이 당신 집의 담보권을 행사하거나 기업 규모 축소로 직장을 잃었다거나 전쟁 선포로 당신이 징집되어 군복을 입고 생명에 대한 위협을 감수해야 하는 상황들을 생각해 보자. 이런 예들은 시스템이 개인들은 쉽게 부인하거나 저항할 수 없는 그 이상의 권력을 가진다는 점을 명백히 보여준다. 2008년 미국에 경제위기가 닥쳤을 때 대부분의 사람들은 상황을 역전시킬 수 있길 바랐지만 실제로는 그럴 수 없었다. 시스템은 우리의 명령에 따라 마음대로 바꿀 수 있는 것이 아니기 때문이다.

시스템은 사람들을 다양한 방법으로 이용한다. 그럼에도 사람들은 시스템의 불편함을 참는다. 왜냐하면 대부분의 경우 시스템이 없을 때보다는 있을 때 더 나은 삶을 살 수 있기 때문이다. 시스템이 인간에 의해 만들어진 것은 사실이지만 인간의 통제를 넘어선 힘을 행사하기도 한다. 우리는 투표를 통해 문화를 바꾸고자 노력하기도 하지만 이 과정을 통해 우리가 실제적으로 가진 통제권이 얼마나 작은지 느끼게 된다. 우리는 살아가면서 치러지는 모든 선거에 투표권을 행사할 수 있지만 그럼에도 불구하고 문화에 대해 만족하지 못하는 면들은 남아 있기 마련이다.

이 책에서는 남성과 여성, 그리고 문화 간의 관계와 상호작용을 이해하고자 한다. 하지만 이 상호작용은 간단한 삼각구도로 완전히 설명할 수 없는데다, 대부분의 문화 시스템들은 다른 문화 시스템들과 경쟁해야만 한다. 한 문화가 살아남기 위해서는 그 문화권 내의 남성과 여성에게 제대로 된 삶을 제공하는 것 이상의 일, 즉 다른 문화들에 대항할 경쟁 비용을 축적해야 한다. 경쟁은 경제적·군사적·기술적 방면과 더불어 학문적·지적 방면에서도 이루어질 수 있다. 보통 규모가 큰 집단이 작은 집단들에 비해 우세하기 때문에 많은 경우 단순히 인구수적인 면에서 경쟁해 왔다.

요약하자면 문화는 도전 과제를 가지고 있다. 문화는 살아남기 위해 문화 속의 남성과 여성을 효과적으로 사용해야 한다. 이것이 꼭 남성과 여성을 같은 방법으로 이용하는 것을 의미하진 않는다. 실제로 대부분의 문화에서는 남성과 여성을 다소 다른 방법으로 이용해 왔다.

어떻게 남성이 모든 것을 운영·주도하면서 착취당할 수 있는가.

이제 이 책에서 다루고자 하는 가장 중요하고 기본적인 질문 중하나로 시선을 돌려보자. 보통 사람들에게 문화가 남성을 어떻게 이용하는지에 대해 연구한다고 하면 첫 반응은 대개 남성들이 모든 것을 쥐고 있는데 어떻게 사회가 남성들을 착취한다고 생각할 수 있는지 묻는다. 이것은 정당한 반발이고, 우리는 이 반발에 대해 진지하게 생각해 봐야 한다.

정말로 어떻게 남성들이 사회에 의해 이용당한다고 말할 수 있을까? 남성들이 사회를 지배한다는 것은 한편으로 사실이다. 남성들은 대통령과 수상 혹은 다른 통치자로서 최고위 권력직들을 대부분 차지하고 있다. 헌법상 입법기관의 반수를 여성으로 규정한 몇몇 국가들을 제외하고 의회는 일반적으로 남성들로 가득하다. 민간 부문도 별반 다르지 않다. 대부분의 대기업들은 남성들이 이끈다. 여성들이 상위 집단으로 올라가는 것을 방해하는 '유리천장glass ceiling'이 실제로 존재하는지에 대해서는 논쟁의 여지가 있지만 이런 현상이 어떻게 일어나는지와 무관하게 엘리트 권력 집단은 남성들로 가득하다.

이런 사실은 남성들이 가진 문제점이나 어려운 점을 지적하기 시작할 때 듣는 가장 표준적인 반격이다. 가상 페미니스트는 분명히 남성이 억압받았다는 것에 대한 어떤 이야기도 들으려 하지 않을 것이다. 남성들은 불평해선 안 되고, 여성들만이 불평할 권리를 가진다. 이런 생각은 엘리트 권력구조의 꼭대기에 남성들이 있다는 사실을 알게 되면 저절로 드는 생각이다. 권력구조의 맨 위에 있는 남성들은 남성이라는 점 자체로 살아가는 데 유리할 뿐 아니라 사회는 이들을 착취하기보다는 특권과 이득을 제공하는 호의적인 방향으로 구성되었다고 보기 때문이다. 문화가 남성을 희생양으로 만들었다는 예를 하나라도 제시한다면 가상 페미니스트는 상당히 분개하며 남성이 세상을 지배한다는 이런 증거들을 제시할 것이다.

가장 최근 집계에 따르면, 미국에서는 남성들이 대통령직과 부통령직을 차지했다. 남성들은 대법원 판사직 중 단 하나를 제외한 모든 자리를 가져갔다. 남성들은 미국 상원과 하원 의회의 80%를 웃도는 의석을 차지했고, 특정 주의 의회들에서도 상황은 비슷했다. 남성들은 「포춘」지가 선정한 미국 500대 상위 기업 CEO직의

90% 이상을 차지하는 등 전 세계에서 이와 비슷한 패턴을 보이고 있다.

단순하게 요약하자면, 남성들은 세계를 운영한다. 이를 보면 많은 페미니스트들이 주장해 온 것처럼 사회가 남성에게 유리하게 만들어졌다고 생각하기 쉽다. 남성으로 살아가는 것이 유리할 수밖에 없을 것이다.

그렇다면 다시 한 번 질문해 보자. 남성들이 모든 것을 운영하는데 어떻게 남성이 착취당한다고 말할 수 있을까? 이 질문에 대한 답은 중요하다. 이 대답을 얻기 위해 이 책에서는 다양한 사실들을 살펴보고자 한다.

반면 사회의 밑바닥에서는

이런 방식으로 생각하는 데서 발생하는 실수는 사회의 꼭대기, 즉 최상위층만 보고 사회 전체에 대한 결론을 이끌어낸다는 것이다. 그렇다. 최상위층의 대부분은 남성들이다. 그런데 만약 사회의 밑바닥, 즉 최하위층을 보면 그곳에서도 여성보다 많은 수의 남성들을 발견하게 된다. 이는 사회가 만들어낸 가장 좋지 못한 결과들이라 볼 수 있다. 두 가지 사례 모두에서 남성이 여성에 비해 많은 수를 차지한다.

예를 들어 교도소를 살펴보자. 미국 법무부 통계에 따르면, 수

감자 10명 중 9명 이상이 남성이다. 교도소에 수감되는 것은 삶이 가장 최악으로 치닫게 된 경우라 볼 수 있다(미국처럼 사형제도가 있는 국가들에서는 수감자보다 사형수를 더 나쁜 상태로 볼 수 있다. 사형수들 중에는 여성이 거의 없다. 법원은 그동안 대학이나 기업과 같은 다른 기관들에서 남성과 여성이 비슷한 수로 구성되어야 한다는 법적 제도를 마련해 왔다. 그렇다면 법원 스스로에게도 이런 기준을 적용해 사형집행 전기의자의 반에는 여성이 앉아야 한다고 주장한다면 어떨까? 당연히 말도 안 되는 어리석은 주장일 것이다).

게다가 법률 집행 시스템은 남성들에 대해 강한 편견을 가진다. 워렌 파렐Warren Farrell은 그의 책『남성 권력의 신화The myth of male power』에서 이 부분에 대해 기록했다. 남성과 여성이 같은 범죄로 유죄 판결을 받았을 때 남성은 여성에 비해 훨씬 더 긴 수감기간을 선고받는다. 더구나 남성들은 더 쉽게 선고를 받거나 기소 당하기 때문에 유죄선고를 받은 여성들은 실제 평균적인 남성 재소자들보다 훨씬 더 심각한 범죄자일 가능성이 높다. 예를 들어 한 남성과 여성이 한꺼번에 같은 범죄로 체포되었을 때 표준적 절차는 여성에게 상황에 대한 증언을 들은 후 기소 면제나 감형을 해주고, 남은 남성이 주로 책임을 지게 된다.

사회 최하층에 있는 또 다른 집단은 노숙자들이다. 여성보다는 남성이 노숙자인 경우가 더 많다. 사실 수년 동안 노숙자들은 거의 남성들뿐이었다. 워렌 파렐은 노숙자의 남녀 구성 비율에 따라 노숙자에 대한 사람들의 태도가 어떻게 바뀌었는지에 대해서도 언급했다.

노숙자들이 거의 모두 남성이었을 때 이들은 부도덕한 쓰레기 취급을 받았고 부랑자나 건달, 떠돌이 등으로 불렸다. 첫 여성 노숙자들은 봉투를 든 숙녀라는 뜻을 가진 '백 레이디$^{bag\ lady}$'라 불렸다. 여기에서 레이디, 즉 숙녀라는 용어는 남성 노숙자에게는 한 번도 주어지지 않았던 존중을 의미한다. 여성 노숙자가 점차 늘어나면서 이제 노숙자집단은 경멸 대신 지지와 보살핌, 상담 프로그램 등의 지원이 필요한 집단으로 여겨지는 듯하다. 하지만 우리는 아직도 남성 노숙자에 대한 존중의 의미가 담긴 '백 젠틀맨^{bag} $_{gentlemen}$'이란 말을 듣지는 못한다.

여성이 노숙자집단의 반을 넘어선 것은 아니다. 확실한 숫자는 말하기 어렵지만 남성이 더 많은 수라는 점에는 반론의 여지가 없다. 최근 이탈리아의 한 연구에 따르면, 노숙자집단의 15% 정도가 여성이었다. 미국 노숙자 연합은 남성 노숙자 수가 여성의 3배 정도 된다고 보고했다.

여기에도 핵심적인 내용이 있다. 노숙자들은 사회의 최하위층에 있는 또 다른 범주로 분류할 수 있다. 그리고 여성보다 훨씬 많은 수의 남성이 이 범주에 속해 있다.

자, 이제 사회의 또 다른 최하층을 살펴보자. 이 또한 사회적 착취를 명확히 보여주는 영역이다. 바로 근무 중 사망이다. 사회는 사회 안의 다양한 일들을 처리할 사람들이 필요하고, 그중 어떤 일은 위험할 수밖에 없다. 누군가는 지붕 위로 올라가거나 범죄자들과 총격전을 벌여야 한다. 불타는 건물에 뛰어들거나 난민

구조를 위해 풍랑이 거센 바다를 항해해야 한다. 심지어 사망사고가 자주 일어나는 분주하고 어두운 도로 위로 밤새 트럭을 몰아야 하는 경우도 있다. 이들 중 몇 명은 결국 부상을 당하거나 최악의 경우 죽음에 이르기도 한다.

미국 노동부 통계에 따르면, 근무 중 사망에 있어서 12대 1이라는 심각한 남녀 불균형이 존재한다. 미국 내 남녀 경제인구의 비율이 거의 비슷함에도 불구하고 근무 중 사망한 미국인 중 92%가 남성이다.

사회의 최하층이라 할 수 있는 곳이 하나 더 있다. 바로 전쟁에서 사망한 사람들이다. 세계사에 등장했던 대부분의 사회는 전사들을 전장에 보내야 했고, 많은 전사들은 결국 집으로 돌아오지 못했다. 이런 사상자들은 압도적으로 남성이 많았다.

누군가는 이제 상황이 바뀌고 있다고 말할지도 모르겠다. 이제 여성도 남성과 함께 전투에 참가하고 있고, 위험한 일에도 함께하고 있다. 맞는 말이긴 하지만 이것은 우리가 말하는 핵심에서 벗어난 사례다. 여성이 전투에서 사망할지도 모르는 위험을 감당하게 된 것은 여성이 남성이 가지는 권위 있고 급여 높은 직업과 같은 사회의 큰 보상도 남성과 함께 나누어 가지면서 동시에 이루어졌다. 게다가 여성은 남성과 달리 큰 손해와 위험을 감당하는 업무에 먼저 투입되기보다 급여가 높은 직업들에의 진입이 먼저 이루어졌다.

여성이 감당하게 된 위험한 업무들은 많은 경우 두 번째 이라크 전쟁 때 대중매체를 통해 주로 다루어지기 시작했다. 이 전쟁에서 여성은 남성과 같이 실제로 전투에 투입되어 총격전을 벌였다. 그럼에도 이 여성들의 참여가 전체 위험의 절반에 노출된 것은 아니었다. 2007년 이라크 전쟁은 안타깝게도 미국에게 3,000명의 전사자(전투 중 총격으로 인한 것에서부터 교통사고까지 모두 포함한 수)를 남겼다. 사망한 병사 중 2,938명이 남성이었고, 62명의 여성은 사망자의 2% 정도를 차지할 뿐이었다.

어떤 내용도 여성들이 겪고 있는 고통을 깎아내리거나 무시하려는 의도가 아니다. 여성들은 수세기 넘게 수많은 나쁜 상황들로 고통을 겪어왔다. 전장에서 죽은 경우가 아니더라도 여성들은 전쟁의 결과로 고난을 겪거나 희생당하거나 심지어 사망했다. 내가 제시하는 첫 번째 핵심은 단지 여성들은 고생스럽게 일하고 고통받는 반면, 남성들은 편안한 삶과 특혜를 누린다는 관습적인 견해가 잘못되었다는 것이다.

적어도 문화 시스템의 관점에서 남성은 여성에 비해 소모적 존재다. 실제적으로 이것은 문화가 남성과 여성을 다르게 이용하는 방법들을 이해하는 핵심 중 하나일 것이다. 남성이 소모적 존재라는 것은 몇 가지 생각에 뿌리를 두고 있다. 다음 세대의 구성원이 될 아이를 재생산할 수 있는 생물학적 능력의 남녀 간 차이, 그리고 경쟁 대상인 타 문화를 단순한 수적 우세로 제압할 수 있다는 점 등이 관련 있다. 어쨌든 문화의 입장에서는 소수의 남성과 가능한 한 많은 여성이 필요하다.

사회의 양 극단 모두 보기

그렇다. 사회의 꼭대기에는 남성이 여성에 비해 많지만 사회의 밑바닥에도 남성이 더 많은 수를 차지한다. 이 두 가지 사실은 서로 밀접하게 관련되며, 이는 사회가 남성과 여성을 다르게 이용한다는 것을 보여준다.

비로소 사회가 남성을 선호한다는 착각이 왜 발생하는지 이해된다. 여성이 자신들은 권력구조의 밑바닥에 있다고 느끼며 위를 올려다보았을 때 꼭대기에 자리 잡고 있는 이들은 남성이었다. 이런 장면을 보면 시스템 전체가 남성에게 혜택을 주고, 남성들을 우월하게 만드는 방향으로 조성되었다고 생각하기 쉽다. 심지어 오늘날에도 누군가 남성으로서의 삶이 힘들다고 말하기 시작하면 거부감을 느끼는 사람들이 있다. 남성은 세상의 많은 부분을 담당하고 있으므로 불평은 포기해야 한다는 것이다.

아마도 이렇게 한쪽만을 보게 된 관습적인 견해는 가부장적인 사회에 대한 페미니스트의 비판에 뿌리를 두고 있는 것 같다. 그들에 의하면, 사회는 여성을 착취하려는 남성들의 음모가 도사리는 곳이다. 여성의 관점에서 세상을 바라보는 페미니스트들이 주목하는 곳은 주로 사회의 정상 부분이다. 그곳에서 많은 것을 담당하고 있는 남성들을 보며 남성으로 살아가는 것이 유리할 것이라 생각한다. 결국 사회는 남성에게 혜택을 주는 방향으로 건설되었다고 결론짓는다.

일반적으로 남성이 많은 것들을 담당하고 있다는 점에서는 이들의 말이 맞다. 남성은 약간의 문제들도 경험하겠지만 그보다는 사회가 제공하는 보상의 많은 부분을 즐기고 있다고 보는 것이 훨씬 타당하다. 이런 점에서 어떤 남성들은 정말 남성으로 태어나 좋은 것들을 누리며 산다. 현재는 상황이 천천히 바뀌고 있긴 하지만 역사의 대부분을 통틀어 사회 최상위층 남성들은 어떤 여성보다 보상과 혜택을 훨씬 더 많이 즐겼다고 보는 것이 정확할 것이다. 하지만 또 다른 결론, 즉 남성으로서 살아가는 것이 유리하고 사회는 그들에게 혜택을 주는 방향으로 만들어졌다는 것은 남성의 삶이 가진 단점을 무시하는 오류에서 오는 편견이다.

노라 빈센트Norah Vincent는 최근 남녀에 대한 흥미로운 책 하나를 저술했다. 그녀는 약간의 분장만 하면 남성으로 보일 수 있는 레즈비언 페미니스트였다. 그녀는 여러 다른 사회영역에서 1년의 대부분을 남성으로 살면서 남성의 세계에 잠입했다.

『셀프-메이드 맨Self-made man』은 그녀의 회고록이다. 그녀의 책은 꽤 솔직하다. 사실 그녀의 원래 계획은 페미니스트 관점에서 남성으로 산다는 것이 얼마나 유리한지, 또 이 적(남성)들이 얼마나 삶을 즐기고 있는지를 폭로하는 책을 쓰는 것이었다.

처음 계획과 달리 그녀는 남성으로 살아간다는 것이 얼마나 어려운지 경험하게 되었다. 예전에 그녀가 여성학과에서 접했던 수업과 논문들은 모두 무용지물이었다. 그녀는 이 경험을 통해 남성이란 역할이 가져오는 분명한 이점들은 그 대가로 적잖은 비용을 치러야 하는 것임을 몸소 깨달았다. 그녀는 잠입작전이 끝나자 행복했다. 이 작전을 통해 자신이 여성으로서의 삶을 더 선호한다는 것을 깨달았고, 다시 그 삶으로 돌아오기 위해 잠입작전을 재빨리 그만두었다. 처음 계획했던 것과 완전히 다른 방향으로 완성된 이 책은 남성으로 사는 게 더 좋다고 생각하는 여성들에게 경각심을 불러일으킬 것이다.

우리는 앞으로 사회의 정상에 있는 남성들에 대해 이야기할 것들이 정말 많을 것이다. 이 남성들은 문화가 어떻게 남성을 이용하거나 착취하는지에 대한 이야기에 있어 중요한 부분을 차지한다. 문화가 제공하는 보상의 큰 부분을 향유하기 때문에 어떤 이들은 남성들이 착취당한다고 말하기를 꺼릴 것이다. 하지만 문화는 자체의 이익을 위해 정상에 있는 남성들에게 큰 보상을 나눠주며 그들을 이용한다. 보다 균형 있는 시각을 갖기 위해서는 사회의 최상위층뿐만 아니라 최하위층에 있는 남성들도 볼 필요가 있다.

만약 이 흔한 오류를 뒤집어서 적용한다면 우리의 눈에는 사회 최하층에 있는 남성들만이 들어올 것이다. 사회가 만든 몇몇 집단들, 수감자나 사형수, 실업자와 같은 사람들은 남들보다 일찍 죽음을 맞이하며 그들 대부분은 남성들이다. 극단적으로 생각하면 사회는 남성의 희생을 통해 여성에게 일어날 수 있는 비참한 삶을 막아주고, 인생을 보다 윤택하게 만들어주고 있다고도 볼 수 있다. 여성으로 살아가는 것이 더 훌륭할 것이라고 주장할 수 있는 것이다. 이 같은 결론은 남성들의 삶이 사회적으로 유리하다는 사회적 통념과 마찬가지로 잘못된 것이다.

남녀의 다른 선택

사회구조의 꼭대기와 밑바닥 양쪽 모두에서 남성이 여성보다 많은 수를 차지한다는 사실은 어떻게 문화가 남성과 여성을 다르게 이용하는지를 보여주는 중요한 단서가 된다. 비록 현대사회에서는 사회 각계각층에서 여성들을 찾아볼 수 있지만 남성들은 아직도 사회의 양 극단에서 여성보다 많은 수를 차지하고 있고, 심지어 과거에는 극단에서의 남녀 비율 차이가 더 심했다.

어떤 현상의 일면에만 집중할 경우 잘못된 결론에 도달할 때가 많다. 이것이 바로 사회통념이 해온 일이다. 대중매체를 살펴보면, 남녀 수입의 차이와 남성보다 수입이 적은 여성들이 겪는 일반적인 불공정함에 대해 많은 것을 보고 듣게 된다. 반면 직무수행 중 사망자 수에 있어서의 남녀 차이에 대해서는 거의 보고 듣지 못하게 된다. 실제로 나는 직장 내에서 여성보다 남성이 훨씬 빈번하게 사망한다는 것이 불공정하다고 주장하는 글은 아직까지 보지 못했다.

이 두 가지 측면의 남녀 차이 사이에는 어떤 연관성이 존재할 가능성이 높다. 사회는 위험을 감수하는 직업을 가진 사람들에게 더 많은 대가를 지불해야 한다. 모든 조건이 동일하다면 목숨을 잃거나 장애를 입을 수 있는 위험이 높은 직업과 위험이 없는 직업 중 무엇을 선택하겠는가? 당연히 후자일 것이다.

하지만 세상엔 그런 위험한 직업들이 있고, 사회는 이런 일들을 해줄 누군가가 필요하다. 모든 조건이 같다면 어느 누구도 이런 위험한 직업을 고르지 않을 것이다. 그래서 각 직업에 주는 혜택이 달라야 하며, 가장 기본적인 방법은 지불수준의 차이를 만드는 것이다. 사회는 구성원들이 위험한 직업을 선택하도록 하기 위해 해당 직업에 종사하는 대가를 높인다. 이것을 트레이드오프라고 부른다.

트레이드오프는 이 책 전체에서 중요한 개념이 될 것이다. 사실 남녀에 대한 성차이론은 트레이드오프라는 개념을 좀 더 신중히 고려해 볼 필요가 있다.

그렇다면 돈과 위험을 맞바꾸는 상황, 즉 이 두 가지를 트레이드오프하는 상황을 가정해 보자. 당신이 거의 모든 면에서 동일한 두 가지 직업을 놓고 고민하고 있는데, 그중 한 가지는 부상과 사망 위험이 높은 직업이다. 합리적인 사람이라면 이런 상황에서 대부분 안전한 직업을 고를 것이다. 하지만 위험한 직업의 경우 고용인이 임금을 올려줄 생각이 있다고 가정해 보자. 당신이라면 얼마만큼의 임금인상 정도면 위험 증가에 대한 적절한 보상이 될 수 있다고 생각하는가? 통 큰 임금인상의 대가로 약간의 위험 증가를 부담해야 하는 상황이라면 받아들일 가능성이 높다(예를 들어 자가용을 타고 고속도로를 달리는 순간에는 자신이 사망할 가능성이 있다는 위험부담을 받아들인다. 하지만 고속도로 운전으로 얻을 수 있는 혜택 때문에 당신은 이런 위험부담을 받아들일 가치가 있다고 생각한다). 따라서 그 질문은 위험과 금전적 혜택을 맞바꾸는 문제가 된다. 결국 얼마나 더 많은 돈을, 얼마만큼의 추가적 위험부담과 맞바꿀 수 있는지 결정하는 문제인 것이다.

이런 트레이드오프의 문제와 마주했을 때 남성과 여성은 보상과 위험 중 어느 쪽에 더 무게를 둘지에 대한 기준이 다른 편이다. 여성도 추가 임금을 충분히 지불하면 위험을 더 감당하게 할 수 있다고 생각한다. 하지만 남성은 그보다 낮은 임금인상에도 같은 수준의 위험을 감당하려 들 것이다. 그래서 고용기관들은 여성들을 더 고용하기 위해 어떤 특별 조치를 고안하기보다는 그냥 남성들을 이런 직업에 배치하는 경우가 많다.

많은 연구들은 직업과 커리어를 선택할 때 남성이 여성보다 금전에 더 강조점을 둔다고 보고한다. 결과적으로 이 남성들은 좀 더 안전한 커리어를 선택한 여성들보다 더 많은 돈을 번다. 그래서 생기는 또 다른 결과는 이 남성들 중 몇몇은 결국 안전한 커리어를 선택한 여성들보다 더 많은 수가 부상을 당하거나 사망하게 된다는 것이다.

남성의 장점 중 하나는 이런 위험한 직업들을 선택하고 거기에 종사한다는 것이다. 많은 문화들은 바로 이런 점 때문에 여성보다 남성을 더 많이 이용한다.

2

여성과 남성,
누가 더 우월한가

2

. . . . .

나는 성인이 된 이래로 줄곧 여성이 어떤 면에서 남성보다 우월한지에 대한 정보를 끊임없이 접하며 살아왔다. 남성이 여성보다 더 우월한 면을 찾았다는 뉴스는 극히 드문데 반해, 여성이 남성보다 우월한 영역을 발견했다는 내용들은 무척이나 자주 듣게 된다.

확실히 오늘날에는 뉴스에서 남성을 긍정적으로 다루는 경우가 드물다. 『비효율적 남성Men are not cost effective』 같은 책 제목들은 이런 사회적 경향을 대변한다. 머렌 더우드Maureen Dowd의 책 『남성들이 과연 필요한가?Are men necessary?』는 이 질문에 대해 절대 노골적으로 대답하진 않지만 이 책의 독자라면 저자의 대답은 "No"라는 것을 쉽게 알 수 있다. 이 책에서는 이런저런 면들에서 여성이 남성보다 우월하다고 설명하는 데 많은 페이지를 할애했지만 정작 책 제목에 담긴 남성의 유용성에 대한 부분은 찾아볼 수 없다. 그나마 언급한 데이트 비용 지불 부분에서도 남성은 그저 만만한 '봉'일 뿐이지 굳이 필요한 존재는 아니라고 말한다.

뉴스 매체도 마찬가지다. 예를 들어 이 책을 집필하는 동안에도 이런 내용을 다룬 글이 「이코노미스트」지의 최근호에 게재되었다. "미래 세대들은 왜 남성들이 좀 더 여성스러워질 수 없는지를 안타깝게 묻게 될 것이다. …… 어쩌면 여성들은 이미 세계 성장을 이끄는 주요 동력이 되었다." 이 문장에서는 이미 여성이 남성보다 우월하다는 가정이 드러난다. "남성들은 더 씁쓸하겠지만 연구자들은 또한 여성이 남성보다 증권투자에 더 능하다고 결론 내렸다." 왜 증권중개인들이 모두 여성이 아닌지 궁금해지는 대목이다. "또한 연구자들은 팀을 구성하는 것도 여성이 남성보다 더 잘 해낸다고 보고했다." 스포츠팀들 조심하시라. 이 글은 남성들에게 이제 집안일이나 좀 더 많이 하라고 조언하며 마무리된다.

권위 있는 잡지인 「고등교육연대기」(대학 총장이나 학장 같은 사람들이 보는 잡지다)의 최근 한 갈림 제목은 '누가 남성을 필요로 하는가?Who needs men?'였다. 아마 내용에 대한 감이 올 것이다. 이 칼럼은 남성들이 과거에 몇 가지 긍정적인 일들을 했다고 인정하며, 어느 정도 남녀에 대한 균형적 관점을 잡아보려고 했다. 그러나 결론은 남성들이 자신의 쓸모에 비해 너무 오래 살며, 만약 세상 남자를 제거하는 비현실적인 어려움만 없다면 세계는 남성들 없이 더 잘 돌아갈 것이라고 말했다. 누군가가 여성에 대해 이렇게 말하는 것을 상상이나 할 수 있겠는가?

TV에서는 상황이 더 심각하다. 1990년대 초기의 기억을 더듬어 보면, 광고에서의 남녀 편향에 대한 보고에 대해 들은 기억이 있다. 연구자들은 남녀를 서로 경쟁하는 것으로 그리는 상업광고들을 수집했다. 예를 들면 두 사람이 각기 다른 회사에서 자동차를 렌트해 회의시간에 늦지 않게 도착하려는 것 같은 상황을 그린 것들이었다. 연구자들은 이 광고의 100%, 즉 모든 경쟁 장면에서 여성을 승리자로 그린다는 점을 발견했다.

나와 아내는 이런 연구 결과에 대해 처음에는 회의적이었다. 우리는 사회과학자로서 모든 현상에는 어느 정도의 다양성이 존재하며 어떤 경향도 100%, 즉 모든 경우에서 나타나지는 않는다는 것을 알고 있기 때문이다. 그 후 우리는 상업광고들을 계속 주의 깊게 지켜보게 되었다. 놀랍게도 거의 10년간 겨우 두 번 정도만 광고 속에서 남성이 승리하는 것을 보았다. 그것도 마지못해 남성이 승리하도록 해주는 듯한 인상을 주는 광고였다.

아무튼 우리는 그 연구 결과가 꽤나 정확하다는 것을 인정하게 되었다. 한번 확인해 보시라. 남녀를 겨루게 하는 TV 광고에서는 늘 여성이 이긴다.

TV 쇼와 시트콤도 광고의 상황과 비교해 그리 낮지 않다. 〈세 아들My three sons〉과 〈아빠가 제일 잘 알아Father knows best〉 같은 오래된

TV 쇼에서는 아버지를 지적이고, 능력 있고, 다른 사람들을 잘 보살피는 성품을 가진 사람으로 그렸다. 하지만 이후 이런 프로그램을 꽤 오랫동안 보지 못한 것 같다. 이제 할리우드 영화에 나오는 대부분의 아버지는 우스꽝스럽거나 희화화된 어릿광대로 그려진다. 코미디 프로그램에서는 덜하지만 대부분의 TV 드라마에서 아빠들은 노골적으로 악랄하게 그려진다. 그러면 남성이 현명하고 친절하게 그려지는 반면, 여성이 바보 같은 역할로 그려지는 TV 프로그램을 찾을 수 있을까? 거의 불가능할 것이다. 하지만 상대적으로 남성이 모자라거나 나쁜 역을 맡는 프로그램들은 무척 많다.

어린이 책도 이와 매우 흡사하다. 가끔 부모 모두가 바보같이 그려지기도 하지만 만약 한 부모만 골라 현명하고 친절한 사람으로 묘사한다면 그 역할은 거의 엄마 차지다. 아이들은 성장하며 이런 이야기책을 접하는 과정에서 아빠라는 존재에 대해 좋지 않은 인상을 받게 된다.

심지어 사람들이 말하는 방식에서도 이런 경향을 찾을 수 있다. 예전에 나는 두 문학 교수들이 해석 전략에 대해 토론하면서 '남성우위론자masculinist'와 '페미니스트feminist'라는 용어를 거론하는 걸 들은 기억이 있다. 두 교수 모두 남성임에도 불구하고 그들에게 남성우위론자는 나쁜 의미, 페미니스트는 좋은 의미라는 것이 분명했고 그들은 토론하면서 누구의 생각이 더 페미니스트적인지 인정받기 위해 애쓰는 모습이었다.

어쩌면 이 모든 것들을 정치적 선전, 정치적 정당성 추구, 거절에 대한 두려움 혹은 단순한 문학적 유희로 치부할 수도 있다. 그렇다면 정말 살아 숨 쉬는 사람들이 믿는 바는 무엇인가?

이 질문에 대한 가장 철저한 연구는 앨리스 이글리^{Alice Eagly} 교수와 동료들의 주도로 이루어졌다. 그들은 남녀 모두를 포함한 수많은 사람들을 대상으로 그들이 남녀 각각과 연합시키는 특성이 무엇인지 물었고, 많은 양의 데이터를 수집했다. 정치적 정당성의 시대에 사람들은 자신이 말하는 것에 대해 다소 조심스러워 한다. 하지만 수많은 설문과 응답을 통해 사람들의 실제 생각이 어떤지 감을 잡을 수 있었다. 남성과 여성이 동등하다는 것을 인정함과 동시에 남녀에 대한 전통적인 고정관념을 거부해야 한다는 압박이 만연하지만 여전히 사람들은 남녀가 다르다고 생각한다는 것을 이글리 교수팀은 발견했다.

수년에 걸친 설문조사와 자료 분석을 통해 이글리 교수팀이 발견한 큰 결론이 있다. 그들은 이 현상을 '와우 효과^{WAW effect}'라 불렀다. 여기에서 와우는 "여성은 훌륭하다^{women are wonderful}"를 나타내는 문장의 첫 글자를 딴 것이다. 이것이 바로 오늘날 사람들이 남성과 여성의 차이를 인식하는 방식의 핵심이다. 인간으로서 여성은 훌륭한 사람들이라는 것이다. 상대적으로 최소한 남성보다는 여성이 더 훌륭해 보인다는 의미다.

중요한 점은 이것이 남성혐오자 일당의 편향된 관점이 아니라 남녀 모두를 포함한 오늘날 젊은이 대부분을 대상으로 한 다양한 표본들에서 나타난 결과라는 점이다. 남성과 여성 모두 여성이 남성보다 더 좋은 사람이라는 데 동의한다.

아직도 남성은 여성에 비해 여러 영역에서 최고의 성취자이자 동시에 그 영역의 다수를 차지한다. 이 현상이 남성이 여성보다 우월하다는 것을 의미할까? 세상은 그렇게 판단하지 못하게 한다. 우리 모두는 남성들의 우월한 성취물을 편견과 억압의 증거로 일축하라고 학습해 왔다.

어떤 사람들은 특히 오늘날을 살아가는 젊은 남성들을 보며 안쓰러워한다. 요즘은 어떤 상황에서도 남성이 여성을 이기기 어려운 형편이기 때문이다. 남성이 여성보다 못하는 모습을 보면 여성이 이런저런 부분에서 능력이 더 뛰어나기 때문이라고 말한다. 하지만 남성이 여성보다 잘하는 모습을 보면 사람들은 대개 여성이 남성에게 억압받기 때문이라며 남성을 나쁜 존재로 치부해 버린다. 잘하든 못하든 남성은 결국 안 좋게 보여진다.

늘 이런 것은 아니었다

몇 년 전에 여성이 남성에 비해 여러 일을 한꺼번에 처리하는 멀티태스킹을 잘한다고 주장하는 보도기사가 있었다. 실제 과학적인 증거를 찾아보면 그 결론이 매우 의심스러움에도 불구하고 당시 많은 사람들이 이 기사에 대해 들어보았고, 실제 사실로 받아들인 것 같았다(몇 가지 뇌 스캔 검사들은 여성이 멀티태스킹을 잘할 수 있는 이유들을 제시했고, 이상한 실험 방법을 통해 나온 일부 결과들이 비슷한 결론을 제시하긴 했다. 하지만 더 체계적으로 이루어진 연구들에서는 멀티태스킹에 대한 남녀 차이를 발견하지 못했다. 더불어 최근 연구 결과들은 여러 일을 한꺼번에 처리하는 멀티태스킹이 총체적으로는 업무의 질을 떨어뜨린다고 보고하고 있다). 나는 심지어 리얼리티 쇼 〈서바이버Survivor〉에서 이 내용을 언급하는 것을 들어본 적도 있다.

무엇이든 누군가 한번 이야기하면 사실처럼 널리 받아들여진다. 하지만 누군가 남성이 멀티태스킹을 잘한다고 주장하면 이 주장은 바로 많은 이의 회의적인 시선과 분개에 휩싸여 순식간에 사라질 것이다. 이와 반대로 여성의 우월성에 대한 잘못된 주장은 이의 제기 없이 잘 넘어갈 것이다.

왜 이런 이야기들이 끊임없이 회자되고 있을까? 저널리즘을 공부하는 학생들은 "사람이 개를 문다Man bites dog"식의 표현으로 특정 사건의 보도가치를 판단한다. 이 원리에 따르면, 개가 사람을 무는 건 흔히 있는 일이므로 뉴스거리가 될 수 없지만 사람이 개를 무는 경우는 드물기 때문에 뉴스의 헤드라인을 차지할 만하다.

확실히 아직도 매체에 종사하는 많은 사람들은 여성 우월성에 대한 기사가 무언가 보도할 가치가 있는 것으로 생각한다(사람이 개를 무는 것처럼). 이들은 사람들이 남성보다 우월한 여성에 대해 여전히 놀라워할 거라고 생각한다.

이런 이야기들이 일반적인 것이 되고, 대부분의 사람에게 편견을 만들어내면 그 이야기가 가진 새로움은 희미해지기 시작한다. 하지만 좀 더 정확히 보면, 이렇게 만들어진 편견들에 의해 이 이야기는 더욱 탄력을 받아 사람들의 관심을 받게 된다. 왜냐하면 사람들은 자신의 고정관념과 편견이 맞다고 확인시켜주는 뉴스를 듣기 좋아하기 때문에 남성을 능가하거나 뛰어난 결과를 보이는 여성들이 호평을 받게 되는 것이다(더 나아가 매출과 광고를 증대시키는 효과도 가져올 것이다).

무언가 처음으로 해낸 여성의 이야기는 사람이 개를 무는 것만큼 보도할 만한 가치가 있는 것으로 여겨진다. 수백 혹은 수천 명의 남성들이 어떤 일을 처음 하고도 눈길을 받지 못하지만 여성은 바로 이 희귀성 때문에 뉴스의 주목을 받는다.

핵심은 과거 대부분의 사람들이 남성이 여성보다 우월하다고 생각했던 때가 있었다는 것이다. 현재와 정확히 반대되는 생각이다. 여성 우월성에 대한 이야기가 끊임없이 회자되는 이유는 역설적이지만 오랫동안 남성이 우월하다는 시각이 지배해 왔기 때문이다.

한마디로 사람들은 남성 우월성에 대한 가정에 저항하기 위해 정반대 방향, 즉 여성 우월성을 주장하고 있다. 실제로 페미니스트 운동의 핵심 주제는 바로 여성이 남성보다 열등하지 않다는 것이었다. 바로 얼마 전까지만 해도 남녀 모두는 남성이 우월하다는 가정을 함께 공유했었다. 당시 가장 낙관적인 여성이 주장한 바는 여성도 남성'만큼은' 잘할 수 있다는 정도였다.

남성과 여성에 대한 지배적인 관점

남녀 중 누가 더 우월한지에 대한 질문에 대해서는 네 가지로 답할 수 있다. 그중 세 가지는 당대에 가장 지배적인 관점으로 군림해 왔다. 하지만 가장 맞는 대답은 사람들에게 잘 알려지지 않은 네 번째 대답일 가능성이 높다.

1960년대까지 심리학은 남성을 인간 정신의 모델로 삼았다. 여성은 인간의 열등한 형태로 간주되었다. 또한 대부분 남성이었던 심리학자들은 주로 남자 대학생들을 대상으로 연구했다. 당시 누구도 이것이 남성에 대한 심리학이라 생각하지 못했다. 이들의 목표는 모든 인간을 설명하는 보편적인 학문을 건설하는 것이었고, 남성이 이것의 기초가 되는 것이 매우 당연한 일이었다. 가끔 심리학자들은 남성들을 통해 발견한 한두 가지 일반적 원리가 여성들에게 조금 다르게 적용될 수도 있다고 했다. 남녀가 가지는 이런 차이를 설명하는 데 있어 이들은 모든 기준을 남성으로 잡고 "여성에게는 남성에게 있는 어떤 것이 없거나 부족하다"라는 형태로 제시했다. 여성은 남성에 비해 야망이나 끈기가 없고, 남성과 같은 성기가 없으며, 논리나 정서통제 등에 있어서 부족하다는 식이었다.

그 후 1970년대에 남녀 간의 어떤 실제적 차이 자체를 부인하던 짧은 시기가 있었다. 아마도 문화적 고정관념이나 편향된 양육이 빚어낸 남녀 간의 차이는 무시해도 될 만큼 작은 정도라는 견해였다. 양육방식에 영향을 미치는 남녀 아이에 대한 편견과 차별, 고정관념을 제거할 수 있다면 소년과 소녀는 똑같이 자랄 수 있으리라 생각했다.

남녀 차이가 단지 부모의 편견에 의해 만들어진다는 이 같은 이상적인 생각은 당시 세대에게 막대한 영향을 미쳤다. 학창 시절 우리 세대는 남녀 불평등과 남녀 차이는 모두 사회화 과정에 근본적인 원인이 있다고 배웠고, 그런 생각을 수용했다. 아들과 딸을 똑같이 대하면 이 아이들이 똑같이 자라날 것이라고 생각했다. 당시 소위 교육받은 신식 부모들은 이 지침을 충실히 따랐다. 효과는? 당연히 없었다.

흔히 듣는 이야기 하나를 하자면, 내 동료 부부는 크리스마스 선물로 다섯 살 딸아이에게는 트럭을, 두 살배기 아들에게는 커다란 인형을 주면서 평소 가지고 놀던 장난감과 다른 걸 가지고 노는 것도 괜찮은 것이라고 가르쳐 주었다. 이들은 이 방법으로 어떤 성적 고정관념의 영향을 뒤바꾸려고 시도했던 것이다. 그리고 부모는 자신들이 얼마나 진보적이고 앞선 생각을 하는지 자축했다. 하지만 이는 그리 오래가지 않았다. 부모는 "그냥 둘이 서로의 장난감을 바꿔버렸어요"라며 멋쩍게 웃을 뿐이었다. 물론 그 두 아이 사이엔 장난감을 바꾸자는 어떤 이야기도 없었다. 그냥 선물을 받자마자 자기 것보다 상대방의 장난감이 더 마음에 들었고, 상대방도 같은 마음이라는 걸 알아챘던 것이다.

1970년대 후반 이래로 학계에서는 전반적으로 여성들이 우월하며, 남성들은 여성의 열등한 형태라는 관점을 받아들이기 시작했다. 이는 기본적으로 1960년대 이전에 쓰던 접근법에서 남녀만 뒤바꾼 것이었다. 이제 여성은 인간의 모델이자 이상적인 형태이고, 남성은 인간의 결함 있는 형태로 여겨지기 시작했다.

우리는 세 가지 지배적인 이론들을 살펴보았다. 남성이 여성보다 우월하다는 것과 남녀의 차이가 없다는 것 그리고 여성이 남성보다 우월하다는 것이다. 마지막 네 번째 이론을 살펴보기 전에 이 세 가지 이론들에 대해 약간의 설명을 덧붙이고자 한다.

이러한 이론들 간의 우위가 시대에 따라 바뀌게 된 것은 과학보다는 정치적 요인들 때문이다. 남성이 우월하다는 가정은 미국뿐 아니라 많은 타문화에서 오랫동안 수용되어왔던 믿음이다. 이 믿음에 대한 반발은 정치적 성격이 다분했는데, 많은 과학자들은 페미니스트의 시류에 편승했다. 여성 우월성의 증거를 수용할 수 있는 사회적 분위기가 조성되자 새로운 경향을 찾아내는 것이 밥벌이인 과학자들은 여기에 부합하는 연구 결과들을 얼마든지 찾아낼 수 있었다. 그렇게 고정관념과 사회화의 영향으로 만들어진 차이 외에는 태생적으로 남녀 차이가 없다는 주장을 하는 시기가 있었다. 이런 주장들은 부분적으로 많은 남녀 차이가 그들이 생각해온 것만큼 그리 깊거나 엄밀한 수준이 아니라는 발견들을 바탕으로 이루어졌다.

남녀 차이에 대한 연구들은 여성, 특히 페미니스트들을 매혹시켰다. 초기 페미니스트들은 평등을 원했고, 그래서 어떤 실제적 차이 자체를 부인하는 것을 목표로 했다. 하지만 이들 중에는 남성에 대해 분개하거나 남성을 싫어하는 맹목적인 여성 우월주의자들이 있었고, 이들이 점점 페미니스트 운동을 장악하기 시작했다. 그들은 심지어 양성평등이라는 주제에 위배되더라도 여성이 남성보다 우월하다는 모든 연구 결과들을 수용했다. 점차적으로 성차에 관한 연구 분야에서 페미니스트들은 평등이라는 신념을 버리기 시작했다. 이길 수 있는데 왜 비기는 데 머물겠는가?

의문스러운 점

대중의 생각(모두 과학적으로는 미심쩍은 내용이지만)이 남성 우월에서 여성 우월로 전환된 것에 대해 할 수 있는 이야기들은 참 많다. 하지만 나는 여기에서 한 가지 특정 측면에 초점을 맞추려 한다. 어떻게 이런 드라마틱한 전환이 그렇게 짧은 시간 안에 일어날 수 있었던 것일까? 어떻게 단 10여 년 만에 남성은 존중의 대상에서 혐오의 대상으로 추락하게 되었을까? 사회의 전반적 분위기가 이렇게 빠르고 쉽게 뒤집힌 이유는 어디에 있을까?

과학이라고 자칭하는 심리학과 같은 학문이 이토록 쉽게 한 이론에서 별다른 증거도 없이 반대 이론으로 자리를 바꾼다는 건 분명 문제가 있다. 어떻게 심리학은 남성 우월에서 여성 우월로 순식간에 돌아설 수 있었을까?

부분적인 원인을 말하자면, 심리학의 이런 입장 전환은 사회 전반에서 일어나고 있는 현상을 반영한것이라 볼 수 있다. 하지만 이것이 이 질문에 대한 진정한 답변이 될 수는 없다. 그렇다면 우선 어떻게 사회는 그렇게 빨리 입장을 바꿀 수 있었을까?

이에 대한 답변을 하는 과정을 통해 우리는 기본적이고 중요한 남녀 차이 하나를 배우게 될 것이다. 다음에 이어질 여러 섹션들은 이 부분에 대한 논의를 발전시켜줄 것이다.

여성과 과학

2005년 1월, 당시 하버드대 총장이었던 로렌스 서머스^{Lawrence Summers} 교수는 하버드대 자연과학대학의 종신교수들 중 남성이 더 많은 이유에 대한 추측성 발언으로 큰 논쟁을 촉발시켰다. 그는 사실상 억압이나 차별에 대한 어떤 것도 이야기하지 않았을 뿐 아니라 누구도 그의 대학 정책 중 남성 편향적인 부분이 있다고 비난한 사람 또한 없었다. 그가 저지른 것은 생각의 범죄였다. 그는 허락되지 않은 생각을 표현했다. 그는 단지 높은 지적 능력이 필요한 영역에 실제로 여성보다 남성이 더 많은 이유에 대해 궁금증을 가졌을 뿐이다.

'논쟁'이 서로 간의 관점과 의견의 교환을 의미함에도 불구하고 서머스 교수의 논쟁이 불러일으킨 것은 대부분 그에 대한 맹렬한 비판 혹은 그에게 그런 말을 할 권리가 있는지에 대한 것이었다. 누구도 그가 옳다고 하는 사람이 없었기 때문에 이 사건은 논쟁이나 논란보다 '스캔들'로 표현하는 것이 더 적절했다. 유일하게 제대로 된 논쟁은 그가 처벌받아야 하는 수위가 어느 정도여야 하는지에 관한 것이었다. 그가 받을 처벌은 타고난 지적 능력의 차이 때문에 자연과학에서의 획기적인 업적은 여성보다는 남성에 의해 만들어질 가능성이 높다는 자신의 생각을 공개적으로 표현했다는 '죄목' 때문이었다.

서머스 교수는 잘못을 인정하고 사과하라는 압박을 받았고, 얼마 지나지 않아 총장직에서 사임했다. 그의 사임은 대학 내 여러 정치적 요소들의 압박 때문이었다.

사임 전에 그는 사과를 넘어서 여성 과학자 부족 문제 해결에 학교 재정 5,000만 달러를 사용하겠다는 서약을 해야 했다. 이 서약은 '다양성'이라는 명목 하에 이루어졌지만 많은 전문가들이 지적했듯이 다양한 의견을 고양시키는 것과는 거리가 먼 행위였다. 이 사건은 오히려 하버드대 내부에서 의견의 다양성이 환영받지 못함을 여실히 보여주는 것이었다.

이 자금은 하비드대가 가진 어떤 문제점 때문에 최고의 과학자들 중 여성 비율이 떨어지는지를 분석하는 것을 목적으로 여성 과학자들과 페미니스트 교직원들에게 지원되었다.

여기에서 우리의 관심사는 서머스 교수의 안타까운 사건 자체에 있다기보다는 논쟁의 내용이다. 이 논쟁에 관련된 거의 모든 글들은 높은 수준의 과학과 수학 분야에서 일하는 데 여성이 남성에 비해 능력이 부족한지를 이분법적으로 다루었다. 서머스 교수는 그 사건 이후로 여러 글들에 줄곧 조롱과 함께 인용되었다.

모든 사람이 그가 얼마나 잘못했는지 주장했다. 예를 들면 루안 브리젠다인Louann Brizendine은 자신의 저서『여성의 뇌The female brain』에서 서머스 교수가 남성이 여성보다 과학을 더 잘한다고 한 주장은 "완전히 틀렸다"라고 말했다. 보통 책임감 있는 과학자들은 '완전히 틀렸다'와 같은 단정적인 표현은 거의 사용하지 않는다. 이런 표현은 자신만이 옳다고 생각하는 독단적인 사람들이 자기에게 맹목적인 지지를 보내는 사람들을 의식할 때나 쓰는 말이다.

실제 데이터들이 보여주는 사실은 무엇일까? 서머스 교수의 주장을 뒷받침하는 데이터는 실제로 존재했다. 정확히 말한다면 수학과 과학 적성평가 점수에서 남성과 여성 간에 평균적으로 작은 차이가 있으며, 남성들의 점수가 조금 더 높다. 하지만 이 수치만으로는 하버드대 물리학자들이나 노벨상 수상자들 내에서의 심한 남녀 불균형을 설명하기에 부족하다.

서머스 교수를 비방하는 사람들이 제시할 수 있는 주요 연구 결과는 전체 평균 IQ 점수는 남성과 여성이 거의 비슷하다는 점이다(아동기에는 여성의 점수가 더 높다가 후에 남성이 점수를 따라잡아 성인기에는 남성의 점수가 아주 조금 더 높아진다). 누군가 평균적으로 남성이 여성보다 유의미하게 더 똑똑하다고 말한다면 이는 사실이라 볼 수 없다. 남녀 간의 지능 차이는 당신이 어떤 연구를 인용하느냐 혹은 몇 점의 차이를 유의미하게 받아들이느냐에 따라 이야기가 달라지기 때문이다(여성이 남성보다 똑똑하다는 최근 주장도 남성이 더 똑똑하다는 의견과 마찬가지로 정당화하기 어렵다).

실제로 하버드대 종신교수들 중 남성이 더 많다는 점에 대해서는 모든 사람들이 동의한다. 하버드가 아닌 다른 대학도 마찬가지다. 전 세계적으로 최고의 과학자들 중에선 남성이 여성보다 많다. 왜 그럴까? 이것이 결정적인 질문이다. 서머스 교수는 이 현상이 능력의 차이에서 오는 것이라고 암시했다는 점에서 큰 비판을 받았다.

가상 페미니스트는 당연히 여기에 대응할 준비가 되어 있다. 정치·사회적으로 수용되는 단 하나의 설명은 편견과 차별에 초점을 둔다. 우리 모두는 여성이 고위직에서 다소 소외되어 있다고 할지라도 그들의 능력만큼은 남성과 다르지 않다고 믿고 싶어 한다. 여성이 남성만큼 성취하지 못하는 현상이 목격될 때마다 등장하는 개념이 가부장제다. 결국 문화는 여성을 억압하려는 남성들에 의해 만들어진 음모라고 보는 것이다.

엄밀히 말하자면

하지만 서머스 교수는 남성이 여성보다 똑똑하다고 말한 것이 아니었다. 그렇다고 수학과 과학 분야에서 남성이 여성보다 더 뛰어나다고 이야기한 것도 아니었다.

수학과 과학 능력은 일반적 지능과 비슷하게 연속된 수평선을 따라 분포한다. 이 수평선 상의 중간쯤에 평균 수준의 사람들이 대다수 분포하고, 양 극단에 적은 수의 사람들이 놓인다. 서머스 교수는 높은 지능의 극단, 즉 수학과 과학에 있어서 천재적인 수준의 지능을 가진 사람들에 관해 지적한 것이고, 이 부분에 여성보다 남성이 더 많다고 이야기한 것이다.

이 현상이 평균적으로 여성보다 남성이 더 똑똑하다는 의미로 받아들여질 수도 있지만, 사실 그런 의미는 아니다. 만약 천재 수준의 남성이 더 많이 분포하고, 이 분포도의 나머지 전체에 걸쳐 같은 수의 남성과 여성이 분포해 있다면 남성의 평균 IQ가 더 높을 것이다.

하지만 높은 점수의 극단에 남성이 더 많다는 것은 이 분포의 양쪽 극단 모두에 남성이 더 많다는 것을 의미한다. 남녀의 평균 IQ가 소수점 첫째 자리까지 거의 같다고 해도 또 다른 극단인 아주 낮은 지능수준에도 남성이 더 많다면 천재급의 높은 지능수준에도 여성보다 남성이 많을 것이다. 다시 말해 지적 능력이 떨어지는 남성이 지적 능력이 떨어지는 여성보다 많다면 통계적으로 똑똑한 남성들이 똑똑한 여성들의 수보다 더 많을 가능성도 있다는 것이다.

보다 면밀하게 검사해야 할 부분은 낮은 지능의 극단을 보는 것이다. 서머스 교수에 대한 논쟁에서는 누구도 이런 부분에 대한 의견을 제기하지 않았고, 심지어 IQ 분포의 밑바닥 쪽에 왜 남성들이 더 많은지에 대한 의문도 없었다.

낮은 지능에 대한 데이터는 천재 수준의 지능에 대한 것보다 반론의 여지없이 훨씬 더 확고하다. 기본적으로 영재성보다 정신지체에 대한 연구가 훨씬 더 많이 이루어졌기 때문이다.

정신지체의 경우 남아들이 여아들보다 많다. 어떤 검사를, 어떤 인구집단을 대상으로 하든 정신지체의 경우 언제나 남성들이 더 많다. 여기엔 다른 설명의 여지가 없다. 지능의 낮은 극단에는 남성의 수가 여성의 수보다 더 많다.

사실 정신지체 수준이 약한 정도에서 심한 쪽으로 내려갈수록 남녀 차이는 더 벌어진다. 이는 이 현상이 꽤 견고하다는 것을 보여주는 추가적인 증거다. 그리고 결정적으로, 천재 수준에서도 이와 같은 패턴이 나타난다. 지능이 약간 높은 경우에서 극단적으로 높은 경우로 올라갈수록 남성 수에 비해 여성 수가 점점 더 줄어드는 것을 확인할 수 있다. 극단적인 천재나 정신지체가 심한 사람들은 거의 모두 남성집단이다. 가끔 이 두 극단 그룹에 출현하는 여성이 있지만 예외적인 경우다.

정신지체 남아들이 가부장제의 결과물은 아니다! 서로의 아들을 정신지체아로 만들기 위해 남성들이 꾸민 음모는 없다. 그냥 정신지체 남아들이 여아들보다 더 많이 생겨난 것뿐이다.

물론 잘못된 고정관념이나 편향된 사회화 과정 때문에 생기는 일도 아니다. 어떤 부모도 자기 자녀가 정신지체아가 되길 바라지 않는다. 사회적 기대와 선택적 압력, 사회화와 같은 사회적 요인들에 의해 정신지체아가 발생하는 것은 아니다. 그러나 여하튼 딸을 둔 부모들에 비해 아들을 둔 부모들 사이에서 자녀의 정신지체가 발견될 가능성이 더 높다.

정신지체 남아가 여아보다 많은 현상이 가부장제의 결과가 아니라면 천재적인 남아가 많은 현상도 가부장제의 결과가 아닐 것이다. 가장 가능성 있는 설명은 자연의 영향으로 지능의 양 극단이 나타난다는 것이다. 어떤 남성성을 구성하는 생물학적 요인이 남성들의 경우엔 양 극단적인 사례들을 더 많이 생산해 내는 것이다(이에 대해서는 뒤에서 더 설명하겠다).

자, 이제 이 사례에 대해 과장하지 말자. 세상에는 정신지체 여성들이 많은 것처럼 천재 여성들도 많다. 여성들은 지능의 범위, 즉 최상위 지능에서부터 최하위 지능에까지 전체에 걸쳐 관찰된다. 하지만 일반적으로 남성들이 약간 더 양 극단 쪽으로 퍼져 있는 반면 여성 군집은 조금 더 중간쯤에 몰려 있는 편이다.

이 점에 있어서 서머스 교수의 생각은 상당 부분 맞았다. 적어도 그가 말한 내용은 견고한 과학적 기반을 가지고 있었다.

다른 식으로 표현한다면 평균적인 남성과 여성의 지능은 거의 완벽할 정도로 비슷하다. 다만 극단에서는 차이가 있다. 남성은 여성에 비해 약간 더 바보 같거나 약간 더 똑똑하다. 가장 지능이 높은 사람이나 가장 지능이 낮은 사람들만 본다면 이 두 집단에서 남성이 여성보다 많다는 것을 확인할 수 있다.

양 극단에 위치한 남성들

사회의 꼭대기뿐 아니라 밑바닥에도 남성들이 더 많다. 남녀 차이와 관련해 가부장적인 음모, 억압이나 고정관념과 같은 것들을 여기에 연결시키기 전에 분명하게 인정해야 할 사실이다. 남성들은 여성들보다 극단적이며, 이 모습은 위아래 양 극단에서 모두 나타난다. 문화 내에서뿐만 아니라 자연현상에서도 나타난다.

1장에서 언급했듯이 우리는 사회 전반에 걸쳐 남성의 극단성을 관찰할 수 있다. 여성보다는 남성 중에 자수성가한 백만장자가 더 많지만, 교도소에 수감되는 수도 남성이 더 많다. 이런 경향은 사람의 신장과 같은 자연현상에서도 나타난다. 적어도 미국과 같이 영양 공급이 충분한 곳이라면 키는 유전적 영향을 강하게 받는다. 평균적으로 남성은 여성에 비해 키가 크지만 남성 신장의 분포는 (통계학자들처럼 말하자면) 더 평평하다. 남성의 평균 신장에서 벗어나 양 극단에 있는 남성의 수는 여성 평균 신장의 양 극단에 있는 여성의 수보다 많다.

그렇다면 성격의 경우는 어떠한가? 성격은 지능처럼 논쟁을 초래하거나 정치적인 의미가 함축된 이슈가 아니기 때문에 찾아볼 수 있는 정보가 적은 편이다. 하지만 성격도 이와 같은 결론을 보이는 데이터들이 있다. 예를 들면 최근 내가 방문한 펜실베이니아 대에 위치한 긍정심리센터는 최고 수준의 연구자들이 인간의 강점과 미덕에 대한 획기적인 연구를 하는 기관이다. 이곳의 연구원들은 최근 인간이 가진 가장 중요한 스물네 가지 긍정적인 특질과 강점들을 측정하기 위한 검사지를 만들어냈고, 수십만 명의 사람들을 대상으로 이 검사를 실시해 평가하고 있다. 이들이 발견한 것은 무엇일까? 남성들은 이 검사의 양 극단치에서 여성보다 많은 수를 차지했다. 친절함과 잔인함, 호기심과 편협함, 지혜로움과 미성숙한 외고집, 자기절제와 자기방종 혹은 겸손함과 자아도취 같은 긍정-부정 조합을 제시했을 때 각 성향의 양 극단 모두에서 남성이 여성에 비해 더 많이 나타났다.

예외도 있다. 최근 성격연구 분야에서는 통계적 자료에 기반을 둔 성격 5요인을 널리 사용하고 있다. 이 성격 요인에서는 남성이 여성에 비해 더 극단적인 점수 분포를 보이지 않는다.

혼란을 피하기 위해 다시 한 번 짚고 간다면, 종 모양의 통계분포 곡선에서 남녀 모두 양 극단보다는 중간의 평균 지점에 더 많이 몰려 있다. 남녀 모두 분포의 중간 범위에 가장 많은 수가 있고, 양 극단으로 벗어날수록 적어진다. 하지만 양 극단만을 살펴보면 여기에는 여성보다 남성이 더 많다는 것이다(그 말은 평균에 가까운 중간에는 남성보다는 여성이 조금 더 밀집해 있다는 뜻이기도 하다).

이 경향성은 많은 특성들을 측정할 때 반복적으로 관찰된다. 가끔 이런 경향이 없을 때도 있지만 이 경향은 꽤 자주 나타나는 만큼 주의를 기울여야 할 현상이다.

무엇이 남성을 양 극단에 더 많이 몰리게 했을까? 우리는 후에 남성의 극단성 패턴의 원인에 대해 다시 검토할 것이다. 이 현상은 자연과 문화 모두에 근원을 두고 있고, 나아가 문화가 남녀를 착취하는 방법에 있어 차이를 보이는 것과 깊이 연관되어 있다.

망할 놈의 거짓말과 통계치

남성이 보이는 극단성 패턴은 사람들이 헷갈리고 오해할 수 있는 수많은 결과를 만들어낼 수 있다. 남성과 여성이 평균적으로 완벽히 동일하다 해도 남녀의 평균 차를 보여주는 역설적인 통계 데이터를 쉽게 얻어낼 수 있다. 전체 분포값 중 일부 극단값만을 측정하면 이런 이상한 통계치를 얻을 수 있다.

이 사실을 좀 더 확실히 알아보기 위해 두 가지 사례를 살펴보자. 하나는 대학 학점이고, 다른 하나는 임금이다.

이 섹션의 핵심은 어떻게 통계치가 악용될 수 있는지를 보여주는 것이다. 이런 사례는 강한 편향으로, 자신이 원하는 대로 보고 싶어 하는 사람뿐 아니라 공정하게 판단하려고 노력하는 사람들에게도 일어날 수 있다. 마크 트웨인이 유명세를 떨치게 한 말이 있다. "세상에는 세 가지 거짓말이 있다. 거짓말, 망할 놈의 거짓말, 그리고 통계치."

남성의 극단성 패턴은 여기에서 말하는 거짓된 통계치와 더불어 다른 거짓말들도 만들어낼 수 있다. 심지어 진실을 원하고 편향 없이 선한 의도를 가진 사람들도 자칫 부적절한 주장에 호도될 수 있다. 정치적 동기에 대한 관심이 시들거나 혹은 증폭되고 있을 때 이렇게 만들어진 통계적 착각은 대중들을 심리적으로 들었다 났다 하는 힘이 있다. 이런 통계치는 또한 모든 것을 과도하게 일반화시키는 주장을 만들어내고, 정치적 움직임의 발판 역할을 하기도 한다.

자, 우선 대학 학점부터 살펴보자. 논의를 위해 남자 대학생들이 여성과 모든 면에서 평균적으로 동일하다고 가정해 보자. 즉 남성과 여성은 모두 같은 평균치의 지적 수준과 업무 습관, 야망, 꼼꼼함을 보인다고 가정하자. 또한 양 극단에 남성들이 더 많다는 중요한 가정을 해보자. 그렇다고 할지라도 이때 양 극단값은 서로 상쇄되기 때문에 남성과 여성의 평균은 정확히 동일하다.

이 두 가지 가정이 사실이라면 남녀의 학점은 어떤 분포를 보일까? 남성과 여성은 같은 평균 학점을 받게 될까? 그럴 수도 있다. 하지만 여기에 학점 인플레를 고려해 보자. 학점 인플레는 최근 수년 간 미국 대학에서 전반적으로 강하게 나타나는 현상이다. 이로 인해 예전 C학점을 받기 위한 노력만으로 이제 B학점을 받을 수 있게 되었다. 많은 대학 수업들에서 대다수의 학생이 A학점을 받고 있고, F학점은 갈수록 찾아보기 어려워지고 있다.

거의 모든 대학에서 가장 높은 학점은 A학점으로, 통계적으로 이야기하면 천장[ceiling]이다. 가장 낮은 학점, 즉 바닥[floor]은 F학점이다. 최근 20여 년간 모든 학점이 천장 쪽으로 서서히 쏠렸다. 이제 평균이 점차 올라가면서 평균 학점은 최저점인 바닥으로부터는 멀어졌고, 천장에는 더 가까워졌다.

이렇게 만들어진 '낮은 천장'은 남성과 여성의 평균 학점에 영향을 미칠 것이다. 실제 성취도의 양 극단에 남성들이 더 많이 분포해 있다는 것을 기억하자. 그러나 정말 높은 성취도를 보이는 남성은 더 이상 남성의 평균 성취도를 높은 학점 쪽으로 끌어당길 수 없다. 바로 낮은 천장 때문이다. A학점이 가장 높은 학점이고, 많은 학생이 A학점을 받는다. 굉장히 뛰어난 학생들은 적당히 뛰어난 꼼꼼한 학생들과 동일하게 A학점을 받게 된다.

반면 낮은 성취도를 보이는 남성들은 남성의 평균 학점을 낮출 것이다. 최하 수준의 학점을 받는 남성이 여성보다 많다. 학점 인플레 때문에 이런 낮은 학점은 더욱 큰 영향을 미쳐 남성 전체의 평균 학점을 강하게 아래로 끌어내릴 것이다.

그 결과 어떻게 될까? 여성들은 평균적으로 남성들보다 더 좋은 학점을 받을 것이다. 여기에서 중요한 점은 학점상 남녀 간의 투입값(남녀의 평균)이 같았는데도 결과는 다르다는 점이다. 평균 수행의 질은 남녀가 정확히 동일할지라도 평균 학점은 달랐다.

이런 현상이 일어나는 이유는 학점 인플레 시대의 학점 분포가 최상위 수준의 수행을 제대로 변별하지 못하는 반면, 밑바닥의 낮은 수행에는 상당히 민감하게 반응하기 때문이다. 결국 남학생이 많은 양 극단 중에서 뛰어난 상위 그룹은 제대로 인정받지 못하는 데 비해 형편없는 수행을 하는 밑바닥 범주 학생들의 영향은 더 분명해진다.

이제 이와 상반되는 문제를 보여주는 임금의 예를 살펴보자. 학점의 예에서 통계적인 문제는 받을 수 있는 최고점, 즉 천장이었다. 임금에서는 받을 수 있는 최저 금액, 즉 바닥이 문제다. 임금에 대해서는 법적 최소 임금이 존재한다. 법적 최소 임금이 영향을 미치는 요소가 아니더라도 임금에는 사실상 0원이라는 최소치가 존재할 것이다. 어느 누구도 마이너스 임금을 위해 일하지는 않는다. 마이너스 임금이 존재한다면 무척이나 무능한 사람이 단지 일하는 기회를 갖기 위해 회사에 돈을 지불하는 것을 뜻한다.

학점의 사례와 같이 투입되는 평균값은 남성과 여성 모두에게 정확히 동일하다고 가정해 보자. 즉 남녀 모두 같은 자질과 능력, 같은 노력과 희생을 가지고 있다. 그리고 평균 남성과 여성이 정확히 같은 양과 질의 업무를 해낸다고 가정하자. 마지막으로 여기의 양 극단에도 남성이 여성보다 많다고 가정하자.

임금에 있어서 최솟값은 존재하지만 최댓값이라는 것은 없다. 그래서 높은 극단에 있는, 가장 성취도가 높은 소수의 남성들이 전체 남성의 임금 평균값을 끌어올릴 것이다. 하지만 낮은 쪽의 극단에서는 뚜렷이 존재하는 바닥(최소 임금과 0원)이 성취도가 낮은 남성들이 남성의 평균 임금을 끌어내리는 것을 방지한다. 결과적으로 남성의 평균 임금은 여성에 비해 높아지는 결과를 보인다. 임금에 영향을 주는 모든 요소에서 남성과 여성이 평균적으로는 차이가 없을지라도 이 같은 현상 때문에 남녀의 평균 임금에는 차이가 나타날 수 있다.

이러한 차이들은 곧 사라질 일시적인 현상도 아니고, 해결이 필요한 문제도 아니다. 차이는 영구적으로 남아 있을 것이다. 최소한 다음 세 가지 조건들이 지속된다면 변화는 없을 것이다. 낮은 천장을 가진 높은 학점제도, 최소 임금 그리고 남녀의 평균은 같아도 극단에는 남성 수가 더 많다는 현상이 유지되는 한 말이다.

　사실상 오늘날 미국에서는 여성들이 대학에서는 더 높은 학점을 받고, 사회에서는 더 낮은 임금을 받는다. 우리가 언급한 것 이외에 다른 원인들이 있을 수 있기 때문에 결론을 속단해서는 안 된다. 그러나 매체들은 이런 남녀 차이를 언급할 때 다소 엉뚱한 방향으로 몰고 간다.

　보통 여성이 더 높은 학점을 받는 이유는 그들이 더 우수한 학생이고, 심지어 남성보다 더 똑똑할지도 모른다고 설명한다. 반면 수입이 높은 남성에 대해서는 그들이 여성보다 더 성실한 노동자일 거라고 생각하지는 않는다. 대신 후자의 경우에는 남성들의 악랄한 음모(가부장제) 탓으로 돌리고, 바로 이 임금의 남녀 차이가 남성의 사악함과 여성 억압에 대한 증거라고 생각한다. 어떤 이들은 법적으로 여성이 남성과 동등한 임금을 받을 수 있도록 해야 한다고 주장한다.

　그럴지도 모르겠다. 하지만 이론적으로는 이와 정반대의 결론을 내릴 수도 있다는 점을 지적하고 싶다. 이렇게도 설명할 수 있다. 여성들이 대학에서 높은 성취도를 보이는 이유는 대학이 남성들을 차별하고 여성들에게 혜택을 주기 위해 추가적인 노력을 하기 때문이라고 말이다. 더불어 남성이 높은 임금을 받는 이유도 이들이 여성보다 직장에서 일을 더 잘하거나 임금이 높은 직업을 선택했거나 혹은 근무시간이 더 길다거나 하는 이유 때문이라고 말할 수 있다.

내가 말하고 싶은 바는 두 결론 모두 확고하지 못한 상태라는 것이다. 우리는 아직 남성의 극단성이 이런 남녀 차이의 원인일 수 있다는 매우 중요한 가능성을 완전히 배제하지 못한 상태다. 이 작업이 이루어지기 전부터 섣부른 결론은 곤란하다. 남성들의 낮은 학점이나 높은 연봉은 남성의 극단성에서 빚어진 사소한 통계적 숫자에 불과한 것일 수도 있다.

모순되는 고정관념 다시 보기

이제 앞에서 언급했던 역사적 미스터리로 돌아가 보자. 어떻게 10년이 조금 넘는 시간 동안 작게는 심리학계, 널리 일반적으로는 서양사회가 하나의 편견을 완벽히 180도 뒤집을 수 있었을까? 남성의 극단성 패턴은 서로 반대되는 이 결론들에 대한 설명이 될 수 있다.

우선은 고정관념과 편견이라는 것이 어떻게 유지되는지와 관련된 간단한 사실 하나를 살펴볼 필요가 있다. 편견에 대한 수천 가지 연구들이 있지만 이 현상을 간단히 설명할 한 가지 정답만 있는 것은 아니다. 그러나 커다란 결론은 몇 가지 있다. 대부분의 고정관념은 누군가를 무시하거나 혐오한다는 이유만으로 있지도 않은 일을 완전히 꾸며내는 것은 아니라는 점이다. 대부분의 편견은 상당한 수준의 사실을 바탕으로 한다.

리 주심Lee Jussim을 비롯한 많은 연구자들은 다양한 종류의 고정관념들이 우리가 예상하는 것에 비해 훨씬 정확하다고 결론 내렸다. 당연히 어떤 고정관념은 많은 부분에서 잘못되었고, 어떤 사례들에서는 특정 집단 구성원을 나쁘게 보이도록 의도적으로 만들어낸 것들도 있지만 말이다. 더 중요한 점은 사람들 대부분은 편협하지 않을 뿐 아니라 자신이 믿고 있는 고정관념이 사실인지 확인하기 위해 꽤나 신중한 편이라는 점이다.

안타깝게도 고정관념이 사실인지 확인하기 위해 사람들은 자신의 고정관념을 확인시켜주는 사례들만 골라서 본다. 다시 말해 많은 사람들이 자기 고정관념의 사실 여부를 확인하려고 노력하지만 이것이 근거 없는 거짓인지는 살펴보지 않는다는 것이다. 인간의 두뇌가 저지르는 이 속임수를 심리학자들은 확증 편향confirmation bias이라 부른다. 이 현상은 사람들이 자신의 믿음이 틀렸음을 확인시켜주는 예보다는 사실이라고 확인시켜주는 예들을 찾는다는 것이다.

여기에 남성의 극단성이라는 개념을 적용해 보자. 이 개념은 확증 편향과 같이 작용함으로써 기본적인 특성상 반대되는 두 가지 고정관념을 만들어내는 데 안성맞춤이다. 우리가 여성과 비교해서 남성에 대해 무엇을 기대하든 상관없이 그에 맞는 타당한 예들을 쉽게 여럿 찾을 수 있을 것이다. 남성은 양 극단 모두에서 여성보다 많은 수를 차지하기 때문에 남성에 대한 긍정적인 고정관념뿐 아니라 부정적인 고정관념을 지지하는 듯한 증거를 누구든 쉽게 찾을 수 있다.

남성이 여성보다 우월하다고 믿고 싶을 때는 영웅과 자선가, 발명가, 천재, 정치가가 있는 사회의 꼭대기를 보면 된다. 반대로 남성이 여성보다 열등하다고 믿고 싶을 때는 범죄자, 마약중독자, 실패자, 사기꾼, 건달, 전쟁광, 정신지체자, 알콜중독자가 있는 사회의 밑바닥을 보면 된다.

이런 점에서 남성은 실제로 여성보다 우월하면서도 동시에 열등하다고 볼 수 있다.

한 번도 시도되지 않은 이론

남녀 차이에 대한 가능한 네 가지 이론 중 지금까지 세 가지를 제시했다. 얼마 전까지만 해도 남성이 여성보다 우월하다는 견해가 보편적이었다. 하지만 현재의 지배적인 견해는 여성이 남성보다 우월하다는 것이다. 그리고 남녀 간에 선천적이거나 실제적인 차이는 없고, 단지 다른 양육방식으로 인해 발생한 남녀에 대한 고정관념들과 피상적인 차이들만 존재할 뿐이라는 주장을 강하게 하는 시기도 있었다. 이 리스트에서 빠진 것은 무엇일까?

남녀는 다르지만 동등하다는 견해. 바로 이것이 이제껏 시도되지 않은 새로운 주장이다. 이 관점에서는 남녀 중 어떤 쪽도 총체적인 우위를 점하지 못한다. 그러나 서로 분명한 차이는 있다. 더 나아가 남녀 간의 이 차이점들이 서로 상쇄된다는 것이 중요한 포인트다.

이 주장이 모든 사람을 만족시키기 위한 감상적인 타협안 같아 보일지도 모르겠다. 하지만 그렇지는 않다. 남녀가 동등하다는 주장은 문화가 남성을 이용한다는 내 주장의 기반이다.

문화는 남성과 여성을 다르게 이용한다. 실용적인 이유 때문이다. 남성과 여성은 기본적으로 다르기 때문에 문화적 입장에서 남녀는 각각 다른 용도로 유용하다.

남녀 간에 아무런 차이가 없다면 남성과 여성은 서로 맞바꿀 수 있는 존재가 된다. 그렇다면 문화가 이득을 취하기 위해 규정한 성역할에 있어 남녀 중 누가 어떤 역할을 하더라도 상관없을 것이다. 대부분의 문화에서는 전투에 나가 싸울 사람이 필요하고, 아기를 돌볼 사람도 필요하다고 생각해 보자. 서로 어울리지 않는 이 두 업무를 남성과 여성에게 각각 분배한다고 치자. 어떤 문화는 남성들을 이용해 아기를 돌보고, 여성들을 이용해 전투를 치르는 경우가 있을 수 있다.

하지만 남녀에게 차이가 있다면 성공적으로 운영되는 문화에서는 남녀 중 누가 어떤 업무에 적절한지 제대로 알아낼 것이고, 그 결과에 따라 업무를 분배할 것이다.

'다르지만 동등하다는 것'은 양성평등의 측면에서 급진적인 이론이다. 이 이론은 남녀의 동등성을 동일성으로 해석하는 게 아니라 트레이드오프라는 개념으로 접근한다. 특정 업무를 잘 해낼 수 있는 개인적 특성이 있지만 또 다른 업무에서는 이 특성과 반대되는 모습이 더 유용하게 쓰인다. 남녀 간의 차이는 이와 같은 트레이드오프를 통해 지속적으로 유지된다.

성별과 트레이드오프

앞 섹션에서 나는 아기를 돌보고 전투에서 싸우는 것은 서로 어울리지 않는 일이라고 했다. 이 문제에 좀 더 집중해 보자. 만약 문화가 이 두 가지를 해내야 한다면 이 둘이 다른 종류의 일이라는 것이 문제 될 수 있다. 왜 이 두 가지 일은 양립할 수 없을까?

한 가지 이유는 각 업무의 요구사항들이 다르다는 점이다. 아기들은 지속적으로 지켜보고 매일, 정말 거의 두세 시간마다 먹여야 한다. 그에 반해 전투는 빈번히 이동해야 한다. 이동 과정 중에 그들은 예측 불가능한 많은 일들에 휩싸이게 된다. 기회를 노려 공격하고, 부상을 당하기도 하고, 세끼 식사는 물론이고 규칙적인 수면조차 보장되지 않는데다 며칠 동안은 갑작스런 전투로 눈 코 뜰 새 없이 정신없다. 제2차 세계대전이 계속되던 1944년 결전의 날, 최전방에 배치된 미군들이 한두 시간마다 캠프로 돌아가 아기들을 먹이고 기저귀를 갈아야 했다면 노르망디에 제대로 상륙할 수 없었을 것이다. 그렇다고 아기를 둘러업고 오마하 전투를 할 수도 없는 일 아닌가.

이 두 가지 업무를 한꺼번에 할 수 없음을 가장 극명하게 보여주는 사실은 두 가지 업무에 필요한 심리적·행동적 특징들이 다르다는 점이다. 온순하고 다정한 성향은 아기를 돌보는 임무에 잘 맞겠지만 전장에서는 이 성향이 역효과를 낳을 것이다. 소리치고 공격적인 행동이 아기를 잠재울 수는 없겠지만 육탄전을 벌이는 상황에서는 제대로 효과를 발휘할 것이다.

섬세하게 타인의 감정에 맞춰주는 성향은 아기를 돌보는 사람에게 이상적이다. 하지만 이런 성향은 창이나 칼을 쥔 누군가와 싸울 때는 치명적인 망설임을 가져올 수 있다. 격렬한 전투로 겁에 질린 젊은이가 사지로 행진할 수 있는 것은 자신의 감정을 차단하기 때문에 가능한 것이다. 하지만 이런 감정 차단은 아기를 돌보는 데는 문제가 될 수 있다.

전투와 아기에 대한 이야기는 단지 하나의 예에 불과하다. 모든 것을 여기에 연결시키겠다는 의도가 아니라 중요 포인트를 설명하기 위해 선택한 것이다. 바로 트레이드오프라는 개념이다.

내 생각엔 많은 사회과학자들과 일반인들이 트레이드오프가 우리 내부에 얼마나 만연해 있는지 인식하지 못하는 것 같다. 물론 단지 내가 받는 인상일 뿐이라 증명할 수 없긴 하다. 하지만 사람들은 늘 모든 문제를 해결해 줄 어떤 구체적인 하나의 방법을 찾아 나선다. 왜 우리는 계속 새로운 법안들을 필요로 할까? 지금도 충분한 법안들이 있지 않은가? 한 문제를 해결하는 것은 종종 또 다른 문제를 낳을 뿐 아니라 사회문제들은 대부분 한 가지 방법으로는 해결되지 않는다. 바로 트레이드오프 때문이다. 한 관점에서 무언가를 더 나아지게 할수록 다른 관점에서는 더 많은 문제가 만들어지는 것이다.

남녀의 동등함에 대한 나의 급진적인 이론은 트레이드오프라는 개념을 바탕으로 한다. 이는 남녀가 잘하는 것들에 있어서 실제적인 차이가 있다는 것을 의미한다. 하지만 이 차이들은 서로 연관되어 있다. 구체적으로 이야기하자면 한 가지를 잘한다는 것은 다른 한 가지를 잘 못한다는 점과 연결된다는 것이다.

이 책을 준비하면서 처음으로 자료조사를 할 때 나는 멀티태스킹에 대한 남녀 차이가 사실이길 바랐다. 여기에 트레이드오프가 존재한다면 동전의 다른 면이 존재해야 했다.

여성의 두뇌가 선천적으로 여러 일들을 한꺼번에 처리하는 데 적합하게 만들어져 있다면 그에 대응되는 단점도 어딘가에 있어야 했다. 아마도 남성은 한 가지 일에 몰두하는 능력이 있을 수 있다. 그럴듯한 이론이다. 여성은 놀고 있는 아이를 지켜보면서 저녁 준비를 하고, 다른 사람과의 대화도 계속 이어가는 등 여러 일들을 효율적으로 해낸다. 남성은 한 가지 일에 몰두하여 획기적인 발명과 수학적 증명을 해낸다. 하지만 멀티태스킹에 있어 남성과 여성의 차이는 허구다. 사실이었다면 트레이드오프식 접근을 설명하는 좋은 예가 될 수 있었을 것 같은데 말이다.

이제 남녀 중 어느 한쪽이 어떤 면에서 우월하다는 이야기를 들을 때마다 동전의 반대 면에는 무엇이 있을지 한번 생각해 보자. 여기에서의 우월함은 어떤 열등함과 묶여 있을까?

하나로 모두 해결할 수는 없다

남녀에 대한 트레이드오프 이론은 남녀 간 선천적이고 실질적인 차이가 존재한다고 말한다. 이 차이는 능력과 선호의 차이를 포함한 것이다. 선천적인 차이가 있다는 것은 생물학적 바탕에 의해 사람들이 이 같은 차이점을 (적어도 성향 면에 있어서) 지닌 채로 태어났다는 것이다. 몇 가지 사례들에서는 이 타고난 성향을 극복할 수 있겠지만 근본적으로 남성과 여성은 아예 다른 출발선에서 시작한다. 문화는 자연적으로 타고난 남녀 차이를 경감시킬 수도 있지만 많은 경우 문화는 자연이 만들어낸 차이를 기반으로 생성된다. 타고난 작은 선호 차이는 사회에서는 거대한 차이가 될 수 있다. 예를 들면 남녀의 작은 선호 차이가 거의 모든 여성은 아이를 돌보기 위해 집에 있고, 거의 모든 남성은 생활비를 벌도록 만드는 차이로 증폭된다.

생물학적 기반을 가진 차이점들은 진화 과정을 통해 만들어진 것이다. 가장 성공적인 형태일수록 경쟁자들에 비해 더 잘 살아남기 때문에 진화는 세대를 거쳐 진행된다. 진화에 성공한 개체들은 더 오래, 더 잘 살 뿐 아니라 가장 중요하게는 더 많이 번식한다.

이런 이유로 남녀 중 어느 한쪽이 선천적으로 더 우월하다는 주장은 타당치 못하다. 생존에 적절한 좋은 방법이 있다면 모든 개체에게 좋은 방법일 것이다. 다리가 둘인 것이 하나나 셋인 것에 비해 생존에 있어 유리하기 때문에 모든 사람들이 두 다리를 갖게 된 것이다(더 다양한 종을 통틀어 보면 당연히 다리가 넷이거나 여섯인 종들이 있지만 다리 개수가 홀수인 포유류는 없다). 따라서 진화는 자연적인 방법으로 모든 개체가 더 좋은 형태에 가까워지도록 하기 위해 서로 간의 차이점을 줄여 나간다.

하지만 진화는 어떤 특정한 조건 하에서는 개체들 간의 차이점들을 보존한다. 바로 트레이드오프가 존재하는 경우다. 특성 A가 특성 B보다 언제나 유리하다면 그 종 내에서 특성 A를 가진 개체들이 특성 B를 가진 개체들보다 더 많이 살아남고, 번식 또한 더 잘할 것이다. 이 과정은 구성원 대부분과 새롭게 태어나는 아기들 모두가 특성 B 대신 특성 A를 가지게 될 때까지 계속된다.

그러나 특성 A가 몇 가지 측면에서만 장점을 가지고, 이와 반대되는 특성 B는 이 외 다른 측면들에 장점을 보인다면 진화의 과정에서 이 두 특성 간의 영구적인 승자는 나타나지 않는다. 특성 A와 특성 B는 각각 지속적으로 번식될 것이고, 두 특성 모두가 후대에 전해질 것이다.

이제 남녀 중 어느 한쪽이 더 우월하다는 이야기를 들을 때마다 되물어보자. 왜 자연은 남녀 중 한쪽을 더 우월하게 만들었을까? 그리고 남녀가 아이를 만드는 순간마다 유전자가 섞이는데도 이 차이점은 왜 계속 보존되고 있을까? 다시 말해 차이가 존재한다면 이것은 트레이드오프라는 개념과 묶여 있을 가능성이 높다. 자연은 남녀 중 한쪽이 특정 업무를 더 잘할 수 있도록 지정하고 이 차이를 계속 보존할 것이다. 만약 또 다른 중요한 다른 업무를 잘하기 위해서는 앞의 특성이 오히려 없는 것이 유리한 트레이드오프 상황이 빚어진다면 말이다.

이제 우리는 남녀의 차이가 구체적으로 무엇인지 질문할 준비가 되었다. 자연과 문화가 남성에게서 찾아낸 장점이 도대체 무엇인지 알기 위해 우선 남녀 간 차이를 두루 살펴보도록 하자.

3

못하는 건가, 안 하는 건가
남녀의 실제 차이가
발견되는 부분

3

인류가 음악을 만든다는 건 참 놀라운 일이다. 어떤 생명체에서도 발견되지 않던 음악이 인류에겐 어떻게 시작된 건지 신기할 따름이다. 나는 음악 감상과 악기 연주, 음반 구매에 수많은 시간을 보내기도 했고 여러 조그만 밴드에서 연주한 경험도 있다. 해본 사람들은 알겠지만 열심히 노력해 일정 수준에 도달하면 꽤 전문적인 수준의 음악 감정가가 된다. 이제 음악을 들으면 다른 사람들이 놓치는 부분도 들리고, 어느 뮤지션이 훌륭하고 누가 대중에게 과대평가되었는지 같은 자신만의 확고한 견해도 가지게 된다. 게다가 나는 악기 연주에 심취하면서 가사가 음악의 전부라는 생각을 싫어하게 되었다. 당시 나는 어떤 곡을 가사 때문에 좋아하는 사람들은 음악적 수준도 떨어지고 음악을 제대로 즐길 줄 모르는 사람이라고 생각했다.

그렇게 연주 부문에 관심을 기울였던 수년 간 의문스러웠던 점 하나는 바로 남녀 차이에 관한 것이었다. 남녀 차는 즉흥연주와 연주음악을 중심으로 발전된 재즈 장르에서 극명하게 드러난다. 나는 어린 시절 할인코너에서 수많은 앨범들을 뒤적이면서 앨범에 참여한 여성은 거의 예외 없이 가수라는 사실을 알게 되었다. 반면 앨범에 참여한 남성의 역할은 다양했다. 기타, 색소폰, 트럼펫, 피아노 같은 악기를 연주하기도 하고 심지어 노래를 같이 하는 경우도 있었다. 하지만 여성이 발매한 재즈 앨범의 90% 이상은 모두 보컬리스트가 발매한 것이었고, 앨범 내 대부분의 곡을 연주한 사람들은 남성이었다.

그렇다고 여성이 악기를 연주할 줄 모른다는 뜻은 아니다. 클래식 장르를 보면 여성 연주자도 많고, 그중엔 최고 기량의 연주자들도 있다. 아이들이 다니는 기초 수준의 악기 수업에도 여자아이들이 더 많고, 재능도 남녀가 비등하다. 국가 전체적으로 봐도 여자아이들이 음악 레슨을 더 많이 받는다. 그렇게 여성들은 악기를 연주할 능력이 있고, 실제 연주도 훌륭히 해낸다. 여성들은 단지 재즈 연주를 하지 않을 뿐이다.

재즈가 갖는 차별화된 특징 중 하나는 창의성이 필요한 즉흥연주라는 점이다. 재즈 연주자는 연주를 하는 매 순간 무엇을 어떻게 연주할지 계속 구상해야 한다.

그렇다면 여성에게 부족한 것이 창의성인 걸까? 즉흥연주와 더불어 창의적인 음악활동으로 꼽을 수 있는 것이 바로 작곡이다. 이 분야에도 남성들의 활약이 지배적이다. 여성들은 작곡이나 즉흥연주보다는 악보가 주어지는 기본적인 형태의 연주를 훨씬 많이 한다. 이렇게 보면 실제 창의성에 있어서 남녀 차이가 존재하는 것처럼 보인다.

한 가지 가능한 설명은 여성이 창의적이지 못하다는 것이다. 작곡과 즉흥연주 영역에는 여성이 흔치 않은 편이라 나는 여성의 창의력이 뒤떨어지는 것은 아닐까 생각하기도 했다. 하지만 창의성에 대한 실제 연구들은 그 생각이 잘못된 것임을 보여준다. 심리학자들의 창의성 검사 결과를 보면 남녀의 점수는 거의 비슷했다. 여성도 분명히 남성과 비슷한 수준의 창의력을 가지고 있다.

그렇다면 여성들은 왜 창의적인 음악 작업을 더 많이 하지 않을까? 가상 페미니스트는 이 부분에 대해 억압과 사회화 때문이라는 통상적인 주장을 들고 나올 수 있다. 사회가 여성이 창의적인 작업을 하도록 격려하지 않았다는 것이다. 이런 설명 방식이 바로 대중을 상대로 하는 통속적 페미니즘이 우리에게 학습시킨 것, 즉 1장에서 살펴본 가상 페미니스트의 논리다. 이들은 남녀 차이가 발견될 때 남성이 선천적으로 더 뛰어나기 때문이라고 설명하는 대신 남성이 여성을 압박하고 억압했기 때문에 발생했다고 설명한다.

혹시나 재즈와 작곡의 세계가 여성 참여를 거부하는 마초적 문화를 가지고 있을지 모른다. 하지만 이런 설명도 불가능해 보인다. 실제로 내가 알고 있는 많은 재즈 뮤지션들은 마초라기보다는 조용하고 내성적인 괴짜들에 가깝다. 이들은 다른 사람과 함께 연주하는 데 개방적이다. 대부분의 밴드들은 특히 괜찮은 베이스 연주자들을 찾는 데 혈안이 되어 있어 연주에 대한 의지와 능력이 있는 사람이라면 누구든 함께 연주하려 한다. 냄새 나고 더러운 민폐 캐릭터일지라도 그 문은 열려 있다.

이렇게 되면 편견과 억압을 계속 내세우긴 어려워진다. 실제로 재즈라는 장르는 사회통합이 사회 주류적 관점이 되기 훨씬 이전부터 인종의 경계를 허물었다. 에밀리 렘러^{Emily Remler} 같은 재능 있는 여성 연주자가 등장했을 때 그녀는 굉장한 인기를 누렸으며, 같이 연주하고자 하는 많은 음악 파트너들을 만났다. 그렇다면 이런 남녀 차이가 발생하는 이유는 무엇일까? 이 장에서는 능력 이외의 영역에서 나타나는 남녀의 차이에 대해 살펴볼 것이다.

차이가 없다는 입장

2장에서는 남녀를 동등하게 보는 급진적 이론의 하나로 남녀 차이에 대한 트레이드오프 이론을 소개했다. 3장의 주제를 본격적으로 다루기 전에 앞서 언급했던 "남녀 차가 없다"라는 관점을 잠시 살펴보자. 이 관점은 남녀를 동등하게 보지만 급진적이지는 않으며, 남녀의 사소한 차이가 과장되었다고 생각한다.

심리학은 남녀 간의 차이에 대한 관점을 수차례 바꾸어왔다. 1960년대까지 남녀 차이는 일반적으로 중요하지도 광범위하지도 않은 현상이라는 것이 지배적인 견해였고, 이런 분위기 덕에 연구자들도 이 부분에 대해 그다지 깊게 생각하지 않았다. 행동이나 의견에 대한 남녀 차이가 발견되면 보고는 했지만 크게 주목하지는 않았다.

여성운동을 필두로 사회가 여성에게 주목하기 시작한 1960년대 말에서 1970년대 초반, 학계는 새로운 관점의 등장으로 후끈 달아올랐다. 당시 대표적인 출판물은 엘레노어 맥코비Eleanor Maccoby와 캐롤 재클린Carol Jacklin의 『성차의 심리학The psychology of sex difference』이었다. 이 학자들은 연구들을 샅샅이 뒤져 그간 보고되었던 남녀 차이에 대한 수많은 연구 결과들을 집대성했다. 그전까지 별다른 관심을 끌지 못했던 남녀 차이 관련 연구 결과들이 한꺼번에 책으로 묶여 출판되자 엄청난 파장을 가져왔다.

남녀 차이는 별안간 과학 커뮤니티의 주요 관심사가 되었고, 전문가들은 견해를 180도 바꿔 남녀가 상당히 다르다고 생각하기 시작했다. 그런데 이 시기는 우연히도 이런 견해와 사뭇 다른 주장, 즉 남녀는 근본적으로 동일하지만 사회의 편견과 사회화로 차이가 나타난다는 페미니스트의 주장이 공존하는 시기이기도 했다. 이런 견해들은 남녀 차이에 대해 "남녀가 다르게 양육된다"라는 설명으로 잠정적 합의가 이루어졌고, 이것은 남녀 차이에 대한 가장 유력한 해석으로 자리 잡게 되었다. 이제 사람들은 남녀 차이가 관찰되면 "남자아이들은 공격적인 방향으로 사회화된다", "여자아이들은 다른 이들의 감정에 주목하도록 교육받는다"와 같은 식으로 설명하기 시작했다. 잘못된 양육방식에 대해 신경증 같은 정신분석학적 설명을 붙이더니 이때부터는 부모가 자녀들에게 구시대적이고 억압적인 성역할을 주입시켜서 생긴 문제라는 진단을 내렸다.

얼마 지나지 않아 통계학자들에 의해 '추정된 효과크기estimated effect sizes'라는 새로운 통계적 개념이 개발되었다. 이 시점 이전까지 사회과학자들의 행동연구 방법은 데이터를 이용해 둘 이상의 집단 사이에 실제 차이가 있는지 검사하는 것이었다. 이 통계분석이 주로 제공하는 정보는 집단 간에 차이가 '있다' 혹은 '없다'라는 두 가지 경우의 수뿐이었다. 남녀 차이 연구로 말하자면, 이 접근법은 남녀 간에 실제 차이가 있는지 여부만 알려주는 것이었다. 결국 연구 질문은 단순히 "남녀는 다른가"만 가능했던 것이다.

그런데 효과크기라는 새로운 통계 개념 덕분에 연구자들은 이제 차이의 '크기'에 대해 질문할 수 있게 되었다.

효과크기가 남녀 차이 연구에 적용되자 상황은 순식간에 뒤집혔다. 맥코비와 재클린 교수의 『성차의 심리학』을 보면, 남녀 간에는 많은 차이점들이 발견되었다. 하지만 효과크기를 이용해 차이점의 크기를 살펴보니 대부분의 남녀 차는 상당히 작은 것으로 드러났다. 남녀 차이로 설명할 수 있는 행동 차이는 보통 3~5%

정도뿐이었고, 10%에 가까운 것은 찾기 어려웠다.

1995년 엘리자베스 애리스Elizabeth Aries는 이러한 사실을 그녀의 저서를 통해 명료하게 보여주었고, 이 책을 계기로 남녀 차이에 대한 효과크기를 적용한 재검토 붐이 일었다. 그녀는 존 그레이John Gray의 『화성에서 온 남자, 금성에서 온 여자Men from Mars, women from Venus』와 같이 남녀를 상반된 존재로 표현하는 저서들이 인기 있다는 점에 주목하기도 했다. 그리고 질문했다. "남녀 사이엔 차이점보다 비슷한 점이 훨씬 많은 데도 사람들은 왜 남녀를 서로 반대되는 양 극단의 개념으로 만들었을까?"

그렇게 남녀가 여러 면에서 다르다는 관점이 제시되긴 했지만 대부분의 차이는 실제로는 매우 작고 사소한 것으로 드러났다. 효과크기 개념은 수학 적성과 같은 중요하고 민감한 영역들에서도 남녀 차이에 대한 논쟁을 바꾸었다. 미국 수학능력시험SAT은 수천 번 시행되면서 남학생이 여학생에 비해 평균적으로 수학 적성이 높다는 것을 보여주었다. 하지만 이 차이는 실제로 3%에 불과했다. 이런 차이를 바탕으로 숫자를 다루는 일에는 남성이 더 적합하다거나 여자아이들은 물리학보다는 생물학을 수강해야 한다고 판단하는 것은 분명 무리가 있다.

최근 몇 년간 어떤 전문가들은 실제적인 남녀 차가 작다는 점에 착안해 남녀 차이 연구 분야 자체에 반감을 드러냈다. 예를 들어 영향력 있는 연구자인 자넷 시블리 하이드Janet Shibley Hyde는 이런 데이터가 페미니스트들의 주장이기도 한, 남녀가 다르지 않다는 관점을 뒷받침해 주는 결과라고 주장했다. 도덕적 추론부터 특히 수학문제 해결 같은 지적 능력에 대해서는 남녀가 다르다기보다 비슷하다고 보는 것이 더 적절한 것 같다.

민감한 쟁점들은 언제나 있기 마련이다. 인류역사의 그 어떤 시공간에서 보다 오늘날 현대 서구사회에서는 남녀가 비교적 동등하게 대우받고 있다. 서구사회는 남녀 차이를 제거하기 위해 수십 년간 노력해 왔다. 남녀 청소년에게 같은 공교육과 양육방식, 같은 기회를 제공하고 나아가 성인 남녀에게도 이런 평등한 대우를 확장해 왔다. 하지만 세계사에 등장한 대부분의 문화에서는 남녀가 다른 방식으로 삶을 꾸려 나가도록 유도해 그 차이를 더 증폭시켰다.

문화는 보통 자연을 기반으로 형성되기 때문에 남녀가 가지고 태어난 작은 생물학적 차이는 이후 사회 안에서 살아가면서 수년에 걸쳐 더 벌어진다. 인류역사를 통틀어 보면, 지금의 미국 문화는 남녀를 비슷하게 대우하고자 노력하는 흔치 않은 사례다. 미국에서 나타나는 작은 수준의 남녀 차이는 어떻게 보면 좀 특이한 것이다.

지금까지의 분석은 남녀의 능력 차이에 초점이 맞춰져 있었다. 하지만 엉뚱한 것에 주목하고 있는 것이다. 이제 다른 부분의 남녀 차이에 주목하는 다소 급진적인 아이디어를 소개하고자 한다.

할 수 있는 것과 하고 싶어 하는 것

외부적인 요소를 제외하면 누군가가 업무를 얼마나 잘 수행하는 지는 그 사람이 가진 두 가지 요소에 달려 있다. 하나는 그 사람의 능력이고, 다른 하나는 노력수준이다. 여기에서 노력수준은 넓은 범주로 말하면 동기를 반영하는 것이다. 쉽게 말해 동기는 '원하는 것, 하고 싶어 하는 것'을 의미한다.

수행수준은 간단히 능력과 동기 두 가지에 의존한다. 능력은 할 수 있는 것이고, 동기는 하고 싶어 하는 것이다. 어떤 업무를 성 공적으로 해내려면 능력도 있어야 하지만 노력을 쏟지 않으면 안 된다.

예를 들어 스포츠에서는 능력과 동기가 모두 중요하다. 연습하는 동안 코치들은 주로 능력을 증진하는 데 초점을 맞춘다. 기술을 발전시키기 위해 일하는 것, 이것이 바로 '연습'이다. 하지만 실제 게임을 하는 동안에는 능력을 높일 기회가 많지 않다. 그래서 코치들은 주로 동기에 초점을 맞춰 선수들이 게임에서 이기고 싶어 하고, 더 열심히 게임에 임하도록 유도한다.

사실 동기는 수행수준을 넘어 사람들이 원하고 좋아하는 모든 것에 영향을 미친다. 예를 들어 경제학자들이 끊임없이 다루는 주제인 사람들의 '선호'는 동기에 대한 또 다른 표현이다. 동기는 좋아하거나 원하는 일을 하거나 가지고 싶었던 것을 사는 것과 같은 것이다.

동기는 그 중요성에도 불구하고 요즘 심리학에서 다소 등한시되었던 것이 사실이다. 마찬가지로 남녀 차이를 다루는 학문 영역도 동기보다는 능력에 관심을 가졌다. 덕분에 남녀가 어떤 것을 더 잘하는지에 대한 열띤 논쟁들만 양산해 냈다.

그런데 어떤 이유에서인지 남녀의 동기 차, 즉 남녀가 하고 싶어 하는 일이 왜 다른지에 대해서는 그간 심도 있게 논의된 적이 없었던 것 같다.

진짜 차이점이 존재하는 부분

2장에서는 남녀의 차이가 트레이드오프 같은 것이라고 말했다. 여기에서 우리의 관심은 능력에 관한 것이었다. 자연은 남녀가 각각 다른 일을 잘하도록 만들었고, 하나의 업무를 잘하는 것은 다른 업무를 잘하는 데는 방해가 될 수 있다는 내용이었다.

누가 무엇을 더 잘하는가? 이것이 그동안 남녀 차에 대한 논의의 주된 방향이었다.

어떤 면에서는 참 안타까운 논쟁이다. 남녀 중 한쪽이 무언가 잘한다는 말에는 강한 가치판단이 내포되어 있고, 이런 말들에 사람들은 매우 민감하다. 이런 내용이 일반적인 원리처럼 통용되기 시작하면 사회정책적인 면에도 영향을 미치게 된다. 문제의 소지가 될 수 있을 뿐 아니라 여러 집단의 사람들을 불쾌하게 만들 수도 있다. 예를 들어 여학생이 남학생보다 수학을 못한다고 알려지면 여학생들은 수학과 관련된 일을 점점 더 꺼리게 된다. 고용주들은 당연히 여성보다 남성을 선호하고, 이를 정당하다고 여길 것이다. 그 외에도 많은 일들이 일어날 수 있다.

게다가 우리는 데이터를 기반으로 남녀의 능력 차이가 매우 사소한 수준이라는 견해도 살펴보았다. 남녀의 능력 차를 트레이드오프의 관점에서 분석하기 전에 남녀 차가 나타나는 다른 부분들도 살펴보자.

능력 이외의 어떤 부분에서 남녀 간의 차이가 존재할까? 앞서 언급했듯이 수행수준은 능력뿐만 아니라 동기에도 달려 있다. 따라서 남녀가 능력 면에서 다르지 않다면 동기수준에서 많이 다를 것이다.

남녀의 동기 차에 주목하는 것은 많은 이점을 지닌다. 그중 한 가지는 서로 토론하는 데 불쾌하지 않다는 점이다. 동기에 주목하면 남녀가 다른 일을 한다는 것이 각기 좋아하고 원하는 것을 반영하는 것이지, 능력의 차이를 말하는 것이 아니다. 정책적인 고민도 없어진다. 여성이 남성에 비해 능력이 떨어진다고 생각한다면 여성을 고용하지 않는 이유가 정당화될 수 있다. 하지만 여성 대부분이 특정 업무를 좋아하지 않아 남녀 차이가 발생한다면 지원자는 남녀와 관계없이 업무에 대한 선호를 기준으로 모여들기 때문에 고용주는 특별한 염려 없이 적절한 사람을 선발할 수 있게 된다.

서머스 교수, 잠깐만!

동기에 대해 살펴보면서 우리는 로렌스 서머스 교수의 스캔들을 되짚어볼 필요가 있다. 그의 발언에 쏟아졌던 분노를 보면 사람들이 능력에 대해 얼마나 민감한지 알 수 있다. 그는 하버드대 물리학 교수 수준의 지적 능력을 가진 사람은 여성보다 남성이 더 많은 것 같다고 주장했다. 그의 발언은 능력에 관한 것이었기 때문에 많은 문제를 일으켰다.

사실 그는 동기에 대해서도 약간 언급했었다. 구체적으로는 헌신이 요구되는, 경쟁이 심한 분야에서 남성들이 성공에 필요한 시간 투자와 희생을 더 많이 한다고 말했다. 그러나 이 주장은 그다지 이목을 끌지 못했던 것 같다. 여성들에겐 적절한 보육시설과 가사노동을 돕는 사람 없이는 이런 투자와 희생이 어렵다는 불평을 조금 들었을 뿐이다.

그러나 이 상황에서 그 누구도 수학과 과학을 공부하는 근본적인 동기에 대해 논하는 사람은 없었다. 하지만 바로 이 동기라는 부분이 문제의 핵심을 차지하고 있을지 모른다(여기에서 '문제'라는 단어 자체가 적절한지 모르겠다. 솔직히 나는 하버드대에 여성 물리학 교수가 적다는 것 자체가 왜 문제인지, 또 복잡한 공식들을 여성보다 더 많은 남성이 풀고 있다는 것이 도대체 구체적으로 어떤 문제를 야기하는지 모르겠다).

서머스 교수에 대한 반대 의견들은 모두 과학연구 능력에 있어서의 선천적인 남녀 차에 주목했다. 이런 대중의 반발에 대해 서머스 교수가 제대로 방어해 내지 못한 부분도 바로 남녀의 능력 차이에 관한 것이었다. 과학에 종사하는 남녀 수가 비슷해야 한다고 주장하는 사람들도 결국 남녀가 가진 능력에 대해 이야기한다. 언제나 '능력'이 관건이다. 지탄받았던 서머스 교수의 발언과 생각, 그에 대한 사람들의 비난 모두 능력에 주목했던 것이다.

최고 수준의 과학자 중 여성이 적은 이유를 남녀의 능력 차이 대신 동기 차이에서 찾아보면 어떨까? 여성은 수학과 과학을 잘할 수 있는 능력을 가졌지만 이런 일을 하기 싫었을지도 모른다.

대부분의 남성들도 수학을 좋아하지 않기는 마찬가지다. 남성 중 아주 소수만이 숫자와 수식 다루는 것을 즐긴다. 우리가 떠올려 봐도 이런 일을 좋아하는 사람들은 대부분 남성이다.

몇 년 전 연구원 패트리샤 하우스만Patricia Hausman은 미국 국립공학아카데미 학회에서 자연과학 분야에 종사하는 여성이 적은 이유에 대해 언급했다. 그녀의 발언은 정치적으로 부적절한 생각에 가까웠다. 그녀의 생각은 이 분야에 여성이 적은 것은 능력이 없거나 사회적 편견 혹은 억압에 시달렸기 때문이 아니었다. 간단히 말해 여성들이 이런 일을 하고 싶어 하지 않는다는 것이었다. 만약 동기수준은 동일한데 능력 차 때문에 수학과 과학 분야에 여성이 적다면 다음과 같은 현상들이 목격될 것이다.

우선 동기수준이 동일하다면 남녀 청소년과 대학생이 비슷한 숫자로 과학 수업을 수강해야 한다(강의 수강은 흥미를 반영하기 때문이다). 하지만 이 부분에서의 남녀의 능력이 다르다고 하자. 그렇다면 남학생들은 높은 학점을 모두 차지하고 계속 고급 단계로 넘어가는 반면 여학생들은 낙제점을 받아야 한다. 하지만 실제 그렇지는 않다.

그보다는 동기의 차이로 보는 것이 맞다. 수학이나 과학 수업을 수강하는 여성들은 꽤 높은 성적을 받지만 여성들 대부분은 이런 수업 자체를 수강하지 않는다. 이는 결국 동기의 차이다. 여성들은 애초에 이런 수업에 관심이 많지 않다.

미시건 주립대 재키 에클르^{Jackie Eccles} 교수는 수십 년 동안 학교 현장에서 나타나는 학습 수행의 남녀 차이를 연구해 왔다. 그녀는 여성 가운데 수학과 과학 전공자가 더 적다는 걸 잘 알고 있다. 하지만 이 현상이 남녀의 능력 차와 관련 있다고는 생각하지 않는다. 고등학교 수학과 과학 수업에서는 여학생의 평균 학점이 남학생보다 조금 높다. 이 현상은 우리가 앞 장에서 살펴본 남성의 극단성 패턴이 원인일 수도 있다. 하지만 이를 바탕으로 여성들의 능력이 부족하다고 결론짓기는 어렵다.

에클르 교수는 결국 동기가 핵심이라는 것을 알아냈다. 이것은 단순한 의견이 아니라 수년간에 걸친 연구와 엄청난 규모의 데이터를 기반으로 얻어낸 결과다. 그녀는 여러 연구를 통해 학생들이 선택한 과목이나 전공·수행수준뿐만 아니라 이 학생들의 커리어를 수년 동안 추적하고, 그들의 능력과 동기 모두를 살펴보았다. 결과적으로 남녀는 다른 분야를 선택했고, 여성보다는 남성들이 과학을 더 많이 선택했다. 이 현상은 주로 동기적인 이유 때문이었다.

　내가 이 책의 저술을 마칠 때쯤 이 질문에 대해 가장 자세히 답해 줄 수 있는 연구 결과가 출판되었다. 이 논문은 여성이 과학 분야에서 수적으로 열세인 이유에 대해 여러 설명을 제시했다. 첫 번째로 가장 큰 이유는 동기였다. 수학 능력이 높은 여성들은 일반적으로 비과학 영역을 선호했다.

　두 번째로 주요 수학 적성검사의 최고점 영역에는 여성보다 남성들이 더 많았다. 연구자들은 여성이 차별과 억압을 받는다는 증거들에 대해서는 가장 설득력 없고, 구식이며, 입증되지 않은 일화적인 것들이라고 일축했다. 이 연구의 전체적인 결론은 과학 분야에 여성이 적게 나타나는 이유를 설명할 수 있는 가장 강력한 요소는 결국 과학 분야에 대한 여성들의 선호수준이었다.

　하우스만 교수의 말을 하나 인용하자면 "당신이 어디를 가든지 여성들은 남성들보다 수학기호, 자동차 엔진 혹은 물리학 입자 같은 것들에 흥미가 덜하다는 점을 발견하게 될 것입니다." 다른 여성들과 마찬가지로 그녀 스스로도 사람보다 사물에 대해 상대적으로 흥미가 덜하다고 말했다. 이것이 바로 사물들이 어떻게 작동하는지 배우는 공학이나 물리학, 화학과 같은 영역에 여성들이 몰리지 않는 주된 이유일 것이다.

이 장의 핵심은 능력보다는 동기의 남녀 차이에 관한 것이다. 세상에서 발견되는 의미 있는 남녀 차는 사실 능력이 아닌 동기의 차이로 인해 발생하는 것이다. 여성보다 남성 과학자가 더 많은 이유도 남성이 과학을 더 좋아하기 때문이다. 그럼 이제 성차가 동기와 능력 중 어느 부분에서 나타나는지 보여주는 다양한 증거들을 살펴보자.

시장은 사람에 대한 여러 유용한 정보를 얻을 수 있는 장소다. 남녀 차와 같은 주제에는 개인적·정치적 편향이 많이 드러나기 때문에 사람들의 의견만으로는 실제 사실을 파악하기 어렵다. 이런 경우에는 시장을 살펴보는 것이 특히 도움이 된다. 돈이 어떻게 도는지를 파악하면 세상이 실제로 어떻게 돌아가는지를 알 수 있다. 어떤 실질적인 문제가 존재한다면 누군가는 그 문제를 파악하고 거기에 맞는 서비스를 제공하며 돈을 벌고 있을 것이기 때문이다.

예를 들어 신체적 차이로 인해 남녀는 서로 다른 내용의 의료 서비스를 필요로 할 것이다. 실제로 의료시장에는 여성 건강센터처럼 남녀 각각에 맞는 다양한 클리닉들이 있다. 남녀가 가장 큰 차이를 보이는 생식기관에 대해서는 전문화된 분야가 존재한다. 산부인과 의사들은 여성 환자들만을 대상으로 진료하고, 전립선 담당 전문의들은 주로 남성들만 진료한다.

오래전에는 전문의가 아닌 일반 의사들이 모든 사람의 문제들을 한꺼번에 다루었을지도 모른다. 하지만 시장은 남녀 각각을 대상으로 하는 전문 분야와 서비스를 만들어 남녀가 가진 다른 요구사항을 충족시켰다.

그렇다면 한번 질문해 보자. 시장에서 남녀의 능력 차이를 이용해 돈을 버는 사람이 있을까? 어느 하나 쉽게 떠올리기 어려운 걸 보면 남녀 사이에 큰 능력 차이는 없는 것 같기도 하다. 수학이든 외국어든 어떤 분야에서든지 여성의 능력이 심각하게 떨어진다면 이를 보완하기 위한 여성 대상 특별수업들이 시장에 많이 생겨났을 것이다. 남성에게도 마찬가지로 능력이 모자라는 부분이 있다면 이에 대응하는 비슷한 시장이 조성될 것이다.

그렇다면 남녀의 동기 차이는 어떤가? 능력 차와는 대조적으로 많은 산업들이 남녀의 동기 차를 기반으로 하여 엄청난 돈을 벌어들이고 있다.

엔터테인먼트 산업을 살펴보면 우리가 잘 몰랐던 동기에 대해 배울 수 있는 부분이 많이 있다. 레저와 엔터테인먼트는 사람들이 의무에서 벗어나 순수하게 자신의 욕망을 채울 때 무엇을 하는지를 보여준다. 이런 점에서 엔터테인먼트 산업은 사람들의 동기가 무엇인지 강력하고도 조심스럽게 보여준다. 결국 엔터테인먼트 산업의 바탕은 사람들의 동기다.

경쟁이 심한 잡지 산업부터 살펴보자. 남녀 모두를 위한 잡지도 있지만 여전히 남성잡지와 여성잡지가 각각 존재하고, 종류도 꽹

장히 다양하다. 두 가지 모두 표지 모델이 주로 여성이라는 건 신기하지만 커버 안의 실질적인 내용은 분명히 다르다. 남녀 각각을 겨냥하는 상당히 큰 규모의 전문잡지 시장이 있는 걸 보면 남녀가 원하는 바는 상당히 다른 것 같다. 사람들은 이 잡지들이 각각 어떤 주제를 다루는지 잘 알고 있다. 패션 팁, 야구나 축구, 연예인 가십, 전동공구, 총기류, 식이요법과 레시피, 홈 인테리어 등등의 주제가 주어지면 사람들은 각 주제를 어느 잡지에서 볼 수 있는지 정확히 알고 있다.

잡지 산업 이외에도 남녀의 동기 차를 기반으로 하는 엔터테인먼트 산업은 많이 있다. 남성과 여성 시청자를 따로 겨냥하는 케이블 TV 채널들이 있고, 그중 일부는 '여성채널' 혹은 '여성을 위한 엔터테인먼트'를 대놓고 표방한다. 남성이나 여성 중 한쪽을 겨냥하는 상업광고들도 많다. 일반적으로 여성채널을 볼 때보다는 남성들과 야구경기를 볼 때 자동차와 맥주 광고를 더 많이 접하게 된다.

하지만 이 사례를 과장하지는 말자. 남녀의 동기는 꽤 많은 부분 비슷하며, 엔터테인먼트 산업도 TV 드라마에서부터 크루즈 산업까지 남녀를 가리지 않는 오락물들도 분명 풍부하게 제공하고 있다. 하지만 남녀를 겨냥한 쇼들은 남녀 간의 동기의 차이가 경제적 수익으로 연결될 만큼 크게 존재한다는 것을 보여준다.

엔터테인먼트 산업은 앞서 언급했던 수학적 동기의 남녀 차이에 대한 실마리도 제공한다. 이 주제에 대한 체계적인 연구를 본

적은 없지만 충분히 해볼 만한 주제들이 있다. 예를 들어 잡지 혹은 무엇이든 남성과 여성 한쪽을 대상으로 한 오락물을 경험하고, 각각에서 얼마나 자주 숫자를 사용하는지 세어보자. 남성이 여성보다 숫자를 좋아한다면 남성 대상 오락물에서 숫자를 더 많이 발견하게 될 것이다. 실제로 남성들이 열광하는 스포츠 프로그램에서는 숫자를 사용해 해설하는 것이 일반적이다. 주자가 있는 득점 찬스에서 어떤 타자가 3할7푼5리의 타율을 보이고 있다는 야구 해설자의 설명이 전혀 이상하게 들리지 않는다.

액션물에도 숫자가 사용된다. 병사가 몇 명인지, 총이 몇 구경인지, 돈이 얼마인지 같은 것을 표현하려면 숫자가 필수적이다. 이와 대조적으로 여성들이 많이 보는 TV 드라마에서는 숫자를 발견하기 어렵다. 드라마 안에서 배우자의 외도를 발견한 37%가 이혼을 요구한다거나 이 방송사보다 저 방송사에서 응급진료 상황이 18% 정도 더 나온다는 등의 표현을 듣기는 어렵다. 요약된 줄거리에서조차 이런 설명은 발견하기 어렵다. 여성들은 칼로리 같은 무언가 꺼리는 내용이 아니면 대부분 숫자로 말하지 않는다. 연속극에서는 등장인물이 비율이나 숫자로 정보를 알려주는 경우가 거의 없다. 반면 투 아웃 주자 만루 상황의 야구경기에서는 해설자들이 숫자를 이용해 타자의 평균 타율 같은 정보들을 이야기할 것이 분명하다.

비디오 게임도 흥미로운 예다. 최근 비디오 게임은 남성들이 훨씬 많이 즐기고 있고, 이런 게임들은 숫자로 가득하다. 게임 플레이어는 많은 숫자들을 지속적으로 추적하고 파악해야 한다. 점수 뿐 아니라 건강 포인트, 방어 포인트, 적이나 상대의 파워 같은 것 등 챙겨야 할 숫자들이 많다. 결국 숫자와 수학은 남성의 엔터테인먼트, 즉 남성들이 즐기는 오락을 구성하는 필수적인 요소라고 볼 수 있다.

성적 욕구

섹스 또한 흥미롭고도 중요한 행동 영역이다. 섹스 테크닉에 대해서는 남녀가 서로 불평하기도 하지만 실제 성적 능력에는 남녀 차이가 존재하지 않는 것 같다. 하지만 동기에 있어서는 차이가 존재한다. 우리는 섹스에 대해 다루는 장에서 이 부분을 좀 더 자세히 살펴볼 것이다. 지금 중요한 포인트는 섹스에 있어서 남녀 차이가 존재한다는 것과 이것이 대부분 동기적인 측면이라는 것이다. 섹스 행위 자체에서 남녀의 선천적 능력 차이를 보여주는 근거는 별로 없다. 남녀 차이는 섹스에 대한 욕구에서 발견된다. 남성은 여성보다 더 자주 섹스하고 싶어 한다.

군이 따지자면 남성보다 여성의 섹스 능력이 선천적으로 더 우월하다고 주장할 수도 있다. 여성은 남성에 비해 신체적으로 여러 번의 절정을 느끼는 것이 가능하다. 여성은 성적 흥분 없이도 삽입이 가능한 반면 남성은 그렇지 못하다. 여성은 절정을 느낀 이

후에도 바로 섹스를 계속할 수 있지만 남성들은 생리적 불응기가 지나야 다시 섹스가 가능하다. 이런 차이를 능력의 차이라고 간주한다면 이 모든 사실은 여성이 성적으로 더 우월하다는 주장의 근거로 볼 수 있다. 남성이 보다 높은 것은 성적 동기다.

섹스는 인간의 가장 기본적이고 보편적인 욕구 중 하나다. 하지만 섹스에 대한 욕망은 남녀에 따라 다르고, 여성보다 남성에게 더 강하다. 그래서 자유와 평등을 찬양하는 오늘날도 데이트 비용만큼은 남성들의 몫인 것 같다.

일에서는 어떤가

여가와 엔터테인먼트 이야기를 했으니 이제는 일에 대해서도 생각해 보자. 여기에도 아마 동기의 차이가 존재할 것이다. 남녀는 일에 대한 태도에도 차이가 있을 가능성이 높다. 이런 차이는 꽤 오래전으로 거슬러 올라갈지도 모른다.

오늘날엔 일반적으로 여성이 남성보다 더 많이 일한다는 인식이 있다. 그러나 이 생각은 잘못된 것으로 나타났다. 최근 이루어진 한 연구는 가사노동을 포함한 모든 종류의 업무를 다 고려했을 때 남녀의 총 노동시간은 거의 같다고 결론지었다(응답한 사람들을 신뢰한다는 전제 하에 내린 결론이다).

이 연구마저도 여성의 업무량을 과대평가한 것인지 모른다. 여성이 남성보다 더 많이 일한다는 최근의 관점은 주로 여성들을 대상으로 자신과 남편이 얼마나 일하는지 인터뷰했던 페미니스트 연구자들로부터 비롯되었다. 여기에 사용된 질문들에는 여성이 더 많이 일하는 것처럼 보이게 하려는 흔적이 있다. 이 설문지에는 여성이 주로 하는 가사업무에 대해서는 많은 질문들이 포함되어 있지만 남성이 주로 하는 정원일 같은 것들은 거의 찾아볼 수 없다. 결정적으로 대부분의 연구들은 남성을 대상으로는 자신과 아내가 얼마나 일하는지 조사하지 않았다.

한 가지 확실한 점은 사람들은 일반적으로 다른 사람의 업무량에 비해 자신의 업무량을 과대평가한다는 것이다. 그 이유는 단순히 사람들이 남이 일하는 순간보다 자신이 일하는 순간들을 더 잘 인식하기 때문이다(한 친구가 5명의 기숙사 룸메이트들에게 각자 자신이 얼마나 자주 공동 쓰레기통을 비우는지 물어본 적이 있다. 쓰레기통을 비우는 전체 횟수를 100%로 잡았을 때 자신이 비우는 횟수가 얼마나 되는지 퍼센트로 답해 보라고 했다. 5명이 똑같은 빈도로 쓰레기통을 비운다면 각각의 응답은 20%가 되어야 맞을 것이다. 하지만 5명 중 3명은 각각 전체의 90% 정도는 자신이 비운다고 주장했고, 결국 이 5명의 답을 모두 합하면 300%가 넘는 값이 나왔다. 더 어이없는 사실은 이렇게 대답한 이들의 쓰레기통은 1주일에 한 번씩 오는 수거 트럭을 늘 놓친다는 것이었다).

게다가 자신의 일에 대한 사람들의 보고는 신뢰하기 어려운 것으로 나타난다. 사람들은 습관적으로 실제보다 더 많이 일한다고 이야기한다. 로빈슨[J. P. Robins]과 가드비[G. Godbey] 박사는 꼼꼼하고 철저한 방법을 이용해 업무량 측정에 대한 연구를 실시했다. 이 연구에서 사람들은 자신이 얼마나 일했는지에 대해 간단히 말로 보고하고, 이후 매일 무슨 일을 했는지 상세히 기록하도록 했다. 그 결과 대략적인 전체 업무량 보고는 매일 쓰는 일지의 내용과 일치하지 않았고, 사람들 대부분이 자신의 업무량에 대해 상당히 과대평가하는 것으로 나타났다. 게다가 과대평가는 여성에게 더 심하게 나타나서 여성들은 남성들보다 거의 1주일에 두 시간 이상을 더 일했다고 보고했다.

어떻게 보면 이런 것들은 핵심적인 내용이 아니다. 전체 업무시간에 대한 데이터는 가사노동과 임금노동의 경계를 모호하게 하기 때문이다. 그렇다면 이제는 직장업무에 대해 살펴보자. 가사와 육아에 참여하는 수준과 관계없이 대부분의 연구자들은 직장에서 남성들이 더 오랜 시간 일한다는 것에 동의한다. 최근 추정치를 보면, 직장에서의 남녀 업무시간 차이는 평균적으로 연 400시간 정도 된다. 영국에서 이루어진 연구에서는 주당 48시간 이상 일하는 사람들의 80%가 남성으로 밝혀졌다.

1980년대에 '워커홀릭workaholic' 혹은 '일중독'이라는 용어가 유행하기 시작했다. 스스로도 일중독자였던, 나의 동료 매를린 매클로위츠Marilyn Machlowitz는 이 주제에 대해 여러 획기적인 연구들을 책으로 펴냈다.

한번은 그녀에게 일중독자의 남녀 비율이 어느 정도 되는지 물었다. 그녀는 생각해 본 적이 없는지 당황하는 듯했지만 이내 여성보다는 남성이 일중독자에 속하는 경우가 훨씬 많을 거라고 확신했다. 사실 이 질문에 대해 분명한 답을 제시하기는 어렵다. 일중독자라는 개념을 구성하는 객관적인 기준도, 열심히 일하는 사람과 일에 중독된 사람들을 분별해 낼 명확한 기준도 없기 때문이다. 하지만 어느 사례들을 찾아봐도 이것은 주로 남성들이 보이는 성향이다. 실제로 매클로위츠 박사의 저서를 가득 채운 일중독자 사례들은 주로 남성에 관한 것이었다.

일중독적 성향은 능력과는 거의 상관없고, 순수하게 동기를 반영한다. 일중독자들은 열심히 일하지 않고는 못 배기는, 할 수 있는 한 최대한 많이 일하길 원하는 사람들이다.

업무시간의 남녀 차이는 앞서 다루었던 연봉의 남녀 차이와 큰 관련성이 있을 것이다. 연봉의 최소치는 있지만 최대치는 없다는 점에서 남성의 극단성 패턴은 연봉의 남녀 차이를 가져올 수 있다. 연봉이 오로지 능력에만 의존하는 것이라면 남성의 극단성 패턴은 남성들이 확실히 더 높은 연봉을 받도록 할 것이다. 하지만 남녀의 연봉격차가 발생하는 더 큰 원인은 동기와 관련 있는 것이 아닐까 생각한다.

남성이 여성보다 오랜 시간 일하고, 자신이 하는 일에서 최고의 자리에 오르려는 야망이 더 크다면 이런 특성들은 남성이 더 높은 평균 연봉을 받을 수 있게 하는 데 기여할 가능성이 높다.

'유리천장'은 한동안 직장 내 남녀의 성공수준 차이에 대해 논하는 과정에서 널리 쓰이게 된 용어다. 힐러리 클린턴도 자신이

2008년 미국 대통령 선거에서 당선에 실패한 이유에 대해 설명하면서 이 용어를 사용했다.

유리천장이라는 개념은 남성들의 음모로 인해 여성의 상승을 저지하는 보이지 않는 장벽이 존재한다는 것이다. 하지만 많은 기관의 수장들 중에 여성이 적다는 점을 제외하면 그런 음모가 존재한다는 증거는 어디에도 없다. 게다가 가장 보수적인 기준으로 판단하는 사회과학자들도 이 음모론이 전반적으로 틀렸고, 실제 존재하는지도 의심스럽다고 지적했다.

사실 우리에겐 여성의 승진을 저지하는 남성들의 음모에 대한 증거가 전혀 없다. 오히려 남성이 자신의 직장에 더 많은 시간을 쏟아붓는다는 수많은 증거들이 있을 뿐이다. 그렇다면 남녀의 연봉격차를 설명하는 데 좀 더 적절한 설명은 후자일 것이다.

몇 년 전 나와 같은 분야를 연구하는 네덜란드인인 암스테르담 대학교의 아니타 피셔Agneta Fischer 교수와 저녁식사를 함께한 적이 있다. 비슷한 연구 관심사를 가지고 대화를 나누던 중 피셔 교수는 최근 그간의 연구들과 완전히 다른 대규모 연구 프로젝트를 시작했다고 말했다. 프로젝트는 남녀의 차이와 기업 내 성공에 관한 것이었고, 그녀는 이 프로젝트를 통해 유리천장에 대해 알아보고자 했다.

피셔 교수는 네덜란드의 주요 대기업 중 한 곳과 연구협력을 맺고 있었다. 그녀는 이 기업에서 신입사원들과 고위 간부들을 대상으로 설문조사를 실시해 유리천장과 여성문제에 대해 알아보고자 했다. 사실 나는 피셔 교수의 이야기를 들으면서 약간은 긴장하고 있었다. 그녀는 연구 결과를 설명하면서 여성은 희생양이라며 강하게 불평할지도 모를 노릇이었다. 하지만 나는 그녀가 신중한 학자라는 걸 알고 있었기 때문에 그녀의 연구 결과가 무엇인지 물어보았다.

피셔 교수에 의하면, 신입사원 단계에서는 수적으로는 남녀가 비슷했지만 일과 기업에 대한 태도에서는 남녀가 다른 모습을 보였다고 한다. 이 남성들은 여성에 비해 야망이 더 크고, 기업과 동질감을 느끼는 경향이 훨씬 강했다. 달리 말하면 적어도 신입사원 수준에서는 남성들이 동기부여가 더 많이 되어 있었다.

고위 간부 수준에서는 그런 남녀 차이가 존재하지 않았다. 남녀는 같은 태도와 목표를 가지고 있어서 그들이 가진 동기는 딱히 성별로 구분되지 않는 것이었다. 단지 차이가 있다면 고위 간부급에는 여성보다 남성이 훨씬 더 많다는 점이었다.

멋쩍은 미소와 함께 피셔 교수는 상황이 어떻게 돌아가는 건지 분명히 알게 되었다고 말했다. 남녀는 동등하게 일을 시작하지만 남성이 여성보다 정상에 오르길 더 원한다. 정상에 오른 남녀는 모두 강한 야망과 함께, 필요하다면 개인적 희생도 불사할 정도로 자신의 일에서 성공하는 것에 깊은 관심을 가지고 있다. 여성 가운데 몇몇은 남성들만큼이나 성공에 관심이 있고, 실제로 성공하기도 한다.

피셔 교수는 유리천장은 없다고 말했다. 단지 정상에 오르기 위해 많은 시간을 투자하기를 주저하는 마음이 여성의 성공에 있어 걸림돌로 작용한다고 말했다. 결국 성공을 위해 대가를 지불할 의지가 있는 여성은 남성과 동일하게 성공한다는 것이었다.

이와 비슷한 결론은 최근 연구들을 통해 점점 더 많이 제시되고 있다. 예를 들어 약사 업계는 전반적으로 남녀차별이 전혀 없다고 알려진 곳이다. 그 부분적인 이유는 직장 수에 비해 약사 자격을 가진 사람이 많지 않기 때문에 남녀 누구든 트레이닝을 받으면 자신이 원하는 직장을 골라 협상할 수 있기 때문이다.

하지만 업계 진입비율이 같더라도 직장과 커리어를 선택하는 경향은 남녀가 다른 편이다. 여성들은 가정생활을 병행할 수 있도록 최소한으로 이동하면서 업무시간도 고정된, 상대적으로 수월한 직장을 선호한다. 남성들은 책임이 크고, 업무시간도 길고, 업무 융통성이 떨어지더라도 높은 임금만 보장된다면 그 직장을 선택하는 편이다. 이런 이유들로 다른 곳과 마찬가지로 약사 업계에서도 여성에 비해 남성들이 평균 27% 높은 연봉을 받고 있다.

앞에서 말한 유리천장 음모론이나 업무시간 등과 전혀 관련 없는 다른 추가 요인들도 있다. 그중 한 가지는 남성이 여성에 비해 임금을 더 중요한 기준으로 삼아 직업을 선택한다는 점이다. 스트레스가 많고 불쾌한 직업이라도 높은 임금을 준다면 남성들은 이런 직업을 선택하겠다는 대답을 여성에 비해 더 많이 한다.

또 다른 점은 남성이 여성에 비해 연봉인상을 요구하는 경향이 높다는 것이다. 이것은 많은 연구들로부터 나타난 특징이다. 같은 연봉 제안을 받아도 여성은 그대로 수용하는 편이지만 남성은 연봉을 좀 더 올리기 위해 협상하는 편이다. 연봉인상이 고지되면 매년 남녀에게 이런 비슷한 일이 반복된다. 남성들은 제시된 연봉보다 자신들이 왜 더 많이 받아야 하는지 주장하고, 이런 협상은 성공하거나 실패하기도 한다. 하지만 이런 시도 자체가 없으면 추가 인상은 절대 기대할 수 없다. 이런 작은 차이는 수년 동안 쌓여 결국 남성이 더 높은 연봉을 받는 데 기여하게 되었다.

이 모든 것이 동기를 반영한다. 남성들은 더 성공하고 싶어 하고, 이를 위해 더 오래 일하고, 연봉에 더 신경 쓰고, 직장을 결정할 때도 다른 조건보다 연봉을 중요시한다. 이들은 성공을 위해 희생하려는 의지가 더 강하고, 연봉을 위해 더 많이 협상한다. 이렇게 보면 남성이 더 많이 버는 것이 당연한 것 같기도 하다.

1장에서 이야기했던 직무 중 사망자 수를 기억하는가? 가장 최근 기록에 따르면, 직장에서 사망하는 미국인의 93%가 남성이라고 한다. 이 사실은 남성이 여성에 비해 더 위험한 직업을 선택한다는 것을 의미한다. 남성이라고 사망 위험이 높은 직업을 더 선호하지는 않을 것이다. 이들은 단지 더 높은 연봉이 따라오기 때문에 직장에서의 위험을 수용하는 경향이 높은 것이다. 사회라면 어디든지 누군가는 위험한 직업을 선택해야 하므로 위험을 감수하는 대가를 더 많이 지불할 수밖에 없다. 안전 대 금전보상, 이 두 가지가 트레이드오프되는 것이다.

평균적으로 남녀는 안전과 금전적 보상을 맞바꾸는 기준이 조금 다르다. 남성들은 금전에 대한 동기가 더 높기 때문에 높은 임금을 위해 여성보다 더 큰 위험을 감수하려 할 것이다.

그 밖의 다른 것들

이제 여러분은 이번 장을 열었던 질문, 왜 여성들이 재즈를 연주하지 않는지에 대한 대답을 눈치챘을지도 모르겠다. 나는 이 현상이 창의력 부족이나 창의성의 남녀 차이와는 무관하다고 생각한다. 답은 그냥 '하고 싶지 않기 때문'이다. 그렇다고 여성이 창의적인 작업 모두를 적극적으로 거부한다는 뜻은 아니다. 단지 창의력을 요하는 난이도 있는 연주에 대한 의욕이 남성만큼 크지 않다는 것뿐이다.

남녀 차이가 어떤 것이든 사회통념적인 설명은 이미 정해져 있는 것 같다. 여성은 사회적으로 창의성을 발휘하도록 격려나 인정을 받지 못했거나 의욕이 꺾였다는 것이다. 이것이 바로 가상 페미니스트가 우리에게 이야기하는 내용이다. 남성이 여성보다 능력 면에서 우월하지 않다면 남녀 차이는 여성에 대한 억압 때문이라는 것이 흔한 해석이다.

하지만 이 설명은 실제 사실과 일치하지는 않는 것 같다. 19세기 미국에는 남성들보다 중산층 여성들 가운데 피아노 연주자가 훨씬 많았다. 하지만 이 피아노 연주자들은 창의적 결과물을 생산하지는 못했다. 여성 중에는 위대한 작곡을 하거나 음악 스타일이나 연주 방법에 새로운 방향을 제시하는 것 같은, 음악적으로 창의적 기여를 한 사람이 없었다. 여성 피아노 연주자들은 가족이나 저녁식사 손님들을 흥겹게 하는 피아노 연주 외에 새로운 무언가를 만들려는 동기가 없었던 것 같다.

반면 미국 흑인 남성들은 비슷한 시기에 블루스와 재즈 장르를 만들었다. 블루스와 재즈는 음악세계를 송두리째 바꿔버린 새로운 장르였다. 대부분 노예 출신이었던 이 흑인 남성들은 중산층 백인 여성들에 비해 모든 면에서 훨씬 열악한 조건에 있었다. 이들에겐 악기 하나 손에 넣는 것도 무척이나 어려웠을 것이다. 남녀의 창의적 능력은 거의 비슷하다. 하지만 이 결과를 보면 남성이 여성에 비해 새로운 것을 만들고자 하는 동기가 더 컸던 것으로 보인다.

이번 장에서는 남녀의 동기적 차이에 대해 넓고 다양하게 둘러보았다. 그리고 남녀가 보이는 차이는 대부분 동기의 차이라는 것을 알게 되었다. 문화가 남녀를 다르게 이용한다면 남녀의 성향과 선호의 차이를 이용할 가능성이 높다.

이제 핵심적인 남녀 차이가 무엇인지 점점 궁금해진다. 다음에 이어지는 4, 5장에서는 남녀가 가지는 두 가지 중요한 동기적 차이에 대해 살펴볼 것이다.

4

남성에 대해
가장 과소평가된 사실

4

수수께끼를 하나 내겠다. 우리 조상의 몇 퍼센트가 남성이었을까? 함정이 있는 것은 아니지만 답은 50%가 아니다. 물론 지금까지 태어난 모든 인류의 절반은 아마 남성이겠지만 질문은 그게 아니다. 우리는 지금껏 살았던 모든 이들이 아니라 이전에 생존했던 이들 중 오늘날 생존하고 있는 후손을 가진 이들에 대해 묻고 있는 것이다.

이해를 돕기 위해 야생마 무리의 삶을 살펴보자. 수컷과 암컷은 거의 같은 비율로 태어나 비슷한 유년기를 보내지만 성년기에 도달하면 서로 다른 길을 가게 된다. 짝짓기 시기인 여름이 되고 암컷이 충분히 성숙하면 그들은 이내 번식으로 바빠진다. 각 무리의 우두머리 수컷(다 자란 수컷 중 서열이 가장 높고 힘이 센 녀석)은 암컷들을 살펴보고 가임기라면 짝짓기를 할 것이며, 암컷들은 수태하여 새끼를 낳게 된다.

그 이후로도 매년 여름 암말의 이야기는 거의 똑같다. 우두머리 수컷이 암말들을 처음부터 끝까지 죽 살펴보는 동안 암말은 무리 안에 있다가 차례가 되면 교미에 응한다(우리가 보기에 그다지 점잖거나 낭만적이지는 않지만 인간의 기준은 그리 중요하지 않다). 수년에 걸쳐 암말은 여러 마리의 새끼를 갖게 되며, 이들은 짝짓기를 했던 특정 해에 최고의 자리를 차지했던 어느 수컷의 자식들일 것이다.

이제 수컷 말의 삶을 생각해 보자. 성년기에 가까워질수록 그와 짝짓기를 하고자 하는 성숙한 암말들을 찾기가 어려워진다. 그는 나이가 많든 적든 혹은 그 중간이든 암컷과의 교미를 갈망하기 시작하지만 이내 그것이 금지되어 있음을 알게 된다. 암컷들은 우두머리 수컷의 소유이기 때문에 만일 그가 구애를 시작하면 우두머리 수컷에게 호된 응징을 당할 위험을 감수해야 한다.

충분한 먹이가 있고, 넘치는 에너지를 가졌지만 그것을 섹스에 쏟지 못한다고 생각해 보아라. 그는 대신 이 에너지를 다른 젊은 수컷들과 거칠고 경쟁적인 놀이를 하는 데 쏟는다. 시간이 지나면 그들 중 누가 가장 강하고 맹렬한 경쟁자인지가 분명해진다.

새끼들은 대부분 우두머리 수컷들의 자손이다. 때때로 그보다 서열이 낮은 수컷이 용케 교미에 성공해 새끼를 낳기도 하지만 이는 예외적인 경우이며, 자손들은 대부분 우두머리로 구성된 조상들의 핏줄이다. 여기에서 중요한 포인트는, 모든 말은 싸움을 통해 정상의 자리를 얻어낸 수컷들의 자손이라는 점이다.

이렇게 우두머리 수컷들을 정상으로 이끌었던 경쟁적 욕구는 다음 세대로 전달된다. 그의 혈관에 권력의 피가 끓으면 젊은 말은 우두머리가 되기를 갈망하기 시작한다. 그가 자신의 동료와 놀이 친구들을 이기고 나면 언젠가 우두머리 수컷과의 위험한 싸움에 도전할 것이다. 만일 이 싸움에서 지면(그러나 살아남으면) 그는 무리의 변방에서 별 볼 일 없이 지내게 될 것이며, 만일 이기면 무리를 장악하고 우두머리 수컷이 될 것이다.

대부분의 수말들은 우두머리가 되지 못한다. 그들은 번식은 고사하고 아마 전혀 섹스를 하지 못할지도 모른다. 물론 보이지 않는 곳에서 비밀 연애가 이루어질 수도 있다. 우두머리가 보지 않을 때 암컷이 다른 수컷과의 섹스에 동의하는 일 말이다. 하지만 대부분의 암컷들은 우두머리 수컷을 파트너로 택할 것이다. 시시한 아버지보다는 강하고 빠른 아버지일 경우에 그녀의 자식 또한 더 강하고 빠를 것이기 때문이다.

따라서 합의된 섹스는 이런 낙오된 수컷들에게는 상당히 드문 일이다. 간혹 합의되지 않은 섹스(우리가 강간이라고 부르는)가 발생할 수도 있지만 대부분의 수컷들은 거의 독신으로 살다가 생물학적으로 막다른 길에 다다르는 운명에 처한다.

그렇다면 우두머리 수컷이 되는 강하고 운 좋은 놈의 삶은 어떨까? 어느 여름, 그는 왕이고 원하는 섹스를 모두 할 수 있다. 그러나 이것은 단지 장난이나 게임 수준이 아니다. 그는 정상에 머물기 위해 싸워야 하고, 왕관을 쓰고 있는 한 여차하면 도전자들이 정한 시간과 장소에서 그들과 격렬하고 위험한 전투를 할 준비가 되어 있어야 하며, 시간이 지나면 이 전투들은 그의 몸을 지치게 만들 것이다.

게다가 그는 자신이 한 번 물리쳤다고 해서 다른 수컷들이 섹스를 포기하지 않을 것임을 안다. 그의 하렘(그가 거느리는 암컷들)을 지키기 위해서는 끊임없이 경계해야 한다. 그는 다른 수컷들을 물리칠 준비가 되어 있어야 하며, 암컷들을 자신이 지켜볼 수 있는 곳에 모아두어야 한다. 그는 거의 잠을 자지 못한다. 그는 섹스, 전투 그리고 경호에 소요되는 막대한 에너지를 충당하기 위해 엄청나게 먹는다.

이 사랑의 여름(점잖게 말한다면)이 끝날 무렵 그는 어쩌면 다시 회복할 수 없을 만큼 신체적으로 지쳐 있을지 모른다. 만일 그가 이례적으로 강하고, 도전자들이 그다지 많지 않다면 내년에도 그리고 드물지만 그다음 해까지도 우두머리가 될 수 있을 것이다. 하지만 그게 전부다. 젊은 도전자들은 계속해서 나타나고, 결국에는 그중 하나가 그의 자리를 차지할 것이다. 이후 그는 패배자 수컷들 속 초라한 독신의 삶으로 몰락한다. 그는 짧은 영광의 계절을 맛보았고, 그것은 이내 끝났다.

조상 수 계산하기

다시 우리 조상들의 몇 퍼센트가 여성이었는지에 대한 질문으로 돌아가 보자. 각각의 아기에게는 엄마 한 명과 아빠 한 명이 있으므로 아기 부모의 50%는 남성이다. 하지만 그 부모들의 일부는 여러 명의 자녀가 있으며, 그들의 짝짓기 파트너가 늘 동일하다고는 볼 수 없다. 모든 아기들 부모의 50%는 남성이지만 그것으로 미루어 오늘날 인류 조상의 50%가 남성이었다는 결론을 내릴 수는 없다.

그 정확한 답이 최근의 DNA 연구들, 특히 제이슨 와일더^{Jason Wilder}와 동료들의 연구로부터 나오기 시작했다. 이들은 오늘날 인구의 조상들 중 여성이 남성보다 2배 정도 더 많았다고 결론 내렸다. 2대 1! 그러니까 퍼센트로 따진다면 인류 조상의 약 67%가 여성이고 33%가 남성이라는 것이다.

어떻게 이런 일이 가능한지 설명하기 위해 잭, 짐, 샐리, 소냐 단 4명으로 시작된 섬을 상상해 보자. 따라서 이 집단의 50%는 여성이다. 잭은 부유하고 잘생긴 반면, 짐은 가난한데다 매력적이지 않아서 잭이 샐리와 소냐 둘 다와 결혼한다고 가정해 보자. 따라서 잭과 샐리의 아기 더그는 50%가 여성인 조상을 가진다(잭과 샐리). 잭과 소냐의 아기인 루시도 마찬가지다. 하지만 더그와 루시를 합쳐놓고 생각해 보면 이들의 조상은 67%가 여성이다(왜냐하면 이들 조상 전체는 잭, 샐리, 소냐이기 때문에).

대부분의 사람들은 오늘날 인류의 조상 중 여성과 남성이 50대 50에 가깝다고 생각하기 때문에 여성이 대략 남성보다 2배 더 많았다는 이야기를 들으면 놀라워한다. 만약 전문가들이 듣는다면 그들 역시 놀라겠지만 이유는 반대다. 그들은 이 불균형이 더 심할 것이라고 여겼기 때문이며, 아마 대략 75~85% 정도가 여성일 거라고 생각했을 것이다.

이는 대부분의 역사, 특히 선사시대에 심했을 것이며 많은 동물 세계에서는 고작 20%의 수컷들이 90%에 육박하는 암컷들과 번식을 한다. 최근 인류 수가 팽창한 것은 전체 인류 중 대부분이 최근에 살던 사람들이거나 현재 살아 있는 사람들이기 때문이다. 그리고 현대사회에서는 일부일처제가 전 세계적으로 퍼져 있기 때문이다. 과거 일부다처제가 일반적이었을 때는 불균형이 훨씬 심각했을 것이다. 따라서 우리가 2대 1이라는 차이에 근거해 남녀 차에 대한 어떤 결론을 내리든 간에 그것은 이 차이를 과소평가하는 추정치다. 몇 세기 전에만 연구를 했더라도 비율은 여성 3에 남성 1이거나 혹은 4대 1이었을 것이다.

우리가 여성이 남성보다 2배 많았던 조상들의 후손이라는 것은 무엇을 뜻하는가? 이렇게 볼 수 있다. 우리가 만나게 되는 모든 성인들 중 80% 정도의 여성과 단 40%의 남성만이 자식을 낳는다. 어쩌면 60%대 30%일 수도 있다. 하지만 어떻든 간에 여성이 현재에 이르는 후손들을 가질 확률은 남성의 2배였다.

결정적인 점은 남녀 삶의 보편적인 결말이 달랐다는 것이다. 성인기까지 생존했던 대부분의 여성들은 최소한 한 명 이상의 자식을 두었을 것이며, 그 후손들이 지금까지도 살아 있다. 하지만 대부분의 남성들은 그렇지 않다. 생존했던 대부분의 남성들은 정상에 오르지 못했던 야생마들과 마찬가지로 자신의 유전적 흔적을 남기지 못했다.

이것은 어마어마한 차이다. 태어났던 모든 인간 중 대부분의 여성들은 엄마가 되었지만 대부분의 남성들은 아빠가 되지 못했다. 오늘날 많은 연인들과 함께 미국 교외를 거니노라면 이를 깨닫지 못할 수도 있다. 하지만 이것은 중요한 사실이며, 나는 이것이 남녀 차이에 대해 가장 간과된 사실이라고 생각한다.

3장에서 나는 남녀의 결정적 차이가 그들의 능력보다는 동기적 측면에서 더 드러난다고 언급한 바 있다. 우리 조상들 중 월등히 높았던 여성의 비율은 이러한 동기적 차이들을 이해하는 데 매우 중요한 기초를 제공한다. 그리고 이를 이해하기 위해서는 진화가 정확히 어떻게 이루어지는지 고려할 필요가 있다.

자연은 어떤 식으로 성공을 측정하는가

다윈의 진화론은 오랫동안 생물학을 지배해 왔지만 최근에는 심리학에까지 강력한 영향력을 행사하기에 이르렀다. 심리학자들은 많은 행동이 진화의 과정에 각인되어 있다는 사실을 받아들이고 있다.

많은 행동 중 어느 정도가 내적 경향성의 직접적 결과물인지 아니면 유전자로부터 유발된 것이 아니라 엄마나 동료들로부터의 모방, 오프라 쇼에서 본 것 혹은 사회화와 학습으로부터 오는 것인지에 대한 논쟁이 뜨겁다. 타고난 것과 환경적 요소가 어떻게 함께 작용하는지 탐구하는 것이 추세이며, 이 접근을 통해 이 책은 문화가 어떤 식으로 남성을 활용하는지 이해하고자 한다.

진화론이 확실히 옳은 게 한 가지 있다면 그것은 재생산에 관해서일 것이다. 자식을 낳는 것이 그 핵심에 있다. 그렇기 때문에 성공적으로 아이를 낳는 문제로 오면 아마 학습보다는 선천적 요인들과 직접적인 관련성이 있을 것이다.

'최적자 생존'이라는 용어는 다윈의 이론을 한 문장으로 요약할 때 종종 잘못 전해지는 것으로, 이는 사실 다윈이 아닌 허버트 스펜서^{Herbert Spencer}에 의해 만들어졌다. 그러나 더 중요한 것은 이 용어가 진화론을 제대로 대변하고 있지 못하다는 점이다. '생존'은 최근 세대의 진화론자들에게 점차 부차적인 것으로 여겨지고 있다. 진화의 핵심은 생존이 아닌 '재생산'에 있다.

즉 모든 것은 재생신을 위한 것이다. 진화를 이끄는 자연신택의 결론은 결국 재생산을 위함이다. 사실 그조차도 완전히 정확하지는 않다. 참나무는 매년 수천 개의 도토리를 만들어내지만 모두 참나무가 되는 것은 아니다. 또한 나무가 되었다고 해도 모든 나무가 성공적으로 새로운 참나무를 만드는 것은 아니다. 진짜 핵심은 더 많은 자손을 성공적으로 '낳을 수 있는' 자식들을 낳는 것이다. 만일 당신이 이 일을 해낸다면 당신의 수명과는 관계없이 유전자를 전달하는 진화론적 관점에서 성공한 사람이다.

극단적으로는 오늘날의 세계 인구도 진화의 산물로 볼 수 있다. 많은 사람들이 지난 수십만 년 동안 지구를 활보했으며, 그들 중 일부는 유전자를 다음 세대로 전달했고, 이는 오늘날 인구에까지 계속 이어졌다. 그러나 나머지는 막다른 길을 마주했다. 그들은 자녀를 갖지 않았거나, 그들의 자녀가 재생산을 하기 전에 죽었거나 혹은 그들의 증손들이 그러했다.

인류의 역사 전체를 돌이켜보고, 자신의 유전자를 다른 이에게 남긴다는 자연의 성공 기준을 적용해 볼 때 대부분의 남성들은 실패했다고 할 수 있다. 반면 대부분의 여성들은 성공했다. 다시 말해 남성으로 산다는 것은 여성으로 사는 것과 달리 생물학적 실패를 수반한다.

다른 확률에 직면하다

재생산 성공의 차이는 매우 중요하다. 이는 남성과 여성이 왜 다르게 행동하는지를 이해하는 강력한 근거를 제공한다. 만일 어떤 면에서 진화론이 옳다면 그것은 재생산에 관해서라고 했던 말을 기억하는가? 그것이 이 이론의 핵심이다. 자연은 번식을 성공으로 이끄는 특질들을 가장 선호할 것이다. 하지만 수천 년 동안 남성과 여성은 재생산에 있어서 매우 다른 확률과 문제들을 맞닥뜨려왔다.

남녀의 심리는 진화에 의해 어느 정도 '설정'되었고, 매우 다른 예후를 가진다. 자연은 생명체로 하여금 더 많은 생명을 창조하도록 애쓰게 만들었다. 여성은 이 근본적인 과제에서 성공할 가능성이 높은 반면 남성은 다가오는 실패를 맞이하도록 태어났다.

우리는 명백하게 성공한, 즉 자신들의 유전자를 전달한 남녀의 후손이다. 하지만 성공을 위해 취해야 할 방법은 남녀에 따라 달랐다. 그것이 여성에게 더 쉬웠다고 말하는 것은 잘못된 것이다. 왜냐하면 출산과 양육이라는 막중한 부담이 있으며, 여성의 희생을 요하기 때문이다. 그럼에도 불구하고 인류역사를 통틀어 여성들은 승산이 높았던 반면 남성들은 승산이 별로 없었다. 자연은 이에 따라 남녀의 마음을 만들었다. 이는 남녀가 다른 것을, 다른 방식으로 원하도록 설계되었다는 강력한 근거다.

우리 이전에 살았던 남성과 여성들은 이를 성공과 실패라는 관점에서 생각하지 않았겠지만 자연은 그들 중 성공한 자들을 선택했고, 오늘날 인류는 자신들의 유전자를 전달하는 데 성공한 남녀의 후손이다. 따라서 오늘날 인류는 그들로부터 재생산의 성공을 돕는 특성들을 물려받았고, 그 구체적 내용은 남녀에 따라 다를 것이다.

여성에게 있어 성공을 향한 길은 상당히 명백했다. 그녀 스스로 기회를 잡거나 독립할 이유가 거의 없었다. 다른 이들과 구분되고자 노력할 필요가 없었다. 기껏해야 조상 여성들은 좋은 상대를 고를 수 있도록 스스로를 더 매력적으로 가꾸고 싶어 했다. 인정사정없는 자연의 관점에서 보았을 때 그녀의 관심거리는 자녀들이 어떻게 될 것인지 그리고 어떻게 보살핌을 받을 것인지에 관한 것이지, 그녀가 자녀를 갖게 될지 여부가 아니었다. 그녀가 자녀를 가질 확률은 대체로 양호했기 때문이다.

그러므로 상대적으로 유리한 확률 속에서 살았던 대부분의 여성들 심리는 이러한 우호적인 환경에 상응하여 적응되었다. 다른 이들처럼 안전하게 행동하면 임신할 확률은 충분했을 것이다. 그녀는 단지 좋은 제안, 즉 자신과 자녀들을 부양할 능력이 있고 기꺼이 그렇게 할 남성을 선택하기만 하면 되었다.

삶이 너에게 행운을 주었으니 이를 날려버리지 말아라. 그것이 자연이 여성에게 주는 메시지다. 그렇기 때문에 결정적으로 자연은 여성에게 아이를 가질 확률을 높여주는 특정한 특성을 심어줄 이유가 없었다. 대부분의 여성이 아이를 가졌기 때문에 자연은 아이를 갖도록 돕는 특성을 가진 여성을 선택할 필요 혹은 기회가 없었다. 즉 별도의 욕구나 특별한 동기가 필요하지 않았다.

이와 반대로 일반적인 남성은 유전자를 남기지 못한 채 사라지는 운명이었다. 안전을 강구하고, 다른 모든 이들과 똑같이 행동하는 것은 현명하지 못한 짓이었을 것이다. 대부분의 남성이 재생산에 실패한다는 현실을 극복하지 못하는 남성은 낙오자가 되는 것이다. 이것이 바로 우리가 안전을 취하는 여성과 위험을 감수하는 남성의 후손인 이유다.

이 책의 후반부에서 우리는 다음과 같은 질문을 생각해 볼 기회를 갖게 될 것이다. "왜 50명의 여성들이 한데 뭉쳐 배를 건조하거나 미지의 바다를 탐험하기 위해 항해하는 경우가 그토록 드문가?" 여성이 아닌 남성들이 이것을 시도한 것은 부, 권력 그리고 우리가 살펴볼 다른 것들에서의 성차에 기인한다. 하지만 가장 과소평가된 사실을 기억하라. 자연과 진화의 관점에 있어 핵심은 재생산이다.

미지의 장소로 항해를 떠났던 여성들은 아마도 다른 이들에 비해 자신의 유전자를 남길 확률이 적었을 것이며, 그런 도전을 감행하는 것은 바보 같은 일이었을 것이다. 그들은 물에 빠져 죽거나 식인종에게 잡혀 먹거나 혹은 낯선 새로운 질병으로 쓰러졌을지 모른다. 대신 집에 머무르며 나머지 다른 여성들처럼 행동하면 당신은 아이를 가지게 될 것이다.

하지만 남성들의 계산법은 다르다. 남성이 집에 안전하게 머무는 것은 결코 유리한 전략이 아니었다. 왜냐하면 이런 평범한 남성은 자손을 남길 운명이 아니었기 때문이다. 그렇다. 미지의 바다로 탐험을 간 많은 남성들 역시 물에 빠져 죽거나 식인종에게 잡혀 먹거나 질병으로 죽는 등 인생의 도박에서 큰 손실을 겪을 수 있었다. 하지만 이 도박을 하는 것은 그래도 여전히 최고의 전략일지 모른다. 남성이 집에 가만히 있는 것은 어차피 지는 것을 의미하기 때문이다. 집을 떠났던 남성들 중 일부는 여행으로부터 아내 한둘을 얻거나 자녀들을 부양할 재물을 가지고 돌아왔다.

철학적으로 어떤 삶이 더 바람직한지 논해 볼 수 있다. 안전하고 편안하게 집에 머물면서 재생산을 하지 못한 채 삶을 살아가다가 평화롭게 죽는 것과 세상에 나가 숱한 위험을 무릅쓰고 고생하지만 운 좋게 부를 얻어 집으로 돌아오고, 한둘의 아내와 자식들을 갖는 것. 하지만 중요한 건 어떤 삶이 더 바람직한가가 아니다. 오늘날 사람들은 도박을 했던 (그리고 이겼던) 남성들의 후손이다. 따라서 마음이 유전적·생물학적 근거를 가지는 한 오늘날 남성들의 심리는 다분히 야심만만한 쪽으로 기울어져 있다.

다르게 말하면 여성에게 있어 위험 추구는 불확실한 기회를 위해 상대적으로 확실한 것을 포기한다는 것을 의미했다. 그것은 어리석은 짓이다. 남성에게 있어 위험을 감수하는 것은 확실한 손실을 버리고 잠재적인 실패와 분명한 실패를 바꾸는 것이다. 재생산에 대한 생물학적 기준에서 보았을 때 남성은 위험을 감수하는 것이, 여성은 위험을 피하는 것이 이치에 맞다.

결정적으로 오늘날 남성들은 선별된 진취적 승자들이 만들어낸 후손이다. 쉬운 길을 택하고 집에 있었던 자들은 대체로 자신의 유전자를 전달하지 못했고, 오늘날 남성 인구에 어떠한 자취도 남기지 못했다. 남성을 불쌍히 여기기 전에 남성이 여성보다 위험을 감수하게끔 길러졌다는 이 결론의 또 다른 함의를 살펴보자.

손실은 도박의 한쪽 면이며, 다른 면은 승리다. 무엇이 승자를 만드는지는 남녀에 따라 다르다. 그렇다. 남성은 인생에서 모험을 함으로써 잃을 것이 적지만 동시에 얻을 것은 더 많다(우리는 자손 생산이라는 자연의 잣대로 승리와 실패를 말하고 있음을 기억하라).

어쨌든 태어난 모든 아기들은 생물학적인 엄마와 아빠가 있다. 수많은 남성들이 자식이 없는가 하면, 수많은 다른 남성들은 여성들 평균보다 더 많은 자식이 있다. 이런 이야기가 될 수 있다. 만일 남성이 자식을 가질 확률이 평균적인 여성들의 반밖에 안 되었다면 이는 우리의 남성 조상이 여성 조상보다 평균 약 2배 이상 자식이 많았다는 것을 뜻하는 것이다.

늘 그렇듯 남성들은 극단으로 치우친다. 자식 수에 있어서도 대부분의 여성들은 최소한 한 명의 자식을 가지며, 이보다 많은 자식을 가진 여성들은 상대적으로 적다(가령 12명). 사실 생존하여 증손자를 낳은 자식만을 계산한다면 고대의 여성 중 6명 이상의 자식을 가진 자는 드물 것이다. 이와 반대로 수많은 남성들이 극단에 존재한다. 살펴보았듯이 대다수 남성들은 자식이 하나도 없는 반면 일부 소수의 남성들은 가장 다산한 여성들보다도 훨씬 더 많은 자식을 가진다.

칭기즈칸은 세계역사상 가장 위대한 정복자 중 한 명으로 꼽힌다. 그는 우리가 익히 알고 있는 세계 전역을 제패한 군대를 양성했다. 그에게는 수백, 아마도 1,000명을 웃도는 자녀가 있었다고 전해진다. 그의 정복에는 커다란 위험과 노력이 뒤따랐으며, 실제로 인생의 몇몇 시점에서 보면 그는 젊은 나이에 죽고 자녀도 전혀 없었을 것 같다. 그러나 그는 꿋꿋이 버텼으며, 매우 효과적으로 그의 유전자를 전달했다.

우리는 왜 어떤 여성도 칭기즈칸과 같은 업적을 이루지 못했는지, 왜 그 근처에도 가지 못했는지 논해 볼 수 있다. 아마도 가상 페미니스트들은 몽골 여성들을 막는 일종의 '유리천장'이 있었다고 불평할지 모른다. 하지만 보다 타당한 진화론자의 답은, 여성들은 그런 위험과 희생을 감수할 이유가 없었기 때문이라는 것이다. 만일 여성이 세상을 정복했다고 해도 그녀는 아마 6명 정도의 자식들밖에 가질 수 없었을 것이다(만일 그녀가 칭기즈칸처럼 많은 시간을 말 등 위에 앉아 전투에 썼다면 6명을 위한 시간을 내는 것조차 매우 어려웠을 것이다). 즉 노력하는 것에 대한 대가가 없었다. 여성이 100명의 아이를 낳는 것은 그야말로 불가능하다. 그러나 남성은 가능하며, 어떤 남성들은 실제로 해냈다.

따라서 가장 제대로 고려되지 못하고 있는 사실, 즉 '우리가 남성에 비해 약 2배 많은 여성들의 후손이라는 것'은 두 가지 의미를 지닌다. 남성들은 가장 큰 실패자인 '동시에' 큰 승리자였으며, 여성들은 대체로 그렇지 않았다는 것이다. 인간의 마음 및 욕구와 필요들이 재생산에 기반한 진화에 의해 형성된 한 남성들은 안전을 강구할 가능성이 낮다. 자연이 남성으로 하여금 보상이 큰 게임을 하도록 강요했기 때문이다.

더 잘하려는 충동

똑같은 텅 빈 길을 자전거를 타고 내려오는, 혹은 똑같은 경사를 스키를 타고 내려오는, 혹은 똑같은 수영장에서 나란히 수영을 하는 두 소년을 그려보라. 우연히 그들이 동일한 방향을 향해 동일한 속도로 나란히 가게 되었다면 어떤 일이 벌어지겠는가? 아마둘 다 상대가 이것을 경쟁으로 여기는지 궁금해하며 자신의 속도를 약간씩 높일 것이다. 언젠가 나를 앞지르며 승리한 척하던 어떤 녀석의 얼굴이 떠올랐기 때문에 긴장한다. 하지만 동일한 상황을 경험하는 두 소녀의 모습은 조금 다를 것이다.

이 책을 쓰는 동안 나는 아루바의 잘 알려지지 않은 리조트에서 몇 주를 보냈다. 내가 윈드서퍼가 되었을 때 아루바가 서반구에서 가장 바람이 안정적인 곳 중 하나라고 들은 적이 있다. 나는 그곳에서 3주 동안 머물며 대부분의 시간을 책과 논문을 쓰는 데 할애했지만 집중적으로 매일 오후 두세 시간 동안은 서핑을 하며 휴식을 취했다.

사람들은 대부분 파도에 맞추어 서핑을 한다. 그러다 가끔 거의 동일한 속도로 같은 방향으로 가고 있는 다른 서퍼를 발견할 때가 있다(방향은 바람에 따라 정해진다). 내게도 이런 일이 몇 차례 있었다. 매번 나와 다른 남성(여성인 적은 한 번도 없었다)은 서로를 의식하며 즉석 경주를 하게 된다. 우리는 어떤 특정 지역에 이르면 다른 사람들이 지나가길 기다린 다음 반대 방향으로 다시 경주를 한다.

나는 경쟁자들의 멋진 턴 동작들을 보며 그들이 한 수 위라는 사실을 인정하게 되는 경우가 많았다. 사실 그냥 서핑을 즐기는 수준에서는 턴 동작이 별로 필요하지도 않다.

사실 유치한 짓이긴 하다. 마흔이 넘은 이런 남성들(가끔 둘 다 예순에 가까울 때도 있다) 사이의 도전은 우리 안에 있는 소년을 끌어냈다. 차이라면 어릴 적에는 주로 앞서 나가서 이기고 싶어 했을 테지만 성인이 되어서는 대등하게 대결할 때 더 즐겁다는 것이다.

우리 둘은 이 비공식적 시합을 마친 뒤 어느 순간 누가 더 유리했는지 등에 대해 수다를 떨었다. 둘 다 경주를 했다는 것을 당연히 알고 있었다.

그날 밤 리조트로 돌아와서 나는 여성 서퍼들도 즉흥 경주를 하는지 물었다. 그들은 아니라고 대답했다. 그들은 단지 움직이는 그 느낌을 즐기고 싶을 뿐, 즉흥 경주는 바보 같은 남성들이나 하는 일종의 경쟁심 같은 것으로 여겼다.

이것이 여성의 전형적인 대답일 것이다. 당신은 50대 여성 2명이 물 위에서 서로를 의식하며 상대를 이기기 위해 반사적으로 속도를 높이려 애쓰는 모습을 상상할 수 있는가? 혹은 다른 여성보다 더 빨리 보드가 날게 하려고 혼신의 힘을 쏟는 모습을 상상할 수 있는가?

잠시 가치판단을 미루어보자. 어떤 신체적 과제에서 상대를 이기려는 이런 경쟁 욕구는 암컷보다는 수컷에게 더 자연스럽게 나타난다. 남녀가 특정 감정을 느끼는 데는 다 그럴 만한 이유가 있다고 한다면, 그런 차이는 왜 존재하는 걸까?

오늘날에는 경쟁자를 앞지르고자 하는 이런 자연스런 충동을 한심스럽게 생각한다(사내아이가 납작한 돌을 물 위로 던져 남보다 많이 튀도록 하고 싶어 하는 경쟁심을 열등감으로 치부하기도 한다).

하지만 그것이 바로 남성이 된다는 것의 의미이며, 이는 다음의 가장 과소평가된 사실에 근거한다. 생존했던 대부분의 남성들은 유전적으로 인류에서 사라졌다. 다른 남성을 이기는 데 신경 쓰지 않고, 편하고 느긋하게 사는 것에 만족하며, 다른 이들로 하여금 앞서 나가도록(많은 여성들이 하는 것처럼) 방치했던 남성들은 자손을 남기지 못했다. 자손을 남길 확률은 전진했던 남성들이 더 높았으며, 오늘날의 남성들은 그들의 후손이다. 즉 자손을 남기기 위해서는 다른 남성을 능가해야만 했다.

여성은 그런 불리한 상황에 직면해 있지 않았다. 여성은 더 훌륭한 배우자를 얻기 위해서만 경쟁했다. 그리고 이 경쟁은 신체적 과제에서 이기는 것이 아니라 다른 여성보다 더 아름답고 상냥하고 사랑스러우면 되는 것이었다.

이러한 끝없는 경쟁 욕구에서 남녀 차이가 분명하게 나타난다. 나는 이런 무모한 남성의 경쟁심이 무척 짜증스러울 수 있다는 데 전적으로 동의한다. 여성들은 친구를 만들고, 다른 사람들을 기분 좋게 하며, 서로 잘 지내고자 한다. 사소한 것 하나까지 상대를 이기려고 아등바등하는 것보다는 모든 면에서 훨씬 멋지다.

하지만 지금의 남성들은 어떻게든 다른 남성들을 능가했던 자들의 후손이다. 슬픈 사실은, 착한 남성들은 그들의 유전자를 전달하지 못했다는 것이다. 무자비하게 경쟁한 자들은 여성(아마도 여러 명)을 선택할 수 있는 정상에 오르는 데 성공했으며, 아들딸들을 낳았다. 즐겁고 태평하며 다른 남성을 능가하는 데 큰 관심을 안 둔 착한 남성들은 성취를 덜했고, 더 적은 여성들의 관심을 끌었으며, 더 적은 수의 자손을 남겼다.

우리는 1장에서 상당히 많은 사람들이 남성보다 여성을 더 좋아한다는 것을 살펴보았다. 이에 대한 나의 생각은 여성이 실제로 남성보다 더 사랑스럽다는 것이다.

물론 남성도 사랑스러울 수는 있다. 대부분의 남성들은 어쨌든 여성으로 하여금 자신을 사랑하게끔 만든다. 단지 그들은 늘 사랑스럽고자 하지 않을 뿐이다. 사랑과 관심을 받는 것은 여성들에게 있어 거의 언제나 가장 우선시되는 일이었다. 남성들도 관심과 사랑을 받고 싶어 하지만 그들에게는 또 다른 목표가 있으며, 때때로 그것들이 보다 우선시된다. 남성은 최고를 향해 전진하고 싶어 한다.

오해하지 마라. 여성들 역시 정상에 서고 싶어 한다. 단지 착하고 사랑스럽게 구는 것과 정상에 오르기 위해 고군분투하는 것 중 하나를 선택할 수 있을 때 여성들은 전자를 택할 확률이 좀 더 높은 반면, 더 많은 남성들은 최고를 향한 싸움을 선택할 것이라는 얘기다.

나는 이 모든 것이 진화의 역사에 기인하며, 특히 과소평가되고 있는 사실이라고 본다. 여성들은 정상을 향해 애를 쓰며 나아가든 그렇지 않든 아기를 가졌다. 사랑스럽다는 것은 여성들로 하여금 더 우수한 자식들을 가질 수 있게 했다. 이와 반대로 남성들은 정상을 향해 분투했을 때 더 많은, 그리고 우수한 자식들을 가질 수 있었다. 사랑스럽다는 것은 남성에게도 중요했을 수 있지만 여성만큼은 아니었다.

최고를 위한 노력

인간은 야생마가 아니지만 그렇다고 완전히 다르지도 않다. 암말들은 모두 새끼를 가졌고, 그들이 더 다정하고 사랑스러웠을수록 새끼들이 번성했다. 수말의 경우 다정하고 사랑스러운 것은 아무 쓸모가 없었다. 거칠고, 공격적이고, 모험적인 것이 중요했다. 오직 신체적 건장함과 이런 거친 특성들을 지닌 수말만이 아비가 될 자격이 있었다.

다음 세대는 번식을 성공으로 이끌었던 앞 세대의 특성들을 물려받았다. 여성에게 있어서는 내력적이고 건강하며 다정하고 사랑스러운 것이 자손에게 전수되는 특성들이었다. 남성에게 있어서는 힘, 공격성, 야망 등이 필수적인 특성이었다.

앞서 우리는 칭기즈칸을 언급한 바 있다. 한 최근 연구에 의하면, 중앙아시아에서 태어난 대다수 아이들의 핏줄에는 이 위대한 남성의 피가 일부 흐른다고 한다. 상상해 보라. 수백만 명의 남성들이 어떤 한 사람의 자손이라는 사실을. 그 시대의 어떤 여성도 이런 일을 해내지는 못했을 것이다. 하지만 남성은 가능했다. 아이를 가질 만큼 순조로운 인생을 산 자녀들이 충분히 있었다면 말이다.

죽은 뒤 수세기가 지나서도 한 남성이 수많은 사람들에게 그토록 많은 생물학적인 영향을 미치기 위해서는 어떤 특징들을 필요로 했을까? 그는 대단히 야심차고, 유능하고, 성공적이어야 했을 것이다. 또한 이것들을 추구하는 동안 기꺼이 엄청난 위험을 감수하고 혹독한 시련을 견뎌야 했을 것이다.

물론 많은 다른 여성들과의 섹스를 분명 좋아해야 했다. 그가 일부일처제에 만족했었다면 그의 자손들은 그의 아내 수 정도밖에 되지 않았을 것이다. 거대한 가족을 만들기 위해서는 수백 명의 여성들과 섹스를 할 필요가 있었다. 그리고 그런 기회를 갖기 위해 그는 사회·정치·경제적 측면에서 대단히 성공적이어야 했다. 결국 그러한 성공은 상당한 재능과 강력한 동기를 필요로 했다(그리고 적잖은 행운. 하지만 행운을 만드는 유전자는 없다).

그렇다면 오늘날 중앙아시아의 사내아이들은 칭기즈칸과의 유전적 연결고리로부터 무엇을 물려받았을까? 아마도 그들은 재능과 능력의 일부를 물려받았을 것이다. 하지만 앞서 말했듯이 남성과 여성의 능력 차이는 근소하다.

대신 세계를 제패한 조상으로부터 그들이 물려받은 것은 강력한 동기다. 칭기즈칸은 위대함을 추구했다. 그는 안락한 삶을 누리기에 충분한 부와 권력을 얻은 뒤에도 계속해서 정복을 추구했으며, 군대를 더 멀리 이끌었다. 이들은 아시아에서 벗어나 유럽과 중동으로 눈을 돌렸다.

그가 활동하던 시대는 십자군 원정 시대였다. 유럽의 기독교도들은 중동의 아랍 회교도들과 치열한 전투 끝에 양측의 군사력이 거의 대등하게 교착 상태에 이르러서야 어렵사리 평화를 얻었다. 그러자 몽골인들은 이때를 틈타 세력이 약화될 대로 약화되어 대항할 여력이 없었던 유럽과 중동을 손쉽게 제압했다.

겉으로는 기독교도임을 자처하던 몽골인들은 기회를 엿보다가 교황에게 제안하기를, 몽골 제국의 우위를 인정하고 일정한 조공만 바친다면 자신들이 성지 전역을 정복해 로마 교황청에 통치권을 넘기겠노라고 했다. 이러한 성지 정복은 기독교도들이 몇 세대에 걸친 십자군 원정에서도 성공하지 못한 일이었다. 교황청에서는 이를 두고 격론이 벌어졌으나 신학적 견해가 다르다는 점을 들어 몽골 기독교를 인정하지 않기로 결정했다. 게다가 몽골 제국의 우위를 인정한다는 조건도 받아들이기 어려웠으므로 교황청은 결국 몽골의 제안을 거절했다.

몽골인들은 단지 탐사 목적으로 러시아 남부의 조지아로 기습부대를 보냈다. 조지아인들은 모든 국력을 동원하여 이에 대응했고, 왕이 이끄는 훌륭한 기사와 전사들 모두가 이 야만적인 침입자로부터 신성한 그들의 명예, 신의 그리고 자신들의 본거지를 지키기 위해 나섰다. 그러나 조지아의 최정예 기사들은 단 한 번의 전투로 인해 흔적도 없이 사라졌다. 칭기즈칸의 군대가 그의 가르침대로 진격했으나 정작 칭기즈칸은 그곳에 있지도 않았다. 그의 군사책략은 서양의 것을 너무나도 크게 능가했기 때문에 특정 목표조차 없었던 기습 부대가 유럽의 최정예군을 쉽게 정복할 수 있었던 것이다.

이 모든 것에 대한 나의 요지는 자연선택이 남성들에게 여성들보다 어떤 특정 동기를 더 강하게 주입시켜왔다는 것이다. 그것은 최고를 위한 노력이다. 이는 오늘날 중앙아시아 남자아기들이 칭기즈칸 및 그와 유사한 이들에게서 물려받은 중요한 유산이다.

각각의 남성들은 조금씩이나마 위대하고자 하는 열망을 가지고 있다. 인생의 포부를 형성할 젊은 시절에는 아마 특출한 위대함을 꿈꿀 것이다. 소년기에는 소소한 게임이나 경주 등에서 상대를 이기고자 할 것이며, 성인이 되어서는 가까이에 있는 다른 이들보다 더 잘할 수 있는 무언가를 찾고자 할 것이다. 아마도 그는 그들 모두를 이기는 것, 슈퍼볼에서 터치다운으로 득점하는 것, 대상을 받는 것, 발명을 하거나 수백만 달러를 버는 회사를 설립하는 것을 꿈꿀지 모른다. 또는 직장 동료들보다 더 잘할 수 있는 무언가를 찾는 '현실적' 수준의 위대함에 만족할는지도 모른다.

남성은 자신이 언젠가 박수갈채를 받을 것이라고 생각한다. 사람들은 그에게 존경과 감사를 표할 것이다. 또한 그가 흔치 않은, 비상한, 위대한 업적을 달성했음을 알아차리고 우러러볼 것이다.

만일 위대함에 대한 무의식적 갈망이 짝짓기에서 출발한다면 그는 아마 자신이 최정상에 이르렀을 때 여성들이 미소 지으며 몰려들어 자신을 침대로 데려가는 장면을 상상할 수도 있다. 그의 조상들에게 있어 바로 이것이 많은 자식의 아버지가 되거나 거의 독신으로 삶을 마감하는 차이를 만든 점이다.

이제 위대함과 재생산과의 연결고리는 단절되었다. 일부일처제 덕분에 덜 성공적인 남성도 아이를 가질 수 있는 반면, 가장 성공적인 남성조차도 많아야 한두 명의 아이밖에 가질 수 없는 세상이 되었다. 자연에 대한 문화의 승리로 보아야 할지 모르겠지만 역설적으로 오늘날은 약하고, 비생산적이고, 무책임한 남성들이 종종 부유하고, 좋은 교육을 받았으며, 성공적인 남성들보다 더 많은 아이를 낳는다.

진화가 남성으로 하여금 더 많은 자식을 갖도록 만들었을지언정 남성은 아이 낳는 것을 자신들의 최우선적 목표라고 여기지 않는다. 자연은 남성이 섹스만큼 아이를 원하도록 만들지 않았다. 대신 남성으로 하여금 아이와 상관없이 섹스를 갈구하도록 만듦으로써 인류의 재생산에 참여하게 했다. 그래서 남성들은 아이를 낳지 않고 섹스를 할 수 있는 방법들을 고안해 냈다(자연에 대한 문화의 또 하나의 승리다!).

성공한 남성들은 100명의 자식을 갖고 싶어 하지는 않지만 100명의 여성들과 섹스를 하고 싶어 한다. 그리고 그들이 만든 문화는 이를 돕는다. 오늘날 매우 성공한 남성들은 다수의 섹스 파트너(소수를 제외하고는 물론 100여 명은 아닐 것이다)를 갖지만 아이를 '풍작'하는 것은 신중하게 피한다. 실제로 일부일처제를 장려하는 규범과 법률들은 성공적인 남성이 그들의 치정을 숨겨야 함을 의미하며, 이를 위해서는 임신을 막는 것이 필수적이다.

결국 자연선택과 낮은 번식 확률은 현대 남성들이 많은 아이를 원했던 남성이 아닌, 위대함을 성취하고 다른 남성을 넘어서고자 했던 남성의 후손이 되게끔 했다. 위대함을 추구하고자 하는 욕망이 없었던 남성은 성공적으로 그들의 유전자를 전달하지 못했다. 그 결과 오늘날 남성들의 핏속에는 위대함을 추구하고자 하는 열정이 흐르고 있다.

여성들은 위대함을 추구했었는지 여부와 상관없이 아이를 가졌다. 위대함을 추구하지 않았던 여성들도 추구했던 여성들만큼의 아이들을 가졌다. 오히려 위대함의 추구는 흔히 (그리고 지금도 여전히) 많은 자식을 갖는 것과 조화를 이루기 어려운 일과 직장에 대한 헌신을 요구했다. 따라서 위대함에 대한 열정은 오늘날 여성들의 심리에 깊이 뿌리 박혀 있지 않을 것이다. 이 장의 핵심 주제는 위대함을 추구하는 것에 관한 동기의 차이다. 이것의 다양한 함의들은 마지막 장에서 전개할 것이다.

상호 절충적 특성들

앞서 언급한 가장 과소평가된 사실(남녀의 재생산 확률의 차이)은 다양한 인간의 동기를 이해하는 데 도움이 된다. 위험부담에 대해서는 이미 언급한 바 있다. 남성은 모험을 통해 잃을 것은 적고 얻을 것은 많아서 자연은 위험을 무릅쓰는 남성들을 여성들보다 선호했다. 일이 위험할수록 남성에 편중되어 있다. 여성들이 정치, 자동차 경주, 전문 도박, 투자은행과 같은 고위험군 직종에 진출하는 사례는 그리 흔치 않다. 남성보다 여성이 대세인 고위험 직종을 떠올리는 것은 상당히 어렵다.

창의성도 관련이 있다. 남성들은 두드러지기 위한 방법을 찾을 필요가 있었다. 평범한 길을 따라가는 것은 생물학적 실패로 이어질 가능성이 높았기 때문에 우리는 새로운 시각, 색다른 접근법, 독창적인 전략을 추구한 남성들의 후손들이다.

지난 장에서 우리는 창의성의 남녀 차이에 대해 생각해 보았다. 남성과 여성은 최소한 테스트에서는 동등한 창의력과 창의적인 잠재력을 가지는 것으로 보인다. 하지만 왜 그런지 역사를 통틀어 그리고 전 세계에 걸쳐 남성들이 여성들보다 더 열정적으로 창조하는 데 몰두하는 듯하다. 이 또한 가장 과소평가된 사실의 반영으로 보인다.

남성의 내면 깊은 곳 어딘가에 있는 오랜 진화의 산물이 무언가 새롭고 다른 것을 창조하도록 만들고, 그 창조물을 통해 널리 유명해짐으로써 다른 남성들과 구별되는 우위를 점할 수 있게 하는 것이다. 그는 이렇게 다른 이들을 넘어서는 데 성공했던 남성들의 후손이다.

창의력을 가졌지만 무언가 새로운 것을 만드는 데 깊은 열정을 느끼지 못했던 남성들은 자신의 유전자를 전달할 확률이 낮았다. 새롭고 놀라우며 멋진 무언가를 만들어내는 창의성은 남성으로 하여금 존경과 지위를 얻고, 여성들의 관심을 끌 수 있도록 했다. 따라서 창의적인 것은 그들의 재생산 성공률을 높였다.

공격적인 것은 경쟁과 야망, 목표를 추구하는 데 중요하다. 여성들은 최고의 짝을 위해 경쟁할지 몰라도 아이를 가질 수 있을지 여부를 놓고 경쟁하지는 않는다. 하지만 모든 남성들은 소멸에 직면해 있으며, 이들은 부와 지위를 얻을 수 있는 정상에 오르기 위해 다른 남성들과 경쟁한다. 부와 지위가 여성을 끌기 때문에 자연은 그에게 그러한 동기를 심어놓았다. 번식과 상관없는 동성애자들과 자녀를 가지고 싶어 하지 않는 남성들도 여전히 최고의 자리에 오르려는 야망은 가지고 있을 것이다.

진정한 끝이란 없다. 남성은 항상 더 부유하고 강해지고 싶어한다. 그렇게 되면 최소한 이론적으로는 더 많은 아이를 가질 수 있다. 적정 수준의 성공을 얻고, 한두 명의 아이를 가지는 데 만족했던 남성들도 여전히 살아 있는 후손들을 남겼을 수 있다. 하지만 끊임없는 분투를 통해 더욱더 부유하고 강하며, 많은 아이들을 가졌던 남성이 대체로 더 많은 여성을 유혹하고 더 많은 자손을 남겼다. 오늘날 인구는 이런 남성들로부터 불균형적으로 생긴 후손들이다.

따라서 야망은 여성보다 남성에게서 더 두드러질 가능성이 높다. 여성은 재생산을 위해 야망이 필요하지 않지만 남성에게는 필요했다. 모든 것이 동일할 때 야망을 가진 남성은 그것이 없는 남성보다 더 많은 자식을 남겼다. 오늘날 남성 중 많은 이들은 야망을 가졌던 선조들의 후손이다.

성적 충동은 가장 과소평가된 사실의 또 다른 가능할 법한 결과물이다. 자연은 재생산을 전혀 하지 못할 수 있는 현실에서 남성들을 살게끔 만들었다. 따라서 주어진 기회를 극대화하는 것이 중요했다. 숲 속에서 우연히 만난 어여쁜 아가씨와의 섹스를 거절했던 젊은이는 어쩌면 자손을 남길 유일한 기회를 놓쳤던 것일지도 모른다.

이러한 걱정거리들은 여성에게는 적용되지 않는다. 인류역사를 통틀어 대체로 여성은 아이를 낳는 데 필요한 것보다 훨씬 많은 섹스 기회를 가질 수 있었다(혹시 모르고 있었는가? 현대 여성들에게도 해당되는 사실이다). 여성에게 있어 이 게임의 관건은 훌륭한, 즉 유전적으로 우수하며 그녀와 아이들을 곁에서 보살펴줄 수 있는 최고의 배우자를 찾는 것이다.

여성은 섹스를 할 수 있는 모든 기회에 덤벼들도록 하는 생물학적 장치가 필요 없지만 남성에게는 필요하다. 성적 열망을 갖는 것은 더 많은 자손이라는 성과를 올릴 가능성을 높인다. 이는 남성으로 하여금 불리한 확률을 극복하고 소멸을 피하도록 돕거나 비공식적인 아이 한둘을 갖도록 할지도 모른다. 어느 쪽이든 간에 쉽게 흥분하는 것은 여성보다 남성에게 생물학적으로 유리한 전략이다.

남성은 왜 극단적인가

남성이 여성보다 극단적이라는 점이 특히 가장 과소평가된 사실이라고 첫 번째 장에서 이야기한 바 있다. 자연은 여성에 비해 남성에게 더 많은 도박을 건다. 남성은 자연의 장난감이자 실험대상이다.

이 주장은 추측이다. 나는 다양한 전문가들과 이에 대해 논의했으며, 그들은 대개 이것이 확고하게 검증된 사실은 아니지만 어느 정도는 맞는 생각이라고 여겼다(진정한 전문가들은 확실히 알려지지 않은 바에 대해 말하는 것을 상당히 조심스러워하는 경향이 있다).

남성이 여성보다 유전적으로 더 극단적인 경향을 보일 법한 한 가지 이유가 있다. 새로운 특성이 어떤지 보는 유전자의 실험, 즉 돌연변이를 생각해 보라. 이것이 진화를 이끈 힘이다. 필연적으로 이 실험들의 대부분은 실패다. 신중한 계획과 숙고를 거친 인간의 실험과 달리 자연의 실험은 그저 새로운 유전적 조합을 만들어내고 어떻게 되는지 지켜보는, 즉 무작위로 설계되었기 때문이다. 진화는 시행착오를 끝없이 반복하는 실험인데, 성공보다는 실수나 실패가 더 많다.

유전적 실험을 위한 최적의 매개체는 두 가지 특성을 지닐 것이다. 만약 실험이 실패하면 미래 세대를 위해 나쁜 돌연변이가 종을 오염시키지 않도록 유전자 풀에서 신속히 제거해야 하며, 실험이 성공하면 좋은 돌연변이를 유전자 풀에 신속하게 퍼지도록 해야 한다.

더 직설적으로 말하자면 만약 돌연변이가 실패자라면 자식이 없어야 하며, 승리자면 다산이 가능한 자식들이 많이 있어야 한다. 무엇이 종과 유전자 풀에 최선의 결과를 가져올 것인가라는 측면에서 편의상 "~야 한다"라는 표현을 사용한 것이다(도덕적 의미가 아님).

남성은 여성보다 이런 자연의 실험대상 역할에 훨씬 더 적합하다. 여성은 1년에 단 한 번밖에 자식을 낳을 수 없지만 남성은 같은 해 많은 다른 아이들의 아버지가 될 수 있음을 기억하라. 또한 대부분의 여성이 최소 한 명 이상의 아이를 가지는 반면, 많은 남성들은 자식이 하나도 없다.

야생마를 다시 한 번 떠올려 보자. 그 여름 우두머리 수컷은 모든 암컷들과 교미를 했고, 암컷들은 각각 한 마리의 새끼를 가졌다. 새끼들 모두가 그의 자식이다. 무리의 다른 수컷들은 새끼가 하나도 없거나 거의 없다. 몇 년이 지나 그 여름에 태어났던 망아지들이 성체가 되면 우두머리의 아들들은 최고를 위해 경쟁할 것이고, 승리한 수망아지는 모든 암망아지들과 교미를 하게 된다. 우두머리 수컷의 다른 수망아지들은 또다시 배제된다.

요점을 더 분명히 하기 위해 새로 태어난 망아지 무리에 네 돌연변이(수컷 둘, 암컷 둘)가 있다고 가정해 보자. 둘 중 하나는 평균보다 힘이 세거나 빠르거나 준수하거나 청력이 좋다. 다른 두 돌연변이들은 평균보다 생물학적으로 열등하다. 힘이 없고, 병약하고, 아둔하고, 볼품없으며, 부분적으로 귀가 먹었다.

이러한 이점들에 힘입어 우월한 수망아지가 우두머리 경쟁에서 승리할 확률은 평균 이상이다. 그 결과 그는 모든 암컷들과 교미를 하게 된다. 따라서 다음 세대들은 모두 그를 우월한 개체로 만든 유전적 특성들을 보유하게 될 것이다. 낙오된 수망아지는 전혀 교미를 하지 못하게 될 가능성이 높다. 그의 돌연변이는 그와 함께 사라진다. 이런 방식으로 다음 세대 망아지들은 이전 세대보다 더 우월해진다. 수컷들을 이용한 자연의 실험 덕분에 무리의 유전적 품질은 향상된다.

자, 이제 두 돌연변이 암망아지들을 생각해 보자. 우월한 암컷은 그해 여름 한 마리의 새끼를 가지게 될 것이다. 하지만 그보다 못한 암컷 역시 마찬가지다. 무리의 유전적 품질은 크게 달라지지 않는다.

자연이 실험을 한다고 가정한다면, 수컷을 대상으로 한 실험은 종에 중대한 발전을 가져왔다. 열등한 특성이 한 세대 내 유전자 풀에서 없어지는 동안 우월한 특성은 집단으로 빠르게 퍼진다. 하지만 암컷을 대상으로 하는 실험은 변화를 만들어내는 데 실패한다. 우월한 특성과 열등한 특성 모두 다음 세대로 이어지기 때문이다.

아마 많은 세대를 거치면 여성을 대상으로 한 실험도 효과가 있을지 모른다. 언젠가 우월한 여성이 그렇지 않은 여성들보다 더 많은 자식을 가지게 될 수도 있다. 하지만 결과는 남성들에게서 훨씬 더 강력하고 즉각적으로 나타난다. 때문에 자연은 아마도 남성들에게 실험하는 것을 더 선호하는지 모른다.

이 차이는 남성이 극단으로 치닫는 패턴을 설명해 줄 수 있다. 자연은 여성보다 남성에게 더 공격적으로 내기를 건다. 왜냐하면 남성 쪽의 유전적 실험이 이득을 퍼뜨리고 손해를 막기에 더 유리하기 때문이다.

5

여성이
더 사회적인가

5

．
．
．
．
．

나는 여성을 좋아한다. 직설적이고 요령 없게 말하자면, 나는 남성보다 여성이 더 좋다. 어쨌든 남성보다는 여성과 대화하는 것이 더 즐겁고, 장기적인 우정과 관계를 유지하는 데 있어 더 만족스럽고, 함께 살기에도 좋다.

나뿐만이 아니다. 평균적으로 대부분의 사람들(남녀 모두)은 남성보다 여성을 더 좋아한다. 우리는 사람들이 남성보다 여성에게 더 우호적인 고정관념을 가지고 있음(WAW 효과)을 이미 살펴보았지만 그게 다가 아니다. 하루의 언제든 최소한 10분 동안 여성과 대화를 나눈 사람은 그렇지 않은 사람에 비해 평균적으로 그날 하루를 더 행복하게 보낸다는 연구 결과가 있다. 남성과 이야기하는 것은 그처럼 좋은 기분과 행복감을 북돋아주지 않는다. 물론 남성과 이야기하는 것이 나쁘다는 뜻이 아니다. 아마 어떤 남성들은 (의심할 여지없이) 행복감을 줄 것이다. 그러나 평균적으로 여성과 이야기하는 것은 남성과 이야기하는 것보다 몸과 마음에 유익하다.

4장의 결론은 여성이 대체로 남성보다 사랑스러우며, 그러한 차이는 사람들이 가장 원하는 것이 다르기 때문에 발생한다는 것이었다. 남성도 사랑스럽고자 할 수 있지만 그들은 다른 남성과 경쟁한다거나 최고를 향해 노력하는 것과 같은 다른 우선순위를 가진다.

다시 한 번 말하지만 남성도 그들이 원할 때는 사랑스러워질 수 있다. 대부분의 남성은 누군가로 하여금 자신을 사랑하고 결혼을 결정하도록 설득할 수 있을 만큼 충분히 그것을 잘 이용할 수 있다. 하지만 그러고 나면 다른 관심사들이 생긴다.

플로베르의 유명한 소설인『보바리 부인』에서 젊은 찰스 보바리는 처음에는 엠마를 향한 사랑에 사로잡혀 있었다. 그의 세상은 그녀를 중심으로 돌아갔으며, 많은 시간과 에너지를 그녀의 마음을 얻는 방법을 생각하는 데 쏟았다. 그리고 성공했다. 그녀와 결혼했을 때 그는 한동안 황홀했다. 그리고 나서 그는 다소 그녀를 당연시 여기며 일과 다른 활동들로 주의를 돌렸다.

사람들은 자연히 권력을 가진 남성에게 끌리지만 이는 그 남성 자체라기보다는 권력에 더 가깝다. 나는 수년 동안 학회에 참석하면서 권위 있는 학술지의 편집장(이들은 아마 젊은 연구자들에게 도움이 되거나 해가 될 수도 있는, 학계에서 가장 영향력 있는 사람들일 것이며 대부분 남성이다)들이 학회장을 거닐 때 그들에게 미소 지으며 이야기하는 거대한 일행과 함께인 것을 보곤 한다. 그러나 일단 편집장을 그만두면, 이 동일한 남성들은 한 손에 음료를 들고 다른 사람들의 대화에 끼기를 바라며 뒤풀이 시간에 홀로 방황한다. 다시 말해 이런 학회들에서 현 편집장과는 말 한마디 나누기도 어렵지만, 전 편집장과는 한 시간도 넘게 수다를 떨 수 있다. 일단 상대방에게 권력이 사라지면 측근들도 사라진다. 일부 남성들이 은퇴 후 우울증에 시달리거나 외로워하는 것은 놀라운 일이 아니다.

이러한 양상을 이해하는 한 가지 흔한 방법은 단순히 여성이 남성보다 사교적이라고 말하는 것이다. 여성들이 더 훌륭한 대인관계 기술을 가지고 있고, 사람들을 더 잘 이해하며, 의사소통하고 이해하는 데 능하다고 말이다. 이러한 보편적 시각은 잘못된 것이지만 트레이드오프와 복잡한 문제들을 제대로 파악하기 위해서는 좀 더 면밀하게 살펴볼 필요가 있다.

당신은 거의 알아채지 못할 것이다

이 책을 쓰기 시작할 무렵 보도되었던 2개의 뉴스 기사가 있다. 사실 흔한 기사 내용이다. 하나는 "점차 많은 유색인종 여성들이

기업 운영을 주도하고 있다"라는 표제로 「USA 투데이」에 실렸다. 「야후 뉴스」에 실린 다른 표제는 "남성 전사 효과를 발견하다"이다. 두 기사를 주의 깊게 읽어보면 남성이 가진 좋은 트레이드오프를 암시하고 있음에도 불구하고 이것들은 잘 숨겨져 있다. 표제와 서두를 보고 당신은 여성들이 사업에서 남성들을 능가하며 성격은 좀 더 온화하다고 결론지을 것이다. 둘 다 여성이 평화로운 현대사회에서 잘 해내고 있음을 암시한다. 역시나 남성보다 사회적으로 더 능숙해 보인다.

「USA 투데이」 기사는 어떻게 흑인 미국 여성이 남성 동료들보다 더 많은 회사를 운영하고 있는가에 대한 것이다. 다른 인종과 민족에서도 유사한 패턴이 발견된다. 여성들은 남성들보다 더 작은 규모로 사업을 시작한다. 기사의 요지는 여성들은 잘나가고 있는 반면 남성들은 그렇지 않다는 것이다.

하지만 기사 전체를 읽어보면 마지막 부분에 여성들이 1인 이상으로 구성된 사업체를 운영하거나 가족을 부양하는 것 이상의 이익을 창출하는 사업체를 시작하는 기준에서는 여전히 '뒤처져' 있음을 언급하고 있다. 명백히 남성들은 더 많은 수익을 내는 커다란 팀을 꾸리고 운영하는 반면 엄청난 수의 여성들 사업은 대부분 시간제 및 1인 기업으로 구성되어 있다. 나는 이것이 매우 전형적인 남녀 차이이자 남성의 유용성이 어디에 있는지를 나타내는 단서라고 본다.

「야후 뉴스」의 기사는 남성을 난폭한 전쟁광으로 묘사하며 시작하지만 맨 마지막 단락에서는 이것이 긍정적 결과를 낳을 수 있기 때문에 양날의 검일 수 있다고 언급한다. 기사 전체를 읽어보면 '남성 전사 효과' 연구는 실제로는 폭력적인 행동에 대한 어떤 암시도 하고 있지 않다. 연구에 참여한 남성들은 모두를 이롭게 할 단체사업에 돈을 투자하기 위해 협동했다. 남성들은 자신이 속한 집단이 다른 집단과 경쟁할 때 그런 경향을 더 강하게 보인 반면 여성들은 집단 간 경쟁에 영향을 받지 않았다. 마지막 단락에서는 아예 이런 협동적인 투자 패턴이 전쟁뿐 아니라 사회제도나 정부를 조직할 때에도 유용할 수 있다고 인정하고 있다.

개인적으로 이 이야기 중 가장 재미없는 부분은 반남성적 편향이었다. 많은 사람들이 읽는 표제와 서두에서는 남성을 게으른 패배자와 폭력적인 전쟁광으로 묘사하면서 여성은 활동적이고 건설적이며 평화를 사랑하는 창조물로 묘사한다. 근거로 삼는 연구들 역시 사실은 남성의 긍정적인 행동을 보여줌에도 불구하고 이는 기사 뒤에 꽤 깊이 숨겨져 있다. 기자들은 대부분의 독자들이 처음에서 시작해서 어느 부분에서 읽기를 중단한다는, 따라서 어떤 기사든 첫 단락이 마지막 단락보다 더 많이 읽힌다는 가정하에 중요한 정보를 전면에 내세우고 나머지 세부사항들은 뒤로 숨기며 글을 쓰도록 배웠다.

불행히도 이런 스타일의 보도는 우리로 하여금 실재하는 진짜 트레이드오프를 인식하기 어렵게 만든다. 나의 이론은 남녀가 트레이드오프의 원리 때문에 실로 다른 점들이 있다는 것이다. 여성이라서 좋은 점은 남성이라서 좋은 점과 균형을 이룰 것이다.

나 또한 당신이 남성에 대해 듣는 많은 말들에 공감한다. 남성들은 몇몇 심각한 결점과 나쁜 특성들을 가지고 있다. 하지만 대부분은 사회에 유용한 몇 가지 매우 긍정적인 특성들을 제공한다. 가령 어떤 문화 시스템이 다른 집단이나 국가와 경쟁을 하는 경우 말이다.

앞선 두 기사에서 경시된 남성의 장점들 일부에 대한 힌트를 찾을 수 있다. 언론은 반 여성 편향에 대한 부담을 지지 않으려는데 민감해서 어떤 측면에서든 남성이 여성보다 낫다는 것은 보고하기 꺼려하지만 나는 이 기사들이 매우 중요한 현실 일부를 반영한다고 생각한다. 두 기사 모두에서 남성들은 가치를 창조하고 실현할 수 있는 집단을 꾸리기 위해 다른 남성들과 협업했다. 연구실의 '전사 효과' 실험에서 남성들은 협력적인 집단을 만들기 위해 그들의 돈을 모았다. 기업가정신에 대한 「USA 투데이」 보고에서 남성들은 큰 사업을 창출했다.

남성에 비해 여성이 소규모 사업을 더 많이 시작하는 것은 사실이다. 하지만 남성이 여성보다 큰 규모의 사업을 더 많이 창출하고 운영하는 것 또한 사실이다. 나는 이러한 결과들이 기본적인 차이점을 반영하며, 여성과 남성에 대한 몇 가지 좋은 점들을 짚어준다고 생각한다. 이 모든 것들의 이면에는 트레이드오프가 존재한다.

'남성 전사 효과'의 구체적인 결과는 여성이 경쟁에 관계없이 돈을 모으고 투자하는 것과 달리 남성은 다른 집단과의 경쟁이 있을 때 더욱 협력한다는 것이었다. 따라서 남성은 다른 집단의 남성을 대상으로 하여 집단으로서 경쟁한다.

가상 페미니스트들의 생각과 마찬가지로 오늘날 학계의 통설은 문화와 역사가 여성들을 억압하는 남성들의 음모에 의해 돌아간다고 묘사한다. 이 관점에서 남성은 여성에 맞서고 있다. 그러나 내 해석은 조금 다르다. 나는 남성이 주로 여성이 아닌 다른 남성들과 경쟁을 벌인다고 생각한다. 이는 인류문화의 역사적 발전의 기본이자 원동력이 되어왔다.

'남성 전사 효과'의 실제 자료는 이러한 관점에 잘 부합된다. 그것은 남성 대 여성이 아닌 남성 대 남성의 대결이다. 역사 속에서 남성들은 항상 다른 남성들과 경쟁해 왔다. 이는 여전히 그러하다. 남성은 자주 여성을 위해 싸우고, 여성을 승리에 대한 보상으로 여긴다. 이러한 태도는 아마 (다른 수컷들을 이기고 최고의 자리에 오른) 우두머리 수컷들만이 섹스를 할 수 있었던 먼 진화의 역사로 거슬러 올라갈 것이다.

하지만 여성을 보상으로 보는 것은 적으로 보는 것과는 상당히 다르다. 나는 남성이 여성을 적으로 여긴다고 생각하지 않는다. 오히려 대부분의 남성이 서로보다는 여성을 더 좋아한다고 생각한다. 만일 이것이 사실이라면 남성이 여성과 맞서기 위해 서로 모의를 한다는 생각은 설득력이 부족하다. 이 점에 대해서는 추후 문화의 역사 및 여성이 사회적으로 열등하고 '억압된' 위치에 처하게 된 이유를 다룰 때 다시 이야기하겠다.

남성이 여성에 맞서 서로 뭉쳤다는 것이 일반적인 견해지만 나는 남성들이 다른 남성들에 맞서 단결했다고 본다. 분명 그보다 더 많은 이야기가 있겠지만 말이다. 우선 지금은 많은 다른 연구들에서 보여주듯이 남성들이 다른 집단의 남성들과 경쟁하기 위해 기꺼이, 아니 아마도 본능적으로 뭉쳤음에 주목하자.

여성이 더 사회적인 경우

여성이 남성보다 사회적이라는 생각은 오래되었다. 이는 여성주의 문학의 주요 테마 중 하나이자 많은 사람들이 여성이 더 유능하다는 데 동의하는 것 중 하나다. 여성은 관계 전문가로 여겨진다. 그들은 남성보다 자신의 감정을 더 잘 표현하고, 다른 사람의 감정을 이해할 줄 안다(사실 이는 충분히 입증되지 않았다. 여성은 남성이 스스로에 대해 말하는 것보다 스스로가 여기에 더 능하다고 말하지만 객관적 검사에서 이 차이는 작거나 없는 것으로 나타났다).

뇌 연구는 여성이 남성보다 더 관계지향적이라는 고정관념의 일부를 강화시켰다. 실제로 사이먼 배런-코헨Simon Baron-Cohen은 자폐증이 전형적인 남성 뇌의 극단적인 형태를 나타낸다고 결론 내린 바 있다. 자폐적인 사람들이 상당히 지적이며 정보의 체계를 숙달하는 데 놀라운 재주를 가지고 있을지는 모르지만 사람들을 이해하는 데는 서툴다.

그의 연구에 따르면, 우리 뇌에는 공감과 체계화 간의 트레이드오프가 존재한다. 여성의 뇌는 다른 이들에 대한 정서적 민감성과 그들의 감정을 이해하는 데 깊은 관심을 갖는 '공감'에 맞추어진 경향이 있다. 이와 달리 남성의 뇌는 '체계'를 이해하는 것, 즉 사물이 작동하고 함께 기능하는 기본 원리와 이것이 어떻게 사회체계와 같은 무생물에까지 적용되는지를 이해하는 것을 지향한다. 남성의 뇌는 추상적 개념들과 사물의 여러 부분들 간의 연관성에 매료되고, 여성의 뇌는 인간의 정서와 개개인의 독특한 특성들에 매료된다.

여성이 남성보다 더 사회적이라는 생각은 1997년 수잔 크로스Susan Cross와 로라 매드슨Laura Madsen 박사의 유명한 리뷰 논문에 자세히 설명되어 있다. 그들은 여성이 대인관계적으로 더 능숙한, 성공적 성이라는 논지를 뒷받침하는 일련의 결과들을 수집했다. 예컨대 많은 증거들이 남성이 여성보다 공격적임을 보여준다. 공격성은 관계를 망가뜨릴 수 있다. 만일 연인이나 친구를 때린다면 관계는 금방 끝나고 말 것이다. 이에 크로스와 매드슨은 여성의 경우 관계를 놓고 그런 위험을 감수하지 않는 반면 남성은 관계에 신경을 쓰지 않기 때문에 폭력을 감행한다고 설명했다. 즉 여성이 남성보다 더 사회적이며, 이것이 바로 남성이 사람을 때리고 여성이 그러지 않는 이유라는 것이다.

두 연구자는 또 다른 근거로 자아개념을 들었다. 남성은 자신이 얼마나 남들과 다르고, 독특하며, 독립적인지를 강조하는 경향이 있는 반면 여성은 자신이 얼마나 다른 이들과 관련되어 있는가에 초점을 맞추는 경향이 있다. 따라서 스스로에 대해 무언가 말해보라고 하면, 남성은 자신을 남과 구분시켜주는 특별한 재능이나 성취 등을 언급할 가능성이 높은 반면 여성은 누구누구의 엄마 혹은 아내와 같은 사회적 관계를 언급할 확률이 높다. 크로스와 매드슨은 이를 토대로 여성은 연결을 원하고, 남성은 분리를 원한다고 설명했다.

하지만 그들은 이 그림에 잘 들어맞지 않는 몇 가지 사실들로 인해 조금은 고전해야 했다. 그들이 언급한 바에 따르면, 남성이 여성보다 사람들을 더 돕는 경향이 있음을 보여주는 많은 연구들이 존재한다. '돕기'는 다른 이들과 관계를 맺는 한 방법이므로 이는 남성을 여성보다 덜 사회적인 존재로 묘사하고자 한 저자들에게 걸림돌이었을 것이다. 하지만 대수롭지 않게 여겼다. 그러고는 어쩌면 여성들은 돕는 방향으로는 사회화되지 않았을지 모른다고 설명했다.

이 논문을 통해 도출된 그림은 여성들은 다른 이들과 연결되는데, 즉 가까운 대인관계를 형성하고 유지하는 데 관심이 많은 반면 남성들은 그렇지 않다는 것이다. 오히려 남성들은 유대를 끊고, 사람들을 밀어내고, 스스로 독립하는 데 만족하는 듯 보인다.

크로스와 매드슨은 이를 잘 증명해 냈다. 사실 그들의 논문은 심리학 전체를 통틀어 가장 명성이 높고 경쟁이 치열한 학술지 중 하나에 실렸다. 이 논문을 평가했던 심사위원 중 한 사람으로서 나는 논문 출판에 한 표를 던졌다. 그러나 다른 누군가는 이 논문의 증거로부터 다른 새로운 결론을 도출할 수도 있다는 점을 알고 있었다.

소속에의 욕구

여성이 남성보다 사회적이라는 결론에는 잘못된 점이 있다. 우선 남성도 여성만큼이나 다른 사람들을 필요로 한다. 원래 인간은 홀로 살아가도록 만들어지지 않았다. 사람들은 모두 커다란 사회집단을 구성하는 소규모 집단에서 살아간다. 그리고 일반적으로 남성들이 이런 집단, 특히 큰 집단을 형성하고 운영해 왔다. 어라? 그런데 어떻게 남성이 사회적이지 않단 말인가?

'소속에의 욕구'는 인간의 가장 기본적이고 강력한 욕구 중 하나다. 이는 저명한 마크 리어리^{Mark Leary} 교수와 내가 1995년에 출판한 주요 논문의 핵심이기도 하다. 우리는 몇 년에 걸쳐 이 논문을 위한 자료를 조사했으며, 이 과정은 그와 내가 세상을 바라보는 방식을 바꾸어 놓았다.

대부분의 심리학자들은 인간이 다른 이들과 연결되고자 한다는 것을 알고 있었다. 그러나 이 욕구가 인간 심리와 행동 이면에 그토록 강력히 자리할 것이라고는 예상하지 못했다(리어리 박사와 나

역시 이 프로젝트를 시작하고 나서야 이 사실을 깨달았다). 출판된 지 12년 만에 1,000개 이상의 논문과 책들에서 인용되었다는 점으로 미루어 이 논문이 수많은 전문가들에게 영향을 미쳤음을 알 수 있다.

이해를 돕기 위해 설명을 좀 하자면, 소속에의 욕구는 사고와 감정 모두를 이끈다. 대체로 소속감의 증가가 긍정적 정서를, 소속감의 감소가 부정적 정서를 유발한다는 사실은 정서 시스템의 사회적 기능을 잘 보여준다. 즉 우리로 하여금 다른 이들과 유대를 맺도록 이끄는 것이다. 이것이 정서의 유일한 기능은 아니겠지만 주요한 기능임은 분명하다.

심지어 소속감은 신체적 건강과도 밀접한 관련이 있다. 고립된 사람들은 사회적으로 연결된 사람들에 비해 일찍 사망할 확률이 높다. 뿐만 아니라 혼자인 사람들은 그렇지 않은 사람들에 비해 아플 때 잘 회복되지 않으며, 시간도 오래 걸린다(손가락을 베이는 것에서 결핵과 심장발작에 이르기까지). 그리고 이는 신체적 건강에만 국한된 것이 아니다. 고립된(심지어 단지 고립감을 더 느끼는) 사람들은 사회적으로 연결된 사람들에 비해 다양한 정신질환으로 인해 더 고통받는다.

즉 인간이란 다른 인간과 연결되도록 뼛속 깊이 강하게 프로그램된 존재다. 따라서 인간 심리와 관련된 모든 욕망, 필요, 선호, 심지어 역량까지도 소속을 향해 움직인다.

여성뿐 아니라 남성도 소속에의 욕구를 가진다. 소속이 오직 여성들만의 목표였다면 앞서 제시한 자료들은 지금보다 훨씬 미약

했을 것이다. 하지만 여성과 마찬가지로 고립된 남성은 튼튼한 관계망을 가진 남성에 비해 더 아프고 일찍 사망한다. "남성은 관계에 신경을 쓰지 않는다"라는 결론은 이 방대한 연구 결과들과 상충된다.

내가 앞서 언급한 논문의 저자였던 이유로 편집장은 내게 크로스와 매드슨의 논문 출판에 대한 의견을 물었다. 남성이 그다지 사회적이지 않다는 그들의 견해는 모든 인간은 소속될 필요를 가진다는 리어리와 내가 도출한 결론(또한 동일한 학술지에 막 발표된)과 모순되어 보이기 때문이다. 편집장은 그들의 논문을 출판할지 안 할지, 만약 아니라면 그 이유가 무엇인지 나의 의견을 듣고자 했다. 두 논문이 모두 옳을 수는 없기 때문이었다.

나는 나의 견해와 다른 논문의 출판을 최대한 장려하는 편이다. 최상의 결론을 내리기 위해 유익한 과정이라고 생각하기 때문이다. 나는 특정 견해에 자존심을 걸지 않으려고 노력하며, 새로운 통찰을 주는 발견이 나오면 내 견해를 기꺼이 바꾸기도 한다. 따라서 그들 논문의 출판 찬성 쪽에 손을 들었다. 하지만 몇 가지 풀리지 않는 의문들을 해결하기 위해 막 박사학위를 마친 크리스틴 소머Kristin Sommer라는 활기 넘치는 학자와 함께 사회성의 성차를 다룬 연구들을 살펴보았다.

그렇다면 왜 크로스와 매드슨은 주로 여성들이 사회적이라고 생각했을까? 한 가지 가능성은 남성이 여성의 모자란 복제품이라는 통념에 맞추어진 해석일 수 있다. 이 설명에 따르면, 남녀 모두 사회적 관계와 그로 인한 혜택을 원하지만 여성이 이에 더 능하도록 설계되었다. 반면 남성은 독립을 좇고, 싸움질을 하고, 관계를 망치는 등 스스로에게도 손해가 되는 일들을 한다. 그저 태생적으로 결함을 가진 인간인 것이다. 심지어 많은 전문가들조차 이를 사실로 여긴다. 하지만 그렇지 않다.

그들은 그렇지 않다

크로스, 매드슨과 마찬가지로 여성이 남성보다 더 사회적임을 입증하는 것은 그리 어렵지 않다. 하지만 핵심을 놓치고 있다. 만일 '사회적'이라는 용어를 가깝고 친밀한 일대일 관계로만 정의한다면 여성이 더 사회적인 게 맞다. 하지만 더 큰 규모의 집단으로 정의한다면 오히려 남성이 여성보다 더 사회적이다.

따라서 남성이 형편없이 설계된 인간이라든가, 소속에의 욕구가 결핍되었다든가 하는 것은 어리석은 생각이다. 남녀 차이를 제대로 이해하기 위해서는 사회적 상호작용 및 사회성의 서로 다른 두 가지 측면을 알아야 한다.

여성들은 일대일로 연결된 가까운 관계의 작은 영역에 맞게 설계된 반면 남성들은 많은 사람들과 연결된 대규모 영역에 더 잘 맞게끔 설계되었다. 남성들의 이런 관계는 여성들의 전문 분야인 일대일 관계만큼 친밀하거나 강렬하지는 않지만 다른 측면에서는 중요하다.

이제 크로스와 매드슨이 여성이 남성보다 더 사회적이라는 주장을 펴기 위해 들었던 논거들을 살펴보자. 공격성부터 보자면, 그들은 공격이 가까운 사회적 유대를 해칠 수 있기 때문에 여성들이 그것을 피한다고 (꽤 합리적으로) 말했다. 남성들의 공격성을 보면 마치 이들이 사회적 유대를 깨뜨리는 것에 개의치 않는 것처럼 보인다.

이것은 똑똑한 설명이지만 모든 상황에 들어맞지는 않는다. 가까운 관계에서 일어나는 일을 구체적으로 들여다보면 오히려 여성이 남성보다 폭력적이다. 정치적으로 옳지 않을지는 몰라도 꽤 확실한 근거가 있는 이야기다. 여성은 남성보다 물리적으로 (뺨을 때리는 것부터 흉기로 폭행하는 것에 이르기까지) 연인을 공격할 확률이 높다. 하지만 다음의 몇 가지 이유로 인해 여성의 폭력은 남성보다 언론의 주목을 덜 받는다.

첫째, 남성은 여성보다 사건을 알리고 싶어 하지 않는다. 둘째, 배우자 둘 다 폭력적일 경우 대개 경찰은 남성을 탓하며 여성 편을 든다. 셋째, 여성이 피해자 역할에 더 능하다. 넷째, 가장 중요하게는 남성이 여성보다 더 크고 강하기 때문에 같은 정도의 공격이라도 남성이 가했을 때 피해가 더 크다. 즉 남편과 아내가 서로를 때린다면 아내가 질 확률이 높다. 그래서 남성도 자신보다 20cm 크고 40kg 무거운 상대에게는 시비를 걸지 않는다.

또한 여성은 남성보다 아동을 더 학대한다. 물론 남성보다는 여성이 아이들과 더 많은 시간을 보낸다는 사실과도 관련되어 있을 수 있다. 어쨌든 모든 관계를 놓고 보았을 때 여성은 남성에 비해 먼저 폭력을 행사하는 경향이 약간 더 높다. 비록 이 차이가 미미하거나 거의 없다고 여긴다 해도 여성들이 관계를 망칠 것이 두려워 폭력을 삼간다는 생각과는 상충된다. 여성들은 친밀한 상대에게 폭력적으로 행동하는 것을 꺼리지 않는다. 적어도 남성들보다는 덜 꺼린다.

남녀 차이는 다른 데 있다. 남성들의 폭력적 행동은 더 넓은 영역에서 일어난다. 소년들은 학교나 이웃의 다른 소년들과 싸우고, 남성들은 거의 관계가 없거나 처음 보는 사람과 싸운다. 술집에서 발생하는 남성들의 언쟁은 종종 치열하다 못해 치명적인 싸움으로 번지기도 한다. 여성들은 대체로 이런 짓을 하지 않는다. 쇼핑을 하던 중 처음 보는 다른 여성과 칼부림을 하는 여성을 상상해 보라. 이런 일은 거의 발생하지 않는다.

여성들은 처음 보는 사람을 때리지 않는데, 바로 여기에서 공격성의 큰 남녀 차이가 나타난다. 즉 크로스와 매드슨의 생각과 달리 공격성의 남녀 차이는 친밀한 관계가 아닌 멀거나 낯선 관계에서 나타난다. 그러므로 이 차이는 친밀한 관계를 망칠 것에 대한 두려움이 아니라 남녀가 관심을 갖는 관계의 종류가 다르기 때문에 발생하는 것이다.

여성은 친밀한 상대의 생각에 관심을 갖기 때문에 싸움도 여기에서 발생한다. 남성도 마찬가지다. 하지만 여성들은 처음 보는 사람이나 자신과 관계가 없는 사람들이 무슨 생각을 하는지에 대해서는 그다지 관심이 없기 때문에 싸움도 일어나지 않는다. 반면 남성들은 거기에 관심이 있고, 그래서 싸운다.

돕는 것은 어떤 면에서 공격성과 상반된다(다치게 하는 것은 나쁜 일이고, 돕는 것은 좋은 일이다). 따라서 돕는 것과 다치게 하는 것이 동일한 결론을 도출한다면 우리의 주장에 보다 확신을 가질 수 있을 것이다.

예상대로 돕기는 공격성과 똑같은 양상을 나타낸다. 앞서 언급했듯이 많은 연구들이 남성이 여성보다 더 많은 도움 행동을 한다는 것을 보여주었다. 크로스와 매드슨은 자신들의 주장을 위해 이 사실을 다소 외면해야 했고, 결국 여성들이 덜 돕는 이유는 그들이 억압되었기 때문이라는(가부장적 사회화가 여성들이 돕게끔 장려하지 않았다는) 식의 일반적인 주장을 펼쳤다.

남성이 여성보다 더 돕는다는 결과가 나타난 진짜 이유는 대부분의 연구가 큰 집단의 생소한 구성원들(같은 대학의 동문 같은) 간의 상호작용을 살펴보았기 때문이다. 전형적인 연구실 실험은 가짜 응급상황 속에서 (연출된 상황인지 알지 못하는) 참가자가 피해자를 돕는가를 살펴본다. 이런 환경에서는 남성이 여성보다 더 잘 돕는다. 하지만 낯선 사람이 아닌 가까운 관계에서의 도움 행동을 살펴본다면, 남녀 차이는 공격성에서와 마찬가지로 사라지거나 혹은 반대로 나타날 수 있다.

누가 아픈 사람을 간호하고, 화난 사람을 달래고, 다른 누군가를 돌보기 위해 출세를 포기하는가? 일부 남성들도 그러기는 하지만 아마 여성들이 더 그럴 것이다. 가까운 관계에서 여성들은 최소한 남성들만큼 상대를 잘 돕는다.

즉 돕기와 공격성 모두에서 동일한 패턴이 나타난다. 사람들은 자신이 마음을 쓰는 관계에서는 돕기도 더 잘하고 상처도 더 많이 준다. 가깝고 친밀한 관계에서는 남녀 모두가 이런 경향을 보이지만 여성이 약간 더 그러하며, 보다 큰 규모의 집단 내 넓고 얕은 사회적 관계에서는 여성보다 남성들이 오히려 더 그렇다.

따라서 우리 논문에서는 친밀한 관계에 초점을 맞출 경우에만 여성이 남성보다 더 사회적이라고 결론 내렸다. 큰 사회적 영역에서는 남성이 오히려 여성보다 더 사회적이다.

수많은 다른 정보들도 같은 결론으로 수렴된다. 예를 들어 놀이터에서 노는 아이들을 관찰한 연구자들은 여아들이 한 시간 내내 짝을 지어 붙어 다니는 것을 발견했다. 같은 시간 남아들은 상대를 바꾸어 가며 일대일로 놀거나 크게 무리를 지어 놀았다. 두 아이가 함께 놀고 있을 때 새로운 아이를 들여보내는 연구도 있다. 이때 여아들은 대개 새로운 아동을 배척한 반면 남아들은 자신들의 게임에 흔쾌히 끼워주는 모습을 보였다.

훌륭한 일대일 관계가 여아들의 더 높은 사회성을 나타내지 않듯이 이러한 남아들 역시 더 사회적임을 의미하지는 않는다. 일대일 관계를 원하는 여아들에게는 새로운 아동의 합류가 달갑지 않을 수 있지만 큰 집단을 지향하는 남아들에게는 별 상관이 없을 뿐이다.

크로스와 매드슨의 논문과 우리 논문의 동시 출판은 연구자들의 관심을 끌었다. 이들 중 일부는 두 상충되는 이론을 검증하기 위한 실험을 진행하기 시작했고, 그 후 꽤 많은 다른 연구진들도 이 논쟁에 관심을 보였다. 이 과정에서 나온 대다수의 자료가 우리의 주장을 지지하자 크로스와 매드슨도 견해를 바꾸어 우리의 해석을 너그럽게 수용했다. 남성이 여성보다 덜 사회적인 것이 아니라 남녀가 각기 다른 방식으로 사회적인 것이다.

두 가지 종류의 사회성

앞서 언급한 내용을 종합한다면 사회성에는 두 종류가 있으며, 거기에 상응하는 다른 종류의 관계 형태가 있다는 것이다. 여기에 대해 전문화된 남녀의 영역은 다르다.

한 영역은 가깝고 친밀한 상호작용을 포함한다. 여기서의 대표적인 관계는 두 사람으로 이루어진 일대일 상호관계다. 이런 대인적 구조를 일컬어 '양자관계dyad'라 하며, 이는 '둘'을 뜻하는 라틴어와 그리스어에서 유래했다. 또 다른 보편적 용어로는 '쌍pair bond'이 있다.

반면 다른 영역은 친밀함은 덜하지만 더 많은 사람들을 포함한다. 이 영역을 대표하는 관계는 집단으로 이루어지는데, 세 사람부터 수백만 명에 이르기까지 다양하다. 일반적으로 대여섯에서 수천 명 정도로 구성된 집단을 떠올리면 된다.

놀랍게도 심리학 그리고 내가 몸담고 있는 사회심리학 분야에서조차 주로 첫 번째 유형의 관계에만 초점을 맞추는 경향이 있다. 대인관계에 대한 논문과 책들은 친밀한 상호작용, 주로는 로맨틱한 관계를 다룬다. 물론 가까운 일대일 관계는 중요하다. 어쩌면 인간이 가지는 관계 중 가장 중요한 것일 수도 있다. 이런 관계들은 우리에게 가장 큰 만족감을 주며, 심신의 안녕에도 큰 영향을 미친다. 하지만 다른 관계들 역시 중요하다. 지인, 동지, 동료들로 이루어진 느슨한 관계망은 인간의 사회생활을 구성하는 중요한 부분이다.

얼마나 큰 집단인가

일단 인간의 사회적 세상을 다양한 종류의 관계로 분류하고 나면 남녀 중 누가 더 사회적인가 하는 문제를 재검토할 수 있다. 답은 사회단위의 규모에 따라 달라진다. 심리학자의 전형적인 근시안적인 시각은 친밀한 일대일 관계, 즉 한 쌍의 유대관계에 주목하게 된다. 이런 관점에 기초를 두면 여성이 남성보다 더 사회적인 게 맞다. 그러나 큰 규모의 집단을 따지게 되면 오히려 남성이 더 사회적으로 보이기 시작한다.

머릿속으로 다음과 같은 실험을 해보자. 생각할 수 있는 한 많은 집단활동을 나열해 본 다음, 남녀 중 누가 더 그 활동에 끌리는 경향이 있는지를 스스로에게 물어보는 것이다. 일반적으로 답은 남성이다. 목록에는 정치, 단체 스포츠, 대기업, 군사단체, 경제제도, 심지어 과학이나 기술처럼 다방면의 지식에 의해 돌아가는 분야도 포함될 것이다. 이러한 것들은 남녀 모두에게 매력적이지만 여성보다 남성에게 좀 더 그렇다. 하지만 남성보다 여성을 더 매료시키는 큰 규모의 집단활동을 떠올리는 것은 매우 어려운 일이다.

여성이 남성보다 더 사회적이라는 견해와 그것을 그럴듯하게 보이도록 만드는 증거로 돌아가자. 제대로 살펴보면 그 증거는 여성이 더 사회적이라는 사실을 지지하고 있는 게 아니다. 그보다 여성들은 친밀한 사회적 관계에 치우쳐 있는 반면 남성들은 더 큰 규모의 집단을 지향한다는 것을 보여주고 있다.

상충되는 특성들

이제 우리는 남녀가 어떻게 다른가에 대한 질문의 심장부로 진입했다. 일대일 관계에서의 친밀성 대 큰 집단에서의 효율성이라는 핵심 트레이드오프에 영향을 미치는 특성들을 살펴보자. 만일 여성의 관심과 욕구는 친밀한 관계 쪽으로, 남성의 관심과 욕구는 큰 집단 쪽으로 더 치우쳐 있다면 남녀는 이 두 방면에서 차이를 보일 것이다.

어느 쪽이 더 우월한가? 다시 말하지만 나는 이런 식의 사고를 극복했으면 좋겠다. 왜냐하면 이러한 비교들은 가치적 판단들을 불러일으켜 성차 연구의 분위기를 망쳐왔기 때문이다. 어느 쪽도 더 우월하지 않다. 단지 다를 뿐이다. 각각의 대인관계 방식은 한 종류의 관계에 더 적합하기 때문에 자연히 다른 종류의 관계에는 덜 적합하게 되는 것이다. 이것이 바로 트레이드오프다.

여성의 방식은 수는 적지만 강하고 긴밀한 사회적 유대를 구축하며, 남성의 방식은 다양하지만 좀 더 약한 유대관계를 형성한다. 끈끈한 가족애로 뭉친 사랑스러운 결혼관계를 원하는가? 그렇다면 당신은 여성의 방식이 필요하다. 사냥팀이나 축구팀처럼 함께 작업하는 집단을 원하는가? 그렇다면 남성의 방식이 더 나을 것이다.

중요한 점은 이러한 것들이 트레이드오프를 필요로 한다는 것이다. 이상적인 인간은 긴밀한 관계와 큰 집단활동, 두 가지 모두를 잘하는 사람이라고 말할지 모른다. 맞는 말이다! 그러나 이는 자연의 섭리상 쉽지 않은 일이다. 하나를 잘한다는 것은 다른 하나에는 약하다는 것을 의미한다. 운동장에서 뛰어놀도록 한 시간이 주어졌을 때 결국 아이들은 친한 친구 한 명과 놀거나 여러 아이들과 노는 것 중 하나를 선택해야 한다.

남녀 중 누가 더 나은가라는 해로운 질문을 벗어나면 서로가 가지고 있는 여러 트레이드오프들을 볼 수 있는 눈이 트인다. 이는 운동장에서 한 시간을 어떻게 보낼 것인가의 차원을 넘어 인간의 깊은 마음까지도 관련되는 내용이다. 누군가를 친밀한 관계에 능숙하도록 만들어주는 특성은 그 사람을 큰 집단에서는 잘 어울리지 못하게끔 할 수 있으며, 그 반대도 마찬가지다. 두 가지 모두 중요하기 때문에 남녀 간의 차이가 자연 속에 유지되어온 것이다. 한마디로 그것 때문에 남녀 간의 평균적인 성격 차이가 존재하는 것이다.

[감정의 공유]

여성이 남성보다 자신의 감정을 더 많이 드러낸다는 것은 잘 알려진 사실이다. 이 경우에는 고정관념이 옳다. 남성은 여성보다 더 감정을 숨기며 심지어 부인하기도 한다.

풍부한 감정 표현은 친밀함의 중요한 요소다. 두 사람은 감정을 온전히 드러냄으로써 서로를 더 잘 이해할 수 있으며, 이는 사랑과 온정으로 이어진다. 감정은 문제를 조기에 진단하고, 무엇이 상대를 행복하게 혹은 슬프게 할지 예측하도록 돕는다. 따라서 자유로운 감정 표현은 서로를 지지해 주는 친밀한 관계에 이로울 것이다.

하지만 큰 집단에서의 감정 표현은 호시탐탐 자신의 약점을 노리는 경쟁자에게 취약하도록 만들 수 있다. 예를 들어 셔츠나 중고차의 가격을 흥정할 때 상대에게 감정을 드러내는 것은 불리하게 작용한다. 여러모로 본심을 드러내는 것은 정상에 오르는 데 효과적인 전략이 아니다. 큰 집단에서는 감정 표현에 소극적인 것이 좀 더 효과적일지 모른다. 그리고 감정을 숨기고 있는 상대에 대해서도 쉽게 결론을 내리지 않는 것이 현명할 것이다.

우는 것이 좋은 예다. 울음은 현재의 감정 상태를 생생하게 드러낸다. 욺으로써 자신을 표출할 수 있는 사람은 절대로 울지 않는 사람보다 파트너와 더 좋은 관계를 형성할 것이다. 울음은 상대의 관심과 걱정을 유발시킴으로써 자신을 돕게끔 만들기 때문에(그것이 바로 아이가 우는 이유다!) 사랑하는 사이에서 효과적일 수 있다. 그러나 동시에 울음은 자신의 약점을 드러내는 것이다. 경쟁자나 적 앞에서 우는 것은 그들에게 공격의 기회를 제공할 가능성이 있다.

남녀가 이전보다 서로 비슷하게 뒤섞인 삶을 살게 되면서 남성들은 더 자주 울게 되었다. 그러나 1960년대 이전만 해도 남자는 울면 안 된다고 알고 있었으며, 이는 수천 년 동안 이어져 온 남성상일 것이다. 그리고 여기에는 그럴 만한 이유가 있다.

다른 감정에도 이러한 논리를 적용해 볼 수 있다. 친밀한 관계에서 두려움을 표시하는 것은 유용하며, 특히 타인의 도움을 필요로 하는 나약한 사람에게는 더욱 그렇다. 그러나 큰 집단에서 두려움을 표시하는 것은 여러 가지 단점이 있다. 이는 스스로의 약점을 경쟁자나 적에게 노출시킬 뿐 아니라 아군들에게도 집단에 손실을 끼치는 것으로 비추어질 수 있다.

병사들이 전투에 나갈 준비를 할 때 두려움을 드러내는 게 무슨 도움이 되겠는가? 병사들 각자는 임무를 위해 두려움을 극복하려 애쓰고 있다. 두려움의 표현은 집단의 사기를 저하시킨다. 우는 것은 다른 이들이 전투 준비를 하고 임무를 수행하는 것을 어렵게 만들며, 미흡한 준비는 결과적으로 전투에서 패해 부상을 입거나 전사할 위험을 높일 수 있다.

집단에서는 심지어 행복하고 긍정적인 감정도 숨겨야 할 이유가 있다. 즐거움, 흥분, 기쁨, 관심은 거래에서 자신의 입지를 약화시킬 수 있다(마음에 두고 있는 중고차의 주인에게 그 차를 원한다고 절대 말하지 마라).

분노는 예외적인 감정으로 남성도 여성만큼 분노를 표출한다. 분노는 심지어 낯선 사람과의 거래에서도 유리하다. 최근 연구에 의하면, 협상 중 화를 내는 것은 상대로 하여금 거래를 더 적극적으로 체결하도록 만들거나 화낸 사람에게 더 유리한 제안을 받아들이도록 한다. 즉 집단수준에서 벌어지는 사회적 관계에 유리하게 작용한다면 남성들도 감정을 표출한다는 것이다.

[다른 것들의 표현]

남녀가 서로 다르게 표현하는 것은 감정뿐만이 아니다. 최근 몇 년간 남녀의 화법 차이에 대해 활발한 논의가 이루어졌다. 일례로 언어학자 로빈 라코프 Robin Lakoff 의 논문들을 바탕으로 한 데보라 태넌 Deborah Tannen 의 저서 『당신은 이해 못해요 You just don't understand 』는 남성이 명료하고 단호한 언어를 사용하는 반면 여성은 보다 상냥하고 간접적인 언어를 사용하는 것에 대해 상세히 다루고 있다. 레스토랑에서 여성은 "물 좀 가져다줄 수 있을까요? 제가 갈증이 나서요. 감사합니다"라고 말할 것이고, 남성은 "여기 물 좀 갖다주세요" 하면 충분하다고 여긴다는 것이다.

남성이 여성보다 더 많은 권력을 가지므로 강한 표현을 사용한다는 게 통설이었다. 하지만 모든 남성이 자신을 강한 존재로 여긴다는 것은 성차 연구에 있어 가장 어리석고 근거 없는 주장 중 하나다. 가상 페미니스트는 종종 남성의 역할을 일종의 권력으로 여기는 경향이 있지만 실제로 그런 식으로 생각하는 남성은 거의 없다. 오히려 대부분의 남성은 권력에 철저한 위계가 있으며, 자신들이 그 꼭대기에서 멀리 떨어져 있음을 인식하고 있다.

이는 권력보다는 남녀 간 다른 영역의 발로로 볼 수 있다. 여성의 상냥한 요청식 간접화법은 거의 동등한 관계를 가진 친밀한 관계에 적합하다.

예를 들었던 의문형의 미안해하는 듯한 말투는 관계를 맺고 있는 상대에게 호의를 구하는 좋은 방식이다. 이때 깔린 가정은 상대방이 당신에게 호의를 베풀 의향이 있기 때문에 단지 무엇이 필요한지를 그에게 부드럽게 암시하면 된다는 것이다. 또한 상대에게 부담을 주기 싫기 때문에 요구에 대한 이유를 설명하는 동시에 상대에게 거절할 수 있는 여지를 주는 것이다.

남성의 방식은 아마도 규모가 큰 집단을 운영하는 데 더 잘 맞을 것이다. 그런 집단에서 당신은 상대가 당신을 크게 배려한다거나 당신이 원하고 필요로 하는 것에 세심한 관심을 기울일 거라고 가정하지 않는다. 당신은 스스로가 원하는 바를 매우 분명하고 직접적으로 말해야 한다. 어떤 풋볼팀 코치가 선수들에게 이런 식으로 말하겠는가? "이번에는 스크린 패스를 한번 시도해 보는 것에 대해 여러분은 어떻게 생각하는지요? 물론 조금이라도 싫은 사람이 있으면 안 해도 됩니다. 한번쯤 고려해 보면 좋겠다는 개인적인 의견이에요. 미안합니다. 감사합니다." 혹은 적진으로 진격하라는 작전 명령을 내리는 장교가 이런 식으로 말하는 모습을 상상해 보라.

[두 가지 종류의 공정성]

공정성은 크든 작든 모든 사회적 관계에서 중요하다. 공정성에는 두 가지 종류가 있으며, 전문가들은 이를 공평equity과 평등equality이라고 칭한다. 평등은 모든 사람을 똑같이 대하는 것을 의미하고, 공평은 각 개인이 공헌한 바에 따라 보상을 주는 것을 의미한다. 공평의 개념에서는 더 많이 기여하거나 더 잘한 사람이 그만큼 더 많은 몫을 가지게 된다.

차고에 페인트칠을 하는 400달러짜리 아르바이트 광고를 보고 다른 세 사람과 팀을 이루었다고 가정하자. 전원이 일요일 오전 9시에 작업을 시작해서 마치기로 약속했다. 당신은 오전 8시 45분에 도착해서 작업 준비를 시작했고, 다른 두 사람이 9시 30분에

도착했을 때 이미 작업을 시작하고 있었다. 마지막 사람은 11시에 도착해서 약간 일하고, 휴대전화로 잡담하면서 쉬고, 점심시간에는 한 시간 동안 사라졌다가 한 시간 일찍 귀가했다. 다른 한 사람 또한 일찍 떠나고, 당신과 마지막 남은 사람 둘이서 작업을 마무리했다.

이 경우 100달러씩 균등하게 분배해야 할까? 아니면 게으른 사람은 적게 갖고 당신이 더 큰 몫을 가져야 할까? 두 가지 경우 모두 공정하다고 볼 수 있지만 하나는 평등을 바탕으로 한 공정함이고, 다른 하나는 공평을 바탕으로 한 공정함이다.

연구자들은 이러한 차이를 알아보기 위해 실험 연구를 진행했다. 참가자 집단은 특정 과제를 수행하게 된다. 실험이 끝날 무렵 연구자는 한 참가자에게 집단이 일정 금액의 돈을 벌었으며, 이를 자유롭게 분배할 권리를 주겠다고 말한다. 돈을 혼자 가질 수도 있으며, 원하는 어떤 방법으로든 분배할 수 있다. 당신이라면 어떻게 하겠는가?

대부분의 사람들은 돈을 독차지하려 들지 않았다. 하지만 남녀의 반응은 달랐다. 여성들은 돈을 평등하게 나누어 주는 경향이 있었고, 남성들은 공평하게 분배하는 경향이 있었다. 후자는 더 열심히 일하거나 더 많이 생산한 사람이 더 큰 몫을 갖는다는 것을 의미한다. 어느 것이 더 나은가? 어느 것이 더 공정한가? 본질적으로 더 낫거나 옳은 건 없다. 단지 이 두 가지 시스템은 공정함에 대한 서로 다른 생각을 반영하는 것이다.

동시에 둘 다를 행할 수는 없다. 공평은 균등하지 않은 보상에 근거하는데, 이는 평등과 상반되기 때문이다. 여기에서 트레이드오프가 생긴다. 즉 한 사람이 더 많이 갖는다는 것은 다른 사람이 덜 갖는 것을 의미한다.

친밀한 관계에서는 평등이 효과적이다. 매우 다양한 형태의 상호작용이 있기 때문에 어떤 상황에서 누가 더 많이 기여했는지 추적하기가 어렵기 때문이다. 한 사람은 돈을 더 많이 벌고 다른 사람은 집안일을 더 많이 하며, 한 사람은 마당을 청소하고 다른 사람은 저녁을 준비한다. 누구의 공헌이 더 값진 것인지 결정하려는 시도는 불화를 일으킬 수 있다. 차고 페인트칠 사례 속 나머지 사람들이 당신의 형제자매라면 불만이 있더라도 균등한 분배 쪽을 선택할 확률이 높을 것이다.

그러나 큰 규모의 집단에서는 공평이 더 효과적이다. 페인트칠 사례의 사람들이 관계가 먼 지인들이고, 그들이 균등하게 100달러씩 나누자고 주장한다면 아마 이를 계기로 그 팀은 끝날 것이다. 당신은 그들과 함께 더 이상 다른 작업을 하려 들지 않을 것이기 때문이다.

공산주의의 구호는 "개인의 능력에 맞게, 개인의 필요에 맞게"였다. 우리는 공산주의가 신빙성을 잃었다고 말하지만 오늘날 대부분의 가정은 그 구호 하에 돌아가는 소규모 공동체나 마찬가지다. 여섯 살짜리 아이에게 가계소득에 기여한 바가 없으므로 충분한 음식과 양질의 의료혜택을 받을 수 없다고 말하는 사람은 없다. 친밀한 관계에는 공산주의가 잘 맞는다. 그러나 큰 집단에서는 그렇지 않다. 오늘날 모든 큰 조직들이 사람들에게 금액을 차등 지급하는 것은 우연이 아니다. 평등, 즉 경비원부터 대표이사까지 모든 이에게 동일한 급여를 지급한다면 좋은 성과를 산출해 내지 못할 것이기 때문이다.

그리하여 남성은 큰 집단에 잘 맞는 공평을 선호하고, 여성은 친밀한 일대일 관계에 이상적인 평등을 선호하게 된다.

[위계 대 평등]

모든 집단은 그것이 2명이든 200만이든 다양한 방식으로 조직될 수 있다. 평등은 모든 사람에게 동일한 수준의 직위와 권한을 부여한다. 위계는 그들을 높은 곳에서부터 낮은 곳까지 정렬한다. 위계상 지위가 높은 사람은 낮은 사람보다 집단의 미래에 대한 결정권, 더 큰 몫의 보상, 심지어 단지 우월감을 느끼는 것 등의 다양한 혜택을 누린다.

어느 것이 더 나은가? 이 또한 나름이다. 친밀한 관계에서는 평등이 더 효과적이다. 물론 가끔은 부모가 아이에게 명령을 해야 할 경우가 있지만 성인 사이인 경우, 평등은 두 사람이 보다 자유롭게 소통하고 존중하게 함으로써 친밀성을 높일 수 있다. 현대의 결혼관계가 평등을 강조하는 방향으로 발전해 온 것은 어쩌면 당연한 결과일지 모른다.

그러나 규모가 큰 집단에서는 위계가 필수적이지는 않더라도

보다 효과적이다. 사랑과 지지를 통한 친밀함을 주목적으로 하는 현대 가정은 평등을 지향한다. 하지만 과거의 가정은 경제단위의 하나로 기능했으며, 농장 혹은 점포를 운영하기 위해 같이 일하는 것이 보통이었다. 즉 가정의 주목적이 무언가를 생산하기 위해 함께 일하는 것이었다. 이런 시절, 우두머리 혹은 사장 역할을 하는 성인에게는 평등보다 위계가 더 강조되었다.

규모가 큰 집단의 경우 위계는 일반적이다. 모두가 평등하여 명령을 내릴 사람 없이 잘 돌아가는 군대 혹은 소대를 상상할 수 있는가? 사장이 없는 회사 혹은 리더가 없는 풋볼팀 역시 마찬가지다. 규모가 큰 집단에서 위계는 거의 필수적이다.

신분 계층은 전적으로 인간문화만의 산물이 아니라 자연에서도 발견된다. 서열, 우두머리 같은 용어들은 많은 동물집단에서 나타나는 지배구조를 묘사하지만 이런 용어들은 대체로 수컷들에게 더 적용된다. 이전 장에서 언급했던 야생마를 떠올려 보라. 정상에 오른 수컷에게는 큰 보상이 주어진다. 그는 교미를 많이 할 수 있을 뿐 아니라 먹이를 맨 처음 맛보는 것과 같은 여러 가지 혜택을 누릴 수 있다. 다른 수컷들은 덜 그렇다. 암컷들에게 걸려 있는 보상은 훨씬 적었다.

이런 환경에서는 위계를 중시하는 수컷들이 유전자를 자손에게 전수하게 되며, 현대 남성들은 지위에 가장 민감했던 선조들의 후손이다. 반면 암컷들은 위계상 위치에 관계없이 거의 동일한 수준의 자손을 남길 수 있었다. 그 결과 위계의 바닥에 머무는 데 만족했던, 즉 야망이 덜한 암컷들의 유전자는 오늘날에도 여전히 남아 있다.

진정한 평등은 아마도 문화의 소산일 것이다. 위계란 자연스러운 것이다. 그러나 위계는 큰 집단에서 보다 효과적이다. 평등이 매력적인 이유는 기분이 더 좋을뿐더러 친밀한 관계를 더 강화시키기 때문일 것이다.

[경쟁 대 협동]

협동은 크든 작든 모든 사회집단에 유용하다. 하지만 어떤 경우에는 다른 사람을 돕거나 아니면 그와 경쟁하는 것 중 하나를 선택해야 한다. 이때 협동과 경쟁의 트레이드오프가 발생한다.

집단이 클수록 경쟁의 중요성과 대가도 커진다. 예를 들어 배우자보다 자신이 더 똑똑하거나 빠르고 강하다는 것을 확인해서 무엇하겠는가? 이러한 경쟁은 관계를 긍정적으로 변화시키지 않을 것이다. 그러나 큰 집단에서는 자신의 가치를 입증하면 그에 상응하는 보상이 주어지며, 이는 우리가 앞에서 다룬 공평성 및 위계와 직결된다. 큰 집단은 뛰어나고 우수한 사람에게 더 큰 보상을 주는 경향이 있다. 따라서 정상에 오르는 것은 많은 이점을 가진다. 이 자리를 노리는 다른 많은 사람들을 이기는 방법은 경쟁을 통해서다. 따라서 큰 집단에 잘 맞는 사람들은 경쟁적 성향을 가졌을 확률이 높다.

남성의 경쟁심은 조롱과 비방의 대상이 되기 일쑤다. 때로 소년들이 돌멩이를 물에 던져 튀기는 시합을 하는 것처럼 보잘것없어 보이기도 한다. 하지만 남성의 경쟁심은 확고한 생물학적 근거에 기반한다. 진화의 여정에서 정상에 오르기 위해 치열하게 경쟁하지 않았던 남성은 섹스를 할 수 없었고, 유전자를 물려줄 수도 없었다. 그 결과 오늘날 우리들 중 그들의 후손은 없다. 한편 경쟁에 열을 올렸던(심지어 짜증스러울 정도로 경쟁심이 가득한) 사람들은 그렇지 않은 사람들보다 정상에 오를 확률이 더 높았을 것이며, 그 결과 오늘날 이들의 후손은 도처에 깔려 있다. 우리는 이들의 유전자와 함께 정상에 오르고자 하는 열망까지 물려받았다.

[주체성과 관계성]

가장 널리 받아들여진 남녀의 성격 차이는 '주체성agency' 및 '관계성communion'이라는 용어로 설명된다. 1960년대 바칸Bakan이라는 철학자에 의해 도입된 이래로 많은 연구자들이 이 용어를 사용해 왔다. '관계성'이란 타인과의 융합, 그들을 돌보고 긴밀한 관계를 맺는 것 그리고 이와 관련된 욕망 및 행동을 일컫는다. 반면 '주체성'이란 행동을 하는 당사자가 되는 것과 같은 주체적 상태를 일컫는다. 성격으로 치자면 주도성과 자율성에 해당하며, 어떤 일에 대한 책임이 자신에게 있다고 여기는 것을 말한다.

초기 연구자들이 남녀의 다양한 성격과 행동 차이를 살펴본 뒤 내린 결론은 남녀 차이는 주체성·관계성이라는 개념으로 가장 잘 구분된다는 것이었다. 남성은 여성보다 더 주체적인 반면 여성은 남성보다 공동체적이다. 이러한 구분은 여전히 유효하다.

왜 이런 차이를 보이는가? 이 또한 남녀의 다른 사회적 영역에 맞게 특화된 것으로 보인다. 친밀한 관계에서는 상대가 당신을 아낀다고 보는 게 당연하기 때문에 상대를 챙기는 것이 관계에 유익하다. 다른 사람들을 헌신적으로 돌보고, 그들과 강하게 동일시하고, 모든 걸 공유하는 것은 끈끈한 관계를 구축하는 데 좋은 방법으로 보인다. 상대도 이와 똑같이 행동한다면 더욱 그렇다.

그러나 큰 집단에서는 상대가 당신을 신경 쓸 것이라고 가정하기 어렵다. 이는 추후 남성집단의 구성원들이 얼마나 소모적인지 이야기하면서 다시 논하게 될 것이다. 샌프란시스코 자이언츠 프로야구팀이든 미 해군 혹은 밀워키 소방국이든 모든 구성원들은 결국 대체된다. 이런 집단에서 성공하기 위해서는 자신의 이익을 적극적으로 찾아나서는 것이 필수적이다. 또한 집단에서 어떠한 역할을 수행할지 결정해야 한다. 아마도 그 역할을 위해 여러 명의 경쟁자를 이겨야 할 것이며, 이 경쟁은 지원자가 많을수록 더 치열할 것이다.

자기주장성은 주체성의 한 형태로, 자신과 자신이 옳다고 여기는 것을 옹호하고 상황을 주도하려는 의지를 뜻한다. 이 또한 두 사람이 서로를 돌보는 일대일 관계보다는 온순하고 조용한 경우 밀려날 수 있는 큰 집단에 훨씬 더 필요한 것으로 보인다. 평균적으로 남성은 여성보다 더 단호하다. 따라서 남성의 성격은 큰 집단과 궁합이 잘 맞는다.

양육은 관계성의 중요한 형태로, 상대를 보살피고 필요에 세심하게 반응하는 것을 의미한다. 일반적으로 여성은 남성보다 더 양육적이다.

[자아개념]

잘 알려진 또 하나의 남녀 차이는 스스로에 대해 어떻게 생각하고 기술하는가에 대한 것이다. 잉마르 베리만의 고전영화 〈결혼으로부터의 전경 Scenes from a marriage〉은 이를 잘 보여준다. 영화 초반 인터뷰 진행자가 남녀에게 각자 자신에 대한 이야기를 간략히 해줄 것을 요청한다. 남성은 자신의 특별한 점들이 무엇인지에 초점을 맞추어 자신에 대한 설명을 장황하게 늘어놓는다. 여성은 어떻게 대답해야 할지 몰라 하다가 남편과 미래 자녀들에 대한 사랑을 여러 번 강조한다.

수십 년이 지나며 남녀가 여러 방면에서 유사해지고 있긴 하지만 자아개념에서 강조되는 점에는 여전히 차이가 있다. 여성은 관계적 측면, 즉 타인과 관련된 것들에 중점을 두어 자신을 바라보고 기술할 가능성이 높다. 여성의 정체성은 그들의 사회적 관계와 밀접하게 관련된다. 반면 남성은 여성에 비해 스스로를 좀 더 독립적인 개체로 여기며, 자신이 남과 구별되는 특성을 강조한다.

크로스와 매드슨은 이러한 차이를 여성이 남성보다 더 사회적이라는 증거로 해석하기도 했다. 남성의 자아개념은 독립적이고 고유한, 따라서 타인과 분리되어 있는 개체로서의 자신에 초점이 맞추어진 반면 여성의 자아개념은 타인과의 연결에 기반한다는 것이다.

남성의 독립적이고 고유한 자아개념으로 미루어 그들이 사회적이지 않다는 결론을 내리는 것은 실수다. 바로 이런 특성들을 이용하여 남성은 자신의 사회성을 발휘한다. 인간의 사회적 집단은 각기 다른 사람이 다른 역할에 전문성을 가질 때 번성한다. 이는 인간문화를 대다수 동물들의 사회성과 구분해 주는 것들 중 하나다. 오늘날의 대기업과 같이 성공한 집단들을 살펴보면 각자 다른 일을 하는 수많은 사람들로 구성되어 있음을 알 수 있다. 기업이란 각기 다른 일에 전문화된 많은 역할들로 이루어진 거대한 체계이며, 그 역할들은 서로 조화를 이루어 집단이 원하는 목표를 달성하게 한다.

각 개인이 전문성을 갖기 위해서는 각자가 다른 일을 해야 한다. 자연은 암컷과 수컷이 어느 정도 다른 역할을 하게끔 하는 데는 성공했으나 역할이 그다지 유연하지 않은데다 단위(한 쌍)가 눈에 띄는 성과를 낼 만큼 크지 않았다. 이와 대조적으로 조립공정의 작업자 개개인은 전문화된 한 가지 작업을 완벽하게 꿰고 있다. 조립공정이 자동차 산업을 장악한 것은 바로 이 분업화가 매우 효과적이었기 때문이다. 조립공정은 제품의 품질과 수량을 엄청나게 개선시켰고, 기업들은 더 많은 양질의 자동차를 더 적은 비용으로 생산할 수 있었다.

이런 집단에서 성공하기 위해서 각 개인은 특별한 능력과 기술을 개발하여 다른 사람들과 차별화되어야 한다. 전문가들로 구성된 조립공정에서 성공하기 위해서는 자신도 전문화되어야 한다. 남성들이 선호하는 큰 집단은 이런 특성을 지닌다. 따라서 남성은 자신을 남과 차별화시키는 자아를 발달시키고 강조하게 된다. 여성이 선호하는 친밀한 일대일 관계는 대개 상호성을 수반한다. 따라서 두 사람은 주요 방면에서 동일할 필요가 있다. 하지만 커다란 집단에서 성공하기 위해서는 차별화되어야 한다. 이것이 남성의 자아개념이 차별성을 강조하는 반면 여성의 자아개념이 사회적 관계를 강조하는 이유다.

브라스밴드를 예로 들어보자. 밴드가 성공하기 위해서는 다양한 악기들이 필요하다. 12개의 프렌치 호른만으로는 성공적인 밴드를 만들 수 없다. 한 개의 프렌치 호른을 포함하여 트럼펫, 트롬본, 색소폰, 튜바 등을 갖추는 것이 더 나을 것이다. 남성이 이런 밴드에 가입하기 위해서는 이 기술 중 하나를 익혀야 한다. 가장 성공 확률이 높은 것은 밴드에 필요한 악기 중 자신 이외엔 아무도 연주할 수 없는 것을 배우는 것이다.

크로스와 매드슨은 남성의 자아개념을 해석하는 과정에서 중요한 실수를 범했다. 그들은 타인과의 차별성을 타인과의 분리로 여겼다. 그러나 남성에게 차별성은 타인에게 소속되고, 집단 내 자신의 위치를 공고히 하는 하나의 방법일 뿐이다. 만약 당신이 베이스 기타를 연주할 수 있는, 변화구를 던질 수 있는, 물을 찾을 수 있는, 물고기를 잡을 수 있는, 컴퓨터 프로그래밍을 할 수 있는 유일한 사람이라면 그들은 당신을 내칠 수 없다.

엄마는 아이의 사랑을 얻기 위해 트롬본을 배울 필요가 없다. 이에 상관없이 아이는 그녀를 사랑할 것이다(오히려 아이는 트롬본을 불지 못하는 엄마를 더 좋아할지도 모른다). 그녀의 남편 또한 그녀가 트롬본 거장이 아니어도 그녀를 사랑할 것이므로 전문화된 기술과 고유한 자질을 개발하는 것은 여성이 선호하는 사회생활과는 별 관련이 없다. 그러나 남성이 선호하는 큰 사회적 집단에서는 타인과의 관계를 위한 중요하고 귀중한 토대가 된다.

이 장의 앞부분에서 나는 남성이 여성만큼 사랑스럽지는 않다고 말했다. 전문적인 기술개발이 한 예가 될 수 있다. 만약 당신이 트롬본을 연주할 수 있는 유일한 사람이라면 당신이 사랑스럽든 아니든 밴드는 당신과 계속 함께하고자 할 것이다(당신이 절대 같이 지낼 수 없는 구제불능이라면 얘기가 달라지겠지만).

친근하지만 음악적 소질이 없는 사람과 다소 냉소적이고 성격도 별로지만 트롬본을 잘 부는 사람 중 한 명을 골라야 한다면 밴드는 대개 우수한 음악가를 선택할 것이다. 그렇지 않으면 밴드는 그들의 음악 수준, 더 나아가 성공에 있어 큰 대가를 지불해야 할 것이다. 더 나은 음악가를 보유한 다른 밴드가 그들을 앞설 것이기 때문이다.

요약하자면 남성들이 형성하는 사회적 관계에 있어서는 종종 사랑스러움보다 능력이 더 중요하다. 특히 상대적으로 드물고 귀한 능력을 갖추는 것이 중요하다. 여기에 주체성이 필요해진다.

[도덕성과 정의로운 것]

남녀가 다른 스타일의 도덕적 사고를 하는가? 이는 학계에서 논란이 되고 있는 주제다.

초기 심리학자 로렌스 콜버그Lawrence Kohlberg는 선과 악, 옳고 그름을 둘러싼 도덕심리학에 많은 영향을 끼쳤다. 그는 사람들이 보다 고차원적인 도덕적 사고로 성숙해 나가는 일련의 단계를 고안했다. 아이들은 결과를 바탕으로 선과 악을 판단하는 것에서부터 시작하지만 보다 발전된 단계에서는 의도를 통해 판단하는 법을 배우게 된다. 어린아이에게 있어 엎질러진 우유는 악이지만 보다 성숙한 사람은 고의적인 일과 우연히 발생한 일을 분간할 수 있으며, 전자만이 도덕적으로 부당하다고 여긴다. 가장 높은 단계에서 사람들은 추상적 원칙에 따라 판단할 수 있게 된다.

콜버그는 이 도덕발달 순서가 보편적이라고 생각했다. 그러나 1983년 캐롤 길리건Carol Gilligan이 저술한 중요한 저서 『다른 목소리로In a different voice』에서 날카로운 반박이 등장한다. 그녀는 콜버그의 순서는 남성에게 적용될 수 있지만 여성은 다른 스타일의 도덕적 추론을 한다고 주장했다. 그녀는 이를 '보살핌의 윤리'라고 명명했다. 본질적으로 여성은 일종의 연줄을 선호, 긴밀한 관계를 맺고 있는 사람들에게 우호적이며 그들에게 최선인 것을 추구한다는 것이다.

길리건의 분석은 낙태시술을 받는 여성들의 인터뷰에서 시작된다. 그녀는 체계적이거나 통계적인 분석은 피했지만(대부분의 여성학자들은 이러한 태도에 경악하며 엄격한 과학적 방법의 중요성을 피력했지만 일부 여성학자들은 그러한 접근을 남성적이라고 거부했다) 일부 여성들이 종종 다르게 생각한다는 것을 매우 설득력 있게 보여주었다.

그녀는 자신의 이론이 다양한 현상들을 설명할 수 있음을 보여주었다. 예를 들어 남자아이들이 하는 놀이가 더 긴 시간 동안 진행되는 이유는 분쟁이 생기면 개인적 감정보다는 추상적 규칙을 통해 문제를 해결하려고 하기 때문이다. 이것도 쉽지 않으면 아예 게임을 처음부터 다시 한다. 반면 여자아이들의 놀이에서 분쟁이 생기면 여아들은 원칙보다 상대방의 마음이 상하지 않는 것을 더 신경 쓴다. 그러다 보니 여아들의 놀이는 갑작스럽게 끝나는 경우가 많다는 것이다.

묘하게도 길리건의 이론은 몇몇 학회에서 여전히 인기를 끌고 있다. 물론 폄하하는 사람도 있다. 이전 장에서 내가 인용했던, 성차가 작고 사소하다는 견해의 선두주자인 자넷 시블리 하이드는 연구 결과들을 체계적으로 분석했다. 그녀는 많은 다양한 연구들로부터 도출된 결과를 모으는 '메타분석'이라는 통계기술을 사용했는데, 이는 학자들로부터 이론을 평가하는 가장 결정적인 방법 중 하나로 여겨지고 있다. 그녀는 길리건의 이론이 틀렸다고 결론 내렸다.

하지만 하이드가 제시한 산더미같은 자료에도 불구하고 길리건의 이론을 여전히 유효하게 하는 한 가지 방법이 있다. 대부분의 성별 연구자들처럼 하이드의 관심은 '능력'에 있었다. 하지만 내가 말했듯이 이보다 더 중요한 차이는 '동기'에 있다. 하이드가 모은 연구 결과들은 일반적으로 능력에 관한 것들이었다. 그 연구들에서는 사람들에게 가상적인 도덕적 딜레마를 주고 이에 대한 도덕적 판단을 내리게 했다. 이 경우 남녀는 딜레마를 동일한 방식으로 추론했다. 이것이 길리건이 틀렸다는 결론의 근거였다.

하지만 일상에서 도덕적 딜레마에 실제 부딪칠 때 사람들이 보이는 반응은 설문지 속 가상 상황에서의 반응과 다를 수 있다. 여성도 남성과 같이 추상적인 원칙에 따라 추론할 수 있지만(그래서 콜버그의 보편성 주장이 지지되는 것 같지만) 막상 그들의 삶에서 일어나는 도덕적 문제에 대해서는 남성과 다른 형태로 해결할 가능성이 있다.

극단적인 예로 당신의 아이가 어떤 끔직한 범죄를 저지른 것을 알게 되었다고 가정해 보자. 당신은 아이를 경찰에 신고할 것인가? 남성이 신고할 가능성이 여성보다 높을 것이라 상상할 수 있다. 만약 그렇다면 길리건의 이론이 맞는 것이다. 남성은 추상적인 원칙과 규칙에 의해 움직이는 반면, 여성은 그들 자신의 것을 돌보는 쪽으로 기울어진다.

현재로서는 답을 알 수 없다. 길리건의 이론에 적어도 아주 조금은 옳은 내용이 있다고 가정해 보자. 이는 남녀가 서로 다른 종류의 사회적 관계를 지향한다는 전반적인 요지에 잘 들어맞는 것처럼 보인다.

공정함과 같은 추상적 규칙은 큰 집단과 잘 맞는다. 모든 사람에게 균등하게 적용되는 규칙과 마찬가지로 법규가 없는 나라들은 이로 인해 여러 가지 문제를 겪는다. 지배 계층이 길리건 스타일의 '보살핌 윤리'를 따르는 나라들은 심각한 문제에 처해 있다. 지배자들은 그들의 친척들에게 부와 권력을 주고 나머지 사람들을 심각한 불이익에 빠뜨림으로써 공공의 신뢰, 기업정신 그리고 다른 많은 중요한 기능들을 저해한다.

그러나 한편으로 보살핌의 윤리라든지 사랑하는 사람들을 돌보는 것은 친밀한 관계와 상호 간 사랑 및 지지를 기본으로 하는 사회생활 형태에는 잘 맞는 듯 보인다. 만약 당신이 살인을 저지르고 누군가에게 고백해야 한다면 나는 당신이 아버지보다는 어머니를 택할 것이라고 본다. 왜냐하면 자식의 범죄를 신고해야 하는 의무감보다 더 큰 무엇이 어머니의 마음에는 있기 때문이다. 물론 모든 경우가 그렇지는 않지만 많은 사람들이 아버지보다는 어머니에게 이야기하려 할 것이다.

죄를 지은 자를 처벌하는 것이 대다수 시스템의 선택이다. 이는 여성의 동정심보다는 남성의 정의감과 어울린다. 최근의 뇌 연구들에 의하면, 남녀는 유죄인 사람이 처벌받는 것을 볼 때 다르게 반응한다고 한다.

타니아 싱어Tania Singer와 동료들의 연구에서 참가자들은 먼저 2명의 다른 사람들과 신뢰게임을 했다. 이 사람들은 자신들도 실험 참가자인 양 가장했지만 사실은 연구자들을 돕는 사람들로 각본에 따르고 있었다. 사전 각본에 따라 그들 중 한 명은 공정하게 게임을 했고, 나머지 한 명은 거짓말을 하고 신뢰를 저버렸다. 그 후 실제 실험 참가자들은 이 둘이 고통스러운 전기충격을 받는 것을 보았으며, 그동안 일어나는 뇌 반응이 측정되었다.

공정하게 게임을 한 사람이 고통받는 것에 대해서는 남녀 모두 괴로운 반응을 보였다. 그러나 불공정하게 게임을 한 사람이 겪는 고통에 대한 반응은 남녀에 따라 달랐다. 여성들은 여전히 공정한 사람에게 느꼈던 것과 동일한 공감적 괴로움을 느꼈다. 여성들은 그 사람이 어떻게 행동했는지에 관계없이 인간의 고통에 안쓰러움을 느꼈다. 그러나 남성들은 불공정한 사람의 고통에 대해 훨씬 적은 공감과 동정을 나타냈다.

이 결과는 남녀의 뇌가 다르게 반응한다는 것을 시사한다. 여성들은 일대일 유대관계에서 반응하듯 타인의 고통을 함께 느꼈다. 그들의 반응은 상대가 집단의 암묵적 규범과 신뢰를 위반했는지 여부에 따라 달라지지 않았다. 이는 친밀한 관계에 있는 사람을 대할 때 적절한 것이다. 설사 그것이 나쁜 행동을 쉽게 용서하는 결과를 만들지라도 여성은 상대의 감정을 공유하고 이에 공감한다.

반면 남성들의 반응은 큰 집단에 보다 적절하다. 공정함이나 호혜와 같은 올바른 집단행동에 대한 추상적 원칙을 위반하는 사람들은 벌을 받는 것이 당연하다고 보기 때문에 남성들은 그런 자들을 안쓰럽게 여기지 않는다. 남성들은 공정하게 게임을 한 뒤 고통을 받았던 선량한 구성원에 대해서만 안쓰러움을 느꼈다.

트레이드오프 목록은 끝이 없겠지만 이 책은 남녀의 차이를 대대적으로 조사하려는 게 아니다. 분명 남녀 간 다른 사회적 영역을 반영하는 또 다른 차이점들이 많다고 본다.

중요한 점은 사회적 상호작용 및 관계의 종류에 대한 근본적 동기가 남녀에 따라 다르다는 것이다. 성격 특성에서 나타나는 남녀 차이도 어느 정도는 트레이드오프로 이해될 수 있다. 다른 종류의 사회적 관계에는 각기 다른 특성들이 요구되므로 트레이드오프가 존재하게 된다.

두 가지 사회성은 남녀 차이를 이해하는 실마리가 되는 동시에 남성의 유용성을 이해하는 기초를 제공한다. 다음에 이어지는 몇몇 장들에서는 피상적인 관계로 구성된 큰 네트워크의 가치에 대해 다룰 것이다.

적은 수의 친밀한 친구와 많은 지인들 중 어느 관계가 더 중요하다고 생각하는가? 대부분의 사람들은 적은 수의 친밀한 친구가 더 중요하다고 말한다. 살펴보았듯이 친밀한 관계를 선호하는 것은 보편적인 경향이며, 이에 대한 타당한 이유도 존재한다. 친밀한 관계는 다른 어떤 관계들보다 심신의 건강에 큰 영향을 미친다. 게다가 친밀한 관계는 안면만 있는 사람들과의 관계보다 더 만족스럽다.

그러나 우리가 덜 선호하는 관계를 전문적으로 한다는 이유만으로 남성들을 하등하게 취급할 필요는 없다. 얕은 유대로 이루어진 커다란 네트워크의 장점도 분명 있기 때문이다. 이는 실로 문명의 출현 배경이자 토대가 되었다.

6

문화는
어떻게 작동하는가

축구는 문화에 대해 생각해 볼 수 있는 유용한 출발점이다. 점수와 심판이 있는 이런 집단 스포츠는 자연에는 존재하지 않는다. 문화가 축구를 고안했으며, 여기에 막대한 자원을 아낌없이 쏟아부으며 계속해서 다듬어 나가고 있다.

모든 면(힘, 기술, 재능, 체력, 경험, 열정)에서 우열을 가리기 힘든 선수들로 구성된 완벽한 두 팀을 상상해 보자. 차이는 오직 한 팀의 선수들은 경기 시작 5분 전에 서로를 만났고, 다른 팀은 코치와 더불어 2년 동안 함께해 왔다는 것뿐이다. 두 번째 팀이 훨씬 유리하며 승리할 가능성이 높은 것이 사실이지만 정확한 이유는 무엇인가? 두 팀의 차이는 개별 선수들에 있기보다는 집단에 있다. 함께 호흡을 맞춰온 팀은 선수들의 합 그 이상이며 작전, 경기 진행, 이를 체계화할 방안을 포함한 시스템을 가지고 있다. 나머지 팀은 이것이 결여되어 있다. 시스템은 혜택을 제공한다.

또 다른 예로 대량생산의 조립공정을 들 수 있다. 자동차가 판매용으로 처음 제작되었을 때 한 대의 차는 2명 혹은 3명의 정비공에 의해 만들어졌다. 정비공들이 모든 부품을 만들고 조립하기 위해서는 당연히 어마어마하게 많은 지식이 필요했다. 이렇게 고도로 숙련된 전문가를 장기간 고용하기 위해서는 높은 임금이 필요했고(그들이 단순히 나사를 조이거나 바닥을 쓸고 있을 때조차 계속 높은 임금을 지불해야 하는 단점이 있었다), 이런 이유 때문에 초창기 자동차는 매우 비쌀 수밖에 없었다. 따라서 몇 안 되는 재력가만이 자동차를 소유할 수 있었다.

이 모든 것들이 조립공정으로 대체되었다. 헨리 포드는 많은 노동자들이 제각기 다른, 구체적인 업무를 하게 만들 방법을 찾아냈다. 사실 기획자가 아니고서는 누구도 전체를 다 이해할 필요가 없다. 노동자들은 각자의 구체적 업무를 며칠이면 익힐 수 있고, 이는 인건비를 대폭 절감시켰다. 조립공정은 각자가 한 가지 일을 담당하고, 각각의 일들이 맞물려 자동차를 만드는 일종의 '시스템'이었다. 그 결과 자동차 가격이 급락했고, 부유하지 않은 사람도 자동차를 소유할 수 있게 되었다. 심지어 자동차를 만든 노동자들까지도 말이다.

시스템은 대부분의 사람들을 이롭게 한다. 자동차 회사는 더 많은 돈을 벌고, 자동차는 점차 널리 보급되어 일반적인 노동자들도 구입할 수 있게 되었다.

이 책은 문화가 남성을 어떻게 이용하는지에 대한 것이다. 이제 문화가 구체적으로 어떻게 남성을 이용하는지를 살펴볼 준비가 되었다. 하지만 이를 위해서는 먼저 문화가 무엇인지, 그것이 어떻게 작동하는지를 분명히 해야 한다. 문화가 남성(그리고 여성)을 이용한다는 것은 문화가 자신의 목표를 위해 이들을 이용하는 것을 말한다. 그러므로 어떻게 문화가 목표를 가질 수 있는지, 그리고 그 목표가 무엇인지를 이해할 필요가 있다.

다시 말해 "문화는 여성이 아이들을 양육하고, 남성이 용사가 되기를 바란다"와 같이 말하기 위해서는 문화가 어떻게 무언가를 '바랄' 수 있는지에 대한 합의가 필요하다는 것이다. 엄밀히 말하자면 시스템은 단지 관계들의 추상적인 집합일 뿐 무언가를 실제로 '바랄' 수는 없다. 하지만 이러한 추상적인 관계들은 삶을 더 나아지게 만드는 데 일조한다.

문화는 무엇을 위한 것인가

잠시 자연으로 눈을 돌려보자. 그리고 원숭이, 유인원 혹은 늑대들을 생각해 보자. 이들은 집단생활을 하는 사회적 동물이며, 집단은 본능적인 욕구들을 가진다.

본능적 욕구란 음식, 물, 보금자리, 안전, 사회적 접촉 등을 일컫는 것으로 생존과 번식으로 포괄될 수 있다. 삶이란 오로지 생명체가 생존을 위해 애쓰기 때문에 지속되는 것이다. 살아남는 데 관심이 없는 생명체는 음식을 열심히 찾거나 적으로부터 힘껏 달아나지 않을 것이다. 죽음은 단 한 번만 이기면 되지만 삶은 매일을 이겨야 한다.

그러나 종국에는 죽음이 이긴다. 자연은 동물을 평생 살 수 있게끔 하는 방법을 찾지 못했다. 자연은 종들이 지속적으로 생존하기 원하지만 그렇다고 한 개체를 영원히 살도록 한다고 해서 이루어지는 일은 아니다. 차선책은 바로 번식이다. 살아 있는 생명체는 노화되기 전 자신의 새로운 복사본을 만들고, 또 이 복사본은 죽기 전에 또 다른 복사본을 만들어 종을 유지하는 것이다. 바로 자연이 프로그래밍해 놓은 방법이다. 생존과 번식은 성공적인 삶의 비결이자 진화를 이끈 생물학적 목표다.

일부 전문가들은 생존이 번식에 기여하는 한에서만 중요하다고 반론을 제기할지 모른다. 그들이 맞다. 하지만 생존전략은 종종 번식전략과 다른데다가 둘 사이에 충돌도 일어나기 때문에 둘 모두를 살펴볼 필요가 있다. 특히 문화의 경우가 그렇다. 왜냐하면 문화는 죽지 않아도 되기 때문에 번식(자신을 복제한 새로운 작은 문화들을 만들어내는)할 필요도 없기 때문이다. 문화는 영원히 생존하며 계승될 수 있다. 앞서가는 이야기지만 말이다.

사회집단은 생존과 번식을 위한 이득을 제공했기 때문에 아마도 처음부터 형성되었을 것이다. 혼자 사는 원숭이와 무리와 함께 사는 원숭이의 차이를 생각해 보라. 원숭이는 무리 속에 있을 때 훨씬 더 안전하며, 나누어 먹을 음식이 있을 것이다. 집단에는 짝짓기를 할 다른 원숭이들이 있고, 따라서 혼자 살 때보다 무리에서 살 때 새끼를 더 낳기 쉽다. 이런저런 방식을 통해 무리 속에 있는 것은 원숭이로 하여금 혼자일 때보다 더 잘 생존하고 번식하도록 돕는다.

지금까지는 좋다. 원숭이들에게는 문화라고 할 만한 것이 많지 않지만 간혹 그들도 어설픈 수준의 문화를 만들어낸다. 일명 '감자 씻기' 이야기는 동물문화의 상징이다.

일본 열도의 원숭이들은 땅에서 캔 감자를 먹는데 이 감자는 흙이 붙은 채로 나온다. 선택의 여지 없이 원숭이들은 맛없고, 딱딱하고, 소화시키기 어려운 흙도 함께 먹게 된다. 깨끗한 감자를 먹는 게 생존에 약간 더 유리했을 테지만 그들에게 그런 옵션은 없었다. 그러던 어느 날 연구자들은 성인 암컷 원숭이가 감자를 물에 헹궈 흙을 털어내는 것을 발견했다. 이 행동은 암컷 원숭이의 일상이 되었다. 무리의 다른 원숭이들은 그녀의 감자 씻기 묘기를 따라 했고, 이는 곧 집단 전체(핵심 권력자들, 즉 가장 나이가 많은 수컷들을 제외하고)로 확산되었다. 능동적인 가르침의 징후는 없었지만 모방으로도 충분했다. 새끼들은 감자 씻기를 금방 습득했으며, 시간이 흘러 암컷 원숭이 무리가 죽고 난 뒤에도 그 원숭이 집단은 여전히 다른 집단과 달리 감자 씻기를 하고 있었다. 연구자들은 이를 문화라고 불렀다. "집단 전체에 공유되어 있으며, 다음 세대로 전달되는 정보들을 바탕으로 학습된 행동양식."

자그마한 문화는 원숭이들의 삶을 더 나아지게 만들었다. 흙을 적게 먹어서 더 건강해졌을 것이고, 생존율 또한 향상되었을지 모른다. 적어도 문화는 먹거리를 더 맛있게 만들었으며, 대개 맛있다는 것은 유익한 신호다. 선진 문화의 아이스크림 및 일부 특이한 것들을 제외하고는 무언가를 맛있다고 느끼는 이유는 그것이 우리의 생존을 돕기 때문이다. 즉 감자가 맛있고 흙이 맛없는 데에는 다 이유가 있다는 것이다. 감자는 생존을 돕지만 흙은 그렇지 않다. 감자를 비롯해 다른 영양가 있는 음식보다 흙 맛을 더 좋아했던 원숭이들이 있었다면 이들은 번식할 만큼 오래 살아남지 못했을지도 모른다.

만약 원숭이들에게 더 많은 문화가 있었더라면 더 많은 혜택을 누렸을 것이다. 문화가 우리에게 무슨 일을 했는지 생각해 보자. 우리 대부분이 재배하거나 사냥하지 않아도 음식이 존재할 뿐 아니라 문화는 놀랄 만큼 효과적인 건강관리와 최고의 주거공간을 제공한다(저소득 임대아파트조차도 나무나 동굴에서 사는 것보다 훌륭하다). 문화는 법과 정책들을 통해 누구도 다른 이들을 지나치게 괴롭히지 못하도록 한다.

이것은 문화의 핵심 중 하나다. 문화란 물질적 필요를 제공하기 위한 시스템이며, 이를 통해 대규모 집단의 사람들을 관리한다.

문화가 어떤 일을 하는지 이해하기 위해서는 만일 문화가 즉시 사라지면 삶이 어떻게 변할지 상상해 보는 것이 도움이 된다. 갑자기 마법처럼 문화가 더 이상 존재하지 않는다고 가정해 보자. 모두가 그대로이고 당신도 같은 침대에서 눈을 뜨겠지만 대체 무엇을 할 것인가? 당신을 위한 직장은 없을 것이다. 다른 이들로부터 당신을 보호해 주거나 당신에게 무엇을 해라 하지 마라 알려 줄 방법도 없다. 돈은 물론 언어도 존재하지 않는다. 마트와 식당은 더 이상 음식을 제공하지 않을 것이고, 따라서 우선적으로 해야 할 일 중 하나는 먹을 것을 구할 방법을 찾는 것이다. 또한 모든 공공서비스가 중단될 것이므로 불, 깨끗한 물, 전기도 사용할 수 없을 것이다. 다시 말해 문화가 하는 커다란 일 중 하나는 바로 이런 것들을 제공하는 것이다.

또 한 가지 상상해 보자. 유인원 무리가 정글 한 구석에서 근사한 삶을 살고 있다고 치자. 그곳에는 음식을 제공하는 과일나무, 휴식을 취할 수 있는 그늘, 깨끗한 물을 마실 수 있는 아름다운 폭포가 있다. 하지만 다른 유인원 무리가 영역 안으로 들어왔고, 이 모든 것들을 똑같이 원한다. 어떤 일이 벌어질 것인가? 공유할 것인가? 싸울 것인가? 한 무리가 떠날 때까지 서로를 귀찮게 할 것인가? 어느 쪽이 승자가 될 것인가?

유인원의 경우 아마 더 큰 집단이 승리할 것이다. 상대적인 머릿수는 인간의 집단 간 충돌에 있어서도 결정적인 요소다. 하지만 인간의 경우에는 다른 부가적인 요소들이 있다.

원숭이들에게는 문화가 별로 없기 때문에 문화는 그들의 영역 다툼에 그다지 영향을 미치지 않는다. 하지만 어느 한 원숭이 집단이 문화를 가지고 있다고 가정해 보자. 그들이 함께 일하고, 정보를 공유하고, 분업을 하고, 집단 전체의 최선을 위해 의사결정을 내리는 시스템을 가지고 있는 반면 다른 원숭이 집단은 이런 것들이 전혀 없다고 말이다.

이 경우 비록 집단 크기가 유사하더라도 문화를 가진 집단이 다른 집단을 이길 것이다. 인류역사에 있어서도 더 강한 선진 문화를 가진 소규모 집단이 훨씬 더 큰 집단을 압도하는 경우가 종종 있었다. 고작 200명 정도밖에 안 되는 스페인 군대가 광대한 잉카 제국을 멸망시킨 것처럼 말이다. 이 장의 도입부에서 들었던 축구 경기의 예도 같은 맥락에서 이해할 수 있다.

우리는 어떤 문화가 다른 문화보다 우수하다고 평가하는 것을 자제해야 한다. 하지만 효율의 차원에서 어떤 문화는 경쟁 문화와의 충돌에서 이기는 데 유리할 수 있다. 또 어떤 문화는 다른 문화보다 더 강할 수 있으며, 이를 점령하고 대체할 수도 있다.

문화란 무엇인가

우리는 이제 문화가 무엇인지 설명할 준비가 되었다. 문화를 지닌 유인원(혹은 사람) 집단과 가지고 있지 않은 집단의 차이를 통해 이를 알 수 있다.

문화는 시스템이다. 이는 다양한 부분들을 조직화하고 함께 작동하도록 돕는다. 따라서 문화가 있는 집단은 없는 집단보다 더 체계적이다. 또한 문화는 사람들 집단이 가지는 그 무엇이다. 혼자서는 문화를 가지지 않으며 사회(조직화된 사람들 집단)가 문화를 가진다.

문화는 부분적으로 정보를 통해 만들어진다. 정보에는 최소한 두 가지 유형이 있다. 하나는 공유된 믿음과 가치의 집합이며, 나머지는 일을 처리하는 방법에 대한 공유된 지식이다. 문화는 이 둘 모두로 이루어진다.

정보는 모든 인류문화가 언어를 가지는 핵심적인 이유다. 인류학자들은 각 문화를 다르고, 특별하고, 고유하게 만드는 요소를 즐겨 탐구하지만 언어를 가지고 있지 않은 문화는 아직까지 발견하지 못했다. 언어가 없는 인류문화를 발견하는 것은 엄청난 업적일 것이며, 그 인류학자는 수상을 하거나 승진을 하게 될 것이다. 하지만 그런 기대는 버려라. 언어는 역사상 최고의 만능 도구로, 이는 정보를 축적·분석·소통·조작하는 문화의 능력을 엄청나게 확대시켰다. 언어 없이 정보(문화의 생명선)를 활용하는 것은 매우 어렵다. 언어를 사용하지 않는 인간문화는 아마 앞으로도 결코 없을 것이다.

문화는 몇 가지 목적을 지닌 시스템이다. 가장 주된 목적은 사람들의 물질적 욕구를 충족시키는 것이다. 식량과 물, 안전 그리고 자녀를 양육하는 기회를 제공하는 데 실패한 문화는 살아남지 못한다. 문화는 또한 적들로부터 스스로를 방어하지 못하면 살아남을 수 없다. 그것이 자연적인 것(질병, 추위 등)이든 다른 문화(침략군 등)에서 온 것이든 말이다.

문화의 또 다른 목적은 사람들이 함께 살 수 있게끔 하는 것이다. 사회생활은 쉽지 않다. 마지막 남은 고기조각이나 더 안락한 잠자리를 놓고서라도 갈등은 필연적이다. 대부분 동물사회의 갈등은 "힘이 곧 정의다"로 요약된다. 하지만 인간문화는 갈등을 해결하는 보다 정교한 시스템을 가지고 있다. 재산권, 재판소, 특허권, 전통 등이 이에 해당된다. 사실상 대부분의 법과 도덕은 강자가 무엇이든 원하는 대로 행하고 소유하지 못하게 통제함으로써 갈등을 해결하려는 규칙이나 마찬가지다.

문화는 단일 구조가 아니다. 그보다는 서로 느슨하게 연결된 각양각색의 큰 구조라고 볼 수 있다. 사회는 일반적으로 문화를 다수의 큰 구조들로 편성한다. 우리가 살고 있는 사회를 보면 모든 이들이 다른 모든 이들과 동등하게 연결되어 있지 않다. 각자는 일부와는 가깝게 연결되어 있고, 어떤 이들과는 보통으로 연결되이 있으며, 또 다른 이들과는 아주 약간만 관련되어 있다. 때로 그 연결들은 변동을 거듭하기도 한다. 마치 두 달간 매일 당신의 집에서 부엌을 고치던 수리공이 두 달이 지나면 완전히 남이 되듯이 말이다.

세상에는 가족, 회사, 대학, 정부기관, 군부대 등 많은 집단이 존재한다. 군대만 해도 큰 집단 내의 서로 느슨하게 연결된 소집단(사단, 연대, 중대, 소대)들로 구성되어 있다. 정부기관(부처, 위원회, 각료)과 대학(학과)도 마찬가지다. 물론 이런 조직이 처음부터 정교하고 복잡하게 출발한 것은 아니다. 시간이 지남에 따라 복잡성은 증가한다. 복잡한 조직은 단순한 구조로는 불가능한 것들을 해낼 수 있기 때문이다. 오늘날 세계가 직면한 문제들(온난화, 테러, 전염병 등)을 보면 이들이 대체로 개인보다는 크고 복잡한 조직망에 의해 해결된다는 것을 알 수 있다.

오늘날 많은 남성들의 일과는 이런 기관들에서 시작된다. 따라서 크고 복잡한 조직망(사회학에서는 '기관'이라는 용어를 선호한다)은 문화가 어떻게 남성들을 이용하는지 이해하는 중요한 포인트다. 그것이 바로 문화다. 좀 더 큰 그림을 볼 수 있도록 하기 위해 나는 두 가지 소견을 덧붙이고자 한다.

첫째, 문화는 생물학적 전략이다. 문화가 존재하는 이유는 궁극적으로 생존과 번식을 촉진하기 때문이라는 것이다. 모든 생명체는 생존하고 번식하려는 본능을 가지며, 이를 더 효율적으로 달성한 자들이 세대에 걸쳐 존속했다. 따라서 문화가 지구상에 존재하게 된 이유는 생존과 번식의 확률을 높여주기 때문이다(사실 인류는 다른 많은 동물들의 희생으로 점점 더 생존하고 번식할 수 있었다!).

네안데르탈인(우리 전에 존재했으며 잘 살고 있었던)이 아닌 인간이 지구를 점령하게 된 이유 중 하나는 우리의 문화가 그들의 것보다 우수했기 때문이다. 사실 네안데르탈인들은 우리보다 더 큰 뇌와

몸집을 가졌었기 때문에 일대일 전투에서는 그들이 우세했을 가능성이 높다. 하지만 우리 조상들은 우수한 문화를 앞세워 네안데르탈인들이 살던 지역을 정복했다. 우리는 그들보다 생존과 번식을 위한 더 나은 시스템을 가지고 있었다. 우리는 그들의 땅을 빼앗고 그들의 점심을 먹었으며, 우리가 지구를 점령하는 동안 그들은 멸종했다.

둘째, 문화 발달의 중심에는 인류의 진화가 있었을 것이다. 궁극적으로 문화가 삶을 더 나아지게 한다면 왜 늑대나 원숭이, 다람쥐들은 대규모 문화를 가지고 있지 않은가? 문화가 가능하기 위해서는 상당히 영리하고 유연한 생각이 필요하다. 우리가 늑대나 고릴라나 다람쥐에게 아파트, 차, 은행업무를 준다고 해서 문화가 효과적으로 작동하는 게 아니라는 이야기다. 그러기에는 그들의 생각이 너무 원시적이다. 우리를 인간으로 만드는 그 무엇, 우리를 다른 동물세계와 구별 짓는 진화된 심리적 특성은 바로 '문화에 대한 능력'이다.

그러므로 문화는 인간 본성의 핵심이다. 그것은 언어(듣기, 말하기, 이해하기, 단어의 뜻 저장하기, 복잡한 생각의 표현을 위해 문법을 통해 단어 결합하기)를 가능케 하는 깃에서 시작된다. 문화는 다른 사람이 우리와 같은 생각을 가진다는 것을 인식하는 것을 포함한다. 또한 결정을 내리고 행동을 취하는 일련의 복잡한 과정에 관여하는 자유의지 그리고 자기통제와 자기인식 등을 포함한다.

그게 나와 무슨 상관인가

문화에는 복잡하고 이상하기까지 한 면들이 수두룩하다. 예를 들어 어느 가을날 저녁 아이들에게 코스튬을 입고 돌아다니며 사탕을 얻게 하는 것 같은 독특한 관습들 말이다. 하지만 문화의 본질은 사람들이 필요로 하는 것들을 제공하는 시스템이라는 데 있다. 문화는 사람들로 하여금 함께 살아가고 일할 수 있도록 하며, 결정적으로 다음 세대를 준비하게 한다. 문화는 음식과 거주지를 얻고, 아픈 사람을 돌보는 것과 같은 사람들 사이의 중요한 일들을 돕기 위한 시스템이다.

그렇다면 사람들은 왜 문화를 필요로 하는가? 어쨌든 동물은 문화가 거의 또는 전혀 없어도 식량과 물 그리고 나머지 것들을 얻으며 살아가지 않는가? 이는 중요한 질문이다. 답은 문화가 사람들로 하여금 이것들을 더 '잘' 얻을 수 있게 한다는 것이다. 문화가 있을 때가 없을 때보다(어쩌면 다른 경쟁 집단의 사람들보다도) 더 낫다. 자연과 문화 모두에서 진보는 경쟁에 의해 이루어진다는 점을 기억하라.

세 가지 선택사항 간의 차이로 돌아가 보자. 숲에서 혼자 사는 것, 문화 없이 사람들과 집단생활을 하는 것, 문화와 함께 집단생활을 하는 것.

당신을 예로 들어보자. 당신은 분명 힘, 참을성, 지능 등 여러 가지 타고난 능력들을 가지고 있을 것이다. 당신이 갑자기 외딴섬에서 1년간 홀로 고립생활을 하게 된다면 아마 그럭저럭 살 수 있을 것이다. 삶은 고되겠지만 스스로 먹고살 수는 있을 것이다. 타고난 능력들이 목숨을 연명하게끔 도울 것이다. 덫으로 다람쥐를 잡는 법을 배울 수도 있고, 과일이나 채소를 찾을 수도 있다. 나뭇가지와 잎으로 비를 막고 한밤의 추위를 덜어줄 작은 피난처도 만들 수 있다.

혼자일 때는 이를 간신히 해낼 수 있다. 하지만 문화에 속해 있을 때는 훨씬 더 풍요로운 삶을 누릴 수 있다. 다람쥐 고기나 땅에서 캔 뿌리들보다 더 훌륭한 음식을 먹을 수 있으며, 따뜻한 집에 놓인 안락한 침대에서 숙면을 취할 수 있다.

문화는 증폭제다. 우리의 육체적·정신적 능력들을 훨씬 널리 펼칠 수 있게끔 하기 때문이다. 즉 똑같은 역량이라도 문화가 없을 때보다 있을 때 훨씬 더 나은 성과를 낼 수 있다. 이것이 문화의 장점이자 유용한 이유다.

미국(혹은 다른) 문화에 대해 격렬하게 항의하는 비평가들조차 문화의 혜택을 받으며 산다. 심지어 문화가 여성을 착취하려는 남성에 의해 쓰인 각본이라 여기는 사람들조차 문화 자체에서 벗어나고 싶어 하지는 않는다. 왜냐하면 문화가 있을 때 훨씬 더 나은 삶을 살 수 있기 때문이다.

어쩌면 그들은 존경받지 못하거나 임금을 충분히 받지 못하거나 TV 속 여성들이 만들어 놓은 미의 기준에 대해 불만을 가지고 있을지 모른다. 또는 일부 부모들이 딸들로 하여금 핵물리학자나 전투병이 되고 싶어 하도록 충분히 장려하지 않는다고 비판할지도 모른다. 하지만 그렇다 해도 실내 화장실, 전기, 슈퍼마켓, 병원과 같은 문화의 혜택(그렇다. 가부장적이다)을 포기하고 싶어 하지는 않을 것이다.

그럴 수만 있다면 대부분의 동물들도 마트와 식당에서 음식을 얻고 싶어 할 것이다. 만일 우리가 동물들에게 음식을 조리해 준다면 그들도 좋아할 것이다. 하지만 그들 스스로는 어떻게 요리를 하는지 알아낼 수 없다.

요리는 문화의 혜택을 설명하는 훌륭한 예다. 만일 요리가 발명되지 않았다면 한 사람이 자신의 생애에 그 방법을 알아내기는 어려웠을 것이다. 요리는 많은 세대에 걸쳐 발전했다. 결정적으로 각 세대는 배운 것을 다음 세대로 전수했으며, 우리는 여전히 배우고 있다.

뉴욕 시는 트랜스 지방으로 조리된 음식을 먹는 것이 건강에 해롭게 때문에 트랜스 지방으로 조리하는 식당을 금지하는 법안을 막 통과시켰다. 여기에서 '해롭다'라는 것이 수년 뒤 병에 걸릴 확률이 약간 증가한다는 것을 의미한다는 점에 주목하라. 우리 조상들이 처음 요리하는 법을 알아냈을 때 그들에게 있어 실패란 한 시간 이내에 격렬한 구토를 하게 만드는 것을 먹는 걸 뜻했다. 우리는 그때로부터 한참 발전했다.

그리고 요리가 해낸 일들을 살펴보자. 음식들은 대개 조리되었을 때 훨씬 건강에 유익하다. 심지어 어떤 음식들은 조리하지 않고서는 먹을 수 없다. 가장 대표적인 주식인 쌀은 아마 세계사에서 가장 흔한 식품 중 하나일 것이다. 하지만 쌀은 조리되어야 먹을 수 있다. 만일 조리법이 없었다면 사람들은 쌀을 주식으로 삼을 수 없었을 것이다.

시스템이 있는 삶의 이점

문화의 이러한 파급효과를 일컬어 '시스템의 이점'이라는 용어를 사용하자. 본질적으로 시스템의 이점이란 전체가 부분의 합보다 큰 것을 뜻한다. 이는 기량이 뛰어난 개인들을 모아놓기만 한 축구팀과 팀플레이에 능한 축구팀의 차이와 같다. 똑같은 신체적·정신적 능력을 지닌 사람들이라고 해도 문화가 없을 때보다 있을 때 더 잘 살 수 있다. 문화라는 시스템은 집단에 무언가를 더해준다. 더 나은 생존과 번식이 바로 그것이다.

앞서 들었던 "문화가 갑자기 사라지면 무슨 일이 생길까?"의 예를 떠올려 보자. 우리는 모든 것을 스스로 해결해야 한다. 따라서 삶은 훨씬 더 어렵고 혹독할 것이다.

요지는 문화가 없을 때보다 있을 때 훨씬 더 잘 산다는 것이다. 우리가 같은 능력, 힘, 기술, 약점, 통찰력을 지닌 동일한 사람이라 해도 그럴 것이다. 문화는 이 자질들이 당신을 더 건강하고, 행복하고, 편안하게 만들 수 있게끔 한다. 즉 똑같은 육체적·정신적 역량도 혼자서 사용할 때보다 문화의 일부로서 사용할 때 더 나은 삶으로 이어진다.

컴퓨터는 심리학에서 인간 마음에 대한 비유로 가장 많이 사용되는 것 중 하나다. 여기에서도 이 비유를 사용해 보자. 개인용 컴퓨터가 처음 나왔을 때 이들은 전원만 연결된 채로 책상 위에 놓여 있었지만 이제는 인터넷에 연결되어 있다.

홀로 있는 컴퓨터와 인터넷에 연결되어 있는 컴퓨터의 차이는 흥미로운 사실을 보여준다. 같은 기계지만 온라인으로 이어져 있을 때 훨씬 더 많은 성과를 낼 수 있다. 이것은 뇌와 문화에서 일어나는 일과 상응한다. 인간의 뇌는 그 자체만으로도 꽤 많은 것을 해낼 수 있지만 문화와 연결되어 있을 때 훨씬 더 많은 성과를 낼 수 있기 때문이다. 이것이 바로 시스템의 이점이다. 부분들은 그 자체로도 훌륭하지만 제도의 일환일 때 더 빛을 발한다.

때때로 제도의 갑작스러운 변화는 깜짝 놀랄 만한 차이를 가져올 수 있다. 예를 들어 줄루스Zulus는 아프리카 남부의 작은, 별 볼 일 없는 부족이었다. 예지력 있는 지도자인 샤카는 왕위를 계승하자마자 즉각 문화를 정비했다. 특히 모든 남성들에게 자신이 고안한 새로운 군사기술을 훈련시키고, 왕권을 신장시켰으며(어떤 식으로든 그를 언짢게 하면 즉각 처형하는 것을 포함), 정복을 위한 자원을 준비했다. 몇십 년이 지나지 않아 그는 부족을 아프리카 남서부에서 역대 가장 위대한 제국 중 하나로 성장시켰으며, 그 영향과 유산은 오늘날에도 건재하다. 그가 계승할 당시의 구성원들은 이전과 다를 바 없었지만 그가 도입한 새로운 시스템은 역사상 꿈꿔보지도 못했던 일들을 달성할 수 있게 했다.

그렇다면 시스템의 이점은 어떻게 발생하는가? 문화는 정확히 어떻게 전체를 부분의 합보다 크게 만드는가?

문화는 어떻게 성공하는가: 정보

지금까지 문화가 시스템의 이점을 통해 사람들의 삶을 더 나아지게 만든다는 것을 살펴보았다. 시스템의 덕택으로 전체는 부분의 합보다 크다(시스템은 전체를 전체로 만들어주는 무엇이자 부분의 합으로는 설명되지 않는 그 무엇을 포함하고 있다). 시스템의 이점은 왜 혼자보다 시스템의 일원이 되는 것이 더 나은지를 설명하는 핵심이다.

이제 어떻게 시스템의 이점이 작동하는지에 대한 질문으로 돌아가 보자. 문화에서 대체 무슨 일이 일어나기에 전체가 부분의 합보다 클 수 있는가?

첫째, 정보를 살펴보자. 인간은 정보를 사용하는 종이다. 문화는 부분적으로 정보에 기반하며, 정보는 문화의 생명선이다.

문화의 첫 번째 그리고 커다란 이점은 정보의 수집과 축적이다. 동물이 삶을 다하게 되었을 때 뇌에는 그들이 경험들로부터 얻은 지식이 담겨 있다. 뇌는 그들이 평생 동안 무엇을 발견하고 알아냈는지 알고 있다. 반면 인간은 자신의 직접적인 경험으로부터 배운 것보다 훨씬 많은 것들을 알 수 있다. 다른 인간이 알아낸 무수히 많은 것들을 배울 수 있기 때문이다.

언어는 인간으로 하여금 어떤 생명체보다도 정보를 훨씬 많이, 잘 공유할 수 있게 한다. 사람들은 다양한 것들을 알아내고 이를 서로 전해줄 수 있다. 이처럼 정보가 단지 한 개인의 마음속이 아닌 집단에 축적된다는 것은 커다란 이득이다. 지식은 집단에 소장된다.

새로운 세대가 태어나면 문화의 이점은 한층 더 커진다. 인간은 그들의 자녀에게 자신들이 습득한 수많은 것들을 말해준다. 동물들은 대부분 이를 할 수 없다. 어린 동물들은 연장자를 모방함으로써 배우지만 대부분의 전문가들은 이 과정이 의도적인 교육을 통해 이루어진다고 보지 않는다. 또한 인간문명의 모든 국가와 달리 어떤 동물세계에도 학교는 없다.

감자 씻는 법을 알아낸 원숭이를 기억하는가? 이 이야기는 문화의 압축본을 보여준다. 암컷 원숭이는 혼자 힘으로 문제를 해결했다. 다른 원숭이들이 그것을 따라 함으로써 정보는 집단 전체에 공유되었으며 (설령 감자 씻는 법을 공유하거나 다른 이들에게 알려주려는 의도적인 노력이 없었다고 할지라도) 다음 세대가 이를 모방했다. 원숭이 무리는 문화의 작은 혜택을 누린 것이다.

이런 과정이 삶의 많은 부분에서 계속 반복된다고 상상해 보면, 왜 대부분의 동물이 이전과 크게 다르지 않은 삶을 사는 반면 인간의 삶은 수세기에 걸쳐 이토록 향상되었는지를 이해하게 될 것이다.

원숭이의 예는 문화의 더 커다란 이점인 '점진적 축적'에서는 제외다. 인간의 각 세대는 부모 세대들이 알던 것을 배울 수 있기 때문에 여기에서부터 시작하고 보탤 수 있다. 심지어 창의적 노력이 더해져 한두 발 더 멀리 도약할 수도 있다.

동물세대는 늘 처음부터 다시 시작할 수밖에 없다. 부모와 선조들이 그랬듯이 동일한 문제를 해결하려 노력하며 사는 것이다. 이와 반대로 인류의 새로운 세대는 그들의 부모가 멈춘 곳에서 시작할 수 있다. 예컨대 어느 한 사람만 자동차나 전구 혹은 컴퓨터를 발명하면 된다. 그러면 그 사람의 발명은 집단의 소유가 되고, 지식은 문화 안에 보존된다. 따라서 다음 세대는 이를 다시 발명할 필요가 없다. 그 사람이 일궈놓은 것에서 시작할 수 있고, 이를 더 발전시킬 수도 있다. 더 안전한 자동차, 더 밝은 전구, 더 강력한 컴퓨터처럼 말이다.

어떤 면에서 문화는 생물학적 진화의 연속으로도 볼 수 있다. 진화는 동물의 신체적 구성을 변화시킴으로써 삶을 천천히 개선시켰다. 진척은 있었으나 매우 느렸다. 문화는 향상에 필요한 시간을 어마어마하게 단축시킴으로써 발전을 가속화했다. 다르게 말하자면 인간의 무리는 더 나은 삶을 위한 유전적 변화를 수백 수천 년 동안 기다릴 필요가 없다. 오늘날 인간 삶의 발전 속도는 천 년이 아닌, 수십 년 단위로 측정된다.

문화는 어떻게 성공하는가: 분업

문화의 두 번째 이점은 노동의 분업이다. 즉 한 개인이 모든 것을 하는 대신 각자가 모두 다른 일을 하는 것이다.

초기 공장들은 노동분업을 도입하지 않았다. 단지 사람들이 모여서 물건을 만드는 건물에 지나지 않았다('공장factory'이라는 용어는 '제조소manufactory'의 줄임말로, 그저 물건이 생산되는 장소를 의미했다). 각자가 상품 전체를 만들었으며, 대개 혼자 힘으로 이를 해냈다. 어렵고 비용이 많이 들었다. 자동차가 대표적인 예다. 한 사람이 자동차를 만들기 위해 얼마만큼을 알아야 할까? 차는 수많은 부품들로 이루어진 매우 복잡한 구조물이다. 분명 그는 혼자서 모든 것을 알아내려 하기보다는 다른 사람들이 알아낸 것을 배우려 할 것이다. 그렇다 해도 혼자서 차를 만들기 위해 숙달해야 할 정보의 양은 어마어마할 것이며, 수많은 기술을 가지고 있어야 한다.

이런 '제조소'들이 노동분업으로 돌아선 것은 우연이 아니다. 자동차와 더불어 조립공정은 결국 승리했다. 조립공정은 이 장의 시작 부분에서 문화의 혜택에 대한 전형적인 예로 언급된 바 있다. 조립공정에서 각 개인은 특정한 한 가지 일만을 한다. 대규모의 훈련도, 풍부한 지식을 터득하기 위한 수년간의 공부도 필요치 않다. 한 사람이, 하나의 도구로, 한 가지 일을 신속하게 반복적으로 한다. 시스템을 가지고 일하는 많은 남성들(나중에는 여성들)은 전문가들이 할 수 있었던 것보다 차를 더 빠르고, 훌륭하고, 저렴하게 만들 수 있었다.

차 전체를 혼자서 만들었던 정비공은 학습과 훈련에 수년의 시간을 들여야 했다. 조립공정의 노동자들은 매우 빨리, 어떤 경우에는 단 하루나 이틀 정도에도 훈련될 수 있었다.

역설적으로 더 적은 지식을 가졌으며, 더 짧은 훈련을 받은 사람들에 의해 만들어졌음에도 불구하고 조립공정의 자동차들은 수공으로 만들어진 것보다 품질이 우수했다(이 덕분에 조립공정 자동차들은 보다 저렴할 수 있었다). 이는 노동분업이 전문가를 양산했기 때문이다. 많은 사람들이 한 가지 일을 하고, 그것에 전문가가 되는 것이다.

자동차를 만드는 데 숙달되기 위해서는 필요한 정보가 너무 많기 때문에 한 사람이 모든 일에 전문가가 될 수는 없다. 아마 그 외로운 노동자는 몇 가지 일에 있어 매우 훌륭했을지 몰라도 모든 것에 있어 그렇지는 않았을 것이다(가령 와이퍼를 연결하거나 에어컨을 설치하는 일). 결국 이 외로운 노동자의 차는 제대로 기능하지 않는 와이퍼 또는 자주 고장 나는 에어컨을 장착하게 된다. 그러나 현대식 시스템에서 와이퍼의 제작은 와이퍼 전문가에 의해, 설치는 또 다른 전문가에 의해 이루어진다. 전문가들은 매우 한정되고 구체적인 업무에 특화되어 있다.

설사 홀로 일하는 정비공이 조립공정의 노동자보다 훨씬 더 많은 것을 안다고 해도, 조립공정의 자동차가 더 전문적으로 만들어진다. 각 조립공정의 노동자들은 세부 업무에 있어 전문가다. 그 결과 일의 모든 부분들이 완성도 높게 이루어진다. 훨씬 더 많은 지식에도 불구하고 홀로 일하는 정비공의 경우는 그렇지 않다. 그가 그다지 잘하지 못하는 일들이 종종 존재하기 마련이며, 이는 전체의 완성도를 떨어뜨린다.

노동분업과 전문화 추세는 역사상 가장 보편적이고 일방적인 흐름이다. 사람들은 점차 더 구체적으로 전문화되었다. 그것이 더 좋은 결과를 낳았기 때문이다. 여러 방면에서 이를 확인할 수 있다.

의학 분야를 살펴보자. 한때는 일반의가 지역 전체를 위해 일했지만 지금의 의학계는 전례 없이 큰 전문가 집단에 의해 돌아간다. 한 명의 일반의가 알아야 할 정보는 너무 많다. 신장은 신장 전문의에게 수술받는 것이, 호르몬은 호르몬 전문가에게 치료받는 것이, 엑스레이 필름은 방사선과 전문가에게 확인받는 것이 더 낫다.

나는 처음 사랑니가 빠지던 순간을 기억한다. 그것은 내 잇몸 속에 비뚤름히 박혀 있었다. 담당 치과의사는 "매일 이 일을 하는 사람에게 맡기렴" 하고 말했다. 나에게는 고군분투해야 할 일이 그에게는 일상인 것이다. 그가 옳았다. 노동의 분업은 전문가를 양산하고, 전문가들은 일반인보다 자신들의 일을 더 잘하는 사람들이다.

삶과 죽음의 문제에서 오락으로 넘어가자면, 동일한 논리를 스포츠에서도 찾아볼 수 있다. 미식축구는 한때 11명의 남성들로 이루어진 두 팀으로 운영되었으며, 게임 내내 동일한 남성들이 경기를 펼쳤다. 하지만 경쟁의 압박은 곧 일반 선수보다 특화된 선수가 더 경기를 잘한다는 사실을 발견하게끔 했고, 수십 년이 지나자 모든 주류 팀들은 공격과 수비를 위한 선수들을 완전히 분리했다. 머지않아 킥 플레이를 위한 집단이 잇따라 생겼으며, 얼마 후에는 더 특화된 전문가들을 양성하기 시작했다. 단거리 야드 전문가, 달리지 않는 러닝백(대신 그들은 방어하거나 공을 잡는다), 니켈 수비수 등이 그 예다. 전문화는 규칙에 어긋나지 않는 한 계속될 것이다. 왜냐하면 대체로 전문가로 구성된 팀들이 그렇지 않은 팀들에게 승리할 것이기 때문이다.

문화는 어떻게 성공하는가: 교환

교환은 문화의 또 다른 핵심 요소이자 시스템이 주는 이점의 원천이다. 처음 「이코노미스트」를 읽기 시작했을 때 나는 교환이 부를 증가시킨다는 주장에 당황스러웠다. 어떻게 이게 가능하단 말인가? 가령 조와 밥이 그들의 셔츠를 교환한다고 해도 추가적인 셔츠가 생기는 것은 아니다. 물물교환이 더 많은 것을 만들어내지는 않는다. 물론 경제학자들의 말이 맞다. 셔츠 교환은 잘못된 예이며, 더 나은 예는 다음과 같다.

내게 토마토 모종들로 가득 찬 정원이 있다고 가정해 보자. 나는 문득 토마토가 너무 많다는 것을 알게 되었다. 양껏 먹고 겨울을 위해 일부를 저장하고도 많이 남아 있다. 반면 제레미는 낚시를 가서 물고기를 한 트럭 잡아왔으며, 그 역시 자신에게 필요한 것 이상의 물고기가 남았다.

만일 교환을 하지 않는다면 나는 토마토만 먹어야 할 뿐 아니라 남은 토마토는 썩게 된다. 제레미 역시 물고기만 먹어야 하며 남은 것들을 상하게 놔두어야 할 것이다. 하지만 우리가 각자의 여분을 교환한다면 토마토와 물고기 모두를 먹을 수 있다. 둘 모두에게 이득이다. 효과적으로 부유해지는 것이다.

교환은 이전 섹션에서 다루었던 문화의 혜택, 즉 노동의 분업과 합쳐졌을 때 더욱 빛을 발한다. 각기 다른 이들이 다른 것들을 만드는 데 전문화되어 있는 것 말이다. 자신이 맡은 것을 '정말 잘' 만들기 위해 시간과 노력을 투자한다면 제품이 더 향상되기는 하겠지만 생존을 위해서는 이를 다른 필요한 것들과 교환해야 한다. 토끼 사냥 전문가, 주전자 제작 전문가, 지붕 잇기 전문가에게 있어 최선책은 자신들의 작품을 다른 이의 것들과 교환하는 것이다.

시스템이 가장 이득을 얻는 경우

문화는 집단 내에 존재한다. 그리고 규모가 작은 집단에 비해 큰 집단이 이에 더 유리하다. 따라서 문화는 대규모 집단에서 가장 효과적으로 번성할 것이다.

이전 섹션에서 문화가 제공하는 커다란 이점들 몇 가지를 논한 바 있다. 지식의 축적, 노동의 분업, 교환은 문화가 삶을 개선시키는 데 있어 핵심적이다. 하지만 이 요소들은 큰 집단에서 더욱 효과적으로 기능할 것이다.

지식의 축적을 생각해 보자. 문제를 해결하고 그것을 다른 이들과 나누려는 사람이 많을수록 그 집단의 지식기반은 빠르게 구축될 것이다. 3명의 사람보다는 50명의 사람들이 각자 배운 것을 공유할 때 집단의 지식 축적이 빠르게 일어날 것이다. 전문화와 노동의 분업도 큰 집단에서 더욱 효과적일 수 있다. 집단이 클수록 사람들이 보다 구체적으로 전문화될 수 있기 때문이다.

교환 역시 마찬가지다. 다양한 상품을 가진 사람이 많을수록 보다 효율적인 시장을 형성할 수 있다. 이는 곧 사람들이 원하고 필요로 하는 것을 얻기 위해 자신이 가진 것을 제공할 가능성이 더 높다는 것을 의미한다.

좋든 싫든 이 때문에 세계화가 도래했다. 일부 사람들은 세계화로 고통받겠지만 더 많은 사람들이 혜택을 받을 것이다. 만일 당신이 중국에 사는 어떤 여성이 원하는 것을 가지고 있고, 그녀가 당신이 원하는 것을 가지고 있다면 거래를 하는 편이 하지 않는 것보다 둘 다에게 유리하다. 장기적으로 이러한 상호 혜택은 거부할 수 없음이 판명날 것이다.

정보의 공유를 비롯한 대규모 집단의 가치는 명백해 보인다. 하지만 이는 성 정치와도 긴밀한 관련이 있다. 살펴보았듯이 남성과 여성은 서로 다른 종류의 사회적 관계에 전문화되어 있다. 여성은 천성적으로 가깝고, 친밀하고, 보살피는 일대일 관계를 형성하고 유지하는 것을 더 잘한다. 남성은 좀 더 큰 집단과 제도에서 기능하도록 만들어졌다. 따라서 문화는 여성무리보다는 남성무리로부터 출현했을 가능성이 높다. 다시 말해 여성보다는 남성이 문화와 그로 인한 혜택들을 양산하는 집단을 형성할 확률이 높다.

그 차이는 아마 뇌에 깊이 뿌리 박혀 있을 것이다. 공감을 위해 만들어진 여성의 뇌와 시스템에 적합한 남성의 뇌에 대한 사항을 기억해 보라. 공감은 친밀함에 더 좋고, 따라서 친밀한 관계에 있어서는 남성보다 여성이 더 유리할 것이다. 하지만 문화는 시스템이다. 따라서 시스템 지향적인 남성의 뇌가 문화와 더 잘 맞을 것이다.

다시 한 번 말하지만 나는 성차가 능력보다는 동기에 관한 것이라고 생각한다. 여성은 시스템에 관해서 상당히 효과적으로 사고할 수 있으며, 남성 또한 친밀한 동료들에게 능히 공감할 수 있다. 하지만 그들이 하고 싶은 대로 하게 내버려두면 두 성은 다른 종류의 관계를 형성하려는 경향이 있을 것이다. 여성은 가깝고 친밀하고 지지적인 관계를 만드는 것을 선호할 것이고, 남성은 시스템과 더불어 큰 집단을 만드는 것을 선호할 것이다.

이는 다음에 이어질 몇몇 장의 내용들과 밀접하게 관련될 것이며, 문화 속 성 불평등(그리고 이전 장을 끝맺으며 했던 질문. "왜 여성이 문화의 희생양인가?")을 이해하는 새로운 기반을 제공한다. 이는 또한 문화가 어떤 식으로 남성을 이용하는가에 대한 핵심적인 질문을 제기하는 법을 안내한다.

결국 문화란 남성들 무리로 하여금 다른 제도를 지닌 다른 집단의 남성들을 능가하고 이길 수 있게 하기 위해 그들을 최대한 활용하는 '시스템'에서 유래하기 때문에 문화는 남성을 이용하는 방식에서 비롯되었다고 볼 수 있다. 추후 문화는 여성들에게 관심을 가지고 그들을 이용하는 방식 또한 찾기 시작했다. 그러나 문화의 기원은 속해 있는 남성들을 최대한 활용할 수 있게끔 한 시스템의 출현에 있다.

이에 대해서는 다음 장에서 좀 더 자세히 다룰 것이다. 우선은 어떻게 문화가 기능하는지에 대한 검토를 마무리하자.

어떻게 문화가 무언가를 원할 수 있는가

이제 성가신 질문으로 넘어가 보자. 이 책은 어떻게 문화가 남성들을 '이용'하는가에 대한 것이다. 문화는 '원하는' 바를 얻기 위해 남성들을 '이용'한다. 하지만 문화는 동물이나 사람과 같은 행위자가 아니라 생각과 관계들로 이루어진 추상적인 제도다. 어떻게 문화가 무언가를 '원할' 수 있는가?

정확히 말하자면 그럴 수 없다. 문화가 이것 또는 저것을 "원한다"라고 말하는 것은 비유적인 표현이다. 그것은 마치 풋볼경기 중에 작전이 공을 받는 사람으로 하여금 적진 깊숙이 침투하고, 공을 잡고, 가능하면 터치다운으로 득점하기를 "원한다"라고 말하는 것과 같다. 경기는 추상적 아이디어이며, 배고픈 개가 고기 조각을 원하듯 무언가를 원하는 것이 아니다. 하지만 문화는 마치 자신이 무언가를 원하는 행위자인 것처럼 군다.

그 원인은 생존과 관련 있다. 문화는 추상적 제도이기 때문에 엄밀히 말하면 시스템 내 사람들의 생존을 위한 것, 예컨대 충분한 물을 확보했는지를 신경 쓰지 않는다. 하지만 사람들에게 물을 공급하는 데 실패한 시스템은 곧 소멸한다. 물이 없는 시스템을 이용한 사람들은 죽거나 혹은 그 시스템을 버리고 그들에게 물을 공급할 다른 시스템으로 대체할 것이다.

문화 간의 경쟁은 문화가 무언가를 원하고 필요로 하는 모습을 강화시킨다. 예컨대 혁신이나 군사적 사기를 장려하는 데 실패한 문화는 천하무적으로 홀로 오랫동안 살아남을 수 있을지 모르지만 혁신과 군사적 성공을 촉진하는 더 좋은 시스템을 가진 경쟁 집단이 나타나면 도태된다.

한 가지 전형적인(그리고 다소 정치적으로 민감한) 질문은 "왜 유럽 문화가 전 세계를 그토록 막강하게 지배하게 되었는가?"이다. 물론 재레드 다이아몬드^{Jared Diamond}가 『총, 균, 쇠^{Guns, germs, and steel}』라는 그의 베스트셀러에서 설명한 대로 동서로 펼쳐진 유리한 지형 등의 이유가 존재하지만 아시아 문화도 정확히 같은 이점을 누렸다. 그렇다면 왜 유럽은 지난 몇 세기에 걸쳐 아시아와 세계를 잠시나마 정복했던 것일까?

하나의 대답은 경쟁 집단과의 근접성 때문에 유럽 문화가 아시아 문화보다 더 많은 혁신을 '원했다'는 것이다. 사학자 윌리엄 H. 맥닐^{William H. McNeill}은 『권력을 찾아서^{The pursuit of power}』라는 그의 대표작에서 이를 분석한 바 있다.

중국은 중앙의 느슨한 통치를 받는 단일 제국으로 자리 잡았다(일본과 인도에서도 비슷한 일들이 일어났다). 국가는 대체로 평화로웠고, 전쟁을 치르지 않았기 때문에 군사혁신에 대한 압력이 없었다. 오히려 군사혁신은 지방단체로 하여금 중앙권력에 저항할 수 있도록 한다는 이유로 저지되었다.

반면 이와 비슷한 시기에 유럽은 서로 끊임없이 분쟁하던 작은 국가들이 한데 모여 있었다. 매번 어느 하나가 전쟁에서 질 때마다 실수를 되돌아보고, 다음번에 군과 무기를 더욱 강하게 만들 방법들을 필사적으로 강구했다. 그동안 군대가 견고하게 운영해 왔던 방법들과는 전혀 다른 새로운 아이디어들, 예컨대 모든 병사들이 발맞추어 행진하도록 훈련시키는 것(네덜란드인), 군 활동에서의 우수성에 근거하여 귀족이 아닌 사람들을 장교 계급으로 승진시키는 것(프랑스인), 심지어 전략과 실행 계획을 세우기 위해 서류 작업을 하는 것(프로이센인)과 같은 아이디어들을 실험했다.

그들은 또한 말이 끌게 하여 전쟁터로 가져올 수 있는 대포와 더 정확하고 빠르게 재장전할 수 있는 소총을 포함한 더 나은 무기를 개발하기 위해 과학과 기술을 사용했다. 요컨대 유럽인들은 서로를 따라잡기 위해 부단히 노력했고, 그 부가적 효과로 세계를 제패하게 된 것이다.

유럽 문화가 더 나은 무기와 전략들을 '원했다'라고 말하는 것은 비현실적이다. 하지만 그들은 마치 그랬던 것처럼 군다. 유럽 문화는 남녀 개개인(대부분은 남성)이 발전을 꾀하도록 고무시킴으로써 문제를 제기하고 보상을 제공했을 뿐 아니라 이웃과 적들의 혁신을 모방했다.

문화가 남성으로 하여금 어떤 일을 하기 '원한다'라는 것은 자연이 무언가를 원한다고 말하는 것과 다를 바 없다. 자연은 실제로 무언가를 원하지 않지만 생존과 번식에 관심이 없는 동물들은 그렇지 않은 이들만큼 잘 생존하고 번식하지 못할 것이며, 결과적으로 모든 동물들은 생존과 번식을 위해 열심히 노력했던 자들의 후손일 것이다.

문화는 무엇을 원하는가

"문화는 무엇을 원하는가?" 앞서 언급했듯이 문화가 무언가를 원한다는 것은 비유적 표현일 뿐이다. 좀 더 정확하게 말하면 "성공적인 문화(살아남고 번영해서 경쟁자들을 물리칠 수 있는 문화)가 구성원들로 하여금 무엇을 성취하도록 장려하는가?"이다. 이를 요약하면 문화가 무언가를 원하는 것이 된다.

여기 문화가 원하는 것에 대한 유용한 목록이 있다. 완벽하지는 않더라도 성공적인 문화에 필요한 것이 무엇인지를 이해하고, 이를 토대로 남성(그리고 여성)의 유용성이 무엇인지 살피기에는 충분하다.

첫째, 문화는 기본적인 물질적 필요를 충족시켜야 한다. 문화는 사람들 집단 속에 존재하는 제도이고, 사람들은 필요와 그 이상의 욕구들을 가진다. 필요와 욕구의 경계는 늘 모호하다. 최근한 설문에서는 사람들에게 다양한 제품을 사치품과 필수품으로구분해 보게 했다. 필수품이 음식, 물, 주거지에 그칠 것이라 생각했을지 몰라도 이제 대다수 미국인들은 케이블 TV와 적어도 한대의 차는 필수품으로 여긴다. 컴퓨터는 제2차 세계대전이 끝날때가 되어서야 존재했고, 1980년대까지 이것을 가진 사람은 아무도 없었다. 그러나 지금 컴퓨터는 대다수 미국인들에게 필수품이다. 인구의 거의 절반이 휴대폰조차 필수품으로 꼽았다.

어떤 경우에든 삶의 기본적인 필요를 제공하는 것은 중요하며, 이는 부의 창출 및 증진에 포괄될 수 있다. 사람들이 가난하게 남아 있는 문화는 잘하고 있지 못하며, 다른 이들로부터 짓밟힐 위험이 있다. 반면 풍족한 문화는 구성원들을 평화롭고 안락하게 살게 하며, 원한다면 이웃을 지배할 수도 있게 한다.

둘째, 이웃을 지배하는 문제는 군사적 힘에 대한 필요로 이어진다. 문화가 홀로 있을 때는 병력이라고 할 만한 것이 크게 필요치 않을지 모른다. 하지만 꺾일 줄 모르는 인구 증가를 고려해 보면, 살기 좋은 장소는 이내 다른 집단의 관심을 끌기 마련이다. 서로 다른 집단이 같은 영역에서 자원을 놓고 경쟁하는 한 집단 간 갈등은 불가피하다. 전쟁은 이러한 갈등을 해결하는 하나의 방법이다. 따라서 성공적인 문화는 대개 효율적인 군사력을 필요로 한다. 문화는 최소한 스스로를 방어할 수 있어야 하기 때문이다. 이를 위해서는 병사와 무기는 물론 정보원, 무기 산업, 새로운 전투 기술의 연구 및 개발, 물류, 전산망 등 훨씬 더 많은 게 필요할 것이다.

셋째, 문화는 안정과 진보를 필요로 한다. 이 둘은 모순처럼 보이지만(같은 자리에 머무는 것 대 변화) 사실 그렇지 않다. 대부분의 사람들은 안정과 진보 둘 다를 원한다. 안정은 평화롭고, 예측 가능하고, 조화로운 내부 사회관계들을 반영한다. 인간의 삶은 변화무쌍하지만 사람들은 그 속에서 안정을 갈망한다. 사람들은 잘 곳이 있고, 입에 풀칠을 할 수 있을 때 더 행복하고 건강하다. 안정을 위해서는 내부의 혼란을 막는 갈등 해결이 필요하다. 앞서 말했듯이 개인 간의 갈등은 사회생활의 일부이며, 문화는 이를 해결하기 위해 법원, 경찰서, 강력한 사회규범과 같은 방안을 마련해야 한다. 즉 문화는 규칙을 따르는 사람들에게 달려 있기 때문에 사람들로 하여금 규칙을 준수하게 만드는 메커니즘을 갖추어야 하는 것이다.

진보는 혁신을 의미한다. 문화가 발전해 나가는 경쟁자를 가지고 있지 않다면 혁신은 굳이 필요치 않다. 혁신은 병력을 증강하고, 부를 증진시키거나, 소소하게나마 삶을 나아지게 만들 수 있다. 예컨대 라디오나 아이팟을 발명해야 할 절대적 필요는 없었지만 많은 사람들이 그 발명품들로 인해 더 행복해졌다.

마지막으로 문화는 인구 증가를 필요로 한다. 이 주장이 많은 논란을 야기할 수 있으며, 보편적이지는 않다는 것을 인정한다. 유목민이나 수렵·채집인 문화는 환경이 감당할 수 있는 범위 이상으로 인구가 증가하지 않게 하느라 애썼을 것이다. 다시 말해 그들은 그 정도의 사람들만을 부양할 수 있는 틈새에서 살았고, 너무 많은 아이를 낳지 않도록 주의해야 했다. 경우에 따라서는 인구수를 줄이기 위해 유아 살해와 같은 극단적인 방법들을 써야 했다. 하지만 농업의 발달로 더 많은 식량 생산이 가능해지자 인구 억제의 필요도 줄어들었다. 그렇다고 인구 증가가 더 바람직했다는 뜻은 아니다. 대부분의 학자들은 농업이 인구를 극적으로 증가시켰다는 데 동의함에도 불구하고 말이다(비록 흉작과 같은 주기적인 기근의 대가를 치러야 했지만).

인구 증가의 시급한 필요성은 사실 집단들 간의 경쟁에서 비롯된다. 열광적인 지지를 받기는 어려운 관점이지만 많은 역사 속 커다란 문화적 충돌은 누가 더 많은 사람을 보유했는지에 따라

(결정까지는 아니더라도) 형성되었다.

'더 많은 사람'의 가장 명백한 이득은 군사경쟁에 있다. 내가 '명백한'이라고 말하는 데 다소 주저하는 이유는 어쩌면 과거에 비해 이것이 현대인들에게는 덜 명백할지도 모르기 때문이다. 현대기술은 실로 엄청난 차이를 만들어낼 수 있다. 상대적으로 수가 적은 미군들이 우월한 무기를 앞세워 이라크군을 물리치는 것을 보지 않았는가? 무기의 심각한 불균형은 소규모 집단으로 하여금 훨씬 큰 집단을 이길 수 있게 하는 것이 사실이다.

그러나 대부분의 역사에서 전쟁이란 창 같은 간단한 무기를 이용한 백병전, 즉 정면 대결을 의미했다. 창 전투에서는 대체로 더 많은 병사를 가진 쪽이 승리했다. 이는 영화 속에서 작은 무리가 뛰어난 전략과 영웅적인 전투를 통해 압도적인 규모의 적을 이기는 모습과는 다르다. 이 점에 관해서는 영화를 믿으면 안 된다. 창을 든 50명의 남성들이 창을 든 100명의 남성들과 맞서 싸운다면 결과는 안 봐도 뻔하다.

따라서 대부분의 역사와 선사시대를 통틀어 전쟁터에서의 집단 간 충돌은 비교적 간단했다. 힘이 곧 정의를 만들었으며, 그 힘은 바로 숫자에서 나왔다.

인구 증가는 또 다른 이점을 가진다. 더 많은 사람은 더 큰 시스템, 세분화되고 효율적일 가능성이 높은 시스템을 의미한다. 더 많은 사람은 민주주의에서는 더 많은 표결을, 경제 운영에 있어서는 더 많은 부를 의미할 수 있다. 앞서 설명했듯이 문화는 정보의 공유에 근거하는데, 더 많은 사람을 보유한다는 것은 이 공동 지식의 축적에 더 많은 기여가 가능해진다는 뜻이다.

세계역사의 흐름은 부분적으로 종교적 충돌에 의해 형성되었으며, 거기에서도 숫자가 영향을 미쳤다. 일찍이 유대교는 상당한 규모의 사람들로 구성된 국교였던 반면 기독교는 그로부터 갈라져 나온 아주 작은 신흥 종파였다. 기독교인들은 수적 열세가 그들을 취약하게 만든다는 것을 알았고, 실제로 유대교 세력은 기독교인들의 본거지에서 그들을 점령할 수 있었다. 기독교 지도자들은 밖으로 눈을 돌리기로 결심하고 사람들을 개종시키고자 노력했다. 그동안 유대교 지도자들은 선택받은 사람들이라는 그들의 교리를 지키며 외부인들을 유대교로 개종시키려는 노력을 하지 않았고, 어떤 면에서는 오히려 이를 적극적으로 막았다. 몇 세기 안에 약간의 행운에 힘입어 기독교인들은 유대교인들보다 많아졌고, 우위에 서게 되는 발판을 마련했다. 수세기 동안 괴롭히고, 박해하고, 때때로 수적으로 우세한 유대인들을 대학살할 수 있는 우위를 점하게 된 것이다.

또다시 주목할 점은 그 어떤 누구도 수적 우위가 타 종교를 박해할 권리를 부여한다고 말한 적은 없다는 것이다. 갈등들은 언제나 관념, 교리, 신의 은총으로 표현되었다. 수적으로 우세했을 때 유대교인들은 기독교인들을 이단의 일탈적 신도들 무리라고 헐뜯었다. 기독교인들이 수적 우위를 점했을 때 그들은 종교적 진리와 다른 추상적 개념들을 명목으로 유대교인들을 괴롭혔다. 그러나 두 경우 모두 수적 우세가 이 모든 것을 가능케 했고, 또 정당화시켰다.

물론 기독교에는 많은 종파가 존재한다. 눈에 띄는 하나는 셰이커교도들이었다. 그들은 유난히 평화적이고 어질어서 개종자들을 끌어들였다. 그들이 표방하는 선善에는 섹스를 완전히 삼가는 것이 포함되며, 이는 초기 기독교 정신 및 성서 일부와 일치한다(물론 금욕은 여전히 모든 가톨릭 수녀 및 신부들에게 요구되는 이상이다). 하지만 셰이커교도들은 점차 역사의 현장에서 사라졌다. 왜 그런지 아는가? 섹스가 없으면 자녀도 없다. 그리고 어떤 종교도 계속해서 새로운 개종자들을 유입하는 것만으로는 살아남을 수 없다.

이와 대조적으로 가장 성공적으로 계속 성장하고 있는 신흥 종교 중 하나는 모르몬교로도 알려져 있는 말일성도교회다. 셰이커교도들과 달리 이들은 섹스를 바람직하다고 여겼으며 이는 다분히 친-가족, 친-자녀적이다(지금은 아니지만 그들은 심지어 잠시 동안 일부다처제를 옹호하기도 했다). 그들의 종교운동이 성공한 결정적 이유는 그 수가 지속적으로 증가해 온 데 있다.

경쟁 이외에도 인구 증가는 내재적 이득을 주며, 이는 특히 현대사회에 적용된다. 젊은이들은 일자리를 위해 경쟁하고, 그들의 일자리가 벌어들이는 돈은 노인 부양을 포함한 사회정책을 위해 사용될 수 있다.

현재 중국의 인구는 점차 감소하고 있으며(이 수치는 다소 모호하다. 단지 변동이 없는 상태일 가능성이 있다), 몇몇 유럽 국가들도 이와 유사하게 인구가 감소할 전망이다. 나는 인구 과잉이 미래 지구의 최대 위협 요인이라고 믿기 때문에 이러한 추세가 반갑다. 하지만 경제학자들은 인구 감소를 회의적으로 보고 있으며, 특히 사람들이 대개 60 혹은 65세에 은퇴하고 85 혹은 90세까지 살기 때문에 이 국가들이 은퇴한 많은 사람들을 부양하는 데 어려움을 겪을 것이라고 정확하게 지적한다. 은퇴자가 노동자보다 많아지면 노동자의 부담은 상당히 커지며, 이들은 자신이 버는 돈을 훨씬 적게 가지게 될 것이다.

이 모든 이유들로 인해 대부분의 문화는 인구를 그대로 유지하거나 오히려 증가시키려고 한다. 방법은 매우 다양하다. 자녀를 낳고 산아제한을 삼가도록 하는 종교의 계명들이 있으며, 자녀를 가진 사람들에게 주어지는 세금 혜택들도 있다. 일부 국가들은 자녀가 있는 부모와 가족들에게 많은 돈을 지급한다. 대가족의 부모는 특별한 존경과 선망을 받는다. 자녀 없이 지내기를 선택한 성인들은 그들의 생각을 바꾸려는 부모들의 은근한 압박을 빈번하게 받게 된다.

요약하며

문화는 사람들 집단이 함께 살아가기 위해 사용하는 시스템이다. 문화는 생물학적 전략, 다시 말해 사람들 집단이 생존과 번식의 향상을 위해 추구했던 방식이다. 문화는 다른 시스템을 상대로 경쟁한다.

성공한 문화는 특정한 것들을 촉진시킨다. 여기에는 지식의 축적, 시스템의 효율적이고 효과적인 발전(전문가들이 숙련되게 주요 업무들을 수행하는 노동분업과 같은)에 부분적으로 기초한 진보가 포함된다. 문화는 혁신, 부의 창출, 군사적 효율성, 인구 증가를 촉진하는 한 이웃과의 경쟁에서 성공한다.

문화는 많은 다양한 사람들의 행동을 함께 묶어주는 시스템에 기반한다. 집단이 커질수록 시스템은 강력해지며, 사람들이 필요로 하는 것들을 더 잘 제공할 수 있다. 그러므로 문화는 집단이 클 때 가장 잘 번영한다. 원칙적으로 집단의 구성원들은 남성일 수도 여성일 수도 있다. 문화는 이론적으로 성 중립적이다. 하지만 실제로 여성은 시스템의 혜택을 누릴 한정된 기회만을 제공해주는 친밀한 일대일 관계에 끌리며, 남성은 여성보다 더 큰 집단을 지향하는 경향을 띤다. 따라서 문화는 여성집단보다는 남성집단에서 형성되는 경향이 있다.

7

여성과 남성 그리고 문화
불평등의 뿌리

남녀가 완전히 동등한 사회는 지구상에 존재하지 않는다. 세계 모든 국가에서 남성의 지위는 여성보다 높다. 어떤 사회에서는 이 차이가 작아서 평등에 가까워지고 있는 반면, 다른 사회에서는 여성이 남성에 비해 심한 불이익을 받고 있다. 어쨌든 항상 여성의 지위가 더 낮다. 이 불균형은 현재뿐 아니라 모든 역사적 자료에서도 나타난다.

왜 그럴까? 이에 대해서는 두 가지 설명이 지배적이다. 먼저 오랜 고전적 설명은 사회적 역할이 남성의 타고난 우월성에 근거한다는 것이다. 여성은 선천적으로 남성보다 부족한 존재로 여겨졌고, 자연히 사회에서 낮은 지위에 머무르게 되었다는 관점이다.

즉 자연스러운 현상이라는 것이다.

페미니스트 이론들은 여성의 열등함에 대한 어떤 언급도 거부하며 이에 반박했다. 대신 여성에 대한 음모를 꾸미는 남성들에게 혐의를 씌웠다. 남성이 여성을 억누르기 위해 한데 뭉쳤다는 것이다. 가상 페미니스트들은 성 불평등의 기원에 대한 어떤 질문에도 빠르게 대답할 준비가 되어 있다. 바로 '억압'이라고 말이다.

여성이 열등하고 경쟁력이 떨어진다는 첫 번째 이론은 잘못되었음이 밝혀지고 있다. 두 번째 이론은 증명할 방법이 없다. 그렇기 때문에 첫 번째 이론에 비해서는 반박되는 증거도 찾기 어렵다. 두 번째 이론의 유일의 장점은 여성이 열등하다는 이론이 기각된 상황에서 유일하게 남아 있는 '또 다른' 이론이라는 점이다. 이제 새로운 이론이 필요하다. 이번 장에서는 그것을 제시하고자 한다.

어떻게 여기까지 오게 되었는가

다음에 제시되는 내용들은 대부분의 학자늘이 동의한다고 여겨지는 사실들이다.

선사시대 인간의 집단은 수렵과 채집을 하는 사람들로 이루어져 있었다. 이 소규모 집단은 소박하고 평화롭지만 그다지 안정적이지 못한 삶을 영위했다. 대체로 남성들은 짐승을 사냥했고, 여성들은 견과류나 과일 같은 식량을 채집했다. 즉 남녀는 서로 다른 생산활동 영역을 담당하고 있었으며, 그들의 지위는 크게 다르지 않았다.

지위란 당신이 집단의 안녕에 얼마나 공헌했는지에 따라 정해지는 경향이 있다. 남성의 기여도는 여성과 거의 동일했다. 여성이 구해 온 음식은 양이 적었지만 대부분 안정적으로 공급되었으며, 이는 많은 필수 열량을 제공했다. 남성은 가끔 큰 동물을 사냥해 와서 잔치를 벌이기도 했지만 대부분의 날들은 빈손으로 돌아왔다. 연구자들이 총식량에 대한 남녀의 기여도를 계산해 본 결과 열량과 같은 영양학적 차원의 기준에서 남성의 기여도가 좀 더 높긴 했지만 차이는 미미했다. 여성이 제공하는 식량의 공급 안정성은 낮은 열량을 상쇄시켰다. 매일 끼니를 해결할 수 있다는 건 중요하기 때문이다. 게다가 남성은 여성보다 체구가 커서 더 많이 먹기 때문에 그만큼 더 많은 열량을 제공하는 것이 순리에 맞는 것이었다.

따라서 남녀 모두 집단에 식량을 제공하는 데 기여했다. 남성과 여성은 정도의 차이는 있지만 동등한 파트너였다. 그들 중 누구도 과도한 업무에 시달리지 않았다(하루 세 시간 정도 일하는 것이 일반적이었다). 식량을 채집했던 여성들은 집 근처에 머물며 아이들을 돌보았고, 남성들은 더 먼 곳으로 돌아다녔다.

일부 유목민들은 가축도 키웠다. 남성들은 대체로 사냥꾼과 자칭 가축 전문가로서 가축 떼를 책임졌다. 유목민들은 여기저기로 이동하면서 가축들이 풀을 뜯을 수 있게 했다.

농작물을 재배하기 시작하면서 중요한 국면에 접어들었다. 여러 곳으로 이동하며 천막생활을 하는 유목민의 생활은 1년 내내 한곳에 정주하는 방식으로 바뀌었다. 농업의 시작으로 노동량이 많아지기는 했지만 식량 공급이 극적으로 증가하였으며, 이와 더불어 인구도 늘어나기 시작했다. 문화 또한 땅의 소유권과 같이 다양한 방면으로 발전했다. 유목민과 사냥·채집꾼들은 가축 떼와 약간의 소지품 외에는 땅도 그 외의 것도 소유한 게 없었다.

이 시점에서 남녀 간 지위의 격차가 벌어지기 시작했다. 남성들은 재산의 소유주이자 농장의 주인이 되었다. 여성들은 여전히 중요한 공헌을 하고 있었으며, 실로 이들 없이 성공적으로 농장을 꾸린다는 것은 거의 불가능한 일이었다. 그러나 이제 여성의 지위는 분명 남성보다 낮아졌다. 즉 농경사회에서 남녀는 각자의 영역에서 서로 분리된 일을 하게 되었다. 모두가 중요한 일들임에는 틀림없었지만 남성의 일과 역할은 여성보다 더 높게 인식되기 시작했다.

농경사회의 시작에서부터 수세기의 역사를 지나오기까지 남성과 여성은 다른 삶의 궤적을 그려왔고, 여성의 영역은 덜 중요하거나 낮은 것으로 (남녀 모두에게서) 인식되었다. 남녀의 불평등은 사회조직이 갖는 본질적 특성이 되었다. 급기야 남성의 지위가 여성보다 높다는 것은 당연한 사실이 되었지만 남녀의 가치에 대한 의문은 없었다. 미국 식민지 시대나 초기의 유럽 근대사회에서 남녀 각자의 역할은 생존에 필수적이었다. 각 가구에는 남성과 여성이 모두 필요했다.

결국 18세기 유럽 계몽주의 시대 이후(1700년대 미국 독립혁명이 일어났던 시기를 전후해서), 여성들은 점차 남녀 간 불평등이 줄어들어야 한다고 요구하기 시작했다. 이 시기에 사회는 대학, 공장, 은행, 교회 등 복잡하고 다양한 사회기관들로 구성되어 있었다. 그리고 많은 중요 보직이 남성들로만 채워져 있었다.

곧이어 사회기관들이 남성과 여성을 더욱 동등하게 대우해야 한다는 주장들이 등장하기 시작했다. 여성운동은 한동안 투표권에 초점을 두고 진행되었다. 이런 기관들의 책임을 맡은 남성들은 점차 여성이 그럴 만한 자격이 있다는 데 동의하기 시작했다. 남성 유권자들은 여성의 선거권을 위해 투표하기 시작했고, 여타 다른 권리들도 이어졌다.

여성을 낮은 지위로 격하시킨 것은 어느 정도는 고정관념 때문이었다. 그 당시 대부분(모두는 아니지만)의 지식인 남녀는 여성이 (남성에 비해) 사회의 온갖 힘든 일들을 감당하기에는 역부족이라고 믿었다. 광산에서 일하는 것부터 과학적 연구를 하고 정부를 이끌어 가는 등의 일에 이르기까지 여성의 능력이 남성보다 부족하다고 믿었다. 그렇지만 이후 연구들은 여성이 선천적으로 남성에 비해 경쟁력이 떨어진다는 고정관념이 틀린 것임을 보여주었다.

20세기에 들어서도 여성들은 더 나은 대우를 위한 캠페인을 지속했다. 처음엔 여성이 남성과 동등한 권리를 가진다는 것을 보장하는 법안들이 통과되더니, 그 후 일부는 여성에게 우선적인 대우를 보장하기도 했다. 초기 여성운동가들은 여성이 남성과 나란히 일하고 경쟁할 수 있는 권리를 지향했지만 보다 최근의 일부 여성들은 사회기관들이 여성에게 특혜를 줄 것을 요구하기도 한다.

궁극적으로 많은 여성들은 결국 남녀의 영역 분리가 끝나길 원했다. 그들은 남성 영역의 기관들에서 동등한 파트너가 되고, 남성이 여성의 영역에 들어와 집안일과 육아를 동등하게 책임지기를 원했다. 21세기에 들어서면서 우리가 분명히 목격하는 변화다. 남녀 영역의 융합은 아직 완벽하지는 않지만 꽤 진전이 있었다. 남성들은 예전에 비해 (여성의 영역이었던) 집안일을 훨씬 더 많이 하고 있으며, 여성들은 (남성의 영역이었던) 주요 사회기관에서 활발하게 활동하고 있다.

상투적인 설명

이러한 일련의 사건들에 대한 통상적인 설명은 남성들이 단결하여 여성을 이용하고 억압한다는 것이다. 어쩌면 남녀가 평등했던 선사시대 어느 시점에서 여성을 억압하기 위한 남성들의 음모가 있었을지 모른다. 이러한 음모를 뒷받침하는 역사적 기록은 물론 없다. 남성들이 역사적 흔적을 지웠다고 가상 페미니스트들은 말할지 모르지만 전 세계적으로 항상 이런 역사 왜곡이 일어난다는 것은 비현실적인 이야기다.

　이러한 사회적 통념은 여성들이 서서히 자유를 되찾고 있지만 남성들은 아직도 유리천장과 같은 여성 적대적이고 가부장적인 억압을 유지하려 한다고 말한다. 이런 음모를 지지하는 증거는 거의 없다. 가상 페미니스트들은 사람들로 하여금 결과론적 해석을 하도록 만든다. 즉 고위 임원 중 여성이 상대적으로 적은 숫자를 차지하는 것은 남성들이 음모와 계략을 꾸미고 있기 때문이라고 설명하는 식이다. 혹은 여성이 남성보다 돈을 더 적게 버는 것이 여성에 대한 불공정한 차별의 증거라는 것이다. 여성이 열등하다는 고정관념조차도 남성들이 여성의 고용이나 승진을 정당하게 막기 위해 만들어낸 유언비어라고 말한다.

성역할 논쟁을 넘어서

여성에 대한 남성의 음모론 이야기는 이제 그만하고 다른 설명을 생각해 보도록 하자. 그리고 남녀가 서로의 적이라는 가정에서도 벗어나자. 계속 말해 왔듯이 나는 이 가정이 틀렸다고 생각한다. 남성과 여성은 대부분 서로를 좋아하고, 서로 도우며 잘 지낸다고 생각한다. 특히 남성은 여성을 적으로 보지 않는다. 인류역사를 통틀어 남성들이 함께 뭉치는 것은 대개 다른 남성집단에 맞서기 위한 것이었다.

선사시대의 시작점

자, 이제 사냥과 채집을 하며 살았던 선사시대의 삶으로 다시 돌아가 보자. 남녀가 각기 분리된 영역을 담당했지만 거의 비슷한 지위와 존중을 받았던 시절로 말이다. 다시 말하지만 분리된 영역에 있던 사람들은 적이 아니라 동반자이자 협력자였다. 남성은 여성에게 다양한 방법으로 식량을 제공했으며, 여성은 남성과 다음 세대를 이끌어 갈 아이들을 돌보았다.

각자의 영역에서 남성은 남성들과의 관계를 형성했고, 여성은 여성들과의 관계를 만들어 갔다. 5장에서 논했듯이 이들은 각자의 성향에 따라 다른 방식으로 관계를 만들어 나갔다. 이처럼 다른 상호작용 방식은 집단 속에서 서로를 대하는 모습에 잘 드러난다. 여성은 애정 어린 사랑과 구체적 도움을 주며, 남성과 아이들과의 관계를 돈독하게 유지했다. 남성은 혼자서는 할 수 없는 일(가령 큰 짐승 사냥 같은)을 해내기 위해 큰 집단에 가담했고, 이러한 남성적인 그룹활동에서 얻어진 수확은 여성에게도 나누어졌다.

여성들의 삶은 일대일의 가깝고, 친밀하며, 지지적인 관계를 기반으로 만들어졌다. 반대로 남성들의 삶은 더 넓지만 얕은 관계들의 집합체로 이루어졌다. 당연히 남성들도 일대일의 가까운 친구관계를 형성하기는 하지만 이들의 사회생활에는 큰 집단이 훨씬 더 중요하고 핵심적이었다.

게다가 인간은 문화를 만드는 데 적합한 심리기제를 가졌다. 이들은 자연스럽게 정보를 공유하고, 지식을 축적하며, 각자 전문화된 일을 수행한다. 문화는 개인이 아닌 집단에서 발생하고 존재한다. 따라서 문화는 사회적 관계들로 형성된 집단에서 서서히 발전할 것이며, 그 속의 여러 관계들은 체계적인 시스템에서 얻어지는 혜택들을 누리기 시작할 것이다.

하지만 가까운 두 사람만으로 이루어진 관계에서 일어날 수 있는 문화적 발전은 한계가 있다. 2명으로 이루어진 집단(한 쌍)은 시스템의 혜택들을 활용하기에는 규모가 너무 작다. 두 사람은 정보를 공유하겠지만 큰 집단에 비해 지식 축적의 속도는 훨씬 느릴 것이다. 바로 그 이유 때문에 인류문화는 대부분 남성의 영역에서 출현했다. 여성 영역의 관계들은 건강과 복지 그리고 인류가 지속되는 데 매우 중요하다. 양육과 사회적 지지 차원에서는 이런 여성의 관계방식이 남성의 것보다 더 적합했고, 지금도 그렇다. 다만 문화창조는 남성의 영역에서 나타나는 특성들과 더 잘 맞았던 것이다.

큰 규모의 집단(두 사람의 관계와 비교했을 때)은 더 많은 정보와 지식을 축적할 수 있었으며, 훨씬 광범위한 노동분업과 전문화가 이루어졌다. 때로는 친근하고 때로는 잔인한 경쟁을 통해 새롭고 다양한 생각들을 시도할 수 있었고, 승자가 누구든 이 같은 경쟁은 집단 전체에 이득을 가져왔다. 경쟁의 패자들은 다양한 희생과 대가, 박탈감을 겪었다. 그러나 더 중요한 것은 집단의 나머지 구성원들이 승자의 성공적인 전략은 모방했지만 패자들의 접근이나 전략은 버렸다는 점이다. 남성들의 경쟁은 이러한 과정을 거치며 집단의 발전에 기여하게 되었다. 여성의 영역에서는 이런 처참한 결과가 생겨나지 않았기에 살기에는 더 편안했다. 하지만 패자가 없다는 것은 분명한 승자도 없다는 뜻이며, 이런 경우 발전도 더디게 일어나기 마련이다.

어쩌면 바로 이런 점 때문에 오늘날 많은 여성들이 스포츠를 '제대로' 이해하지 못할 가능성이 있다. 대부분의 여성은 스포츠에 큰 관심이 없을 뿐 아니라 거기에 광분하는 남성들의 심리를 이해하지 못한다. 여성들은 누가 어떤 것을 더 잘하는지를 증명하는 행위가 왜 그렇게까지 중요한지 이해하지 못한다. 여성의 입장에서는 장대높이뛰기나 커브볼을 던지는 것 같은 행위는 아무런 실용적 혹은 생물학적 가치가 없는, 쓸모없는 짓들이기 때문이다. 하지만 바로 그 점(누가 더 잘하는지 증명하는 것)이 남성들이 느끼는 스포츠의 매력이다. 이것이 남성의 사회생활, 즉 큰 집단의 특성과 비슷하기 때문이다. 여성들은 큰 집단에서 상호작용하지 않기 때문에 이런 류의 경쟁에 익숙하지 않다. 심지어 약간 바보스럽다고도 생각한다.

나는 스포츠에 대한 남녀의 관심 차이가 게임을 보거나 즐기는 것 자체에 있는 게 아니라(여기에서도 약간의 차이가 있을지 모르지만) 스코어를 확인하는 데 있다고 늘 생각해 왔다. 당신은 보지 못한 경기의 최종 점수를 알아내기 위해 얼마나 자주 노력하는가? 분명 남성이 여성보다 훨씬 자주 그럴 것이라 확신한다. 최종 점수는 어느 쪽이 더 우월한지를 보여주는 하나의 증거이기 때문에 이는 남성들에게 중요하다. 남성의 심리는 한 집단이 다른 집단을 앞지르고 지배하는 집단 간 경쟁에 맞추어져 있다.

남녀 불평등의 기초

남녀 불평등의 기초는 문화라는 것이 남성의 영역에서 출현한 데 있다. 문명이 발전할수록 남성은 여성보다 높은 지위를 가지게 되었다. 이것은 여성이 남성보다 선천적 열등함을 가지기 때문이 아니며, 여성을 속이거나 억압하려는 남성들의 음모 때문도 아니다. 남성이 높은 지위를 얻게 된 것은 부와 지식, 권력이 그들의 영역에서 만들어졌기 때문이다.

　남성 영역의 큰 집단은 점차적으로 (그리고 종종 고통스럽게) 다양한 영역의 발전을 가져다주었다. 남성들은 예술과 문학, 종교, 철학, 과학, 군사조직, 무역과 경제관계, 기술, 정치구조와 정부, 그리고 나머지들을 창조했다. 이러한 영역들은 일반적으로 유대감이 약한 사회관계들로 이루어진 큰 집단으로부터 생긴 이점들을 이용했다. 반면 하나의 쌍으로 이루어진 친밀한 유대관계에는 그다지 의존하지 않았다.

선사시대와 유목 부족에서 현대의 정착 사회로 이동하는 과정에서 기업과 대학, 은행, 병원, 시장, 정부, 경찰, 의료 서비스와 같은 거대한 사회구조들이 생겨났다. 일반적으로 이런 기관들 역시 남성들에 의해 만들어졌다.

이는 더욱 중대한 결과를 가져왔다. 이 기관들은 부와 지식, 권력을 만들어내고 축적했기 때문에 결국 부와 지식, 권력이 모두 남성의 영역에서 만들어졌다고 볼 수 있다.

문화가 진보하면서 여성의 지위가 점차 낮아졌다는 것이 사회적 통념이다. 문제가 좀 있는 시각이다. 지위란 절대적이기보다는 상대적인 개념이다. 이미 언급했듯이 현대 여성들이 초기 원시시대의 여성들보다 훨씬 잘살고 있다. 단지 남성과 비교했을 때 지위가 낮은 것뿐이다. 이처럼 지위를 상대적으로 해석하면 우리는 이 현상을 다른 각도에서 바라볼 수 있다. 어쩌면 여성들은 남성들이 앞서 나가는 동안 비슷한 자리에 계속 머물러 있었던 것인지도 모른다.

문화 발전의 측면에서 부와 지식, 권력은 굉장히 중요하다. 이 세 가지 요소들이 주로 남성의 영역에서 만들어졌다는 점을 고려해 볼 때 여성의 영역에서 이를 따라잡기는 어려웠을 것이다. 필연적으로 여성들이 뒤처지는 경향이 나타나게 된다. 그러나 이것이 여성이 남성보다 못하다거나 남성들에 의해 떠밀렸음을 뜻하는 것은 아니다. 그보다는 단순히 여성이 남성 영역에서의 발전을 따라잡는 데 실패했기 때문이라고 볼 수 있다.

그들은 그 발전들을 따라잡으려 그렇게 노력하지도 않았다. 남성은 문화활동의 성과를 여성과 나눌 마음도 있었지만 보다 자연스러운 순리대로 자기들끼리 이득을 나누어 가졌다. 부와 지식, 권력의 통제는 남성의 지위를 높여주었으며 이것이 남녀의 위치에 큰 변화를 가져오게 되었다. 분명 여성 영역에서도 어느 정도 문화활동이 이루어졌다. 극단적인 결론은 자제하는 것이 좋다. 여성들도 분명 몇몇 특정 영역(가령 요리나 건강, 민간요법)의 지식을 모으고 발전시켰다. 가상 페미니스트들은 커다란 퀼트를 만드는 데 여성들이 집단적이고 창조적으로 일했다는 점을 상기시킨다. 하지만 이러한 개선은 많지 않은데다 제한적이어서 장기적으로 봤을 때는 남성들이 이룬 발전이 훨씬 많다.

거대한 사회기관들의 형성이라는 부분에서 남녀 간의 차이는 좀 더 극명하게 나타난다. 남성들은 군대와 교회, 기업, 노조, 정부를 형성한 반면 여성들은 이런 큰 집단들을 만들지 않았다. 훨씬 나중에 여성들도 몇몇 큰 집단을 만들기 시작했지만 이는 대부분 남성들이 만들어낸 집단들로부터 자신들을 보호하기 위한 목적으로 만들어졌다. 여성의 집단은 본질적으로 남성이 만들어낸 것들에 대한 반응이었다. 이와 달리 남성들은 주도적으로 집단을 만들었다.

이런 주제를 논하는 것은 사람들을 민감하고 불쾌하게 만들기 쉽다. 가치판단은 잠시 접어두는 것이 최선이겠지만 불가피하다면 몇 가지 점들을 말하고자 한다. 여성의 영역은 삶의 필수품들을 제공한 반면 남성의 영역은 문화를 포함한 선택적인 것들을 제공했다. 만약 누가 더 중요한 일을 했는지 굳이 따진다면 여성이다. 다음 세대를 양육하는 애정 어린 보살핌이 없었다면 조그만 부족도, 인류도 지속되지 못했을 것이다. 반면 남성들은 문화를 창조했기 때문에 문화의 관점에서는 남성의 활동이 더 많은 주목과 인정을 받게 된다. 따라서 남성들에 의해 빚어진 문화 안에서 권위나 가치를 판단하는 잣대는 여성에게는 다소 불공평하게 적용되기 마련이다. 그러나 어쨌든 이는 벌어진 일이며, 일부 여성들은 스스로를 사회적 약자로 느끼기 시작했다.

출산 조정하기

남녀 간 극적이고 흥미로운 대조를 나타내는 한 가지는 바로 출산이다. 출산만큼 여성스러운 것이 어디 있겠는가? 출산 과정은 늘 여성의 삶에서 중요하게 여겨졌고, 남녀의 사회영역이 분리되어 있던 수천 년 동안 출산은 분명 여성의 영역에 있었다. 많은 경우 남성들은 여기에서 완벽하게 배제된다. 그들은 환영받지도, 심지어 출산 과정에 함께하는 것도 대개 허락되지 않는다. 출산 과정에 대한 모든 정보와 지식은 여성들에게만 보존되었다.

그런데 무언가 흥미로운 일이 발생했다. 오랜 시간이 흐른 뒤 점차 남성들도 출산 과정을 접할 수 있게 되자 남성들은 여러 정보를 모으고 서로 다른 이론들을 실험해 보는 그들의 전형적인 모습을 출산에도 적용하기 시작했다. 그 결과 안전하게 출산하는 방법을 찾아냈다. 남성 의료진들이 출산 과정을 변화시킨 덕분에 죽을 수도 있었던 많은 산모와 아기들이 생존했다. 의학·세균·진통제·몸의 작동에 대한 이론들을 발전시키고, 여성과 아기들을 위해 보다 안전하고, 덜 고통스러우며, 덜 위험한 출산 방법을 알아낸 것은 주로 남성들이었다. 실로 이러한 의학적 향상은 출산에 대한 정보를 여성만 가지고 있었던 지난 수천 년 동안과 비교했을 때 상대적으로 빨리 이루어졌다고 볼 수 있다.

어린아이들의 건강도 이와 비슷하다. 수세기 동안 여성들은 후손을 돌봐왔으며, 이는 대부분의 여성들에게 언제나 제일 중요한 부분이었다. 안타까운 사실은 매우 많은 수의 유아가 사망했다는 점이다. 유아 사망률이 놀라운 수준으로 감소될 수 있었던 것은 남성들에 의한 연구 발전 때문이었다.

1700년대 사람들은 일상적으로 자녀 중 몇몇은 다섯 살 이전에 죽을 수도 있다고 생각했다. 여성들은 이런 문제를 해결할 만큼 충분한 지적 수준을 가지고 있었지만 해결안을 찾지 못한 반면 남성들 영역에서 이루어진 의학적 발전은 결국 이를 해결했다. 오늘날 적어도 서구 국가들에서 유아 사망은 거의 일어나지 않는 비극이다.

이런 방식으로 일이 진행된다. 여성들이 선호하는 관계는 인류에게 몹시 중요하며, 모든 것을 고려했을 때 남성들이 만들어내는 관계보다 만족스럽다. 하지만 내가 트레이드오프에 대해 언급했던 것을 떠올려 보라. 각각의 이점은 다른 것으로 상쇄되는 경향이 있다. 여성의 관계에서 높은 친밀감과 혜택을 제공하는 특성들이 문화라는 것을 발전시키기에는 적절하지 못한 요인이 될 수 있다. 남성의 관계, 즉 서로 협력 혹은 대항하고, 경쟁하고, 분투하며 경쟁자들을 물리치는 데 도움이 되는 혁신을 실험하는 큰 집단의 역동성이 문화의 진보를 이끌었다.

심지어 미국 식민지 시대에도 출산 중 사망률이 심각했다. 분만에 들어가기 전 여성은 관례적으로 두 가지 준비를 했다. 하나는 아이를 맞을 준비이고, 다른 하나는 자신의 죽음에 대한 준비였다. 아이를 낳을 준비를 할 때 그녀는 자신이 죽을 확률도 꽤 있다는 것을 알고 있었다(역사학자 에드윈 쇼터Edwin Shorter에 의하면, 산모 사망률은 1.4% 정도였다. 이는 70명의 아이가 태어날 때마다 산모 중 한 명 이상이 사망했음을 의미하며, 심지어 1800년대까지도 그랬다. 그리고 대부분의 여성은 여러 번의 출산을 경험한다). 가족들은 산모의 죽음에 대비해 그 시대 가정에서 아내 혹은 어머니에게 의지하던 일들, 즉 누가 내일 저녁식사를 준비하고 옷을 수선하는지 등에 대한 준비가 되어 있어야 했다.

늘 그렇듯이 우리는 남녀 모두에게 공정하고자 노력해야 한다. 여성들은 소규모 집단 및 인류 전체가 생존하기 충분한 아기를 낳고 양육하는 일을 담당했으며, 이 중대한 역할을 성공적으로 해왔다. 대부분의 출산은 성공적이었으며, 남성들은 단지 잘 돌아가고 있던 출산 과정을 개선했을 뿐이다.

하지만 남성이 철저하게 여성의 영역에 속해 있던 활동을 개선했다는 점은 인상적이다. 이는 남성과 그들이 일하는 방식의 강점을 보여준다. 남성은 그들의 큰 집단과 관계망을 통해 의학적 지식을 발전시켜왔다. 그리고 개개인들은 성공을 위해 다른 남성들과 경쟁하고, 얕은 관계로 구성된 넓은 네트워크를 통해 정보를 모으며, 문제를 해결하기 위한 지식의 축적을 일궈냈다. 인류라는 종의 관점에서 남성의 업적이 필수적인 것은 아니었을지 모르지만 이는 죽지 않고 목숨을 건진 모든 산모와 아기들에게는 실로 엄청난 의미가 있다.

나는 이 출산 사례를 좋아하는데, 이는 남녀가 서로를 적으로 본다는 발상과 전혀 관련이 없기 때문이다. 오히려 어떻게 남성과 여성이 서로에게 의지하고 서로를 위해 일하는지를 보여준다. 더 중요한 점은 이 예가 예상치 못한 곳에서 남성 네트워크의 가치를 보여준다는 것이다. 여성들은 수천 년 동안 출산에 대한 모든 정보와 지식을 가지고 있었다. 그러나 남성들이 그 출산 과정에 참여할 수 있게 되었을 때 이들은 중요한 보탬을 할 수 있었다.

다시 말하지만 출산과 관련된 발전들은 남녀 간의 능력이나 지적 수준 혹은 관심사의 차이를 보여주는 것이 아니다. 남녀가 만들어낸 다른 종류의 관계 형태가 작동하는 모습을 보여준다. 여성이 출산에 대한 정보를 독점하고 있었을 때 그들은 일대일 연락과 관계를 통해 이를 전달했다. 어머니에서 딸로, 산파에게서 산모 혹은 산파가 되려는 다른 여성에게 전달되었다. 앞에서도 언급했듯이 이 방법은 출산이라는 일을 해내기에 충분했고, 출산도 대개 성공적이었다. 하지만 관계의 깊이는 얕지만 다양한 의견을 가진 자들 간의 경쟁을 양산하는 남성의 커다란 네트워크는 여성의 일대일 관계가 하지 못했던 진보를 이룰 수 있었다.

문화를 위한 혁신을 창조하다

혹시 출산의 예로는 설득되지 않았다면 좀 더 큰 영향력을 가지는 것을 살펴보자. 문화를 발전시키는 데 결정적인 열쇠를 쥐고 있는 '혁신'에 대해 살펴보는 것은 어떨까.

혁신은 창의성을 요구한다. 우리는 앞에서 재즈 뮤지션들에 대해 논의하면서 창의성에 대해 이야기했었다. 창의성 검사를 통한 연구들은 여성이 남성들만큼 창의적이라는 결론을 내렸다. 하지만 결과물들을 역사적으로 비교했을 때 내 생각에는 여성보다는 남성이 거대한 사회구조 안에서 자신의 이름을 떨치고, 나아가 문화 진보에 공헌하기 위해 자신의 창의력을 이용하는 것에 더 관심이 많았던 것 같다.

가상 페미니스트는 과거로부터의 자료가 있음에도 불구하고 아직 설득되지 않았다. 그녀에게 있어 역사상 여성들이 아주 소수의 창의적 결과물을 산출했다는 사실은 그들이 억압당했다는 징표이자 새로운 혁신을 만들도록 '허용되지' 않았음을 의미한다(그녀는 여성들이 만들어낸 모든 퀼트들이 창의성의 증거라고 확신한다). 그녀는 여성들이 창의적인 영감을 자유롭게 추구할 수 있었다면 지금의 상황은 달랐을 거라고 생각한다.

나의 동료 중 한 명은 이를 실험해 보기 위해 영리하고 기발한 방법을 제안했다. 그녀는 특허권 수에 남녀 간 차이가 있는지 살펴보라고 했다. 실제로 미국 특허청은 차별 없이 누구에게나 특허를 주고 있으며, 최근 몇십 년간 여성들은 경제 전반에서 엄청난 수의 특허를 신청해 왔다. 특허권 수에 남녀 차이가 있다면 이것이 여성에 대한 억압 때문일 가능성은 적다. 오히려 특허청과 같은 주요 기관들에서는 여성의 참여를 독려하기 위한 노력들이 추가적으로 이루어지고 있으니 말이다.

나는 직접 미국 특허청에 연락해 몇 가지 통계자료를 요청했다. 그들은 꽤 협조적이었고, 나에게 몇 년 전 그들이 작성한 공식 보고서인 「단추에서 바이오테크까지: 1977년에서 1996년까지의 미국 여성 특허 발행」을 안내해 주었다.

간단하게 결론을 말하자면, 특허는 압도적인 차이로 남성들이 주로 신청하고 허가받았다. 따라서 법적 보호를 통해 공식적으로 인정된 주요 문화적 혁신은 주로 남성들에 의해 이루어졌다고 볼 수 있다.

많은 특허권들이 다수의 개발자를 가지고 있기 때문에 특허청이 특허권자들을 남성 대 여성으로 나누어 집계한 것은 아니었다. 그들이 집계한 것은 각각의 특허 개발자 중 여성이 있는지 여부였다. 여성 개발자가 포함된 특허가 워낙 적기 때문에 이게 그나마 여성의 흔적을 찾을 수 있는 유일한 집계 방법이었다.

20년간 발행된 특허의 94.3%가 남성이나 남성들로만 이루어진 집단에 해당된 것이었다. 남은 5.7%는 남녀 혼성이나 여성집단 혹은 개별 여성의 몫이었다. 굳이 세분화하지 않더라도 여성이 포함된 항목의 3분의 2가 기업체에 의한 것이며, 따라서 그나마도 남녀 혼성이 일반적임을 보여준다. 이 기간 동안 여성의 상승세가 나타나긴 했다. 마지막 해인 1996년 거의 10%에 육박하는 특허가 적어도 한 명의 여성 개발자를 포함하는 특허였던 것이다.

다시 말해 낮은 여성 특허 비율이 사회적 억압을 반영한다는 것은 믿기 어렵다. 예컨대 특허기관이 선택적으로 여성이 제출한 특허 신청을 거절하고 남성의 신청을 선호한다거나 교육기관이 남학생들의 창의성 발휘는 장려하는 반면 여학생들은 금지한다는 것 같은 예 말이다.

보다 타당한 설명은 특허권에서 드러나는 커다란 남녀 간 불균형이 그들의 동기적 차이를 반영한다는 것일 게다. 창의적인 능력 면에서는 남녀가 동일하겠지만 남성은 커다란 사회에서 자신을 알리고자 하는 욕망이 여성에 비해 훨씬 높다. 특허권을 받는 것은 창의성을 드러내는 것 이상의 것이다. 이는 혁신에 대한 개인의 권리를 법으로 보호해 줌으로써 그로 하여금 돈을 버는 데 이를 사용할 수 있도록 해주는 것이다. 바꿔 말해 특허는 새롭고 훌륭한 아이디어를 가지는 것, 이 아이디어를 발전시키는 과정에서 발생하는 위험과 기회를 기꺼이 받아들이는 것, 지위를 높이고 돈을 벌기 위해 이 아이디어를 사용하려는 동기를 가지는 것 등을 시사한다.

이는 우리가 앞서 언급했던 작은 사업체 소유권에서의 남녀 차이와 별반 다르지 않다. 여성이 남성보다 소규모 창업을 더 많이 한다는 사실은 사회가 여성을 억압하고 이들이 사업에 진출하는 것을 막는다는 주장과 대치되는 것이다. 하지만 여성의 사업체는 소규모 그대로 유지되는 반면 남성의 사업체는 규모가 커지는 경향이 있다.

남성과 은행의 돈

이전 섹션에서는 특허권의 측면에서 혁신을 다루었다. 이제 이와 반대인 듯 보이는 금융 쪽으로 넘어가 보자. 문화와 사회는 금융 산업에 크게 의존하고 있다. 지난 2008년 미국의 금융위기 사태로 많은 은행들이 위협받자 재정위기에 처한 기업에 대한 국가의 긴급구제에 보통 반대해 오던 경제학자들도 은행들에 대한 구제는 지지했다. 그들은 은행은 특별한 경우이며, 경제 전체가 은행이 어떻게 돌아가는지에 달려 있다고 설명했다.

당연히 은행은 당신이 맡긴 돈을 단순히 선반에 놓아두는 게 아니라 투자라는 걸 한다. 적절한 투자는 예탁금이 불어나게 할뿐만 아니라 더 중요하게는 발전이 이루어지도록 돕는다. 기업은 창업 또는 기존 사업의 확장을 위해 돈이 필요하며, 이는 기업과 투자자들의 수익과 정부의 세수를 증대시키고 소비자가 더 많은 상품과 서비스를 이용할 수 있게끔 할 것이다. 그래서 제대로 된 투자는 모든 이에게 혜택을 주지만 잘못된 투자는 손해를 끼친다.

투자은행업무의 핵심은 위험부담이다. 그렇다면 이 분야에서 일하는 사람들은 누구인가? 남녀에 대해 가장 제대로 고려되지 않은 사실, 즉 재생산 확률의 성차에 따르면 남성이 여성보다는 위험을 감수하려는 성향이 더 강하다. 따라서 이 논리대로라면 투자은행업무는 여성보다 남성에게 더 매력적인 일이어야 한다.

실제로도 여성보다 남성이 투자은행업무에 훨씬 많이 진출한다는 수많은 증거가 있다. 이는 차별의 예가 아니다. 그보다는 개인의 선택과 이에 영향을 미치는 남성호르몬에 의한 것으로 보인다. 최근 한 연구는 미국 시카고대 경영대학원 학생들의 테스토스테론 수치를 측정하고 이들의 졸업 후 진로를 추적한 바 있다.

당시 연구자들은 학생들에게 당첨이 되면 200달러를 받지만 꽝이면 전혀 돈을 받을 수 없는 당첨 확률 50대 50의 복권이 있다고 했을 때 복권에 응모하겠는지와 복권 응모를 포기하는 대신 확실한 금액을 받는다면 얼마가 적당하다고 생각하는지 물었다. 이는 재정적 위험을 감수하려는 경향성을 알아보려는 것이었다.

그 결과 여학생들보다 남학생들이 복권에 응모하려는, 즉 위험을 감수하려는 경향이 더 높았다. 여성들은 복권 응모가 가져올 기회보다는 금액이 적더라도 확실한 것을 선호하는 반면 남성들은 당첨의 기회를 노렸다. 그리고 테스토스테론 수치가 높을수록 위험을 감수하려는 경향이 더 강했다. 따라서 여성보다는 남성이, 같은 여성 중에서도 테스토스테론 수치가 높은 여성이 위험요소가 많은 재무 영역(투자은행 등)의 진로를 선택하려는 경향이 더 강한 것으로 나타났다.

따라서 남성은 재정적 모험을 감수하려는 경향이 여성보다 높다. 그러나 이들의 결정이 옳다는 것은 아니다. 투자는 대개 별다른 이익을 내지 못하거나 심지어 안 좋은 결과를 낳기도 한다. 하지만 누군가는 이런 투자를 통해 기회를 창출해야만 경제가 제대로 돌아가고, 사회를 부강하게 만드는 진보도 이룰 수 있다.

누가 누구에 대항하는가

결정적으로 남성 영역에서 만들어진 이 같은 문화의 산물들은 가상 페미니스트가 주장하듯 모든 여성에 맞서는 남성들에 의한 것이 아니다. 대신 다른 남성집단에 대항하기 위해 서로 협력하는 남성들 연합에 의해 만들어진 것이다.

나는 앞서 모든 남성이 모든 여성에 맞선다는 가상 페미니스트의 시나리오와 그 증거가 거의 없음을 설명한 바 있다. 이를 대신하는 내 의견은 문화가 다른 남성집단과 경쟁하는 남성집단들에서 발생했다는 것이다. 이제 공은 내게로 넘어왔다. 나는 증거 부족을 이유로 통설을 비판해 왔다. 그렇다면 내 이론에 대한 증거는 찾을 수 있을까?

솔직히 이에 대한 증거는 넘쳐나며, 심지어 너무 많아서 당황스러울 정도다. 역사는 다른 남성집단과 경쟁하는 남성집단에 대한 기술로 가득하다. 다른 남성집단에 대항해 음모를 꾸미고 함께 뭉쳤던 남성들에 대한 수많은 역사적 증거들이 존재한다. 남성들은 교역과 상업에서 다른 집단과 경쟁했다. 그들은 과학과 기술에서도, 정치에서도, 전장에서도 경쟁했다.

이 책의 첫 번째 장에서 승자와 패자 남성에 대해 설명했던 것들을 기억해 보라. 이런 경쟁에서 성공한 남성들은 그 시대에 가능했던 최상의 것을 향유했으며, 나머지 패자들은 파멸과 죽음 등 큰 대가를 치렀다.

물론 모든 남성이 판돈이 크게 걸린 도박을 하지는 않는다. 대다수는 작은 오두막에서 식구들과 텃밭을 일구며 소박하게 살았다. 그들은 계절마다 자신들이 할 수 있는 최선을 다했다. 대단한 성공은 없었지만 큰 실패 또한 없었다. 하지만 역사와 진보는 판돈이 큰 게임을 위해 뭉쳤던 소수의 남성들에 의해 주도되었다.

어느 역사 교과서의 어느 단원을 펼쳐도 다른 남성집단과 대항해 협력하는 남성집단의 이야기를 심심치 않게 찾아볼 수 있을 것이다.

문화가 남성 영역에서 출현했다는 점은 남녀 불평등을 증폭시키는 중요한 이유다. 결정적으로 이 남녀 차이는 가상 페미니스트의 주장처럼 여성의 지위가 낮아졌기 때문이 아니라 남성의 지위가 올라갔기 때문에 일어난 것이다. 서로 다른 시스템, 상품, 아이디어들을 견주는 남성들 간의 피 튀는 경쟁은 점차 어마어마한 진보를 만들어냈다. 반면 여성들 영역은 애정과 보살핌, 가십, 가사활동, 자녀로 인한 기쁨과 부담, 친밀감 구축 등으로 채워진 채로 상당히 오랜 기간 그대로 머물러 있었다.

기억할 점은 이 현상이 남성들이 했던 문화활동에 관여할 능력이 여성에게 없었기 때문에 일어난 게 아니라는 사실이다. 다만 우연찮게 여성들에게 특화된 관계 스타일이 문화를 만들어내는 데 큰 도움이 되지 않았을 뿐이다.

시간의 대가

이 결과 시간이 흐를수록 남성의 영역은 부·권력·영향력을 가지게 되었다. 여성의 영역은 대부분 예전 그대로 머물러 있었다.

대규모 남성집단이 성취한 것들을 떠올릴 수 있는가? 그리 어렵지 않다. 남성집단들은 낯선 땅을 탐험했고, 벤처회사들에 투자했으며, 그들의 군대는 새 영토를 점령했다. 과학자들로 이루어진 팀은 발견과 혁신을 이루어냈다.

그렇다면 대규모 여성집단이 성취한 것들은 무엇이라고 해야 할까? 이건 생각보다 어렵다. 큰 여성집단이 배를 건조하거나 구매하여 낯선 섬들을 탐험하기 위해 항해하고, 수익을 창출할 상품을 만들어 팔 대기업을 만드는 등의 예를 찾기 위해서는 역사 전체를 샅샅이 살펴봐야 한다.

남녀 차이가 대부분 능력이 아닌 동기적 측면에 있다는 요지를 기억하는가? 나는 100여 명 규모의 남성집단이 선박을 건조하고 탐험을 위해 항해하는 것을 동일한 규모의 여성집단도 똑같이 할 수 있다고 생각한다. 문제는 능력이 아니다. 원한다면 할 수 있었지만 여성들은 원하지 않았다. 여성들은 대부분 대규모 집단에서 활동하지 않았다.

여성들이 대규모 집단에서 해온 일이란 주로 남성 및 남성들의 활동에 대해 이의를 제기하고 항의하는 것이었다. 이에 있어 그들은 집단적으로 효율적이고 성공적으로 일해 왔다. 여성 참정권 논자들로부터 시작된 여성운동뿐 아니라 매춘과 같은 사회악을 근절하기 위해 남성의 과음을 방지하는 다양한 캠페인들도 이에 해당한다. 여성집단은 또한 노예제도 반대에 관해서도 적극적인 캠페인을 펼쳤다.

하지만 일반적으로 대규모 여성집단은 문화 발전의 원동력은 아니었다. 그들은 남성 활동의 문제점 및 도를 넘는 행위에 대해 대응했을 뿐이다. 이는 민감한 주제이며, 독자들에게 오해를 불러일으키고 싶지는 않다. 역사상 여성집단이 문화 발전의 측면에서 이룬 성취가 매우 적다는 것은 자칫 여성이 어떤 면에서 남성보다 뒤떨어진다는 의미로 잘못 받아들여질 수 있다. 내가 말하고자 하는 바는 그게 아니라는 점을 절실히 강조하고 싶다. 여성들은 절대 열등하지 않다.

대신에 이는 여성들의 삶을 구성하는 사회조직으로부터 기인한 것이다. 여성은 인류가 생존하는 데 가장 중요한 일, 즉 가깝고 친밀하며, 애정 어린 양육을 하는 관계를 형성하고 유지하는 일에 힘을 쏟았다. 이는 일대일 관계를 중심으로 이루어진다. 안타까운 점은 우연스럽게도 문화 발전은 남성에게서 선호되었던 대규모 사회집단의 특성들과 궁합이 더 맞았다는 것이다.

고정관념에 대하여

그러나 이 사실은 여성이 열등하다는 잘못된 고정관념으로 이어진다. 현대 지식인들은 대개 이전 시대의 편견에 분노하거나 조롱하는 독선적 자세를 취한다. 나도 마찬가지였다. 어떤 이들은 지난 시대 작가의 극단적인 진술들을 물고 늘어지는 경우도 있다. 1791년 새롭게 제정된 미합중국 헌법이 "모든 남성은 대통령으로 선출될 수 있는 권리를 가지고 태어났으며 (중략) 모든 여성은 가장 명성 있는 남성의 아내가 될 권리를 가지고 태어났다"라는 것을 보장한다는 존 퍼트넘^{John Putnam} 목사의 주장 같은 것 말이다.

진실은 여성이 남성보다 여러 능력에 있어서 열등하다는 일부 고정관념이 존재한다는 것이다. 또 다른 진실은 여성이 남성 영역으로 활발히 진출하면서 이런 옛 고정관념들이 대부분 틀렸음이 확인되고 있다는 것이다. 여성들은 많은 능력을 가지고 있으며, 남성 영역에 있는 대부분의 역할들을 잘 수행해 낼 수 있다.

하지만 잘못되었다는 것을 인식하면서도 왜 이런 고정관념들이 생겨났는지 아마 이해할 수 있을 것이다. 예를 들어 가상 페미니스트는 여성이 남성이 설립한 대학에 입학하기를 원할 때 여성이 지적으로 열등하다는 자신들의 논리(아마도 의도적으로 고안된)를 이용해 거절을 정당화할 것이라고 말한다. 잘못된 편견이지만 근거는 있었다. 남성은 자신들의 영역에 이 거대한 대학들을 만들었다. 여성은 이와 견줄 만한 어떤 것도 만들어낸 적이 없다. 이전에 언급했듯이 남성 의학자들이 방법을 고안하기 전까지 여성들은 출산 과정의 몇 가지 성가신 문제점들조차 해결하지 못하고 있었다. 나는 남성들이 왜 여성들에게 그만한 지적 능력이 없다고 오해했는지 이해할 수 있다.

이런 관점에서 여성 열등성에 대한 고정관념은 내 전공인 사회심리학의 고전적인 발견 중 하나와도 닮아 있다. 이는 대응추론편향^{correspondence bias} 혹은 근본적 귀인오류^{fundamental attribution error}와 같은 다양한 용어로 불린다. 이는 외부 환경 때문에 발생한 누군가의

행동을 그 사람의 내적 성향에서 기인한 것으로 해석하는 현상을
뜻한다.

여성들은 그들의 영역에서 지적인 성취를 이루어내지 않았다.
지적 수준이 부족해서가 아니라 주된 사회적 관계들이 아이디어
를 놓고 치열한 경쟁을 벌인다거나 여러 세대에 거쳐 지식을 축적
하기에는 적합하지 않았던 까닭이다. 그러나 사람들은 지적 성과
의 부족을 지적 능력의 부족에 기인하는 것으로 간주하는 일반적
인 실수를 범하고 있다.

그렇다면 억압의 문제는

우리는 어떻게 여성의 낮은 지위를 사회와 문화의 진화로 이해할
수 있는지 살펴보았다. 여성을 억압하는 남성들 때문이라고 생각
할 필요가 없다는 이야기다. 이것은 여성에 대한 억압이 전혀 없
었다는 걸 의미하는 걸까?

내 생각을 말하자면, 아마도 약간의 억압은 있었겠지만 그동안
제기되었던 모함과 추정에 비하면 아주 일부분일 것이다. 남성의
여성 억압은 사실 무근은 아니더라도 상당 부분 과장되어왔다.

역사의 많은 부분을 여성에 대한 남성의 억압으로 해석할 수도
있다. 특히 면밀히 살펴보지 않고 자신의 주장에 맞는 결과만 찾
는다면 말이다. 이는 그럴듯하지만 전혀 다른 해석도 가능하다.

이렇게 생각할 수도 있다.

여성들은 잔혹하고 위험하며 잦은 고통을 수반하는 다툼과 경쟁으로부터 다행히도 멀찍이 떨어져 있었다. 남성들은 피비린내 나는 전투에 뛰어들었다. 교역에 돈을 투자했던 남성들 중 일부는 큰돈을 벌었으며, 다른 이들은 파산했다. 남성들은 싸우고, 위험에 뛰어들고, 투쟁하고, 탐험하고, 고통받고, 승리했다. 여성들은 대부분 그렇지 않았다.

분명 옛날에 여성집단이 영토 전쟁을 위해 군대를 조직하거나 부를 위한 상품 제조와 무역에 참여하는 것을 막는 장애물은 없었다. 그러나 아주 소수의 여성들만이 이런 일들을 했다.

오랜 기다림 후에 남성들이 이를 대형 기업 및 기관들로 구성된 구조를 갖춘 사회로 훌륭하게 변모시키자 그제야 여성들은 기여한 바가 없는 자신들의 몫을 요구했다. 대부분의 위험 요소와 비용이 상당히 줄어들고, 모든 것이 어느 정도 안전해지자 여성들은 과감히 나서기 시작했다. 심지어 그들은 동등한 지위를 가지는 데 만족하지 않았으며, 남성들이 조직한 사회구조가 자신들에게 더 우호적인 방향으로 개선되어야 한다고 요구했다. 여성들은 차별 철폐 조치와 특별부서는 물론, 자신들에게 적합하도록 법을 개정할 것을 요구했다. 이는 현재에도 지속되고 있으며, 영원히 그럴 것 같다. 여성들은 특별사무실과 시설들, 자신들의 필요와 요구, 감정들을 돌봐줄 관리감독기관을 요구한다. 여성은 자신들을 향한 남성들의 타고난 애정과 관심 그리고 보호본능을 이용해 상황을 유리하게 만들도록 설득한다.

나는 후자의 관점이 옳다고 주장하는 게 아니라 단지 역사적인 기록들을 얼마나 뒤집어 해석할 수 있는지를 보여주려는 것이다. 우리 사회는 남성이 여성을 억압한다는 이론을 채택했지만 이는 설득력이 떨어진다. 여타 이론들에 적용되는 비판적 잣대로 평가한다면 이 여성억압 이론은 거의 틀렸다고 판정될 것이다.

다르게 이야기해 보자. 페미니스트들은 모든 종류의 행동을 남성의 여성억압으로 해석하는 신공을 연마해 왔다. 하지만 대개 이런 해석들은 말도 안 되게 과장되었을 뿐 아니라 거짓인 경우도 다반사다. 법정에서는 단지 정황상 피고가 죄를 저지른 것으로 보인다는 이유만으로 유죄를 선고하지는 않는다. 보다 분명한 증거가 필요하다. 여기에서 유죄의 분명한 증거란 가능한 해석들 중 한 가지가 아니라 유일하게 가능한 해석이어야 함을 뜻한다.

이런 룰을 적용하면 남성이 억압자라는 증거는 그리 많지 않다. 남성이 여성을 억압했다는 해석 외에는 그 어떤 다른 해석도 용납하지 않는 증거가 과연 있을까?

억압에 대한 주장은 여성운동에 정치적으로 유용하게 사용되었다. 특정 관점이 정치적으로 유용한 경우 이는 종종 과하게 사용되는 경향이 있다. 분명 가상 페미니스트의 친구들과 같은 사람들은 억압의 정도를 과장해 왔다.

페미니스트 학자인 다프네 파타이[Daphne Patai]와 노레타 코어티지[Noretta Koertge]는 여성학 교수로서의 삶에 환멸을 느끼고 책을 통해 이 분야의 문제점과 과장된 억압에 대해 자세히 기술했다. 예를 들어 그들은 학생들이 모든 문제를 매번 남성, 남성, 남성으로 돌리는 수업에 얼마나 자주 반발하는지를 보고했다. 많은 수업에서 여성이 직면한 모든 문제들은 남성들 탓으로 돌려지기 일쑤다. 남성이 좋다거나 일부 남성은 그렇지 않다고 말하는 여학생들은 다른 학생 그리고 종종 페미니스트 교수들에게 공격받기 십상이다.

그들에 의하면 여성학 수업은 젊은 여성들을 페미니스트 운동가로 양성하는 데 모든 노력을 쏟는다. 여기에는 모든 행동을 억압의 증거로 해석하게끔 장려하는 것도 포함된다. 여학생들은 '불만 수집가'가 되는 법을 배운다. 즉 끊임없이 남성에게 분노할 거리를 찾아다니는 사람이 되는 것이다.

이런 수업에서는 모호한 행동들(가끔은 순수한 행동들)까지도 남성이 여성을 억압하는 증거로 해석하기 때문에 어떤 이는 거의 대부분의 여성학 수업이 불만거리를 찾기 위해 여기저기 뒤진다는 인상을 받게 된다. 여성이 남성에게 억압받아왔다는 생각을 뒷받침할 더 많은 이유를 찾는 것 말이다.

파타이와 코어티지 교수의 책에는 한 페미니스트 교수의 수업 활동 중 하나가 묘사되어 있다. 그녀는 학생들에게 밖으로 나가 손을 잡은 커플들을 관찰하라고 한다. 누구의 손이 앞쪽에 있는지 말이다. 그 결과 남성의 손이 거의 언제나 여성의 손 앞쪽에 있음이 밝혀진다. 이제 교수는 아이의 손을 잡고 있는 어른들을 보라고 말한다. 어른의 손은 보통 앞쪽에 있고, 아이의 손은 어른 손

뒤쪽에 놓여 있다. 교수는 학생들에게 커플이 서로에게 애정을 표현하는 방식에서도 여성의 손은 (아이의 손과 마찬가지로) 권력에서 밀리는 열등한 위치에 놓이게 하는 것에 주목하라고 한다.

억압이 다시 한 번 등장한다. 연인들이 손잡는 방식까지도 여성억압의 증거라는 것이다. 하지만 이 분석에는 결정적인 오류가 있다. 키가 다른 누군가와 손을 잡고, 당신의 손을 앞으로도 뒤로도 놓아보아라. 키가 큰 사람은 팔꿈치가 더 높이 있기 때문에 키 큰 사람의 손이 뒤쪽에 있게 되면 걸을 때마다 손을 잡은 상대의 팔을 계속 툭툭 치게 된다. 이렇게 되면 손을 잡고 있는 두 사람 모두 불편해진다. 하지만 잡은 손의 방향을 바꾸면 문제가 해결된다. 사람들은 팔을 부딪치지 않으려고 방향을 조절하는 것이다. 이들은 자신들이 이런 조절을 하고 있다는 사실을 깨닫지 못할 뿐아니라 여기에는 어떤 상징적인 의미도 없다. 그저 자기 팔로 상대의 팔을 치는 불편을 해소하고자 하는 것이다. 팔이 부딪치면 손을 잡는 데서 오는 좋은 기분을 망칠 수 있기 때문에 더 좋은 방법을 찾아낸 것뿐이다. 그 결과 사람들은 키 큰 사람의 손이 앞쪽으로 가게 해서 손을 잡는다.

이건 억압이 아니다. 몇몇 페미니스트 교수들은 여성학 강의에서 이를 억압이라고 말하지만 사실은 그렇지 않다.

아니면 1장에서 다루었던 예를 떠올려 보자. 어떤 페미니스트들은 남성이 서서 소변을 보는 것은 여성에게 군림하는 것처럼 여겨지기 때문에 공공기관에서 남성용 소변기를 없애야 한다고 주장했다. 이 불만사항은 진지하게 재고되었으며, 다양한 기관들은 남성도 여성처럼 앉아서 소변을 보게끔 남성 소변기를 제거했다. 이런 조치가 실제로 여성에 대한 억압을 감소시킬까? 남성은 서 있는 동작을 통해 여성을 억압할까? 분명 수많은 대안들이 있을 것이다. 서서 소변을 보는 것은 단지 남성들에게 더 쉽고, 빠르고, 효과적인 방법일 뿐이다. 어떤 법정에서도 서서 소변을 본다는 사실을 근거로 남성이 여성을 억압한다며 구속할 수는 없을 것이다.

더 자주 거론되는 증거 역시 애매하긴 마찬가지다. 전 세계 리더들과 대기업 CEO의 대다수가 남성이라는 사실이 남성이 여성을 억압한다는 증거가 될 수는 없다. 여성들은 수많은 소규모 창업을 했으며, 그 수에 있어서도 남성들을 앞질렀지만 규모를 크게 키우지는 않았다. 그들은 그렇게 할 수 있었다.

특정 상품을 생산하는 기업의 CEO가 단순히 여성이라는 이유로 구매를 거부하는 소비자는 상상하기 어렵다. 가게에 진열된 상품들을 누가 만들었는지 아는 소비자가 몇이나 될까?

정부 지도자의 경우(사실 여성보다 더 많은 남성이 선거에서 패하지만)도 유권자들이 편향되었다고 주장할 수 있다. 이에 대한 단순한 사실은 정계 고위직은 위험을 감수해야 하는 특성상 여성보다는 남성에게 더 매력적으로 느껴지는 직업이며, 앞으로도 그럴 것이라는 점이다. 두 후보자가 모두 남성일 때 승자는 당연히 남성이 될 것이며, 이 점이 선거에서의 어떤 편향을 의미하지는 않는다.

누군가는 쉽게 반대 해석을 할 수도 있을 것이다. 워렌 파렐은 그의 책 『남성 권력의 신화』에서 억압에 관한 예들을 소개했다. 남성은 모두 주인이고 여성은 모두 그들의 하인이거나 노예라는 통념에 파렐은 이런 질문을 던진다.

주인과 하인이 오늘 저녁 데이트할 준비가 되었을 때 누가 누구의 코트를 받아주고, 코트 입는 것을 도와주는가? 주인과 하인 중 누가 누구에게 문을 열어주고, 상대가 먼저 나가도록 해주는가? 누가 저녁식사 음식을 먼저 서빙받으며, 누가 상대를 기다리는가? 주인과 하인 중 누가 상대가 편히 집에서 보호받으며 살 수 있게끔 고생스럽게 돈을 버는가? 위험한 일이 생겼을 때 누군가 이 위험을 마주해야 한다면 주인과 하인 중 누가 상대를 보호하기 위해 목숨을 걸고 희생하는가?

따라서 남녀를 놓고 보았을 때 여성이 주인에 가깝다면 남성은 하인에 가깝다고 볼 수 있다. 분명 누군가는 이에 반하는 다른 예를 만들어낼 수도 있을 것이다. 그렇더라도 인류의 사회생활을 묘사하는 데 있어 남성을 주인으로, 여성을 하인이나 노예로 놓는 것은 상당히 제한적이고 편향된 해석이다.

현상유지 편향

일단 사회의 우월한 자리를 남성들이 선점하게 되면 여기에 대항하는 여성은 처벌 혹은 제지를 받을 수 있게 된다. 남성은 대학을 만들었지만 여성은 그렇지 않았기 때문에 대학에 입학하고자 했던 첫 번째 여성은 남성들에게 거절당했다.

많은 경우 사람들은 현 상태를 유지하려는 경향이 있다. 현 상황이 그런대로 만족스러워서 변화의 필요성을 느끼지 못할 때 특히 그렇다. 일부 여성들이 변화를 원했을 때 일부 남성들은 반대했다. 당연하다. 여성들에게는 이것이 억압처럼 보였을지 몰라도 남성들에게는 아마 그렇지 않았을 것이다.

이제 억압에 대한 본래의 질문으로 돌아가 보자. 물론 약간의 억압이 있었을 수도 있지만 우리가 말해 왔던 것보다는 훨씬 적은 게 거의 분명하다. 억압이라는 개념은 과학의 요건, 즉 근거에 대한 개방적이면서도 엄격한 평가 없이는 측정될 수 없다. 나는 이 작업이 빠른 시일 내에 이루어질 것이라고 기대하지 않는다. 그 이유는 억압이 매우 정서적이고 정치화된 개념이기 때문이며, 이를 주장함으로써 이득을 꾀하려는 많은 사람들에게 유용한 정치적 도구가 되기 때문이기도 하다.

하지만 중요한 것은 억압이 존재했다 해도 이것이 부차적인 문제라는 점이다. 세계역사상 존재했던 모든 사회에서 여성의 낮은 지위는 악마 같은 남성들의 억압적 음모 때문이 아니었다. 실제적인 원인은 여성이 아닌 남성이 만든 사회집단이 부와 지식, 권력을 창출했다는 데 있다. 다른 남성집단과 경쟁하는 남성집단들은 문화 발전을 이끌었다. 경쟁에서 패한 남성들은 고통받았지만 승리한 자들은 혜택을 누렸다. 여성은 이런 방식으로 경쟁하지 않았으며, 당연히 고통에도 시달리지 않았다(성공한 남성과 결혼한 여성이 일부 혜택을 누렸듯이 실패한 남성과 결혼한 여성 또한 분명히 어려움을 다소 겪긴 했다). 중요한 점은 여성은 남성의 영역에서 찾아볼 수 있는 부와 지식, 권력의 물결을 창조하지 않았다는 사실이다.

이것은 문화의 관점에서 무엇을 의미하는가

이제 문화가 남성의 어떤 면을 유용하게 여길지 이해해 보도록 하자. 이는 남성이 애초에 문화를 창조하는 데 많은 역할을 담당했다는 사실에서부터 시작된다. 다시 한 번 말하지만 이것은 여성이 문화를 만들 능력이 없어서가 아니다. 여성은 충분히 문화를 만들 수 있는 능력이 있다. 하지만 대부분의 여성은 가깝고 친밀한 관계를 추구하는 경향이 있으며, 남성에 비해 커다란 시스템 속에서 생각하고 일하고 분투하는 것을 덜 선호한다. 남성들은 시스템과 대규모 집단에 열광했으며, 이에 시스템과 왕국을 설립하는 일은 일반적으로 여성보다는 남성의 마음을 사로잡았다. 문화는 큰 사회 시스템으로부터 출현했으며, 이 시스템을 만든 것은 대개 남성들이었다.

최근 신경과학 연구들에 의하면, 이러한 남녀 성향은 뇌에 각인되어 있다. 여성의 뇌는 공감(이해하기 및 다른 개인과 관계 맺기)을 위한 것이며, 남성의 뇌는 시스템화를 위한 것이다. 문화는 바로 이 시스템에 해당한다.

일반적으로 모든 문화는 남성에 의해 만들어졌다. 앞에서부터 계속 강조해 왔듯이 문화는 가상 페미니스트의 생각처럼 여성을 적으로 두고 한데 뭉쳤던 남성들이 아니라 다른 남성집단에 대항해 협동했던 남성집단들에 의해 생성되었다. 이 과정에서 여성들은 여러 역할을 담당했으며, 다방면에서 남성들을 도왔다. 여성은 남성들로 하여금 부와 권력, 명성을 추구할 기회를 잡도록 이끄는 원동력이었다. 이는 부와 권력, 명성을 가진 남성에 대한 여성들의 선호에 기인한다. 즉 남성이 행한 대부분의 일은 궁극적으로 여성의 마음을 사로잡기 위한 것이었다.

어쨌든 이렇게 남성에 의해 만들어진 문화 및 주요 기관들은 남성 지배적이고 남성 중심적인 성향을 띠어왔다. 일부러 여성을 배제하거나 억압하려던 게 아니라 단지 이것들 자체가 남성에 의해 만들어졌고, 그 과정에 여성들이 없었기 때문이다. 문화와 기관들은 그 자체로 기능하는 것뿐 아니라 경쟁 집단 및 시스템과 경쟁할 수 있게끔 만들어졌다. 집단과 시스템은 남성으로 가득하기 때문에 결국 남성집단들이 잘 기능할 수 있는 방식으로 만들어진 것이다.

페미니스트들의 의견에 동의하는지 여부와 관계없이 이들이 대대적으로 해온 한 가지 일은 서구문화의 거의 대부분 기관들이 여성에게 편파적이라고 비난하는 것이다. 기업, 대학, 언론, 교회,

경찰, 법 등 많은 것들이 공격을 당했다. 공공연하게 여성들을 돕기 위해 만들어진 몇몇 기관들을 제외하고 그간 비난을 받지 않았던 기관이 과연 있는가? 이러한 비판들을 접하다 보면 많은 여성, 특히 모든 여성을 대변하는 여성들이 문화의 모든 것들이 자신들에게 비우호적인 방향으로 만들어졌다고 여긴다는 인상을 받게 된다. 여성들은 왜 이렇게 생각하는 것일까?

이제 이 질문에 답할 준비가 되었다. 여성이 문화가 자신들에게 편파적이라고 생각하는 이유는 일반적으로 문화가 남성을 위한 목적으로 남성에 의해 창조되었기 때문이다.

이제는 상황이 많이 달라졌다. 대부분의 기관들은 여성들을 수용하기 위한 변화의 필요성을 자각했으며, 실로 변화가 이루어지고 있다. 하지만 여성들은 이에 만족하지 않는 듯하며, 더 많은 변화에의 요구 또한 끝날 조짐이 안 보인다. 아마도 이는 절대 끝나지 않을 것이다. 분명 여성들은 커다란 조직에서 내 집 같은 편안함을 느끼지는 못할 것이기 때문이다.

이에 대한 부분적인 이유는 여성의 뇌가 큰 시스템을 이루는 톱니바퀴의 한 부품이 되는 것보다는 상대방과 가깝고 친밀하며 공감적인 관계를 맺는 데 더 뛰어나기 때문이다. 앞으로도 계속 큰 조직들은 대부분 남성들에 의해 형성될 것이다. 이런 조직에서 무슨 역할이든 완벽하게 해낼 수 있는 능력이 여성에게 있음에도 불구하고 큰 규모의 국제적 사업, 대기업, 새로운 글로벌 네트워크 같은 것들은 대부분 남성에 의해 시작되고 만들어질 것이다.

자, 여성에게 공정해지자. 여성들은 차별철폐 조치, 우선권, 여타 특별한 프로그램들을 필요로 한다. 페미니즘의 중요한 교훈처럼 문화는 여성에게 불리하다. 하지만 남성에게도 공정해지자. 문화가 여성에게 불리하게 편향된 이유는 남성이 여성을 억압하는 방식으로 문화가 형성되게끔 모의했기 때문이 아니다. 실제적인 이유는 여성은 남성과 달리 문화나 큰 기관들을 만들지 않았기 때문이다. 여성들은 뒤늦게 이에 참여할 수 있도록 요구했다.

다시 여성에게 공정해지자. 남성이 고귀하다거나 이타적으로 모두의 이익을 위해 문화를 창조했다는 것이 아니다. 남성은 서로 경쟁하기 위해, 부분적으로는 여성의 몸과 마음을 얻기 위해 문화를 만들어냈다. 그들은 자신의 집단이 가급적이면 다른 경쟁 집단들보다 더 잘 먹고 잘 살 수 있게 하려고 문화를 만들었다.

여성에게 한 번 더 공정해져 보자. 이 현상은 단지 여성들에게 능력이 없어서가 아니다. 오히려 이들은 아주 넓은 의미의 문화에는 큰 공헌을 했다. 다만 여성들이 사랑과 지지로 대변되는 친밀한 영역을 형성하는 데 더 정성을 쏟았던 반면 거대한 사회구조를 만들기 위한 치열한 경쟁과 고통을 받아들인 적은 없었던 데 기인한다.

여성들은 대기업의 고위직 업무를 충분히 잘 수행할 수 있을 것이다. 남성들 또한 기저귀 갈기를 잘할 수 있다. 단지 대부분의 남녀가 그 일을 하기 위한 희생들을 감수할 만큼 거기에 열정이 있지 않을 뿐이다.

그리고 남성들에게도 공정해져 보자. 어떤 많은 잘못과 죄를 저질렀든 간에 그들은 문화를 만들어냈다. 여성들이 중요한 소규모의 친밀한 영역을 만드는 데 앞장서는 동안 남성들은 광범위하게 사회생활이라고 일컬어지는 대규모 기관들을 설립했다.

문화가 여성들을 충분히 환영하지 않는다는 이유로 이를 창조한 남성들 전체에 죄를 씌우는 것은 슬픈 아이러니다. 여성들은 스스로 문화를 만들지 않았지만 남성들이 일군 문화를 필요로 했다. 그 과정에서 남성에 대한 분노가 표출되는 경우가 있다.

8

소모적 존재,
대체 가능한 삶

발전에는 언제나 어두운 이면이 존재하기 마련이다. 7장에서는 문화의 긍정적인 면, 즉 문화 발전을 통해 개인과 사회 구성원 전체가 어떻게 더 나은 삶을 살게 되었는지에 주목했다. 문화가 혁신을 거듭할수록 사람들은 더 건강해지고 행복해지고 부유해졌다. 하지만 여기에는 당연히 부정적인 면들도 존재했다.

산업혁명은 그 진원지였던 대영제국이 세계 최고 권력으로 군림하게 된 원동력이었다. 가정과 더불어 산업혁명의 중심이 되었던 제조공장들을 움직이기 위해서는 에너지가 필요했고, 주공급원은 석탄이었다. 그렇게 석탄광산은 국가 발전의 핵심 요소로 자리 잡았다. 당시 석탄광산은 더럽고 위험한 장소였다. 상황이 많이 나아지긴 했지만 지금도 광산은 다른 곳들에 비해 여전히 많이 더럽고, 위험한 업무현장이다.

1800년대 초 잉글랜드의 몇몇 정치가들은 광산 내 업무환경에 대한 사람들의 불만과 문제점에 주목했다. 당시 주요 지도자급 정치가였던 셰프츠버리 경은 인도적인 작업환경 조성에 적극적인 노력을 펼쳤고, 결국 영국 의회의 지원으로 광산에 대한 작업환경 조사가 이루어졌다.

1842년 광산의 작업 실태에 대한 조사보고서가 출판되자 대중들은 충격에 빠졌다. 광부들은 장시간 노동에 시달리고 있었고, 사고도 다반사였다. 심지어 광산 깊은 곳에는 어린아이들도 있었다. 어린아이들에게까지 오랜 시간 동안 수레를 밀게 할 정도로 광부들에 대한 대우는 처참한 수준이었다. 광산에서 일하는 동안 폐질환을 앓게 된 사람도 많았고, 노동 착취 같은 비도덕적 행위들도 눈에 띄었다.

대중들의 분노에 힘입어 영국 정부는 광산의 업무환경을 개선하여 사상자를 줄이기 위한 조치를 하기로 결정했다. 사실 가장 이상적인 조치라면 이 위험한 업무 자체를 전면적으로 금지했어야 했다. 하지만 국가에는 석탄이 필요했기 때문에 결국 부분적으로 이런 광산업을 허용할 수밖에 없었다. 국가는 광산에서 일하고자 하는 수요를 유지하면서도 동시에 국민의 생명을 지키는 것, 이 둘 사이의 균형을 맞춰야 했다. 광산 작업은 위험한 일임에도 불구하고 국가에겐 이 일을 해줄 사람들이 필요했다. 결국 유일한 해결책은 사회에서 가장 소모적 존재들이 이 작업을 하도록 배치하는 것이었다. 그들이 바로 남성이었다.

1842년 영국 광산법 제정으로 10세 미만의 어린이는 광산에서 일하는 것이 금지되었다. 더불어 여성들도 나이에 관계없이 광산에서 일하는 것이 금지되었다. 결국 따지고 보면 광산법 제정 이후 이런 더럽고 위험한 일은 약 10세 이상의 남성들만의 업무가 되었다고 볼 수 있다(이 기준은 후에 12세로 상향 조정되었다).

이런 일들은 상대적으로 가난한 남성들의 몫이 된다. 부유한 남성들과는 상관없는 일이다. 사실 이런 일은 흔히 일어난다. 문화는 남성들의 삶의 가치를 상당히 차등적으로 평가하고, 어떤 문화에서는 이 차등이 유난히 더 심하게 나타난다. 부유한 남성의 삶은 가난한 남성의 삶보다 더 가치 있는 것으로 여겨진다.

현재 미국 사회는 인종에 따라 삶의 가치에 차등을 두는 문제로 고민하고 있다. 똑같이 살인을 저지르더라도 흑인보다 백인을 살해하는 사람이 더 오랜 복역 기간을 선고받는 경향이 나타나기 때문이다. 이런 복역 기간의 차이는 백인의 삶이 더 가치 있음을 의미하므로 국가가 추구하는 공정함과 평등함의 논리에 위배된다(살인자가 주로 자신과 같은 인종을 살해한다는 사실을 바탕으로 인종에 따라 살인자를 다르게 대우하는 것이다. 즉 흑인 피의자들이 더 짧은 복역 기간을 선고받는다는 것은 흑인을 살해한 사람들에게 더 관대하다는 것을 의미한다).

하지만 우리는 성별에 따라 삶의 가치에 차등을 둔다는 점에는 별로 거리낌이 없는 것 같다. "모든 사람[all men]은 평등하게 창조되었다"라는 미국 독립선언서의 문장은 현재에도 많은 이들이 되새기는 구절이다. 하지만 오늘날 사회를 살펴보면 이 표현은 마치 모든 남성들은 그들끼리는 서로 평등하지만 여성들에 비하면 가치가 낮다는 의미로 쓰이는 것 같아 보인다.

여기에 남성 극단성 경향을 적용해 보면, 삶의 가치의 양 극단에는 여성보다 남성이 더 많을 것이다. 상위 극단에 위치한 남성들은 여성들에 비해 더 귀한 대상으로 여겨질지도 모르겠다. 하지만 대다수 남성들은 훨씬 가치가 낮은 존재로 여겨진다. 그리고 대부분의 남성은 긴급 상황에 처했을 때 기꺼이 자신들의 목숨을 버려야 하고, 그 대신 한 여성을 구조하게 된다는 점을 익히 알고 있다.

이런 사례는 일반적으로 남녀가 동등하게 대우받지 못함을 보여준다. 남성의 목숨은 여성에 비해 훨씬 가치가 낮다고 여겨진다. 문화가 남성의 가치를 상대적으로 낮게 매긴다는 점은 문화가 어떻게 남성을 이용하는지를 이해하는 열쇠다.

누가 더 소중한가

크리스티나 호프 소머즈는 그녀의 주목할 만한 저서 『누가 페미니즘을 훔쳤는가?』의 서문에 글로리아 스테이넘[Gloria Steinem]의 최근 저서를 인용했다. 스테이넴은 페미니스트 아이콘으로, 매년 15만 명의 여성들이 거식증으로 비참한 죽음을 맞이한다고 알려 대중의 공분을 일으켰던 장본인이다. 나오미 울프Naomi Wolf도 저서『미의 신화The beauty myth』에서 이 '15만 명'이란 숫자를 다시 언급하며 "미국은 조국의 수많은 사랑스런 아들들이 배고픔으로 스스로 목숨을 버려도 여성들에게 그랬듯이 이렇게 무관심하게 반응했겠는가?" 하고 물었다. 그렇게 그녀는 책임의 화살을 남성에게로 돌렸다.

그녀의 이 질문은 곰곰이 생각해 볼 만하다. 젊은 여성의 죽음에서와 같이 우리 사회는 젊은 남성의 죽음에도 무관심한 모습을 보일까?

이 '15만 명'이라는 수치에 대해 의심스러웠던 소머즈 교수는 사실 여부를 파헤치기 시작했다. 15만 명이 거식증으로 사망한다는 수치는 대중매체와 신문 칼럼, 심지어 대학 강의 교재 등 많은 곳에서 발견됐지만 그 출처인 원자료는 불분명한 상태였다. 원자료를 거슬러 올라가자 결국 이 수치 인용이 잘못되었다는 것이 밝혀졌다. 미국 국립보건통계청은 공식적으로 가장 최근 조사에서 그해 거식증으로 70명이 사망했다는 수치를 보고했다는 것이 드러났다. 15만 명의 거식증 '사망자'가 아닌, 거식증 '환자'가 있다고 추정했던 것이 누군가에 의해 잘못 인용되었던 것이다.

그럼에도 불구하고 우리는 문화가 남녀의 죽음을 비슷하게 받아들일지에 대해 한번 생각해 볼 수 있다. 실제로 문화는 젊은 여성보다는 젊은 남성이 죽는 것이 낫다고 생각하고, 심지어 이 남성들에게 목숨을 버리라고 요구하기도 한다. 사실 우리는 앞에서 이런 사실을 암시하는 몇 가지 사례들을 이미 목격했다. 여성보다 훨씬 많은 수의 남성들이 위험한 직업에 종사하고, 업무 과정에서 사망하며, 범죄자로 처형된다. 또한 우리 사회는 문화 수호를 위해 누군가 전쟁터에서 싸워야 할 때 젊은 남성들에게 그 희생을 부탁한다. 세계사에 등장했던 수많은 국가들이 그랬던 것처럼 말이다.

우리의 가상 페미니스트는 이 와중에도 문화가 여성보다 남성에게 더 가치를 둔다고 주장할 것이다. 그래서 문화가 여성에게 더 가치를 둔다는 이런 사실이 놀랍게 다가올 수도 있다. 일부 남성들은 누구보다 가치 있는 존재로 여겨질 수도 있지만 그들 역시 위급한 상황에선 여성이 자신보다 우선 구조 대상이라는 것을 받아들이고 있다. 남성들이 건설한 문화는 남성 자신들을 소모적 존재로 간주하고, 여성들보다 그들을 더욱 소모적이라 여긴다.

"심지어 여성과 아이들도"

재해 관련 보도를 듣다 보면 사상자 중 여성과 아이들이 있을 때 "심지어 여성과 아이들도"라는 표현이 종종 사용된다. 이 표현은 정확히 어떤 의미일까?

이 표현은 바로 남성의 목숨이 상대적으로 가치가 떨어짐을 나타낸다. 즉 "보통 성인 남성들이 사망할 수도 있는 재해가 일어났는데 예상보다 상황이 훨씬 더 끔찍해서 여성과 아이들까지 사망하게 되었다. 그래도 남성들만 사망했다면 좀 더 나았을 텐데"의 준말인 것이다. "심지어 여성과 아이들도"라는 문구는 사람들에게 이 문화에서 성인 남성의 가치가 상대적으로 낮다는 점을 상기시킨다.

이런 표현은 신문이나 뉴스 같은 매체를 통해 한 달에 한두 번은 접할 정도로 흔한 것이다. 이 표현을 마주치는 매 순간 남성들은 자신보다 다른 이들의 생명이 더 고귀하다는 속삭임을 듣는 것과 다름없다. 생명의 가치는 다양하게 매겨질 수 있지만 남성의 생명은 여성에 비해 값싼 것으로 취급되는 것 같다.

이 표현은 단순한 무례함을 넘어 모든 남성들에게 급박한 상황에서 선뜻 자신의 생명을 포기하길 요구한다. 게다가 이 남성들은 자신의 목숨 대신 여성이나 아이를 살린다는 점에 불만이 없어야 한다. 이런 메시지는 다른 대중매체들을 통해서도 강화된다. 이제껏 본 영화 중에 한 남성의 생명을 위해 여성이 대신 삶을 포기하는 장면이 있었는지 생각해 보자. 하나를 떠올리기도 쉽지 않다. 대조적으로 여성을 보호하고 구하기 위해 목숨을 버리는 남성은 영화나 드라마에서는 너무나 보편적인 캐릭터다.

실제 생활 속에서도 남성은 자신의 낮은 가치를 받아들이고 여성을 위해 희생하는 캐릭터를 소화해 내야 한다는 압박을 받는다.

21세기 가장 유명한 재해로는 타이타닉호의 침몰을 들 수 있다. 타이타닉호는 대서양을 가로지르는 첫 항해에 성공했던 거대한 신형 선박으로, 당시 사람들은 이 배가 가라앉지 않도록 완벽하게 설계되었다고 생각했다. 하지만 타이타닉호는 선박 설계자의 과도한 자신감과 더불어 막판에 발생했던 문제들을 무시하고 스케줄에 쫓겨 항해를 서두르는 실수를 범했다. 게다가 그 시대의 허술했던 안전관리로 인해 구비하고 있던 구명보트도 승객 수에 비해 턱없이 부족한 상태였다. 결국 예상치 못하게 빙산과 충돌하자 타이타닉호는 찢겨나갔고, 완벽하다던 선박은 가라앉기 시작했다. 그렇게 몇 개 안 되는 구명보트는 여성들에게 주어졌고, 남은 남성들은 배가 가라앉는 동안 갑판에 머무를 수밖에 없었다.

사회적 지위도 이 사건의 생존율에 영향을 미쳤다. 부유한 사람들은 가난한 사람들에 비해 더 많이 살아남을 수 있었다. 하지만 부유한 남성(34%)은 가난한 여성(46%)에 비해 더 낮은 생존율을 보였다.

이는 놀라운 사실이다. 사회가 부유하고 권력 있는 남성들에게 유리하게 조성되어 있다고 믿는 사람들에게는 특히나 이 사실이 굉장히 당황스럽고 받아들이기 어려울 것이다. 타이타닉호의 일등석에 승선한 신사들은 엄밀히 말해 사회의 주요 혜택과 온갖 이득을 독점한다고 생각되는 파워 엘리트 계층의 남성들이다. '가부장제'라는 이념은 사회의 모든 하층 남성들을 무시한다는 오류가 있지만 어쨌든 이 파워 엘리트 남성들로 구성된 특권층이 문화 안에서는 그 누구보다 가치 있는 존재로 여겨진다.

갑판 위에 남아 있던 남성들이 바로 그 가부장제의 기득권층이었다. 하지만 이 사고에서 이 남성들의 생명은 당시 숙녀로 존중받지 못했던 3급 선실 하층 여성들의 생명보다도 못한 것으로 여겨졌다. 이 여성들에게는 돈, 권력, 지위 어느 것도 없었지만 단지 여성이라는 이유만으로 구명보트를 탈 수 있는 우선권이 주어졌다. 반면에 잘 차려입은 신사들은 갑판 위에 서서 구명보트가 떠나는 것을 조용히 바라보아야 했다.

갑판 위의 남성들은 등을 돌려 보트를 타고 떠나가는 여성들을 돌아보지 않았다고 전해진다. 구명보트에 탔던 여성들은 이 비운의 남성들(많은 이들의 아들과 남편, 아버지였을)을 돌아봤을지 모르겠지만 이 여성들 대부분이 배가 가라앉기 시작하자 돌아가길 거부했다고 알려져 있다. 돌아가 물에 빠진 남성 몇 명을 더 구할 수 있었음에도 불구하고 말이다(사실 구명보트에는 빈자리도 약간 있었고, 노를 저어 나갈 뚜렷한 목적지도 없었다. 누가 구조하러 와주기만을 기다릴 뿐이었지만 남성들을 구조하기 위해 돌아가지는 않았다). 이 사건을 경험했던 각 남성과 여성집단이 남녀의 성역할과 관계, 인간 생명의 상대적인 가치에 대해 어떤 생각을 가지고 있었는지 의구심이 든다.

현대의 문화는 개개인의 삶이 모두 소중하고 동등한 가치를 지닌다고 가르쳐 왔다. 하지만 이 중 몇 가지는 소위 '립서비스'에 불과하다. 어떤 이념과 그 이념이 사회에서 표현되는 방법이 늘 일치하지는 않는다. 이념적으로는 남성이 여성만큼 가치 있는 존재라고 주장할지라도 실제 사회에서는 남녀의 가치를 다르게 여긴다는 증거들을 발견할 수 있다. 실제 사회에서 나타나는 남녀의 가치를 살펴본다면 순진하게 남녀의 가치가 동등하다고 믿어온 남성들은 실망과 놀라움을 감출 수 없을 것이다.

아버지가 전쟁에서 한 일

우리의 인생행로를 결정하는 것은 무엇일까? 미국의 경우 누구나 자기 인생에서 원하는 것은 무엇이든 해낼 수 있다고 믿는 편이다. 이와 달리 우연히 '타고난 것'이 인생에 있어 큰 차이를 만들어낸다고 믿는 사람들도 있다. 『총, 균, 쇠』의 저자 재레드 다이아몬드는 지리적 요건이 우리의 삶에 큰 영향을 미친다고 말했다. 즉 태어난 장소가 압도적으로 중요하다는 주장이다.

성별도 당연히 '타고난 것' 중 하나이며 남성과 여성, 둘 중 하나로 태어난다. 특정 시공간에서는 여성으로 태어난다는 사실 자체가 가난하고 힘든 삶을 뜻하기도 한다. 하지만 남성으로 태어나는 것 또한 언제 어디에서 태어나는지에 따라 단지 살아남기 위해 절박하게 노력해야 함을 의미하는 경우도 있다.

나의 어린 시절에는 아버지에게 하는 흔한 질문 중 하나가 전쟁에서 무슨 일을 하셨는지에 관한 것이었다. 대부분 나의 아버지 세대들은 제2차 세계대전의 영향권 안에 있었고, 영화나 TV 쇼에서 가끔 농담으로 사용된 이 질문은 아버지의 남성성에 대한 어떤 테스트를 암시했다. 이 질문은 아버지가 민주주의와 자유의 수호자로서 적의 포탄에도 용감히 대적한 영웅적 인물이었는지, 아니면 뒤에 숨어 있던 겁쟁이었는지를 확인하는 일종의 시험 같은 것이었다.

나의 아버지는 감정기복이 좀 있으면서도 엄격하고 성격도 불같은 면이 있는 분이다. 아버지는 전쟁 경험에 대해 그동안 나에게 뭐라 이야기를 꺼낸 적이 없었다. 그리 너그러운 아버지도 아니었고, 수년 동안 대화도 끊긴데다 사실 약간의 불화도 있는 상태였다. 하지만 분위기가 꽤 괜찮았던 어느 날, 우리 부부는 아버지와 와인을 마시며 아버지의 전쟁 경험에 대해 진지하게 묻기 시작했다. 그날 드디어 아버지는 전쟁에 대해 입을 여셨다.

아버지가 태어난 독일은 그가 어린아이였던 1939년 폴란드를 침략했다. 내 할아버지는 당시 이미 제1차 세계대전에서 부상을 심하게 당했고, 전쟁에 열의가 있는 사람도 아니었다. 그러나 제2차 세계대전이 발발하자 제1차 세계대전 참전 군인들이 모두 장교로 소집되어 다시 전쟁에 참전해야 했다. 할아버지는 처음엔 당신 아들이 군대로 끌려가기 전에 전쟁이 끝날 것이라고 생각했다. 하지만 전쟁이 쉽사리 끝나지 않고 계속되자 외동아들이 총알받이가 되는 것을 막아보려고 머리를 쓰기 시작했다.

전해오는 말로 할아버지는 독일군이 이미 덩커트에서 승기를 잡을 가장 좋은 기회를 날렸기 때문에 결국 전쟁에서 패할 것이라고 예상했다고 한다. 전쟁이 계속되면서 아버지의 나이는 점점 최소 징집연령에 가까워졌고, 실제로 전쟁이 끝날 때쯤 독일은 13세에서 70세까지 모든 남성을 징집하는 상황이었다. 내 아버지, 어린 루디가 징집될 나이가 되자 할아버지는 시간을 벌어보기 위해 아버지를 전투 전 준비기간이 제일 긴 파일럿 교육학교에 넣는 꼼수를 발휘했다. 할아버지는 아버지의 파일럿 훈련이 끝나기 전에 조국 독일이 패전하길 기원했고, 그렇게 아버지는 비행하는 법을 배우게 되었다. 하지만 1944년 나치 독일군은 공중전에서 대패했고, 남은 전투기들도 전투기 제조공장과 함께 지상에서 폭파되었다. 이제 독일은 더 이상 파일럿을 훈련시킬 이유가 없었다.

어느 날 아침 점호시간에 아버지가 소속된 파일럿 교육학교 지휘관은 변경된 계획을 발표했다. 이제 어린 파일럿 교육생들은 당시 이미 독일 영토가 되어버린 러시아 전선에 위치한 보병부대에 합류해야 했다. 보병으로 파견되기 전 이들에게는 하루의 기초교육과 하루의 자유시간이 주어졌다. 아버지는 대개 이 자유시간에 반수의 소년들은 집에 편지를 쓰고, 나머지는 매춘부를 찾아갔다고 말씀하셨다(아버지 자신은 편지를 썼다고 했지만 나는 실제로 아버지가 이 두 가지 모두를 했다 하더라도 탓하지 않을 것 같다. 그 소년들 일부에게는 그 경험이 죽기 전 처음이자 마지막 섹스였을 테니까).

긴장에 휩싸인 채 전선으로 행진하는 10대 소년들의 사기는 추락했다. 전쟁 상황이 꽤나 나쁘게 돌아가고 있다는 소식은 알고 있었지만 유일한 뉴스 공급처인 나치는 낙관적인 국가적 선전만

하고 있는 상황이었다. 하지만 전선으로 행진하며 그들은 극단적인 규율로 군대의 모습을 겨우 유지해 가는 현실을 눈으로 목격하게 되었다.

모든 군대는 불복종과 비굴한 행동 혹은 여타 일탈행위를 하는 병사들을 처형한다. 하지만 연구자들에 따르면, 독일군은 제1차 세계대전 당시 처형한 병사 수의 1,000배(!)에 달하는 병력을 제2차 세계대전에서 처형했다고 밝혔다. 독일군은 그 자체로 이미 영예로운 승리와는 멀어졌다고 볼 수 있었다. 어린 군인들은 행진하며 군가를 불러야 했지만 '비겁함'과 '탈영병' 같은 죄목과 함께 내걸려 있는 아군의 시체들을 지나칠 때는 침묵할 수밖에 없었다. 이런 일은 실제로 곳곳에서 일어났지만 밖으로 전혀 새나가지 않아 누구도 알 수 없었다. 충격적인 광경이었다. 그 잔상은 40년이 지난 지금까지도 아버지를 괴롭혔다.

소년들은 다리를 건너고 강줄기를 따라 전선을 향해 행진했다. 그리고 갑작스럽게 땅을 파라는 불길한 명령이 내려졌다. 본질적으로 보면, 문화는 20대 소년들에게 여기에 참호를 파고 앞으로 며칠 동안 자신이 죽을 때까지 적군을 향해 총을 쏘라고 요구하고 있었던 것이었다.

어떻게 생각하면 내 이야기를 이쯤에서 마무리할 수도 있다. 아버지의 사례는 문화가 어떻게 남성들을 이용하는지에 관해 몇 가지 핵심 포인트를 설명하기 위한 것이다. 사실상 이 상황은 아버지가 속한 문화가 그를 어떻게 이용하려고 했는지에 대한 최종 결말이라고 볼 수 있다. 아버지는 그 문화가 몰고 간 대로 러시아 군과 맞서 싸워야 했다. 그는 흙먼지를 뒤집어쓰며 조그만 참호를 팠다. 그의 앞에는 이미 군장을 제대로 갖춘 실전에 단련된 러시아 군인들이 가득했고, 같은 편에서 그를 돕는 건 적군에게 총 한 번 쏴본 적 없는 10대 소년들뿐이었다.

러시아 전선의 트레이드마크였던 무시무시한 금속 굉음을 듣자 소년들은 어찌할 바를 몰랐다(이 굉음은 치명적이라 알려진 러시아 '카 야' 로켓으로, 무조건 엎드려 몸을 숨기는 것이 상책이었다). 그의 뒤로는 강이 흐르고 있어 후퇴도 불가능했다. 이곳은 완벽한 죽음의 덫이었다. 그 전쟁에서 150명 중 단 7명의 소년만이 살아남았다고 한다.

아버지는 당연히 그 7명의 행운아 중 하나였다(이 상황에서 행운아라는 것은 분명히 상대적인 개념이다). 첫 포격전 후 이미 엄청난 수의 사상자가 발생했고, 살아남은 몇몇 사람들은 밤새 속닥이다 전장을 이탈하기로 결심했다. 하지만 이건 꽤나 까다로운 문제였다. 이 소년들은 탈영병은 현장 처형된다는 복무규정도 알고 있고, 행진하는 내내 이미 처형되어 목이 내걸린 수많은 시체들을 목격한 상황이었다. 혹시 잡히면 전투 도중 동료 부대원과 헤어진 것이라고 거짓말을 할 수 있겠지만 이 핑계도 총을 지닌 채로 전선으로부터 10km 이내에 있을 때만 통했다. 그렇지 않으면 바로 처형감이었다. 그래도 아버지는 이곳에 남기보다는 성공 가능성이 적어도 기회를 노리는 편이 낫다고 판단했고, 완전 군장을 멘 채로 한밤중에 차가운 강을 헤엄쳐 건넜다.

그와 함께 탈출한 몇몇 소년들은 애처로운 계획을 세웠다. 그것은 러시아군의 공격을 피하면서도 전선에서 10km 안쪽을 유지하면서 남쪽으로 이동하다가(전선은 예측할 수 없이 자주 이동했기 때문에 이걸 지키는 것도 쉬운 일이 아니었다) 미국군이 전진한 곳까지 내려가 항복하는 것이었다. 러시아보다 포로 대우가 더 낫다는 소문 때문에 미군에게 항복하는 것이 더 나아 보였다. 게다가 '미국놈'들은 현장에서 바로 총살하지 않고 가능하면 생포하는 걸 선호한다고 했다(적어도 이 소년들이 믿었을 뿐이지 이런 정보들은 별로 신뢰할 만한 것이 못 되었다). 그들은 항상 무기를 쥐고 똘똘 뭉쳐 움직였다. 도망치다 독일 사령관들을 만나도 자신들은 탈영병이 아니라 전투 중에 부대와 떨어진 것뿐이라고 열심히 설득했다. 그럴 때마다 사령관들은 소년들에게 자신의 부대에 합류하라고 명령했고, 그러면 그들은 밤마다 또다시 도망치는 일을 반복해야 했다.

이 계획은 당연히 실패했다. 어느 날 아침, 그들은 헛간 밖에 러시아군이 와 있는 것을 확인했다. 러시아군은 항복한 소년들을 한 줄로 세웠다. 총을 조준하는 찰칵 소리가 귓가에 울렸다. 당시 아버지는 열일곱 살이었고, 현재 유엔이 공식적으로 소년병으로 분류하는 나이에 불과했다. 총알을 피해 헛간 옆으로 몸을 숙이면서 그는 자신이 몇 분 안에 사살될 것이라고 생각했다. 같은 나이였던 열일곱 살에 나는 그저 대학생활의 시작과 함께 여학생들과 어떻게 이야기를 나누어야 할지에 대해 고민했었고, 끼니 한 번 거른 적 없는 편안한 삶을 살고 있었다.

그런데 그 순간 갑자기 다른 러시아군이 끼어들어 무언가 막 상의하더니 이 어린 독일군들은 총살을 면하고 생포되었다. 아버지는 다른 포로들과 같이 국가 전체(현재의 폴란드)를 가로질러 행군했고, 러시아 포로수용소에 투옥되었다. 그는 결국 티푸스에 걸리긴 했지만 전쟁은 몇 달 후 끝나게 된다. 독일군 포로는 정전 이후 수년간 더 투옥되어 있긴 했지만 이후 러시아는 포로들이 수용소에서 죽지 않도록 시골 마을에 풀어주었다. 아버지는 집으로 걸어 돌아오려고 애썼다(이것도 꽤 어려운 일이었다. 폴란드인들은 당연히 이 전쟁으로 인해 독일인이라면 치를 떨었고, 병든 소년이라도 죽이려 했을 것이다). 독일로 돌아오기 위해 그는 쏟아지는 총알들 사이로 맹렬히 돌진하고 힘겹게 기어올라 마침내 두 발로 미국 점령 지역의 국경을 넘었다.

　그에겐 아직 갈 길이 많이 남아 있었다. 의지할 곳 없이 열차역으로 헤매 들어간 그를 가엾게 여긴 할머니가 다음 역까지 갈 수 있는 기차표를 한 장 사주셨다. 그녀는 자신의 아들에게도 누군가 같은 친절함을 베풀어주길 바란다는 말을 했다. 기차를 타자 아버지는 자리를 찾아 앉았다. 피곤에 지친 상태로 지독하게 찌든 군복을 걸친 깡마른 몸이었지만 그 어떤 검표원도 그가 다음 역에서 제대로 하차할지에는 관심을 갖지 않았다.

　결국 그는 집으로 돌아왔지만 또 다른 실망감이 기다리고 있었다. 집이 있던 전체 블록은 폭격으로 인해 돌무더기 잔해뿐이었고, 가족의 행방을 아는 사람도 찾지 못했다. 하지만 마침내 그는 할아버지를 비롯해 가족 모두와 상봉할 수 있었다. 겨울 내내 건물 밖에서 잠을 재우는 포로수용소에 계셨던 할아버지는 당시 50세 나이로는 회복이 불가능할 정도로 몸이 많이 상한 상태였다. 하지만 네 식구가 모두 살아남아 다시 함께한 순간은 정말 무척이나 감격스러웠을 것이다.

사실은 탈출에 대한 또 다른 흥미로운 뒷이야기가 있다. 이후 아버지는 교환학생과 결혼하여 그녀의 나라 미국으로 이주했다. 미국 시민권을 받은 지 얼마 지나지 않아 그는 한국전쟁 소집 영장을 받았다. 전해오는 이야기로 내 어머니는 이 중차대한 시기에 나를 임신했고, 자녀가 생긴 아버지는 징집 대상에서 제외될 수 있었다고 한다. 그는 조국 독일에서와 달리 새로운 나라 미국에서는 천만다행스러운 우연의 일치로 참전을 비껴갈 수 있었다.

이것이 바로 나의 아버지가 제2차 세계대전에서 한 일이다. 아버지는 당연히 이런 일들을 다시 생각하고 싶지도, 이야기해 주고 싶지도 않았을 것이다(아버지는 별 말 없이 독일인 포로수용소를 배경으로 한 시트콤 〈호간의 영웅들Hogan's heroes〉 같은 1960년대 TV 쇼들을 시청했었다).

아버지는 미국이라는 나라를 꽤 좋아하게 되었다. 비록 얼마 지나지 않아 정치가들을 비판하고, 편법으로 세금 납부를 줄여 보려고 애쓰긴 했지만 말이다. 그는 이미 오래전에 판단했던 것 같다. 조국에 대한 일방적인 애국심을 가져도 국가는 그만큼 보답해 주지 않고, 심지어 합리적이지도 못한 목적을 위해 개인을 주저 없이 희생시키는 것이 국가의 모습이라고 말이다.

그동안 전방에서는

할리우드 전쟁영화와 드라마에 등장하는 영웅적 미군들은 나치에 맞서 민주주의를 수호하고 세계평화를 지키는 핵심 인물로 그려진다. 하지만 역사 전문가들에 의하면, 제2차 세계대전의 성패는 주로 러시아 쪽 전방에서 결정되었다고 한다. 세계대전 전체로 보았을 때 미국과 영국의 상륙작전은 지엽적인 것에 불과했다. 당시 독일군은 주요 전투가 이루어지는 동부 러시아 전선에 그들이 가진 최고의 부대와 자원을 투입하고 있었고, 상륙작전은 이 전선에 전달되는 독일 군수물자를 우회시키는 것이 목적이었다.

이 전쟁에서 엄청난 수의 러시아군이 사망했다. 그 숫자는 다른 연합군 사망자를 모두 합친 것보다 많았다. 전투 자체가 엄청나게 크고 격렬했기 때문이기도 하지만 이렇게 많은 사상자가 발생하게 된 데에는 자국민들을 제대로 돌보지 않은 러시아 최고 사령부에게도 부분적인 책임이 있었다. 문화가 남성을 어떻게 이용하는지 알고 싶다면 제2차 세계대전 러시아 공산군으로서 시련을 겪은 수많은 남성들(그리고 소수의 여성들)의 처참한 삶을 생각해 볼 수 있다. 바로 이들이 내 아버지의 적이었고, 그들에겐 내 아버지가 적이었다.

그간 소비에트연방의 정보 제한으로 러시아 공산군에 대해 알려진 것이 많지 않았지만 최근 수년 사이 많은 자료가 세상에 공개되었다. 캐서린 메리데일Catherine Merridale의 『이반의 전쟁Ivan's war』과 같은 책은 러시아군의 삶에 대해 잘 설명해 주고 있다.

전쟁이 시작될 때부터 러시아군은 독일군보다 훨씬 큰 규모를 자랑했다. 독일군은 우수한 조직과 장비를 믿고 승리를 확신했지만 그 예측은 잘못된 것이었고, 독일은 패했다. 러시아의 승리는 순전히 스탈린과 고위 간부들이 수백만 자국민의 목숨을 기꺼이 내버렸기 때문에 가능했다. 스탈린은 사실 당시 다수의 장교와 장군들의 숙청을 막 끝낸 상태였다. 피에 굶주렸던 그는 정권 장악에 조금이라도 위협을 느끼게 하는 지휘관과 장군들을 가차없이 숙청했다. 숙청 자체도 비극이었지만 더욱 비극적인 아이러니는 이렇게 숙청된 자들의 죄목이 사실 국가를 위해 올바른 일을 함으로써 통치자들을 피곤하게 만들었다는 것이었다.

대규모로 이루어진 장교급 숙청은 러시아군을 일대 혼란에 빠지게 했고, 이 약점은 1930년대 핀란드와 짧은 전투를 치르면서 표면화되었다. 핀란드에서 고전하는 러시아를 보며 독일 고위 사령관들은 지금이 바로 러시아군을 공격할 최적의 시기라고 생각했다.

공산주의 이론은 세계 사회주의 혁명이 계속 발전되고 있으며, 승리를 향해 꾸준히 전진할 것이라고 선언해 왔다. 러시아 공산군은 말도 안 되는 이 이론을 실행에 옮겼다. 그들은 어떤 전투에서도 후퇴에 대한 계획과 준비 없이 그저 어떻게 공격할지에 대해서만 준비했다. 끔찍했던 전쟁의 첫 주, 독일군이 공격해 오자 러시아군은 어떻게 해야 할지 몰랐다. 그들은 참호를 파고 자리를 지켜야 했지만 방어 대신 공격을 선택했다. 그렇게 그들은 매일 독일군을 공격하다가 실패할 때마다 밀려난 후방에서 또 다음날 공격을 준비했다.

공격은 방어보다 비용이 크다. 방어집단은 배수로 안이나 나무 뒤에 숨어 사격하는 반면 공격집단은 열려 있는 바깥 공간에서 뛰어다녀야 하기 때문이다. 이런 전투방식은 말 그대로 러시아 청년들의 대규모 학살을 초래했고, 궁극적으로 아무것도 득이 된 것이 없었다.

러시아군의 또 다른 문제는 장비 부족이었다. 독일군에 비해 병사 수는 많았지만 총기가 충분하지 않았다. 그래서 20세기 현대 사회에, 이 불운한 젊은이들은 맨몸으로 기관총과 탱크를 상대하며 전투에 투입되었다. 이 문화는 지급할 장비도 없으면서 인해전술을 구사할 사람들을 필요로 했다.

러시아군의 기관총 공급은 매우 제한적이었다. 최전방 군인들에게조차 기관총을 지급할 여유가 전혀 없었다. 이것은 엄청난 인명 손실을 초래했다. 기관총은 방어를 위한 무기이기 때문에 러시아군이 독일군의 공격을 막는 데 가장 필요한 무기였다. 사실 침략은 독일군이 한 것이기 때문에 러시아는 방어를 하는 것이 적합했다. 따라서 배수로 안이나 벽 뒤에 숨어 진격하는 독일군들을 향해 기관총을 쏘는 것이 맞는 선택이었다. 하지만 어리석은 공산주의적 신념으로 인해 러시아군은 방어하지 않고 공격만 했다. 그들의 문화는 자국 군인들의 생명보다 그들 무기의 향방에 더 큰 관심이 있었다. 독일 전선으로 뛰어든 병사들이 죽으면 들고 간 기관총은 버려지는 것이었다. 그래서 러시아 지휘관들은 최전선에 기관총을 배치하지 않기로 결정했다.

대신에 러시아군은 가지고 있던 모든 기관총을 헌병대에게 지급했다. 헌병대는 공격 부대를 뒤따르며 계속 전진하도록 밀어붙이는 임무를 맡고 있었다. 공격 상황이 좋지 않아 조금이라도 뒤처지는 러시아 병사들은 즉각 자국 헌병대 전우들에게 저격당했다. 굉장히 놀랍지 않은가? 러시아군은 최고의 총기를 자국 국민들을 죽이는 데 사용했다. 병사들 대부분은 조국을 위해 봉사하고자 전투에 자원했던 가난하고 평범한 청년들이었다. 애국심으로 일어난 청년들은 절망스런 진퇴양난에 빠졌다. 제대로 된 무장이나 교육도 없이, 자신의 등에 총구를 겨눈 아군들과 함께 이들은 맨몸으로 독일군 탱크와 총을 향해 달려 나갔다.

메리데일의 추측에 따르면, 그 최악의 시간 동안 병사들은 죽거나 심한 부상을 당하기까지 평균 3주 정도를 버텼을 것이라고 한다(이때 대다수 부상병들은 걷거나 총을 쏠 수만 있으면 다시 공격진으로 보내지는 상황이었다. 따라서 여기에서 말하는 3주란 정말 심각한 총상을 입기 전, 이미 한두 번의 부상을 당한 상태였을 것이다). 이들에게 공격 명령은 사형선고나 마찬가지였다.

스탈린그라드 전투 이후 상황은 러시아에게 유리하게 돌아갔지만 그들의 내부 사정은 결코 좋지 못했다. 전반적인 전략은 아직도 독일군을 인해전술로 제압하는 것이었다. 메리데일에 의하면,

이로 인해 러시아 병사의 3분의 1이 죽어나갔다. 키예프 전투 같은 군사작전 하나에서 러시아군이 입은 손실은 미국과 영국이 태평양전쟁과 제2차 세계대전을 통틀어 계산한 사망자 수를 넘어섰다. 이처럼 막대한 손실은 러시아가 여러 군사작전을 치르는 동안 계속되었다.

전투 자체가 주는 공포감을 제외하고서도 그들의 삶은 너무 힘겨웠다. 아버지의 증언에 따르면, 러시아 포로수용소의 음식은 충격적일 정도로 형편없는 상태였다. 이 음식은 독일인 포로들에게는 먹지도 못할 수준이었지만 러시아 간수들도 이 끔찍한 음식을 똑같이 먹었기 때문에 불평을 할 수도 없었다. 병사들에게 일기를 쓰는 것이 엄격하게 금지되어 있었던 걸 보면 러시아도 최전방에서의 삶이 얼마나 심각한 수준인지 알고 있었던 것 같다.

그 문화는 이런 나쁜 상황에서도 병사들이 계속 버틸 수 있게 하는 방법을 보드카 배급에서 찾아냈다. 메리데일에 의하면, 보드카 배급량은 한 사람이 완전히 취할 정도는 아니라서 가끔 몇몇 병사들이 배급량을 한꺼번에 모아 돌아가면서 마셨다고 한다. 그 그룹 안에서 각자 배급받은 보드카를 한 사람에게 몰아주면 그 사람은 그날 제대로 취할 수 있었다. 그렇게 나음날 밤은 다른 사람에게 모두의 보드카가 돌아갔다. 이곳에서는 이제 보드카를 몰아서 마시는 순서 직전에 죽는 것처럼 운 나쁜 일은 없었다. 자연스럽게 이런 일들은 종종 사망자 보고를 지연시켰고, 주인 잃은 죽은 자의 보드카는 남은 이들이 나눠 마시기도 했다.

양성평등을 향하여?

1970년대, 1990년대 두 차례 미국은 여성들을 군대로 소집하거나 참전시켜야 하는지에 대한 토론이 한창이었다. 나는 가까스로 베트남 파병 소집에서 벗어난 이력이 있어 이 토론에 특히 관심을 가지고 지켜보았다. 이 논의는 여성이 신체적으로 전투가 가능한지에 대한 것도 있었지만, 사실상 참전 자체가 여성에게 해로운 것인지에 대해 더 자주 이루어졌다(예를 들어 참호에서 전투를 치르면 여성들이 질염에 걸릴 수 있다는 이야기를 하기도 했다). 결론은 결국 참전이 여성들에게 좋지 않다는 것이었다. 참전은 남성들에게도 분명 좋지 않은 일이다. 그런데 왜 이 점에 대해선 아무도 이상하다고 생각하지 않았을까?

우리 모두는 젊은 남성들을 대체 가능한 존재라고 생각한다. 양성평등을 지원하겠다고 약속한 한 국가가 자국의 젊은 여성 일부를 남성과 같이 소모적으로 이용할 수 있는지에 대해 질문해 볼 필요가 있다. 젊은 남성들이 소모적이라는 점은 당연히 여긴다.

남성은 늘 소모적으로 여겨졌다. 정확히 말하자면 시간이 지나면서 관련 상황들이 바뀌긴 했다. 선사시대나 로마 전투에서는 지금보다는 덜 치명적인 무기를 사용했지만 당시엔 의료수준도 열악했다. 그래서 실제 전투는 우리가 영화에서 보았던 것에 비해 늘 더 끔찍했다.

영화에서는 보통 화살을 맞으면 바로 쓰러져 죽거나 아니면 쉽게 부상에서 회복된다. 하지만 실제 화살로 인한 부상은 느리고 고통스러운 죽음을 가져온다. 수 시간에 걸쳐 피를 흘리거나 더 나쁜 상황에서는 상처가 감염되어 비참한 죽음을 맞이한다. 실제로 화살촉을 몸 밖으로 빼내는 것은 거의 불가능하기 때문이다. 화살을 맞았을 때 최선의 선택은 화살을 맞은 팔이나 다리를 누군가가 잘라주는 것이다. 이 수술은 일반적으로 진통제 없이 금속 칼로 피부와 근육, 뼈를 한꺼번에 잘라내는 것이었다.

유명한 영국의 영웅인 허레이쇼 넬슨Horatio Nelson은 해전에서 화살을 맞아 곧바로 한쪽 팔을 잘라내야 했다. 해군 제독이었던 그는 다른 부상자들보다 분명 영향력 있는 존재였다. 어쨌든 진통제 없이 금속 톱으로 수술을 했는데, 톱이 너무 차가워 고통이 좀 더 심했다고 회상했다. 이후 그는 부상당한 젊은이들의 팔과 다리를 자르는 수술 도구들은 약간 따뜻하게 데우라고 명령했다.

이렇게 문화는 남성을 이용하는 크고 작은 방법들을 통해 발전해 왔다.

왜 남성이 더 소모적인가

왜 문화는 남성을 여성에 비해 소모적으로 여기는 걸까? 이런 의문에 대해 가치판단은 최소한으로 두는 것이 좋을 것 같다. 문화는 도덕적 이유를 포함해 다양한 이유들로 많은 남녀의 삶을 힘들게 만들었지만 우리가 관심을 가지는 부분은 이 부분이 아니다. 대신 우리는 문화가 어떤 방법과 이유들로 특히 남성들을 이용했는지 살펴보고자 한다.

문화는 근본적으로 도덕적 주체가 아니라 실용적이고 냉정한 시스템이다. 사형제도 등에 관해 토의할 때는 도덕적 인간의 입장에서 특정 구성원을 처형하는 것이 올바르고 적절한지 여부에 주목할 수 있다. 하지만 여기에서 우리는 어떤 것이 문화에 실질적으로 유용한지 여부에 주목하려 한다. 예를 들면 특정 구성원들을 처형하는 것이 그 문화가 더 성공적으로 기능할 수 있도록 하는 것일지 궁금해할 수 있다. 제2차 세계대전에서는 다양한 문화와 시스템들이 붕괴되었고, 그 문화들은 목표를 성취하기 위해 많은 이들의 목숨을 필요로 했다. 모든 계층의 사람들이 죽음을 맞이했지만 누구보다 청년들이 가장 많이 죽음으로 내몰렸다.

전쟁에 가담했던 사회들은 수많은 생명을 잃었다. 그중 몇 시스템만은 살아남아 지배적인 영향력을 끼쳤다. 승리한 사회는 문화 수호에 기여한 전사자들에게 감사하며 그들의 죽음을 명예롭게 기릴 수 있다. 패전한 사회는 패배를 받아들이는 힘든 시간을 보낸다. 이 패전 사회의 어머니들은 그들이 키운 아들의 희생이 무의미해졌다는 참담한 사실을 받아들여야 했다.

현대의 소위 선진 문화권의 입장에서 보면 새로 태어난 아기들은 모두 전도유망한 가능성으로 가득 찬 소중한 생명들이다. 우리는 아기들이 태어남과 동시에 인간으로서의 권리와 자격들을 이미 지니고 있다고 생각한다. 하지만 추상적인 시스템인 문화의 관점에서는 다르게 바라볼 수 있다.

여기에서 말하는 문화의 관점은 엘리트 지도층이 공식적으로 내세우는 가치와 신념 같은 것이 아니다. 이 문화의 지속적 생존을 가능하게 하는 것들에 기초한 것들이며, 특히 타 문화를 앞서 나가기 위해 필요한 다양한 발전을 이루는 데 필요한 요소들을 말하는 것이다.

이런 관점에서 아기들은 고귀한 개인들의 집합이라기보다는 기회들의 집합이다. 남자아이와 여자아이라는 다른 두 가지 집합으로 보는 것이 더 정확할 것이다. 시스템에서 여아들은 후속 세대를 생산할 가장 중요한 자궁을 대표한다. 시스템 간에 이루어지는 대부분의 경쟁에서 번식은 다른 시스템을 양적으로 앞서 나가기 위한 핵심적인 방법이다. 그래서 시스템은 현 세대보다 더 큰 규모의 다음 세대가 필요하기 때문에 미래에 아기를 가질 수 있는 모든 여아들을 선호한다고 볼 수 있다.

한 여성이 낳고 기를 수 있는 아이의 수는 최대 12명 정도이고, 그 절반도 사실 많은 수다. 실제 대부분의 여성은 한두 명의 자녀로 그칠 것이다. 따라서 문화가 인구를 증가시키거나 최소한 유지하기 위해선 그 문화 내의 여성들을 많이 잃어선 안 된다.

남아들은 여아들과 전적으로 다른 기능을 가지고 있다. 여아와 달리 남아들을 모두 보존할 필요는 없다. 물론 전쟁 가능성이 있을 때처럼 많은 남아들을 성인으로 길러내야 할 때도 있다. 전투에 내보내 싸우게 하거나 더 많은 수로 적을 압도하기 위함이다. 하지만 평화로운 시기에는 그마저도 필요 없다.

다시 말해 번식이 핵심이다. 여성은 아기를 출산하기 때문에 번식에 시간이 필요하지만 남성은 한 명만으로 계속 번식할 수 있다. 쉽게 말하면 한두 명의 남자와 수많은 여성의 조합이, 수많은 남성과 여성 몇 명의 조합보다 더 많은 아기를 생산할 수 있는 것이다. 결국 여성의 수를 최대한으로 늘리는 문화가 인구 경쟁에서 가장 유리할 것이다.

따라서 무자비하고 실용적인 관점에서 보았을 때 문화는 충분한 번식활동을 위해 모든 여아들과 소수의 남아들만 오래 건강하고 안전한 삶을 살도록 하면 된다. 다른 문화와 경쟁하기 위한 여성들의 주 임무는 아기를 만드는 것이고, 여기엔 정자를 제공할 몇 명의 남성들만이 필요하다. 나머지 남성들은 소모적 존재다. 모든 문화는 만성적으로 다음 세대의 인구 생산에 필요한 수 이상의 남성이 존재하는 상태, 즉 음경 과잉^{penile surplus} 상태에 있다.

당연히 예외도 있다. 특히 사냥과 채집에 의존하고, 먹을 것이 풍족하지 않은 지역에 살았던 원시 유목사회에서는 인구를 소수로 유지하기 위해 여성의 수를 제한할 필요가 있었다. 경쟁자가 적고 운반 능력이 떨어지는 데다 식량자원까지 부족한 경우 사회는 여성 인구를 적게 유지할 필요가 있다. 이런 사회에서 여아로 대표되는 새로운 자궁은 기회가 아닌 생존에의 위협을 나타낸다.

인구가 적은 사회들, 다시 말해 자연에 기대어 근근이 먹고사는 사회들에서 인구 과잉은 하나의 위협이다. 이런 경우 문화는 여성의 수를 제한하려고 한다. 이때 남성들은 자산이 된다. 인구가 적고 경쟁자가 존재하는 경우 그 문화는 군인 역할을 해줄 사람들을 원할 것이기 때문이다. 그 문화에서는 여자아기 수를 통제하는 어떤 방법들이 존재할 것이고, 식량 공급 한도 이상으로 인구가 늘어나는 것을 통제할 것이다.

하지만 농업의 발달로 많은 식량이 생산되자 인구는 증가하기 시작했고, 문화는 다른 라이벌 집단들을 치고 올라가기 시작했다. 수적 우세는 문화의 성공 열쇠였다. 그 이후로부터 문화는 여성을 생산해 내는 것이 더 중요했다. 이때가 바로 음경 과잉이 시작된 시기다.

음경 과잉은 어떤 추상적인 가능성이 아니라 실제적 현상이다. 4장에서 살펴본 남성에 대해 '가장 과소평가된 사실'에 대해 다시 생각해 보자. 오늘날 세계 인구는 여성이 남성보다 2배 정도 많은 상태에서 유래된 것이다. 이것은 인류역사의 대부분을 통틀어 봤을 때 소수의 남성이 대부분의 번식작업을 했다는 것을 의미한다. 자연과 문화가 함께 빚어낸 세계사는 사실 여성보다는 훨씬 많은 남성들을 내버렸다고 볼 수 있다. 수많은 남성들이 결과적으로 번식게임에서 탈락되어 생물학적으로 마침표를 찍었다는 점에서 그렇다.

세계사에 등장하는 대부분의 문화에서 일부다처제가 시행된 적이 있는 반면 현재와 같은 법적 일부일처제는 상대적으로 흔치 않앉다. 페미니스트들은 일부다처제가 여성들에게 불리하다는 이유로 반대 시위를 하기도 한다. 하지만 이 반대는 순전히 상징적인 의미인 것 같다. 사실 다른 모든 조건이 동일할 때 일부일처제보다 일부다처제 하에서 여성들이 더 불행한 삶을 사는지는 알기 어렵다. 많은 여성들이 일용직 노동자나 편의점 종업원의 유일한 부인이 되기보다는 부유하고 성공한 남성의 둘째나 셋째 부인이 되는 것을 더 선호할지도 모르는 일이다. 그녀 자신과 아이들은 부유한 남성의 지원을 받을 때 더 나은 삶을 살 것이다.

어떤 개인적인 이유를 막론하고, 남편의 독점을 원하는 여성도 일부다처제 하에서 더 잘 살 수 있다. 일부다처제는 미혼 여성 수는 부족하게 하고, 미혼 남성 수는 넘쳐나게 한다. 그래서 일부다처제 하에서는 일부일처 관계의 남편을 원하는 여성도 훨씬 많은 남성들 중에서 자신의 남편을 고를 수 있다.

예를 들어 100명의 남성과 100명의 여성이 사는 마을이 있다고 치자. 10명의 남성이 각각 9명의 여성들과 결혼한다면 이 마을에는 90명의 싱글 남성과 10명의 싱글 여성이 남게 된다. 남은 싱글 여성들이 일부일처를 원한다 해도 남녀가 9대 1이라는 건 여성에게 훨씬 유리한 비율이다.

일부다처제에서는 여성을 위한 주요 법적 안전망으로써 남성들에게 아내들의 동의 없이 새로운 아내를 맞이하는 것을 금지한다. 어렵지 않은 요구다. 많은 여성들은 남편과 우선 이혼할 필요 없이 남편의 새로운 아내를 허락하는 것을 선호했을 수도 있다.

이것은 바로 현재 시행되는 일부일처제를 강화하는 이혼 절차를 생략한 것이다. 하지만 일부일처제가 일반화된 오늘날에도 많은 남성들이 여러 아내들과 결혼하고 있다. 단지 다음 아내와 결혼하기 전에 이전 아내와 이혼하는 단계가 추가되었을 뿐이다. 법적 절차를 거쳐 이혼하는 것이 이전 아내에게 항상 유리한 것일까? 오히려 일부다처제는 여성들에게 더 많은 선택지와 권리를 제공한다.

그렇다면 일부다처제는 왜 대부분 금지되었을까? 눈에 띄는 사실은 아니지만 일부다처제로 인한 실제 피해자들은 다수의 남성들이다. 여기에서도 우리는 1장에서 본, 한곳만 바라보는 실수를 비슷하게 저지른다. 사회가 남성들만을 위해 만들어졌다는 잘못된 생각은 사회의 꼭대기 부분, 즉 운 좋고 성공한 남성들만 살펴보았기 때문에 발생한 오류다. 일부다처제에 대한 비판도 비슷한 오류를 범한다. 소수의 부유하고 성공한 남성들만 본다면 이들이 여러 아내와 대가족을 거느리고 넉넉한 삶을 사는 모습만 보일 것이다. 하지만 대부분의 남성을 살펴보면 그들에게는 아무것도 없다는 걸 알 수 있다.

방금 제시한 남녀가 각각 100명씩 사는 마을의 예를 기억해 보자. 남성 10명이 각각 9명의 여성과 결혼하는 일부다처 결혼이 90명의 여성을 데려가면, 90명의 싱글 남성과 10명의 싱글 여성이 남는다고 했다. 남은 싱글 여성들에게 유리한 남녀 비율이었다. 하지만 남은 90명의 싱글 남성에게는 슬픈 상황이다. 대부분의 남성들은 절대 결혼하지 못할 뿐 아니라 심지어 섹스 한 번 해보지 못할 수도 있다.

그래서 일부일처제는 결혼을 모두에게 동등하게 널리 퍼뜨려 몇 명의 남성이 다수의 여성을 독차지하는 것을 방지한다. 이런 방법으로 대부분의 남성이 자신의 아내를 얻을 수 있게 된다.

핵심은 일부다처제가 남성의 소모성을 기반으로 한 제도라는 점이다. 이것이 바로 문화가 대부분의 성공한 남성들에게 보상할 수 있는 한 가지 방법이다. 그렇게 해서 문화는 남성들이 가정을 얻고 유지하고자 하는 열망을 이용해 그들이 서로 경쟁하고 탁월함을 추구하도록 몰아붙인다. 하지만 일부다처제는 많은 남성들이 전혀 아내를 맞이할 수 없게 한다. 이 남성들은 단지 시스템의 패배자일 뿐이다. 참 안됐지만 그들은 소모적 존재다.

남성의 극단성을 설명하다

자연에서 나타나는 남성 소모성은 앞선 장들에서 봐왔던 남성의 극단성 패턴과 관련지어 볼 수 있다(자연에서 나타나는 남성 소모성은 사회 안에서 문화적으로 나타나는 남성 소모성의 바탕이 되고, 이를 보완하는 역할을 하기도 한다). 자연은 여성들보다 남성들을 상대로 주사위를 더 많이 굴린다. 즉 남성을 대상으로 일종의 도박을 더 많이 한다고 볼 수 있다. 앞에서 살펴보았듯이 자연은 남성들에게서 천재와 정신지체자들을 더 많이 만들어낸다. 여성보다는 남성들을 통해 지능과 키, 성격 등 여러 요소에 대해 더 폭넓은 다양성을 만들어내는 것이다.

우리는 이 남성들의 극단적 특성을 일종의 실험으로 생각해 볼 수 있다. 자연은 유전자들을 새로운 방법으로 조합하여 그중 어떤 조합들이 얼마나 성공적인지 무작위로 테스트해 본다. 이런 테스트를 통해 인류를 더 개선시킬 수 있는 조합을 찾을 수도 있겠지만 대부분의 조합은 실패작에 머무르게 된다. 유전자의 무작위 조합(변이)은 대부분의 경우 환경에서 생존하는 데 적합하지 않을 가능성이 더 높기 때문이다.

따라서 생물학적 선택과 종의 생존을 고려했을 때 이런 유전자 조합 실험은 결국 더 이상 번식하지 못하는 부적응적 사례들을 더 많이 만들어낸다.

지능을 예로 들어보자. 사람의 지능을 진화시키기 위해 자연은 기존의 유전자 조합을 변화시켜 새로운 형태의 뇌를 만들어보아야 한다. 아마도 대부분의 경우 이렇게 변형된 뇌들은 제대로 작동하지 않을 것이고, 사실상 열등한 뇌를 만들어낼 것이다. 이상적으로 말한다면 그 종이 계속 성공적으로 적응하고 개선되기 위해서 이런 개체들은 다음 세대에게 열등한 뇌를 만든 유전자 조합을 전달해서는 안 된다. 그런데 대부분의 인류 여성은 아기를 낳는다. 정신지체 여성도 자녀를 낳을 가능성이 있으며, 이 아기가 정신지체아가 될 확률은 평균 이상이다. 대부분의 여성은 아기를 낳기 때문에 여성에게 있는 열등한 특성들은 숨아내기 어렵다.

반면 대부분의 남성들은 번식하지 못한다. 오로지 가장 성공한 남성들만 번식하고, 정신지체 남성들은 이 성공한 엘리트 그룹에 들어갈 가능성이 희박하다. 따라서 자연의 유전자 실험은 남성에게 이루어졌을 때 바로 종료된다. 불운한 남성의 유전자들은 유전자 공급 풀에서 숨아진다. 반면 불운한 여성들의 유전자는 많은 세대 동안 끈질기게 계속 살아남을 것이다.

따라서 자연은 여성들보다 남성들에게 실험하는 것이 더 유리하다. 남성들을 통해 얻은 열등한 유전자 조합들은 재빨리 유전자 풀에서 삭제되어 이 조합이 다음 세대로 전달되는 것을 막을 수 있기 때문이다.

이와 반대로 천재 아기들을 살펴보면 성공적으로 이루어진 유전자 실험들에선 어떤 일이 일어나는지 알 수 있다. 여기에서도 남성의 소모성 때문에 자연은 남성을 이용해 실험을 한다. 천재적인 남자아기는 같은 해에 태어난 다른 남아들에 비해 인생에서 큰 성공을 거둘 가능성이 높다. 성공한 남성들은 여러 아내와 많은 자녀를 둘 수 있기 때문에 그의 유전자는 유전자 풀에서 빠른 속도로 퍼져나갈 것이다. 이와 대조적으로 천재적인 여자아기는 여전히 몇 명의 아기들밖에 가질 수 없으므로 유전자가 아무리 뛰어나더라도 유전자 풀에서 천천히 퍼져나갈 수밖에 없다(종의 차원에서 운이 좋은 시나리오는 여성 천재가 여러 아들을 두고, 그 아들들이 똑똑한 아이들을 많이 갖게 되는 경우다).

짧게 정리하자면, 남성들이 더 소모적이기 때문에 자연은 분명히 여성보다는 남성을 통해 더 효과적으로 유전자 실험을 할 수 있다. 남성들은 자연에서 사용하는 일종의 실험용 쥐라고 볼 수 있고, 그래서 더 극단적인 남성이 여성에 비해 많은 것이다.

대체 가능한 사람들로 이루어진 큰 집단

문화가 남성을 더 소모적으로 여기는 중요한 이유가 또 있다. 남녀가 주로 차지하는 사회적 영역이 다르다는 점을 떠올려 보자. 남성은 큰 규모의 사회집단을 선호한다. 여성이 선호하는 작은 집단을 중심으로 한 친밀한 관계와 달리 이런 큰 집단들은 구성원을 소모적 존재로 만든다.

친밀한 관계들로 이루어진 작은 관계에서 각 개인은 모두 소중한 존재다. 연인들은 서로를 대체할 수 없는 중요한 존재로 여긴다. 연구에 따르면, 바로 이 착각 때문에 사람들은 연인과의 헤어짐을 매우 고통스럽게 생각한다. 몇 해 전에 내가 사라 와트면Sara Wotman과 『실연: 짝사랑의 두 가지 면Breaking hearts: The two sides of unrequited love』이라는 책을 쓰며 알게 된 사실이다. 실연당한 사람들은 대부분 헤어진 연인을 대체할 수 있는 사람을 절대로 다시는 찾을 수 없을 거라고 생각한다. 하지만 알다시피 사람들은 다른 상대를 찾게 되기 마련이다.

하지만 새 연인이 옛 연인을 실제로 대체하는 것은 아니다. 새 연인은 새롭게 만들어진 관계의 일부분이지 옛 연인과의 관계의 연속선 상에 있는 것이 아니다. 떠나간 사랑은 정말로 떠난 것이다. 깊이 사랑한 누군가는 다른 사람으로 대체될 수 없다.

여성들은 친밀한 관계 영역에 전문화되었기 때문에 자신이 가치 있고 없어선 안 될 존재로 여겨지는 것에 익숙하다. 아이들에게 엄마를 대신할 수 있는 존재는 없다. 남편에게도 아내의 자리를 완전히 채울 수 있는 존재는 없다. 그에게 새로운 아내가 생긴다면 모든 것을 새로 시작해야 할 것이다. 전 아내와 함께 나누고 만들어 갔던 기억을 모두 버리고 새로운 관계에서 모든 것을 새롭게 시작해야 한다. 여성은 희생이 많이 필요한 관계에 익숙하며, 심지어 자신의 삶을 희생하는 경우도 있다.

대조적으로 큰 집단에서는 각 개인을 대체될 수 있는 존재로 여기며, 실제로 그렇게 된다. 남성들이 만들어낸 대규모 기관들을 살펴보면 그들이 일상적으로 구성원을 교체한다는 것을 확인할 수 있다. 경찰이나 군사조직, 대기업, 국회와 시의회, 시립오케스트라, 프로축구팀들을 생각해 보자. 이런 각 기관에 속한 개인의 자리들은 이미 다른 사람으로 교체된 적이 있고, 현 구성원들도 언젠가는 다른 사람으로 교체될 것이다. 이렇게 구성원이 계속 교체되는 동안 그 기관은 지속적으로 존재한다.

심지어 대규모 기관들은 각 개인의 자리가 언제라도 다른 사람으로 대체될 수 있다는 점을 구성원에게 분명히 인지시킨다. 그래서 사람들은 자신이 속한 기관이 자신을 쓸모 있고 가치 있다고 여길 수 있도록 열심히 일한다. 이것이 바로 소모성이 문화에게 제공하는 혜택이다.

자신이 다른 사람으로 대체될 수 있다는 점은 사람들이 그 집단의 목표를 이루기 위해 최선을 다해 일하도록 격려한다. 덕분에 개인들은 대체되지만 그 집단 자체는 존속할 수 있게 된다. 자신이 대체될 수 있다는 위협은 큰 집단에 유용한 기능을 제공한다. 구성원들로 하여금 그 기관에 쓸모 있는 존재가 되기 위해 열심히 일하도록 하고, 그래서 그들이 계속 그 집단의 구성원으로 살아남게 한다.

따라서 남성이 소모적이라는 의미는 남성이 만들어낸 사회관계 종류들과 밀접하게 연관되어 있다. 소모적이라는 개념 덕분에 남성집단들은 구성원들이 어떤 애정이나 친밀감 없이도 공동의 목표와 업무 달성을 위해 함께 일할 수 있다. 이것이 바로 여성의 영역에서 이루어지는 가깝고 친밀한 관계들과 뚜렷하게 대조되는 점이다.

몇 가지 오해들

남성의 소모적인 특성을 빼고는 남성의 역할을 제대로 이해하기 어렵다. 과소평가되고 제대로 인정받지 못하는 이 부분 때문에 남성과 여성에 대한 많은 오해가 빚어지기도 한다.

여성들은 남성들이 큰 집단 안에서 소모적인 역할을 해왔다는 점을 인정하기 어려울 것이다. 사실 남성들의 세계에 진입한 여성들이 느낀 부정적 경험에 소모성의 논리가 분명 일조했을 것이다. 남성의 집단에 들어간 여성은 자신들이 당연히 존중받거나 가치 있는 존재로 여겨지지 못하는 것을 넘어 소모적인 존재로까지 여겨지는 점에 충격을 받았을 것이다.

레즈비언 페미니스트 노라 빈센트는 이런 문제에 대해 인정했다. 그녀 또한 몇 달간 남성으로 변장해 살기 전까지는 남성으로서의 삶이 더 나을 것이라 생각했었다. 그녀의 맨 처음 계획은 남성의 세계에 몰래 들어가 남성으로서의 삶을 살아보고, 여성은 즐기지 못하는 남성만의 특권이 무엇인지 폭로하는 것이었다. 하지만 그녀의 책은 애초의 계획과는 상당히 달라졌다.

그녀가 경험한 남성의 세계는 험난했다. 특권은커녕 자신의 성취물을 통해 스스로 조직에 필요한 존재임을 증명해 내야 했다. 문제에 부딪쳐도 사람들은 당연히 다가와 도와주거나 신경 써주지 않았다. 여성의 세계와 달리 남성의 세계는 죽기 살기로 버텨야 하는 것이었다. 결국 그녀는 남성의 특권을 폭로하는 애초의 계획 대신 남성으로서의 짧은 생을 마감하고 기쁜 마음으로 여성의 삶으로 돌아왔다.

남성들의 대규모 기관과 직업의 세계로 진입한 여성들은 대대적인 변화를 요구했다. 광범위하게 깔려 있는 남녀 차별적 편견에 대응하기 위해 이런 변화가 필요하다고 여겼던 것이다. 실제로 약간의 편견과 차별이 있었을지도 모르지만 이는 다소 과장된 것이었다. 페미니스트들은 근본적으로 여성을 소모적 존재로 대우해선 안 된다고 주장했다. 이 말은 곧 여성을 남성과는 다르게 대우해야 한다는 것이었다.

오늘날 기관들은 공식적으로 모든 사람이 존중받을 권리가 있다고 표현하는 경우가 많다. 이런 선언은 기관들이 이전과 달라졌음을 보여준다. 이런 기관들이 남성들로만 이루어져 있을 때는 모든 사람이 소모적으로 여겨졌고, 그중 수장이 된 몇몇 사람들만이 존중받을 수 있었다. 하지만 여성들은 기관의 이런 대우를 견딜 수 없었다.

남성들은 여성들의 이런 반응을 이해하지 못했을 것이다. 남성은 자신들이 늘 당연히 마주하던 소모적인 존재라는 개념을 기반으로 여성들이 자신들과 나란히 자리를 차지하길 원한다고 생각했다. 남성은 자신들이 겪어온 시련에 대해 여성들이 알아가고 비슷하게 경험하는 것을 즐겼을지도 모르겠다. 여성들이 요구한 남성들의 자리가 실제로 과연 얼마나 힘든지 직접 경험해 보라는 심징이있을 것이다.

남성에게는 익숙했던 소모적 존재로서의 대우가 여성에게는 충격적이고 받아들이기 어려운 것이었다. 여성들은 오래전부터 소중하고 특별한 존재로 여겨지는 데 익숙했기 때문이다.

분명 페미니즘은 남녀 서로에 대한 오해를 더 악화시켰다. 문화와 사회를 남성들의 거대 음모로 표현한 페미니스트적 분석은 남성들끼리 서로 뭉쳐서 여성들에게 대항한다고 주장했다. 그래서 여성들은 이런 기관들에서 남성들을 꽤 많이 챙겨준다고 생각했다. 심지어 남성들이 그들의 기관 진출을 막으려고 하기 때문에 여성들 스스로 어려움을 헤쳐 나가야 한다고 오해를 하기도 한다. 그래서 기관들이 지금과 같은 모습으로 변하게 된 것 같다. 이제는 대부분의 기관들에서 여성을 대상으로 네트워크를 조성하고 지원하는 단체들을 보유하고 있지만 남성을 대상으로는 이런 조직이 불법화되어 있다. 역설적이지 않은가!

　이제 여성들은 사실상 남성들은 한 번도 가지지 못한 그들만을 위한 네트워크와 기관들을 가지고 있다. 흥미로운 것은 현재의 이 모습이 남성들은 친분을 다지는 네트워크를 늘 가지고 있었다는 여성들의 오해 때문에 만들어진 것이라는 점이다. 그러나 그렇지 않았다. 실제로 남성들은 서로를 상대로 경쟁하는 많은 비공식적인 집단을 가지고 있었고, 이 집단들은 목적에 맞는다면 여성들에게도 사실상 열려 있었다. 남성은 여성을 적으로 여기지 않았던 것이다. 그들은 오히려 다른 집단의 남성들을 적으로 여기기 때문에 오히려 여성들을 동지로 환영했다.

　미래의 젊은 남성들에게 세상은 점차 험난해질 것이다. 사회기관들은 여성을 선호한다. 남성들이 여성에게 적대적인 음모를 꾸민다는 오해 때문에 기관들은 여성을 보호하려고 한다. 그렇게 여성은 기관들에 의해 보살핌을 받고 네트워크 지원을 받는다. 남성은 언제나 그랬던 것처럼 스스로 헤쳐 나가야 하지만 여기에 어려움이 추가되었다. 여성에게 더 너그러운 여러 제도와 시스템이 체계적으로 자리 잡고 있기 때문이다.

그럼에도 여전히 유일하게 남성의 편에 있는 것은 그들이 가진 자원, 즉 주체적인 자아와 남성으로서의 자부심이다. 거기에 더해 남성에게는 매우 강하고 절실한 동기가 있다. 이들은 자신이 소모적인 존재이고, 무언가 해내지 못하면 가차 없이 버려질 것임을 알기 때문이다.

삶의 가치

학문적 접근은 사회가 남녀에 가치를 부여하는 방법에 대한 다양한 증거들을 찾아보도록 권고한다. 생명보험료를 생명에 대한 가치의 지표 중 하나로 생각해 볼 수 있다. 이것을 보면 당연히 남성의 생명이 더 가치 있는 것처럼 보인다. 예를 들어 기혼 커플의 생명보험을 대상으로 한 최근 연구에서는 남성의 생명이 여성에 비해 3배 정도 더 높은 가치로 책정되었다는 점을 발견했다. 이들 여성 중 많은 수는 생명보험에 가입조차 하지 않은 상태였다.

하지만 이것이 실제로 사회가 여성에 비해 남성의 삶을 더 가치 있게 여긴다고 말하는 것일까? 생명보험 약관은 개인들에 의해 책정된 것이다. 이것은 그 사람의 삶 전체 가치를 반영하는 것이 아니라 그 사람이 사망할 경우 가족에게 얼마의 보상이 필요할지를 반영하는 것이다. 많은 여성들이 생명보험에 가입하지 않았다는 점에 주목해 보자. 이 현상이 여성의 삶이 가치가 없다거나 사회나 가족이 이 여성들을 가치 없는 존재로 여기는 것이라고 추측하기는 어려울 것이다.

남성의 생명에 보험료가 더 많이 책정된다는 점은 남성이 돈을 더 많이 번다는 사실을 보여준다. 어떤 가족들에게는 한 남성의 임금이 유일하거나 주된 수입원이기 때문에 이 남성이 사망하면 가족들은 생활비로 꽤 많은 보험료를 받아야 할 것이다. 여기에 더해 아내에게 수입이 거의 없거나 특히 나이가 많으면 그 아내가 갑자기 남편만큼의 돈을 벌어올 가능성은 매우 낮을 것이다. 대조적으로 아내가 사망하는 경우 남편의 금전적 지원에는 별다른 타격이 없을 것이다.

따라서 보험료에서 남성의 생명에 높은 현금가치를 부여한다는 점은 그 사회와 가족이 남성의 주요 목적을 무엇이라 생각하는지 보여준다. 이 남성들의 삶의 목적은 바로 그의 가족을 금전적으로 지원하는 것이다. 예상치 못한 한 남성의 죽음은 그의 가족에게 재정적인 위기를 초래하기 때문에 보험 지불금은 바로 이 문제를 해결해 주기 위한 것이다.

한 여성 또한 그녀의 가족에게 많은 것을 제공하지만 이를 금전적인 가치로 환산하기는 쉽지 않다. 게다가 실제로 남성들은 아내에 비해 훨씬 먼저 사망하는 편이기 때문에 노년층에서는 여성의 비율이 더 높다. 아내를 잃은 남편들은 재혼을 통해 전 아내에게 받았던 부분들을 새 아내를 통해 대체할 수 있다. 하지만 남편을 잃은 아내들은 쉽게 재혼하기 어렵기 때문에 세상을 떠난 남편으로부터 재정적 지원을 계속 받아야 한다.

쓰고 버려지는 개인의 유용성

이제 문화가 어떻게 남성의 소모성으로 이득을 얻는지 살펴보자.

모든 조건이 동일하다면 문화 구성원들이 문화를 위해 더 많이 희생할수록 그 문화의 영향력은 커질 것이다. 따라서 사람들을 소모적으로 이용할 수 있다는 것은 그 시스템이 더 번창할 수 있도록 돕는다.

문화의 목표는 생존하는 것임을 잊지 말자. 문화는 그 문화권 내 모든 개인에게 신경 쓸 필요가 없다. 문화의 입장에서 어떤 구성원은 없는 것이 더 나을지도 모른다. 이것이 세계대전 직전 나치와 소비에트 정권의 숙청사건들 밑바탕에 깔린 정서였다. 지배집단은 반체제 인사들을 제거하면 장악한 권력이 더 강해질 것이라 생각했다. 하지만 사실상 그렇지 않았다. 나치의 소위 '천년 왕국'은 겨우 10여 년간 맹위를 떨치다 무조건 항복과 함께 붕괴되었다. 세계 공산주의 혁명의 선봉에 있던 소비에트 제국은 70여 년에 걸친 부패로 인해 결국 무너졌고, 이는 곧바로 다른 대부분 국가들에서 공산주의 이념의 종말로 이어졌다.

그럼에도 불구하고 문화는 필요에 따라 구성원들을 이용할 수 있을 때 성공적으로 존재할 수 있다. 예를 들어 문화는 사람들의 생명을 **빼앗거나** 삶의 대부분을 힘든 노동에 바치게 하는 등의 방법으로 구성원들을 이용한다. 이제 문화가 남성들을 소모적인 존재로 대우하여 경쟁 문화를 앞서는 몇 가지 방법을 살펴보자.

죽음의 쓰임새

우선 가장 확실한 것은 문화가 전투에서 목숨을 버릴 수 있는 사람들로부터 이득을 얻는다는 점이다. 사실 문화는 사람들에게 조국이나 명분을 위해 대놓고 목숨을 바치라고 요구하지는 않는다(자살 특공 임무가 존재하긴 했지만 이런 임무에서도 남성들이 언제나 더 많이 배정되었다). 대신 그들에게 위험을 감수해 달라고 요청한다.

어떤 사상가들은 전쟁이나 전투의 목표가 모든 적을 죽이는 것이라고 생각한다. 철학자 일레인 스캐리Elaine Scarry는 저서 『고통 속의 몸The body in pain』에서 이런 생각은 잘못된 것이라 설명한다. 전쟁은 두 가지 이상의 양립할 수 없는 생각들로부터 자라난다. 예를 들어 다른 두 나라는 여러 면에서 다른 생각을 가질 수 있다. 양국 국경을 어디로 설정해야 하는지, 서로를 어떻게 대우해야 하는지 혹은 어느 나라가 더 우월한 정치·경제·종교적 시스템을 가지고 있는지 등등 다양할 수 있다. 이런 불일치에 직면하면 양국은 자국민의 목숨과 부를 위험에 몰아넣어 상대국이 자국의 생각에 동의하도록 압박한다. 상대국도 마찬가지로 이 논쟁에서 이기기 위해 사람과 자원의 희생을 감수하겠다고 생각한다. 그렇게 되면 전쟁이 시작된다.

전쟁을 하는 동안 양국은 자신이 원하는 생각을 밀어붙인다는 미명아래 국가의 생명과 재산들을 잃게 된다. 전투나 전쟁은 대체로 한쪽이 완전히 멸망할 때까지 계속되지는 않는다. 그보다는 어느 한쪽이 생명과 부를 더 이상 잃을 바엔 차라리 자신의 이상적인 생각을 포기하겠다고 결정하는 시점에 전쟁이 끝나게 된다. 그렇게 항복하는 것이다.

그래서 전쟁은 물질과 상징이 뒤섞인 것이다. 한 국가나 문화가 가진 상징적 생각은 여기에 투자된 구성원의 피와 돈의 실제량과 긴밀하게 연관되어 있다. 그 생각이 영토나 경제에 관련된 것이든 종교적 신념이든 무엇이든 관계없다. 한 상대가 자신의 상징적 주장을 포기할 때까지 양쪽은 피를 흘리고 부를 잃게 된다.

문화는 그 문화권의 권리와 영토, 시스템에 대한 특정 관념들로부터 힘을 얻는다. 따라서 그 문화의 관념들에 도전하는 적이 나타나면 문화는 피와 돈을 희생하는 전투를 치러야 한다. 세계역사에 등장한 대부분의 문화들은 이런 전쟁에 필요한 생명과 부를 그 문화의 남성들에게 의존했다. 따라서 문화는 남성들의 희생으로 그 문화의 관념들을 유지한다. 목숨을 버릴 각오로 전투에 뛰어든 남성들의 희생 덕분인 것이다. 다시 말하지만 문화는 특정 남성들에게 목숨을 버리라고 직접적으로 요구하진 않는다. 그보다는 다수의 남성들에게 목숨을 잃을 수도 있는 전투에 참전해 주길 요청해서 그중 일부 남성들만이 결과적으로 목숨을 잃게 된다.

전투에 대한 문제는 다른 이슈들과도 관련이 있다. 관련된 가장 설득력 있는 사례는 앞부분에서 언급한 업무 중 사망하는 사람들이다. 미국에서는 거의 비슷한 수의 남녀가 직업을 가지고 일하지만 근무 중 여성이 1명 사망할 때 남성은 13명이 사망한다. 위험한 직업은 남성들에게 돌아간다.

다시 말하지만 직업의 세부 작업 내용이나 공식적 의무에 대해 작업 중 사망 가능성이 있다고 노골적으로 표현하는 경우는 거의 없다. 하지만 문화의 입장에서는 사망 위험이 있는 직업에 뛰어들 사람들이 적잖이 필요하다. 시간이 지나면서 위험에 많이 노출된 사람들은 부상과 같은 큰 타격을 입고, 그중 낮은 비율은 결국 죽음을 맞이한다. 대부분의 국가에서 살펴보면 이렇게 사망하는 사람들은 대부분 남성이다.

문화는 일과 전투 모두에서 특정 사람들에게 죽음을 요구하지는 않는다. 대신 죽을 수도 있는 위험한 상황을 감수할 의지를 요구한다. 이런 일에 종사하는 사람들 대부분이 사망하는 것은 아니지만 일부는 확률적으로 죽음을 맞이하게 된다.

문화에는 해야 할 일이 있고, 그 과정에서 소수의 죽음이 필요하다. 이런 일은 승리를 위한 전투일 수도 있다. 도시 전체의 화재를 관리하는 소방업무일 수도 있고, 범죄를 통제하고 범죄자들과 총격전을 벌이기도 하는 경찰업무일 수도 있다. 이런 업무들을 마무리하기 위해서는 문화가 목숨으로 치러야 할 비용이 있다. 문화는 실용성을 추구하는 시스템이기 때문에 이런 업무를 처리하는 것이 목표다. 문화가 대가를 치러야 할 때는 일반적으로 남성들의 생명으로 그 값을 치른다. 이것은 거의 모든 문화에서 일어나는 실제적인 문제다.

위험을 감수하려는 의지

위험부담과 대체 가능성은 남성성에 있어 중요한 부분이다. 예상치 못한 죽음을 맞이하는 남성들의 상황이 이런 특성들을 선명하게 보여준다. 하지만 위험부담은 다른 많은 영역에도 적용된다. 이 섹션에서는 위험부담이 성취와 어떻게 관련되어 있는지 살펴보고자 한다.

  그 분야가 과학이든 사업이든 문화가 구성원들에게 혜택을 분배하는 명백하고 유일한 최적의 방법은 없다. 가장 좋은 방법을 찾기 위해서는 다른 방법들을 하나하나 시도해 봐야 한다. 이런 방법은 최적의 서비스(의료, 쓰레기 수거, 음식 배달 등)나 상품(작살이나 SUV 자동차를 만드는 가장 좋은 방법 등), 과학이론을 찾을 때도 동일하게 적용된다. 문화는 가장 효과적으로 기능하기 위해 최선의 방법이 무엇인지 찾아내야 한다. 이 목적을 위해 적용했던 모든 옵션, 모든 경로와 기회들을 꼼꼼히 살펴야 한다. 그러다 보면 성공한 것들과 실패한 것들이 드러나게 되어 있다. 이때 성공한 것들은 그 배후에 심각한 위험부담을 안고 고군분투한 몇 사람이 있었기 때문이다.

위험부담은 그 자체로 단점을 가지기 마련이고, 어떤 사례들에서는 이 단점이 더 크다. 그래서 이런 위험부담을 추구하는 사람들은 소모적인 존재여야 한다. 사회는 많은 개인들이 막다른 길에 몰리고, 인생이 무너지고 실패하는 것을 받아들여야 한다. 자신들의 상품가치가 상대적으로 떨어지는 제조업자들과 판매자들은 파산할 것이고, 잘못된 이론을 선택한 과학자들은 부끄러운 실패와 함께 직업을 잃게 될 수도 있다.

인구를 유지하기 위해 문화는 이런 일들에 여성을 소모할 수 없다. 하지만 남성의 일부를 버리고 잃는 것은 큰 문제가 되지 않는다. 음경 잉여라는 현상은 남성의 일부가 생존하는 한 인구는 유지될 수 있음을 보여준다.

예를 들어 어떤 큰 문제가 있고, 다섯 개의 가능한 답안이 있다고 생각해 보자. 문화는 정답을 통해서 이득을 얻을 수 있다. 문화의 여러 개인들이 각각 다른 답안들을 추구할 때 각 답안들은 공정하게 살펴볼 수 있는 기회를 얻게 된다.

문화가 승자를 얻는 방법은 어떤 과학적인 방법이나 투표를 함으로써 여러 답안들 중 하나를 정답으로 뽑는 것이다. 이렇게 하나의 답을 고르고 나면 다른 네 가지 답안을 추구했던 사람들은 결국 한꺼번에 버려지는 처지가 된다. 그들 모두 자신의 노력과 평판을 걸고 문화에서의 부와 존경을 성취하기 위해 달려왔지만 정답으로 선택되지 못하면 이 노력은 물거품이 된다.

한 문화가 최고의 답안을 얻으려면 가능성 있는 아이디어에 도전하고 노력할 많은 사람들이 필요하다. 이런 도전은 자기 삶의 큰 부분을 걸어야 하고, 많은 경우 실패를 경험할 수밖에 없는 일종의 게임이다. 무엇이 정답인지 알 수 있는 방법은 없다. 단지 운이 없다는 이유만으로도 실패는 가능하다.

소모적 존재라는 것과 불평등함

지금까지 살펴본 경쟁에 대한 예시들은 많은 문화들에 광범위하게 적용되는 중요한 핵심, 즉 문화가 구성원에게 차등적으로 대우하고 보상한다는 사실을 보여준다. 이런 불평등한 보상 방식은 해로운 면도 있지만 문화 입장에서는 실질적으로 유용한 방법이다.

남성의 소모적인 특징은 문화가 가진 이런 불평등한 보상 패턴을 강화하는 데 크게 기여한다. 많은 남성들은 자신의 성공 가능성이 극도로 낮고, 자신들이 전적으로 소모적인 존재라는 점을 알고 있다. 자연선택의 핵심이자 모든 존재의 바탕이 되는 번식 과정에서 대부분의 남성들은 생물학적 경쟁에서 실패할 수밖에 없는 비운을 타고났다. 이것은 앞에서 언급한 남성의 '가장 인정받지 못하는 사실'이다. 게다가 대다수 남성들의 실패는 다른 소수 남성들의 큰 성공을 의미한다. 문화는 모두에게 보상을 동일하게 분배하지 않는다. 대신 유용한 것을 성취한 사람에게는 큰 지분을, 그렇지 못한 사람에겐 남은 찌꺼기만 제공할 뿐이다.

모든 문화가 이런 방법을 사용한 것은 아니다. 인류학자들은 문화 구성원이 모든 것을 함께 공유했던 여러 초기 문화들을 지적할 수도 있다. 이런 문화들에서는 개인 소유를 최소한으로 유지하고, 얼마나 나누는 사람인지에 따라 지위가 정해지는 공동체 중심의 삶을 추구했다. 하지만 불행히도 이런 문화들은 대부분 원시적인 수준에 그쳤다. 우연이 아니다. 문화는 불균등한 보상을 바탕으로 발전했기 때문에 이런 보상 방법을 사용하지 않은 문화는 발전하지 못했다.

궁극적으로 문화는 파이를 키울 수 있을 때 다른 경쟁 문화 사이에서 가장 성공할 수 있다. 파이를 키운다는 것은 문화가 제공할 수 있는 전체 보상을 증대시키는 것을 의미한다. 보상이 크다는 것은 구성원들에게 나누어 줄 것이 더 많다는 뜻이고, 결국 그들을 더 잘 보살필 수 있음을 의미한다. 그러나 문화의 파이를 키우기 위해서는 혁신과 실험, 위험부담을 동반하는 일종의 모험이 필요하다. 따라서 문화에 있어서 가장 실용적인 방법은 사람들이 이런 위험을 감수하도록 격려하는 것이다. 이런 격려는 결국 차등적인 보상을 제공하는 것으로 가능하다. 다시 말해 풍부하고 강력한 문화를 만드는 데 기여한 노고가 있는 사람들에게 큰 보상을 제공하는 것이다.

남성은 이런 종류의 업무에 잘 맞는다. 여러 특성들에 있어서 남성은 여성에 비해 극단적인 형태를 띠는 경우가 많고, 남성들 간에도 정도의 차이가 큰 편이다. 성공 요소가 불확실한 상황에서는 바로 남성의 이런 독특함이 장점으로 작용한다. 극단적인 특성을 가진다는 점은 미지의 성공 요소가 무엇이든 적절히 맞출 수 있는 가능성을 높이기 때문이다. 또한 남성은 소모 가능한 존재이기도 하다.

따라서 문화의 입장에서는 불분명한 성공 요소를 찾기 위해 다양한 남성들을 위험한 모험에 끌어들일 수 있다. 이런 모험의 과정에서는 자기 뜻대로 되지 않아 괴로워하는 사람도, 운이 없어서 실패하는 사람도 발생할 수 있다. 개개인에게는 안된 일이다. 하지만 시스템 입장에서는 모든 남성 개개인에게 공평한 기회를 제공하지 않아도 필요한 것을 얻을 수 있다.

문화의 입장에서 유일한 관심사는 '보물'을 가져오는 사람, 즉 문화에 혜택을 가지고 오는 사람이다. 문화는 이 남성에게 충분히 후한 보상을 할 어유가 있다. 그가 문화를 풍성하게 한 만큼 문화도 그의 삶을 풍성하게 할 것이고, 결국 문화와 그 남성 모두에게 윈윈이라고 볼 수 있다. 이런 보상은 크고 공개적으로 이루어져 다른 젊은 남성들이 미래에 비슷한 기회에 뛰어들도록 한다. 문화는 이런 방법을 통해 문화에 혜택을 가져올 또 다른 '보물'을 얻어낼 방법을 찾는 것이다.

문화에 기여한 사람에게 포상과 보상이 돌아가면 이를 목격한 남성들의 일부는 자신도 이런 일에 뛰어들고자 하는 동기가 생길 것이고, 그것을 위해 자신의 삶을 투자하게 된다. 이 경쟁의 반복 속에서 누군가는 큰 성취를 하게 되며, 이것이 문화에 혜택과 풍성함을 가져다주게 된다.

경제학자 아서 오쿤Arthur Okun은 영향력 있는 저서『균등과 효율: 그 큰 트레이드오프Equality and efficiency: The big tradeoff』를 저술했다. 이 책은 경제학 전문용어와 수식들로 가득하지만 평범한 말로 바꾸면 그 핵심 내용은 불균등함에 이점이 있다는 것이다. 모든 사람이 동등한 보상을 받는 큰 집단에서는 시스템이 효과적으로 작동하지 않고, 따라서 시스템의 전체 부와 기타 이득의 총량이 상대적으로 작다. 이와 대조적으로 불균등한 분배는 더 큰 생산성을 이끌어낼 수 있다. 우리는 이미 공산주의 국가들을 통해 이런 점에서 균등함을 추구하는 것이 기본적으로 모든 사람을 동일하게 가난뱅이로 만든다는 점을 목격한 바 있다.

당연히 불균등함은 남용될 수 있고, 이런 불평등 자체가 바람직하거나 혜택을 주는 것도 아니다. 하지만 불평등은 창의성과 혁신, 경쟁, 이득과 발전을 가져올 수 있는 다른 행동들을 하도록 자극하는 데 사용될 수 있다. 어떤 국가들은 소수의 강력한 엘리트가 엄청난 부와 권력을 비축하고 있는 반면 나머지 다수는 충격적인 수준의 가난에 고통받고 있는 곳들이 있는데 아프리카가 대표적인 예다. 그런 사회들은 발전하지 못하고, 불균등한 보상이 주는 혜택을 누리지 못한다. 하지만 많은 이들에게 공정한 기회가 주어지고, 경쟁적인 경제구조를 가진 열린사회에서는 사람들(대부분 남성)에게 큰 도박을 하도록 만들 수 있다. 큰 보상을 얻을 가능성이 보이면 사람들은 큰 위험부담을 선호하기 시작한다. 심지어 매력적으로 느끼기도 한다.

보상에 차등을 둠으로써 문화는 구성원 전체에게 이익을 주는 경쟁과 노력을 촉진시킬 수 있다. 기본적으로 문화는 큰 승리자들과 큰 실패자들로 시스템을 구성할 수 있다. 큰 실패자들을 감당할 의지가 없으면 큰 승리자들도 얻을 수 없다. 단, 문화의 입장에서 여성들은 소중한 자원이기 때문에 다수의 여성이 실패자가 되게 하는 것은 허용될 수 없다는 점을 기억하자. 반면에 남성이 실패자가 되는 것은 문화의 입장에서 별 문제가 되지 않는다. 심지어 실패자가 발생하는 것이 문화에 유용할 때도 있다. 이것이 남성의 역할이며, 여기에는 최고와 최악의 면이 동시에 내포되어 있다.

9

남성성의 획득과
남성의 자존심

．
．
．
．
．

최근 인기 있는 프로그램 중 하나인 〈견습생The apprentice〉은 기업계 거물 도널드 트럼프가 패기 있는 젊은이들로 하여금 여러 주에 걸쳐 경쟁을 펼치도록 하고, 매회 끝에 그중 한 명을 해고하는 방식으로 이루어진다. 그리고 마지막까지 남은 사람에게는 1년 간 트럼프 밑에서 일하며 10만 달러 이상을 벌 수 있는 기회가 주어진다.

어떤 회에서는 같은 팀의 두 남녀가 앞으로 닥칠 과제의 어려움에 대해 논쟁하는 장면이 방영되었다. 누군가 팀을 위해 위험부담이 있고 유쾌하지 않은 일을 하는 책임을 떠맡아야 하는 상황이었다. 둘 다 상대방이 그것을 해야 한다고 생각했고, 논쟁은 점차

격해졌다. 결국 여성은 "좀 남자답게 굴어!"라는 말로 남성을 자극했다.

이에 분개한 남성은 "너도 여자답게 굴어!"라고 쏘아붙였다. 그러자 그녀는 "나는 여자야!"라고 소리친 뒤 하고 싶은 말을 계속 이어갔다. 남성은 더 할 말을 찾지 못한 채 잠자코 앉아 있었다.

우리는 그의 혼란스러움을 이해할 수 있다. 그 남성은 왜 갑자기 자기가 논쟁에서 패했는지 알지 못했다. 그는 그녀가 자신에게 한 것과 본질적으로 똑같은 말을 했지만 그의 대답은 완전히 실패였다. 아마도 그는 지금과 같은 양성평등 시대에는 "남자답게 굴어"와 "여자답게 굴어"가 동등한 말이라고 생각했을 것이다. 그러나 그렇지 않았다. 그녀는 이미 여자였고, 이는 둘 다 알고 있었다. 따라서 그녀는 이를 굳이 입증할 필요가 없었다. 반면 남자다움이 의문시된 남성은 단지 큰 목소리로 "나는 남자야"라고 말하는 것으로는 부족했다. 말을 넘어 이를 입증해야만 했다.

두 견습생 지망자 사이에 있었던 잠시 동안의 언쟁은 남녀 간의 근본적인 불균형을 여실히 보여준다. 이것이 바로 이번 장의 주제다. 남자다움은 획득해야만 하는 것이다. 모든 성인 여성은 여자이지만 모든 성인 남성이 남자는 아니다. 오늘날의 부드럽고 섬세한 화법이 이 차이를 다소 완화시키기는 했지만 아마 과거에는 더욱 극명했을 것이다. 소년들은 남자가 되기 위해 무언가를 증명해야만 했다.

관건은 존중이다. 대부분의 문화는 으레 여성을 존중하는 오랜 전통을 가지고 있다. 분명 그 존중은 최고의 남성들이 받았던 존중과는 다른 것이었을 것이며, 어떤 면에서는 덜했을지도 모른다. 그럼에도 불구하고 여성은 당연히 존중받을 가치가 있다는 것이 오래된 보편적 생각이었다. 최악의 경우 여성은 문화가 수치스럽다고 여기는 무언가를 함으로써 존중을 잃을 수 있었다. 그러나 그전까지 그녀는 존중받을 권리가 있다.

반면 남성의 경우는 그렇지 않다. 남성은 존중을 획득해야만 했다. 앞으로 살펴보겠지만 사실 남성들 자신이 형성한 사회집단들은 종종 전략적으로, 아니 거의 의도적으로 존중의 결핍을 사용한다. 그것이 품위의 손상이든 언어 비하든 아니면 다른 신호이든 간에 많은 조직의 남성들은 존중받을 가치가 있음을 스스로 입증하기 전까지 일상의 무례를 참아왔다.

존중의 결핍은 그들에게 남성임을 스스로 입증하고 다른 이들의 존중을 얻는 것이 얼마나 중요한지를 상기시킴으로써 많은 집단들에서 비일비재한 각종 모욕을 당하지 않도록 노력하게 한다.

간단히 말해 여성은 존중을 잃을 만한 일을 하지 않는 한 존중받을 권리가 있었다. 그러나 남성은 존중받을 만한 일을 하지 않는 한 존중받을 권리가 없었다. 이는 문화가 남성들을 최대한으로 활용할 수 있게 하는 굉장히 유용한 시스템이다.

현실의 이중 잣대

여성운동은 여성들이 얼마나 스트레스에 시달리며 사는지를 이해하게끔 했다. 스트레스의 한 가지 원인은 '외모'처럼 그녀가 거의 통제할 수 없는 것에 의해 평가받는 데 있다. 여성들은 옷, 화장, 다이어트를 통해 그들이 가진 통제권을 발휘하는 데 최선을 다한다. 하지만 궁극적으로 젊음과 아름다움을 대체할 수 있는 것은 없으며, 그것이 결여된 여성이 그것을 '진짜로' 가질 수는 없다. 뿐만 아니라 젊고 아름다운 여성이라 해도 그것이 지속되지 않을 것임을 안다.

이와 달리 남성들은 좀 더 자신이 통제할 수 있는 것들에 의해 평가받는다. 어떤 면에서는 여성들의 운명보다 나을지 모르지만 다르게 보면 더는 아니더라도 여성들 못지않게 힘들다. 남성들은 계속해서 성취해야만 한다. 획득하고, 앞지르고, 정복하고…….

'이중 잣대'라는 용어는 성 도덕성에 대한 하나의 관점을 일컫는 상투적인 말이 되고 있다. 요지는 남성과 여성이 다르게 평가된다는 것이다. 구체적으로 이중 잣대는 주로 어떤 성적인 행동이 남성에게는 용납되지만 여성에게는 비도덕적이라는 생각을 일컫는 데 사용된다. 이 중 가장 흔한 것은 혼전 성관계다. 따라서 이중 잣대를 옳다고 여겼던 전통사회에서는 결혼 전 남성들이 섹스를 하는 것은 허용되지만 덕망 있는 여성은 결혼 첫날밤 전까지 처녀로 남아 있을 것으로 기대되었다.

하지만 이중 잣대가 실제로 존재한다는 증거는 매우 드물며, 보다 최근 연구에서는 그 징후를 더욱 찾기 어렵다. 오히려 동일한 성적 잘못(간통 등)에 대해 여성보다 남성을 더 심하게 비난하는 것이 보편적이다. 이중 잣대에 대한 믿음은 일부 전문가들마저 속게 만든 교묘한 착각에 기인한다.

예를 들어 20세기 초중반 여론조사에서 남성들은 혼전 성관계가 도덕적으로 용납된다고 이야기했으며, 반면 여성들은 그것이 비도덕적이라고 했다. 연구자들은 그 숫자들을 보고 "아하! 남성은 되고 여성은 안 된다는 이중 잣대!"라고 말했겠지만 이는 잘못된 해석이다. 남성들은 혼전 성관계가 남녀 모두에게 허용된다고 말했으며, 여성들은 그것이 남녀 모두에게 비도덕적이라고 말했다. 어느 쪽도 실제로 이중 잣대를 나타내지는 않는다. 극히 소수의 응답자들(10% 미만)만이 혼전 성관계가 남성에게만 허용된다고 말했다.

또한 이중 잣대가 여성의 성을 억압하고 통제하려는 남성들의 술책이라는 견해와 반대로 이중 잣대의 증거 대부분은 여성들에게서 나타났다. 즉 이중 잣대 현상은 여성이 다른 여성의 성을 통제하고 억압하려고 하기 때문에 나타난 결과라는 것이다. 이 원인에 대해서는 10장에서 자세히 살펴보게 될 것이다. 이중 잣대가 남성이 여성을 억압하고 통제하는 수단으로 사용된다는 가상 페미니스트의 주장에는 중대한 오류가 있다.

하지만 우선 지금은 좀 더 근본적이고 진정한 이중 잣대를 살펴보도록 하자. 이는 남녀가 어떻게 판단되고 평가받는지와 관련된다. 남성은 성취로 평가받고, 여성은 외모로 평가받는다. 분명 오늘날 그 경계는 애매모호하며, 우리 사회는 남녀를 어느 정도 유사한 토대 위에 올려놓았다. 남성의 외모는 이전보다 중요해졌으며 여성의 성취도 그렇다. 하지만 이중 잣대는 여전히 남아 있으며, 여성에 비해 남성은 '성취'를 통해 존경을 얻어야 한다.

이것이 가슴에 와 닿았던 것은 수년 전 뉴올리언스에서 열린 학회에 참석했을 때다. 힘든 일과를 마치고 유명한 버번가를 거닐던 나는 그 분위기에 발을 뗄 수 없었다. 일반적인 도시의 거리와 달리 술을 들고 자유롭게 장소를 이동할 수 있었으며, 다양한 오락거리도 인상적이었다. 그곳에는 클럽에서 연주하는 전문 밴드에서부터 행인들의 팁을 받기 위해 홀로 연주하는 거리의 음악가까지 모든 종류의 라이브 음악이 있었다. 그리고 다양한 술을 파는 술집과 길거리 공연은 물론 스트립쇼와 마술쇼도 있었다.

언제나처럼 나는 사회과학자로서 이를 가능케 하는 게 무엇인지, 그 패턴은 무엇인지 곰곰이 생각해 보았다. 그중 한 가지는 여행자들의 돈을 원하기는 모두가 마찬가지였지만 제공한 것이 달랐다는 것이다. 남성들은 대체로 음악이나 마술 묘기 혹은 다른 공연 등 상품가치가 있는 재주들을 가지고 있었다. 여성들은 단지 옷을 벗으면 되었다.

다시 한 번 나는 변화를 주장하거나 한쪽 성이 다른 성보다 우월하다는 이야기를 하는 것이 아님을 짚고 넘어가고 싶다. 외모로 여성을 평가하는 전통적 방식에는 이득뿐 아니라 대가도 따랐다. 아름답지 않은 여성은 할 수 있는 일이 그리 많지 않았다. 물론 여성들은 화장, 머리 스타일, 보석 그리고 다른 방법들로 외모를 가꾸고자 노력한다. 그리고 최근 수십 년간 증가한 몸매에 대한 강조는 많은 여성들로 하여금 체중 감량을 위한 다이어트로 경쟁하게 했다. 하지만 전반적으로 많은 여성들은 대체로 무기력한 상황에 처해 있어야 했다. 그들은 매력적이거나 그렇지 않았으며, 사회(남녀 모두)는 주로 그 기준으로 이들을 평가했다.

외모로 여성을 평가하는 것에 대해 어떻게 느끼는지에 관계없이, 여기에서의 핵심은 남성들이 오랫동안 다른 기준에 직면하며 살아왔다는 것이다. 사회 전반, 또 유혹하고 싶은 여성 모두로부터 남성들이 평가받은 것은 성취 그리고 그것이 가져오는 지위나 돈이었다.

오래전 사회학자들은 지위를 얻는 두 가지 방법을 구분한 바 있다. 획득된 지위와 주어진 지위가 그것이다. 주어진 지위는 특정 가문에서 태어났다는 이유로 아무것도 하지 않아도 누군가에 의해 부여되는 것이다. 획득된 지위는 정확히 말 그대로다. 무언가를 함으로써 얻어지는 것이다.

이런 면에서 남성의 인생은 획득된 지위를 위주로 돌아가는 반면 여성의 지위는 주어지는 경향이 있다. 어느 쪽도 본질적으로 더 낫다고는 할 수 없지만 이 둘은 각기 다른 유형의 역점과 시사점을 지닌다. 여성은 그녀가 누구인지에 의해 존중받을 자격이 주어지며, 존중의 정도는 그녀가 할 수 있는 일이 제한되어 있는 외모에 달려 있을 것이다. 남성은 열심히 노력하고 다른 남성들을 능가함으로써 존중을 얻어야만 한다.

위태로운 남성성

많은 문화에서 소년들은 남자가 되기 위한 자격을 스스로 입증해야만 한다. 어떤 경우에는 큰 동물(위험한 포식동물이든 집단에 제공할 고기를 얻기 위한 것이든)을 포획해야 하고, 다른 경우에는 고통스러운 육체적 시험을 치러야 한다. 즉 남자는 만들어지는 것이지 타고나는 것이 아니다. 이는 까다로운 과정일 뿐만 아니라 실패할 가능성도 있다. 통과하지 못할 경우 소년으로 남을 가능성도 존재하는 것이다.

이러한 남자다움에 대한 견해가 단지 원시집단에만 국한된 것이라고 생각하면 오산이다. 현대의 대학생들을 대상으로 한 연구에서도 유사한 태도가 발견되었다. 조셉 반델로Joseph Vandello, 제니퍼 보선Jennifer Bosson, 도브 코헨Dov Cohen 교수와 동료들은 오늘날 성인들이 여전히 남자다움과 여자다움을 매우 다른 것으로 여기고 있다고 밝혔다. "모든 소년이 성장해서 모두 진짜 남자가 되는 것은 아니다" 그리고 "소년은 남자라고 불리기 위한 권리를 노력으로 얻어야 한다"와 같은 (인위적으로 만들어낸) 격언에 동의하는지에 대한 질문에 학생들은 그렇다고 답했다. 그러나 '소년'을 '소녀'로, '남자'를 '여자'로 바꾸어서 질문했을 때는 동의하지 않았다. 소녀에서 여자로의 변화는 생물학적인 성장과 신체적 변화의 과정으로 이해되었다. 따라서 자동적이고 불가피한 것이다. 이와 대조적으로 소년에서 남자로의 변화는 성취와 존중의 획득에 기반한 사회적 사건으로 이해되었다.

훨씬 더 극적인 증거는 성 정체성을 잃어버린다는 것에 대해 어떻게 생각하는지 질문했을 때 나타났다. 자신이 더 이상 남자가 아닌 것처럼 느껴진다고 말하는 기사를 접했을 때 사람들은 그가 무언가에 실패해서 더 이상 그의 가족을 부양할 수 없다는 의미로 받아들이는 경향이 있었다. 사람들은 동일한 기사를 여자로 바꾸어 물었을 때 더 어려워했으며, 성전환 수술 등을 떠올리는 경향을 보였다. 다시 말해 여자다움은 생물학적인 사실인 반면 남자다움은 사회적으로 규정된 것이다.

남자다움은 쟁취해야 하는 것이고, 심지어 잃을 수도 있다는 사실은 남성에게 부담으로 작용한다. 반델로와 연구팀에 의한 추가 연구는 이를 입증했다.

이 연구에서 사람들은 성격검사를 마치고 컴퓨터가 제공하는 피드백을 받았다. 이는 3단계 척도로 이루어져 있었으며, 하나는 '평균 남성의 점수' 다른 하나는 '평균 여성의 점수' 그리고 세 번째 것은 '당신의 점수'라고 표시되었다. 참가자들은 이 결과가 가짜라는 것을 몰랐다. 조작에 의해 참가자들이 받은 자기 점수는 남성 혹은 여성의 평균 점수와 거의 일치했다.

즉 어떤 사람들은 자신의 점수가 자신의 성 평균에 아주 가깝다고 들은 반면 다른 사람들은 다른 성 평균에 가깝다는 통보를 받았다. 후자가 이 연구의 초점이었다. 자신의 성이 아닌 다른 성을 닮았다고 들었을 때 사람들은 어떻게 반응하게 될까?

여성은 남성을 닮건 여성을 닮건 상관없이 비교적 침착했다. 그러나 남성들의 반응은 달랐다. 자신이 여성을 닮았다는 것은 남성들을 불편하게 했다. 그들은 불안 및 공격적 감정의 증가와 같은 다양한 부정적 반응을 나타냈다.

이것은 아마 소년들과 운동장이나 라커룸에서 시간을 같이 보낸 적이 있는 사람에게는 새로운 이야기가 아닐 것이다. 소년에게 "계집애 같다"라고 말하는 것은 심각한 모욕이다. 이는 소녀들이 무조건 낮게 평가되기 때문만은 아니다. 남성에게 남자답지 못하다고 말하는 것은 정체성에 대한 위협이다.

남자다움은 쟁취해야 하는 것이며, 남자답기보다 여자답다고 여겨지는 남성은 그것을 쟁취하는 데 실패했음을 의미한다. 여성들은 잘 이해되지 않겠지만 이 문제는 남성 자아의 핵심을 건드리는 중요한 이슈다. 연구들에 의하면, 여성에게 남성을 닮았다고 말하는 것은 그 반대의 경우만큼 위협적이지 않다.

불안한 남자다움은 남성의 자존심을 이해할 수 있는 한 가지 방법이다. 남성의 자존심에 대해 긍정적으로 논할 만한 것들은 별로 없다. 경쟁적인, 공격적인, 단호한, 민감한 그리고 거만할 정도로 자신감 넘치는. 이는 인간의 속성 가운데 그리 사랑스러운 것이라고는 볼 수 없다. 특히 남성의 자기중심주의가 두드러질 때는 매우 불쾌하다.

하지만 남성의 자존심은 젊은이가 남성들 세계에서 헤쳐 나가기 위해 유용하고, 적응적이고 때때로 필수적이기조차 한 것이다. 소녀는 단지 성장함으로써 여자가 되지만 소년은 자동적으로 남자가 되는 것이 아니다. 그는 남자라는 신분을 얻기 위해 싸워야 하고, 이는 자신감(시험에 통과할 수 있다는)과 경쟁적인 노력(그가 다른 사람보다 우위에 서고, 남자다움을 얻는 것을 방해하는 사람들로부터 인내심 있게 버티기 위해)을 필요로 한다.

가상 페미니스트들 같은 회의론자 및 남성 배척론자들은 남성의 자존심에는 불안이 깔려 있다고 말하고 싶어 한다. 그들이 맞다. 그러나 보통의 남성에게 있어 이러한 불안은 인격적 결함이 아니다. 오히려 불안은 사회 내 남성 역할에 있어 필수적인 부분이며, 남자다움의 일부다. 남자다움은 확고한 것이 아니다. 이는 눈에 보이는 행동 및 다른 사람들이 보고 검증한 위험들을 통해 쟁취해야 하며, 또 쉽게 잃을 수도 있다. 남자다움을 성공적으로 쟁취한 후에도 잃을 수 있다는 사실은 늘 안전하지 못하다는 뜻이다. 또한 그는 자신과 자신의 명예를 항상 지켜야만 한다.

당신의 남자다움에 대한 도전이 언제든 발생할 수 있기에 늘 경계태세를 취해야 한다. 영화 〈택시 드라이버〉에서 로버트 드니로가 거울 앞에서 "지금 당신 나한테 말하는 거요?"라고 말하는 유명한 대사처럼 말이다. 권총을 쥐고 누군가의 도전으로부터 남자다움을 지킬 준비를 연습하는 장면이었다.

간혹 남자다움은 실제로 싸움을 요하며, 결투를 하게 만들기도한다. 우리는 잠시 멈춰 이를 생각해 볼 필요가 있다. 결투는 남성의 자존심에 대해 사람들이 개탄하는 많은 특성들을 지니고 있다. 경쟁, 쓸데없는 폭력, 타인을 이기려는 것, 모욕에 대한 과민반응. 정부와 걱정 많은 시민들이 근절시키려 해도 왜 이것은 그토록 오랫동안 남아 있는가?

영예의 결투장

많은 문화에서 소년들은 남자가 되기 위해 사냥 혹은 선투를 통해 자신을 입증해야 한다. 그리하여 불안한 남자다움은 공격성과 관련되어 있다. '불안한 남자다움'에 대한 연구가 입증하듯 이러한 연결고리는 여전히 오늘날 대학생들의 마음 깊숙이 존재한다.

실험 상황에서 남자다움이 위협받게 되면(예컨대 참가자에게 그의 성격이 전형적인 여성과 유사하다고 말해 주는 것) 그는 아마도 폭력적이고 공격적인 충동을 느끼기 시작할 것이다. 반면 여성 참가자들은 그녀들이 전형적인 여성 같지 않다는 말에 별 자극을 받지 않았다. 따라서 남자다움에 대한 위협은 여자다움에 대한 위협과 달리 공격적인 파급효과를 가지고 있다.

서구사회에서 많은 남성들은 그들의 남자다움을 지키기 위해 결투를 벌였다. '영예'라는 용어는 존경을 의미하는데, 이는 남자다움에 있어 매우 중요한 것이다. 결투는 소위 '영예의 결투장'에서 벌어졌다.

많은 사람들은 결투를 하는 것이 분쟁을 해결하기 위한 방법이었다고 생각한다. 마치 그게 누가 되었든 간에 이기는 자가 옳다고 판결나듯 말이다. 그러나 이는 대부분 잘못된 것이다. 사실 오래전 유럽에서는 어느 쪽이든 명분이 옳은 자가 싸움에서 이기게끔 기독교의 신이 개입할 것이라는 생각에 근거하여 분쟁 해결을 위한 결투로서 재판을 하는 법적 전통이 있었다. 그러나 그러한 믿음은 결투가 없어지기 오래전에 사라졌다.

오히려 결투의 요점은 단순히 이에 참여함으로써 자신의 영예와 남자다움을 입증하는 데 있다. 원칙적으로는 실제로 이기고 지는 것이 그리 중요한 게 아니었다.

이것이 결투의 상처가 존경의 표식이었던 이유다. 개인적으로 나는 왜 과거 남성들이 결투에서 얻은 상처를 자랑스러워하고 그것을 과시했는지 항상 궁금했었다. 상처를 입었다는 건 상대가 당신을 베었다는 것이고, 이는 결국 패했음을 뜻하는 것이 아닌가? 그러나 결투는 이기고 지는 것이 전부는 아니었다.

결투의 핵심은 자신의 진지함을 보여주기 위해 신체적 위험을 무릅쓰는 데 있다. 결투에 참여함으로써 목숨과 신체보다 영예로운 명성을 우선시한다는 것을 입증한 것이다. 모욕을 당했을 때는 뒤로 물러서지 않는 게 중요했으며, 자신이 모욕한 상대가 도전해올 때 또한 뒤로 물러서지 않는 게 중요했다.

실제로는 많은 결투들이 방지되었는데, 이는 대개 다른 사람들이 양측에 개입하여 실제로 싸우지 않도록 했기 때문이다. 알렉산더 해밀턴^{Alexander Hamilton}은 아마 미국 역사상 가장 유명한 결투의 희생자일 테지만 치명적이었던 결투가 처음은 아니었다. 실제 총격전까지 가지는 않았지만 그는 이미 '결투'를 열 차례나 겪었다.

핵심은 두 사람이 기꺼이 싸울, 심지어 죽을 각오가 되어 있다는 것을 증명하는 것이었다. 만약 결투가 벌어지기 전에 사람들이 개입해 말렸더라면 모두를 위해 좋았을 것이다. 왜냐하면 그 남성들은 이미 기꺼이 싸울 것임을 증명했기 때문이다.

누구도 이런 대결에서 죽거나 죽일 것이라고 생각하지 않았다. 역사가 조안 B. 프리먼^{Joanne B. Freeman}에 따르면, 미국 공화국 초기에 한 남성이 다른 남성을 '강아지'라고 부르는 것은 결투로까지 이어지는 가장 심한 모욕이었다. 강아지는 순하고 유약하고 고분고분한, 스스로를 지킬 수 없는 동물이다. 그러나 그러한 모욕을 하는 것이 사형선고를 하려던 것은 아니었을 게다. 그것은 무례함의 표출이었으며, 만약 상대방이 그 무례함을 받아들이지 않는다면 두 사람은 자신들이 기꺼이 싸울 것임을 증명해야 했다.

그러나 이것이 진짜 결투로 이어지리라고 생각하는 사람들은 많지 않았으며, 만약 실제 싸움이 된다면 그것은 무척 유감스러운 일이었다. 그러나 이 의식의 진정성을 보여주기 위해 간혹 일부 도전들은 싸움으로 이어져야 했다.

어떻게 남자가 되는가

남성들이 존경을 얻기 위해 경쟁해야 한다는 사실은 여러 달 동안 남성으로 가장한 채 살았던 레즈비언 페미니스트 노라 빈센트에게 큰 충격이었다. 그녀는 자신이 일단 남성이 '되면' 사회가 남성들에게 부여한 모든 특권을 누릴 것이라 생각했다. 그러나 그녀는 경쟁을 통해 자신을 증명하고 보여주어야 하는 수많은 스트레스로 이루어진 남성의 어려운 역할에 대해 놀라게 되었다. 그녀의 실수는 자신이 여성강좌에서 들었던 것, 즉 성공의 특권은 남성에게 단지 주어진 것이라는 말을 쉽게 믿은 데 있었다. 대신에 그녀는 이러한 특권들이 전혀 성공에 대한 보장이 없는 오랜 그리고 힘든 투쟁을 통해 쟁취되어야 하는 것임을 알게 되었다.

저명한 사회학자 스티븐 L. 녹Steven L. Nock은 그의 현명하고 사려 깊은 저서를 통해 남성들의 삶에 어떤 일이 벌어지는지 그리고 특히 결혼이 이에 어떤 역할을 하는지 이해하고자 했다. 나는 그가 내린 것보다 더 훌륭한 결론을 내릴 수 없었다. 그는 문화 내에서 남자다움을 정의하는 핵심 업적은 "소비하는 것보다 더 많은 것을 생산하는 것"이라고 말했다.

이런 식의 표현은 광범위하게 활용될 수 있다. 사냥꾼이나 곡식을 생산하는 소작농을 가리킬 수도 있고, 현대사회에서는 돈으로 가장 쉽게 표현될 수 있다. 그러나 무엇이든 간에 이는 우리가 생존을 위해 무언가를 소비해야 하며, 그 무언가는 소비되기에 앞서 생산되어야 한다는 인식에 근거한다. 여성은 그녀가 무엇을 생산하고 소비하든 간에 여성이다. 그러나 예비 남성들은 남자다움을 얻기 위해 그가 소비하는 것 이상을 생산해야만 한다.

소비하는 것보다 더 많이 생산한다는 것은 여러 함의를 지닌다. 명백한 첫 번째 기준은 스스로의 앞가림을 할 수 있을 만큼 생산하는 것이다. 남자다움은 오랫동안 자급자족을 의미했다. 자신에게 필요한 만큼의 돈이나 식량을 구해 오지 못하고 다른 사람의 도움을 받는 성인 남성은 남자가 아니다. 당연한 말이다. 자신조차 제대로 부양하지 못하는 남성은 거의 자동적으로 남자다움이 박탈된다.

자립은 분명 여성이 되기 위한 조건은 아니다. 역사상 많은 여성이 남성의 부양을 받았지만 이것이 그들의 존중받을 자격을 떨어뜨리지는 않았다. 그들은 그렇더라도 여성이지만 다른 사람에게 얹혀사는 남성은 완전한 남성이 아니다.

의존의 두려움이란 제대로 된 남성이 아니라는 두려움에서 온다. 나는 이것이 남성 심리에 미치는 중요성과 의미가 아직 제대로 탐구되지 않았다고 본다. 우리는 남성들이 때로 도움을 청하거나 의사를 찾아가거나 혹은 낯선 사람에게 길을 묻거나 혹은 자신을 돌봐주려는 여성과의 관계를 꺼려한다고 들어왔다. 왜 그런가? 그 기저에 깔려 있는 동기는 아마 타인에게 의존하는 것이 남자다움을 상실한다는 생각 때문일 것이다. 남성이라는 건 일부분 스스로 앞가림을 하고자 하며, 그럴 만한 능력이 있음을 뜻한다.

그러나 녹에 의하면, 자급자족만으로는 충분하지 않다. 남성은 자신을 부양할 수 있을 만큼과 그 이상의 것을 생산해야 한다. 그가 생산하는 잉여의 대부분은 여성과 아이들을 부양하는 데 사용된다. 이 때문에 여성이 남성을 판단하고 남성이 자신을 판단하는 데 있어 제공자의 역할이 중요하다. 남성은 스스로를 부양할 수 없다는 사실보다 자신의 아이를 돌볼 수 없다는 사실에 더 괴로워한다. 왜냐하면 다른 사람에게 의존하느니 어려움을 그냥 견뎌 나가는 쪽을 선택하는 것이 남성이기 때문이다. 자신은 그럴 용의가 있어도 자식에게 이를 부탁할 수는 없다. 없는 대로 그냥 견디라고 자식에게 말하는 것은 이미 아버지로서 실패를 인정하는 것과 다름없기 때문이다.

여성이 직장을 잃으면 소득 손실과 같은 실질적인 문제에 대처해야 한다. 남성 역시 직장을 잃으면 이와 똑같지만 그에게는 다른 걱정거리도 있다. 직장을 잃는다는 것은 그가 소비하는 것보다 더 많이 생산하지 못하는 것을 의미한다. 그는 남성이 아닌 것이다. 발기부전이 때로 실업으로 인해 발생한다는 것은 놀랄 일이 아니다. 직장 없는 남성은 스스로를 남자답지 못하다고 느끼게 되고, 그의 성기는 기능을 멈춤으로써 남자다움의 종말을 고한다.

노라 빈센트의 책에는 그녀가 참여했던 남성집단의 이야기가 담겨 있다. 남성들은 그들의 삶을 상징하는 그림을 그려보라는 지시를 받는다. 놀랍게도 남성들 대부분은 스스로 알아서 자신들을 아틀라스로 그린다. 그것은 그녀의 이론과 여성학회에서 남성의 삶이라고 생각하도록 배운 내용이 아니었다!

그들은 세상을 등에 짊어지려고 애쓰는 남성의 상징적인 모습에 공감했다. 그 짐은 무겁지만 많은 사람들이 그에게 의존하기 때문에 이를 내려놓을 수 없다고 느끼는 것이다. 내려놓는 것은 그를 더 이상 남성이 아닌 존재로 만드는 것이다. 그는 심지어 불평조차 해서는 안 된다. 따라서 그는 다른 사람들이 그가 분투하고 있다는 것을 눈치조차 채지 못하도록 온 세상을 아무 소리 없이 조용히 잘 떠받쳐야 한다.

가족을 부양하는 것이 소비하는 것보다 더 많이 생산하는 유일한 이유는 아니다. 어떤 모습으로든 사회적으로 가치 있게 쓰일 잉여분을 생산하면 남자다움을 얻을 수 있다. 대부분의 현대사회에서 사람들은 세금을 납부한다. 과거 초기 사회에서 남성들은 단순히 나누어 먹을 음식을 집에 가져옴으로써 명예와 지위를 얻을 수 있었다. 그것은 어떻게든 남자가 되기 위해 필요한 것이다.

시스템이 얻는 것

남자다움이 소비보다 많은 생산을 하는 것이라고 정의함으로써 이득을 얻는 자는 누구일까? 개인(아내, 자녀들) 차원을 넘어 전체적인 시스템이 이득을 얻음을 알 수 있다. 문화는 남성이 그들이 소비하는 것보다 더 많이 생산하면 이득이다. 대부분의 역사를 통틀어 여성은 그들의 문화가 경쟁 문화를 앞지르도록 할 만큼 생산하지 못했다. 문화가 큰 경쟁에서 이기기 위해서는 남성들로 하여금 잉여의 부를 생산하게 해야 했다.

기억하라. 문화는 구성원들의 생존에 필요한 것들을 제공하는, 그리고 이상적으로는 생존 이상으로 그들이 원하는 것들 일부를 제공하는 시스템일 뿐이다. 만일 문화가 남성들 대부분 혹은 전체로 하여금 그들이 소비하는 것보다 더 많은 것을 생산하도록 설득할 수 있다면 문화는 풍요로워질 것이다. 스스로를 돌볼 수 없는 사람들(어린이, 노인, 병자, 부상자)을 부양하는 데 필요한 자원 이상을 만들어낸다면 이 잉여분을 이용해 다른 문화와 유리한 거래를 할 수 있고, 그럼으로써 다음 세대의 규모를 늘릴 수 있다. 그 잉여분은 군수 산업과 같은 값비싼 남성 산업을 지원하는 데 사용될 수도 있다. 또한 잉여의 식량과 돈은 행군 중인 병사들을 위해 사용될 수도 있으며, 이를 통해 그들은 침략자를 물리치고 더 나아가 문화의 수입을 증대시켜줄 풍요로운 땅을 정복할 수 있을지도 모른다.

우리는 남성이 여성보다 극단으로 치닫는다는 것을 확인한 바 있다. 이는 문화로 하여금 남성들을 다양한 방식으로 이용할 수 있도록 만든다. 일반 남성들은 그들이 소비하는 것보다 더 많이 생산함으로써 남자다움을 얻어야 한다. 만약 다수의 남성들이 정상적인 행태로 훌륭한 잉여분을 생산한다면 이는 문화의 사업을 위한 안정된 부의 원천이 될 것이다. 대체로 영웅적인 위업은 필요치 않다. 꾸준한, 변동 없는 생산성이면 족하다.

한편 최고의 남성들은 문화에서 해야 할 특별한 역할이 있다. 문화는 경쟁 문화보다 앞서기 위해 최상위에 분포된 남성들을 써먹는다. 굵직한 혁신과 업적들이 여기에서 나온다. 문화의 본질적인 혜택 중 하나이자 경쟁 문화에 맞서 싸우기 위해 필요한 원동력인 '진보'는 이처럼 선별된 개인들에 크게 의존한다.

문화는 자신을 강화시키는 남성들에 대한 보상을 비축하게끔 계획적으로(그리고 시행착오에 의해) 조율된다. 문화가 경쟁력 있고 성공적이기 위해서는 가장 뛰어나고 능력 있는 사람들이 많은 희생을 감수하면서까지 문화에 크게 기여하고자 엄청난 노력을 기울이게끔 만들어야 한다.

구소련 말기에 자신의 일에 대한 국민들의 태도를 요약한 훌륭한 구호 중 하나는 "그들은 우리에게 지불하는 척하고 우리는 일하는 척한다"이다. 공산주의 사상은 열심히 행한 노동과 성취에 대한 우대를 반대했고, 부는 균등하게 공유되었다. 이러한 시스템은 결국 실패했다. 부는 노력과 희생, 특별한 성취를 위해 필요한 위험감수에 대한 보상 없이는 생성되지 않으며, 발전과 혁신은 결핍되고 생산성은 떨어진다.

구소련은 실제 가치가 있는 돈을 국민에게 제공할 만한 부를 생산하는 데 실패했고, 국민들은 덜 일함으로써 이에 응했다. 이러한 하강세는 구소련을 붕괴시키는 데 상당한 영향을 미쳤다. 이와 대조적으로 다른 나라들은 성취를 보상해 주는 시스템을 보유했고, 이는 부와 발전으로 이어졌다.

모든 문화의 주요 자산은 지식, 권력, 토지, 돈 그리고 어쩌면 다른 데서 오는 영향력(예를 들면 외교) 등이다. 능력 있는 개인들은 이러한 것들을 증대시킴으로써 문화를 풍요롭게 만들 것이다. 이러한 재능 있는 개인들이 누구인지 미리 알기는 어렵기 때문에 많은 효과적인 문화들은 경쟁을 도입한다. 그들은 많은 남성들이 큰 보상을 위해 노력하게끔 유도한다. 비록 소수만이 그 보상을 얻어낼 수 있지만 말이다. 패배자들에게는 안된 일이지만 사회는 전반적으로 이득을 얻는다.

간단하게 말하면, 문화는 가장 재능 있는 개인들이 시스템에 기여코자 최대의 노력을 쏟게끔 만들 필요가 있다. 재능이 덜한 남성들에 대한 기대는 다르다. 그들은 단지 지루한 업무를 하고, 세금을 납부하고, 가끔 필요한 경우 전투에 참여하고, 우수한 자식을 낳고, 문제를 일으키지 않으면 된다. 하지만 문화가 다른 문화와의 치열한 경쟁에서 이기기 위해서는 엘리트들의 단물을 다 뽑아내야 한다. 재능은 남녀 모두에 존재한다(남성의 변산성으로 인해 상

9. 남성성의 획득과 남성의 자존심

류층에 남성 수가 다소 더 많기는 하겠지만 말이다).

이러한 남성들로 하여금 노력하고 희생하게 만드는 동기는 무엇인가? 문화는 개인들이 타고난 것을 이용해야 한다. 남성의 내재적 동기의 원천이 여성보다 문화에 더 유용하다. 반면 여성의 내재적 동기의 원천은 우수한 재생산에 더 적합하다. 인구의 전체 규모는 전쟁을 포함한 모든 문화적 경쟁에서 성공하는 데 근본적인 도움이 된다. 그러나 경쟁 문화를 앞서게 만드는 혁신을 위해서는 대부분 문화가 엘리트 남성들에게 의존해야 한다.

남성은 성취에 따라 평가되며, 평가는 획득된 지위에 바탕을 둔다. 그러나 개인의 통제 밖에 있는 능력도 있다. 지능, 신체 크기, 힘 그리고 많은 다른 요소들은 상당 부분 유전자에 달려 있다. 최상의 업적은 내재적 능력과 노력이 합쳐진 결과다. 이러한 업적을 달성하기 위해 문화는 많은 남성들이 열심히 일하게끔 다독이려 한다. 어떤 사람은 운이 나빠서, 다른 이들은 필요한 능력이 없어서(아무리 많은 노력으로도 이를 뛰어넘을 수 없다) 실패할 것이다. 이것이 일중독자의 핵심 비극이다. 보통 수준의 재능이면 극한의 노력을 쏟아부어도 대부분의 경우 성공의 최정상은 밟지 못한다.

지저분한 일이지만……

남성으로 산다는 것은 소비하는 것 이상으로 생산한다는 것을 의미한다. 그러나 이것이 전부는 아니다. 누군가 "자, 남자답게 좀 굴어 봐"라고 말할 때 보통 그/그녀가 "이봐, 쓰는 것보다 더 많이 벌어야지"라고 말하는 것은 아니다. 아마 더 빈번하게는 해야 할 지저분하거나 위험한 일이 있다는 것을 뜻할 것이다. 영국의 채굴법과 많은 다른 예들에서 보았듯이 이런 일들은 여성과 아이들에게는 적합하지 않다고 여겨진다.

문화는 이런 류의 해야 할 일들이 많으며, 이를 남성들이 할 것으로 기대한다. 개개인들도 보통 그 일들을 남성에게 의존한다. 물론 기저귀 갈기나 설거지 같은 전형적인 여성의 일들도 지저분한 것은 사실이기에 지저분함이 남성에게만 국한된다고 보기는 어렵다. 하지만 힘이 많이 들고 위험한 일들은 남성에게 훨씬 더 많이 할당된다.

대체로 남성들은 위험한 일들이 자신들의 몫이라는 것 그리고 더 중요하게는 남자가 되기 위해서는 그것들을 받아들여야 한다는 것을 인식하며 살아왔지만 이것이 지속될는지는 완전히 확실하지 않다. 오늘날 남성들은 평등의 미사여구 속에서 자랐으며, 언젠가 여성들을 그런 궂은일에서 면제시키는 것에 반문을 제기할지 모른다.

그보다 더 중요한 것은 남성들이 그런 위험한 일들을 할 수 있게끔 만드는 심리적 기제들이 약화될 수 있다는 사실이다. 과거 남성들은 그들의 감정과 동떨어져 있기로 유명했다. 오늘날 남성들은 좀 더 여성처럼 키워졌고, 이는 점차 스스로의 감정에 친숙해지고 있음을 내포한다. 하지만 그것이 해야 할 일을 하게 하는 능력을 약화시킬 수 있을까?

지저분하거나 위험한 일들을 하기 위해서는 자신의 감정을 제쳐놓아야 한다. 그런 의미에서 남자답다는 것은 당면 과제에 주력한다는 것을 뜻한다. 이는 남성이라면 감정의 방해 없이 일에 집중할 것이라는 기대를 만들었다.

전통사회가 그러한 일들을 남성들에게 부여했던 한 가지 이유는 여성들이 그것을 너무 두려워하거나 비위가 약하거나 머뭇거릴 수 있기 때문이다. 전통적 남성들은 그런 감정들을 인정하면 안 됐었다. 그러나 오늘날 우리는 젊은 남성들로 하여금 감정에 충실하라고 권한다. 감정의 뚜껑이 열리고 나면, 우리가 필요로 할 때 그들이 자신의 감정을 다시 안으로 쑤셔 넣고 뚜껑을 닫을 것이라고 확신할 수 있는가?

전통적인 남성의 역할에는 분명한 특전이 있었지만 또한 책임과 의무도 따랐다. 우리 문화는 그 특전들을 없애기 위해 오랜 노력을 했다. 상대적으로 의무와 규정들을 균등하게 하는 것은 보다 더뎠다(파렐의 말을 한 번 더 인용하자면 "여성들에게는 권리가 있고, 남성들에게는 책임이 있다").

우리가 남성을 여성처럼 만들고, 그들의 전통적인 특전을 없앨수록 그들은 남녀의 의무와 책임도 거부하기 시작할지 모른다. 특히 임신한 여자친구나 어린 자녀를 버리고 떠나는 남성들 수의 증가에서 볼 수 있듯이 오늘날 남성들은 이전 세대에 비해 아버지로서의 의무에 대한 압박을 훨씬 적게 받는다.

만일 우리 사회가 '남자다움'의 특전과 의무를 모두 없애는 데 성공한다면 놀라운 사회실험에 착수하게 될 것이다. 물론 잘 풀릴 수도 있다. 하지만 감당할 수 없는 엄청난 비용이 있는 게임에는 도박을 하지 않는 것이 현명하다.

위대함을 향한 노력

이 책은 다른 문화들과 경쟁하는 문화의 관점에서 남성들이 어떤 쓸모가 있는지에 관한 것이다. 한 가지 대답은 문화가 위대한 남성의 행위와 업적으로부터 불균형적으로 혜택을 얻는다는 것이다. 그러나 위대한 것을 성취하기 위해서는 특별한 남성들이 편안하고 호사스러운 생활과 특혜에 안주해서는 안 된다. 지도자들 혹은 엘리트층이 그런 즐겁고 안락한 삶에 만족하게 되면(당연하지만 종종 있는 일이다) 문화의 이익은 감소한다. 그것이 보편적 양상이 되면 문화는 타락과 침체의 국면에 접어든다. 점차 약해져 경쟁자들에게 추월당하게 된다.

이 점이 강조되어야 하는 것은 성에 관한 지배적 이론들이 여성을 희생양으로 보는 시각에서 남성의 삶을 그리는 다소 근거 없는 페미니즘으로부터 비롯되었기 때문이다. 그런 관점에서 남성의 삶은 특권을 누리는 것 그 자체다. 살펴보았듯이 노라 빈센트는 언젠가 남성으로 가장해 살겠다고 생각했었으며, 그런 특권들을 즐길 기대로 가득 차 있었다. 하지만 문화를 남성이 달콤한 인생을 누릴 수 있게끔 고안된 시스템으로 여기는 페미니스트적 관점은 어리석다. 그런 순진한 묘사는 경쟁자가 없는 문화에서만 가능하고, 설령 그렇다 해도 단지 소수의 남성들만 그런 여흥과 사치스런 삶을 살 수 있다. 그러나 만일 경쟁자들과의 치열한 싸움이 흔한 일이었다면 문화는 태평하고 비생산적인 남성들을 감당할 여유가 없다. 그 대신 모든 사람들을 최대한으로 활용해야 한다. 특히 문화를 경쟁자들보다 앞서게 할 진보와 혁신을 이루어낼 최고의 남성들.

위대함의 비용은 우리가 1장에서 언급했던 오류, 특히 사회의 가장 영향력 있는 구성원들이 남성이기 때문에 사회가 여성들의 희생으로 남성들에게 혜택을 제공하게끔 만들어졌을 것이라는 생각의 한계를 보여준다. 정말 안락하고 호사스러운 삶을 사는 누군가를 보고 싶다면 정상에 있는 남성이 아니라 그 남성의 아내와 자식들을 살펴야 한다.

그 양상은 오늘날까지도 유효하다. 상위 계층의 남성들은 부를 쌓아 화려한 가구들로 가득한 아름다운 집을 구입하지만 그들은 일 때문에 그것들을 누릴 시간이 없다. 더 사실적인 그림은 가장 뛰어난 남성들이 부를 쌓기 위해 열정적으로 일하기 때문에 문화가 이득을 보고 있는 것이다.

나는 최근 학회 일로 숨 막히게 멋진 호주의 시드니를 다녀왔다. 학회 주최측이 항구 근처를 도는 유람선 일주를 예약해 준 덕에 절경을 감상할 수 있었다. 우리는 유람선을 타고 세계에서 가장 비싼 부동산 가운데 하나인 항구 앞 집들을 지나가며 구경했다. 유람선에 타고 있던 심리학 교수들은 환상적인 전망을 가진 창문들과 두서너 개의 테니스 코트까지 딸린 어마어마하게 비싼 집들을 바라보며 침묵했다.

그러나 동시에 나는 이 아름답고 휘황찬란한 집에 사람이 거의 보이지 않는다는 것을 알아차렸다. 테니스 코트는 오후 햇살 아래 친선경기를 즐기는 여성 2명을 제외하고는 텅 비어 있었다. 어쩌면 두 여성이 사업으로 부를 축적해서 이 비싼 집들을 샀을지도 모른다. 하지만 그보다는 우리가 유람선 일주를 하는 지금도 일을 하고 있을 남편들이 모은 재산일 가능성이 높다고 생각한다. 다 그런 것이다. 그 정도의 재산을 만들기 위해서는 일중독자가 되어야 하며, 일중독자들은 대개 남성들이다. 일중독자가 된다는 것은 당신이 노동의 결실을 즐기지 못한다는 것을 의미한다. 즐기는 사람은 아마도 그의 아내일 것이다.

인정하건대 성공적인 남성의 삶은 여러 방면에서 상당히 훌륭하다! 하지만 그는 힘든 업무들 틈에 잠깐의 호사와 즐거움을 맛볼 뿐이다. 그것도 잠시.

위대한 성취를 한다는 것은 사회에 무언가 기여한다는 것이다. 최상위 남성들의 삶을 특권층의 호사나 사치와 동일시하는 시각은 어떤 면에서는 옳을지 모르지만 전형적인 모습이 아니거니와

이게 요지도 아니다. 이는 오히려 부패한 통치자처럼 시스템을 이용해 먹는 자들에게나 해당되는 이야기다. 시스템은 최상의 남성들로 하여금 시스템을 강화하고 번영시키는 데 헌신하도록 설정했다. 캘빈 쿨리지Calvin Coolidge는 언젠가 "누구도 자신이 받은 것에 대해 존경을 얻은 적은 없다. 존경이란 그가 제공한 것에 대한 보상이다"라고 언급한 바 있다. 일부 운 좋은 남성들은 받으면서도 존경을 누릴 수 있지만 사실 이들은 자신의 시간, 에너지, 돈, 능력 그리고 다른 자원들을 제공함으로써 문화와 사회를 이롭게 했던 자들이다. 남성이라는 건 기여한다는 것을 뜻한다.

젊은 남성들의 첫 번째 과제는 스스로 남성이라는 것을 입증하는 것이다. '위대한' 남성이 되기 위해서는 이 방면으로 더 크고 어려운 몇몇 과정들을 거쳐야 한다. 기준은 비슷하다. 그는 문화가 가치 있게 생각하는 것들, 즉 문화를 더 강하고 풍요롭도록 강조하는 것들을 성취함으로써 존경을 얻어야 한다.

세상에는 무릇 예외가 있는 법이다. 나는 농구경기 관람을 무척 좋아하지만 골대에 농구공을 던져 넣는 것이 어떻게 문화를 풍요롭게 만드는지는 솔직히 모르겠다. 오락과 여가활동이 현대 미국 문화의 구심점으로 자리 잡고 있는 것은 사실이다. 그러나 이는 전성기를 지나 쇠퇴기에 접어들어 방종이 날로 심해지고 있는 아주 풍요로운 문화의 특징이며, 역사적으로 흔치 않은 현상일 것이다. 문화를 강화하고 풍요롭게 만든다는 소기의 목적은 이미 달성했으므로 마치 과거 로마 제국이 그러했듯이 현대 미국인들도 긴장을 풀고 느긋하게 인생을 즐기는 것이 가능해졌다. 이제는 거창한 위인이 나서서 문화를 이롭게 하는 무언가를 할 필요가 없다. 그들은 최고급으로 즐기기만 하면 된다.

어떤 의미에서는 위대함을 추구하는 남성들이 많을수록 문화가 더 번성한다(원칙적으로 이는 여성에게도 마찬가지지만 대부분의 문화는 여성들을 이런 방식으로 활용하지 않는다). 많은 문화들이 대다수 남성들에게 위대함의 기회를 줄 수 없음은 분명하다. 하지만 그렇다고 필자가 주장하는 바에 어긋나는 것은 아니다. 많은 남성들이 위대함을 이루도록 꿈꾸게 만드는 문화가 가장 성공한 문화일 것이다. 영국의 뒷마당쯤으로 여겨지던 식민지 미국의 허름한 농부들의 후손이 세계 제1의 경제·군사·과학대국으로 도약한 것은 수많은 남성들이 부와 명예를 얻기 위해 최선의 노력을 기울일 수 있도록 미국 사회가 누구에게나 공정한 경쟁의 기회를 제공했기 때문일 것이다.

사실은 인정하자. 미국을 위대하게 만든 것은 애써 일하고, 경쟁하고, 발전에 기여한 수많은 미국 남성들 덕분이다. 많은 남성들이 노력했고, 그중 일부는 크고 작은 성공을 거두었다. 그렇다면 미국을 위대하게 만든 게 정확히 무엇인지 자문해 볼 필요가 있다. 나는 큰 보상을 바라고 치열하게 경쟁하도록 남성들을 밀어붙인 것이 주요한 원인이라고 대답하고 싶다. 일부 남성들은 미국 문화 발전에 기여했고, 그러는 과정에서 부를 얻었다. 하지만 노력에도 불구하고 많은 미국 남성들이 실패했으며, 하찮고 미미한 보상을 얻었다. 일부 여성들도 경쟁하고 문화 발전에 기여했지만 미국의 위대함은 대부분 남성들에 의해 이루어졌다.

전에도 말했듯이 나는 남성보다 여성이 더 좋다. 하지만 칭찬은 칭찬받을 사람에게 해주자. 미국의 위대함은 여성보다 남성에 의해 추진된 것이 사실이다. 어쩌면 여성들도 그만큼 잘 해낼 수 있었을지 모르고, 그렇지 않았을 수도 있다. 오늘날에는 여성들이 사회를 훌륭하게 만들 수 있다고 보는 것이 타당하며, 정치적으로도 옳다. 그러나 사실만을 가지고 말한다면 지금까지 세계역사를 보면 그렇지 않았다. 우리가 확실히 아는 것은 미국 남성들이 미국을 훌륭하게 만들었다는 것이다. 또는 다르게 말하자면, 미국은 남성들을 최대한 활용하는 새로운 방법을 찾았기 때문에 훌륭해졌다.

진화적 선택 덕분에 최고를 향한 갈망은 남성 심리에 상당히 깊이 뿌리 박혀 있을 것이다. 과거 남성들 그리고 우리의 선조였던 남성들이 직면했던 가혹한 재생산 확률을 기억하는가? 대부분의 남성은 생물학적으로 막다른 골목에 놓여 있었다. 정상에 오른 남성들만이 섹스를 하고 자손을 남길 수 있었다.

물론 게으르고 야망이 없는 남성들도 있다. 하지만 진화의 여정에서 이런 남성들은 거의 자신의 유전자를 남길 수 없었다. 그들보다 더 열광적으로 성공을 추구했던 동료들이 최고의 자리를 차지하고 여성들을 임신시킬 가능성이 더 높았다. 그 결과 오늘날 남성들은 느긋했던 남성들이 아닌, 광적으로 의욕이 넘쳤던 남성들의 먼 후손들이다. 성차가 드러나는 매우 중요한 대목이다.

대단히 야심차고, 근면하며, 재능이 있지 않더라도 대부분의 여성은 자식을 낳았음을 기억하라. 생존했던 대부분의 여성은 오늘날을 살아가고 있는 후손들을 가진다. 게다가 일과 관련된 재능이나 열망과 관계없이, 그들은 아마도 동시대의 다른 여성들과 비슷한 수의 자손을 남겼을 것이다. 만일 선택압이 작용하여 어떤 여성이 다른 여성보다 더 많은 자식을 가졌다면 가장 훌륭한 자손을 가지는 성공의 핵심은 문화의 부와 지식 발전에 기여한 바가 아닌, 그녀의 아름다움과 사랑스러움이었을 것이다.

이와 극명하게 대조적으로 우리는 상대적으로 몇 안 되는 남성들의 후손이며, 이들은 가장 열정적이고 의욕 넘치는 남성들이었다. 과거 위대한 남성들의 피는 오늘날 남자아이들의 몸속에 흐르고 있다.

위대함은 그 자체로 희소한 품목이다. 우두머리 수말의 모든 수컷 새끼들은 그의 유전자를 지니겠지만 그중 한 마리만이 장차 우두머리가 될 수 있다. 성공의 피라미드는 가파르고 매정하다. 자연은 대부분의 남성이 실패를 맞이하게 했지만 각각으로 하여금 선택받는 자가 되고자 노력하게끔 만들었다.

그리고 문화는 이 점을 최대한 활용한다. 우두머리 남성이 수많은 역경을 이겨내고 정상에 올라 그 자리를 지키도록 만드는 추진력, 고대 정복자들이 전설적인 업적을 남길 수 있었던 결단력, 바로 그 힘이 지금 남학생들에게 살아 있는 것이다. 그 힘은 지난 수세기 동안 남성들로 하여금 전쟁터나 풋볼경기장에서 영웅적인 행동을 하도록 부추겨왔다. 그 힘에 자극받은 남성들은 전 재산을 털어 기업을 세우고, 자신이 세운 연구소에서 밤을 밝히며 하루 열두 시간씩 연구에 매진해 왔다.

우리 문화는 이처럼 끈질긴 노력이 얼마나 찬란한 결실을 맺었는지 입증하는 성공담을 즐겨 재탕한다. 그런 성공신화가 사실이기는 하지만 한쪽에만 치우쳐 있다는 점 또한 명심해야 한다. 앞서 언급한 사람들 못지않게 노력하고 위험을 감수했던 많은 남성들이 위대함을 얻지 못했다. 개중에는 약간의 성공을 거둔 사람도 있고, 또 자신의 모든 것을 투자했으나 완전히 실패한 사람도 있을 것이다. 영웅적인 목표를 성취한 위인들의 성공담은 다음 세대 남성들로 하여금 불가능해 보이는 일에도 움츠러들지 않도록 격려하고 자극하는 데 핵심적인 역할을 한다.

여성들은 어떤가

이전 섹션에서는 남성과 그들의 노력에 초점을 맞추었다. 당연히 여성의 경우는 어떠한지 질문할 법하다. 왜 여성에 대한 언급은 하지 않느냐고 말이다. 문화는 전기 캔따개와 같은 새로운 발명품의 혜택을 보지만 그것을 남성이 발명했는지 아니면 여성이 발명했는지는 실로 중요치 않다. 남성이든 여성이든 모든 재능을 이용할 때 문화는 이득을 얻기 때문이다.

사실 우리 사회는 이제야 바로 이 선택을 구체화하기 시작했다. 이제 모든 기회는 남녀 모두에게 열려 있고, 사회는 그들의 모든 재능을 이용하고자 한다. 나는 이를 지지한다. 그렇게 하는 것이 도덕적으로 올바르고 현실적으로도 합리적인 듯 보인다. 그렇다면 왜 그리 오랜 시간이 걸린 것일까? 왜 그렇게 많은 문화들이 주로 남성의 재능을 이용하고자 했는지 살펴보도록 하자.

한 가지 분명한 대답은 사회구조가 선사시대 부족의 독립된 영역에서 만들어졌기 때문이라는 것이다. 여성들은 아이를 낳고 기르는 것과 같은 보다 중요한 일을 하느라 바빴다. 그러한 일을 하지 않는다면 모든 문화적 노력은 암울하고 무의미한 것이 될 것이다. 여성으로 하여금 자녀를 낳게 하는 대신 전쟁터나 탐험에 내보냈던 문화는 아마 살아남지 못했을 것이다. 여성은 다음 세대의 존속을 확실히 하는 데 있어 할 일이 많았다.

이에 대한 다른 대답은 희박한 위대함을 좇는 모습이 (개인에게 있어) 비합리적으로 보였기 때문일 수도 있다. 어쩌면 여성은 문화가 던지는 유혹적인 감언에 덜 빠져들지 모른다. 많은 사람들을 노력하게끔 만드는, 그러나 결국 소수의 사람들에게만 주어지는 위대함에 대한 보상의 약속 말이다. 막말로 여성은 그렇게 만만한 상대가 아니다.

위대함을 위한 노력의 이면에 존재하는 생물학은 남성적 특성을 지닌다. 선사시대 그리고 우리가 진화해 온 동물들의 삶에서 여성은 재생산을 위해 최고가 될 필요가 없었다. 남성은 그럴 필요가 있었지만 분투해서 최고의 자리에 오른 여성들은 많은 번식적 이득을 얻지 못했다. 아마 그들의 아이들은 약간 더 나은 먹거리와 보살핌을 받았을 것이다. 정상에 오른 남성들은 밑바닥의 남성들보다 훨씬 더 많은 자녀를 가졌지만 여성들은 정상에 있든 바닥에 있든 거의 같은 수의 자녀를 가졌다. 실존했던 어떤 여성도 500명 아니 50명 정도의 자녀도 가진 적이 없다.

낸시 프라이데이Nancy Friday는 베스트셀러 저서 『나의 어머니, 나 자신My mother, my self』에서 여성을 움직이는 게 무엇인지 이해하고자 애썼다. 그녀는 여성은 경쟁적이지 않다는, 사람들이 당시 일반적으로 가지고 있던 여성에 대한 견해를 거부했다. 그녀는 여성이 사랑을 위해 경쟁한다고 말했다. 그들은 가장 멋진 남성의 사랑을 얻고자 한다. 통찰력이 돋보이는 대목에서 그녀는 결코 사랑은 모두 나누어 가질 만큼 충분하지 않다고 말했는데, 나는 남성세계에서의 존경이 바로 이런 모습이라고 생각한다.

프라이데이가 상당히 인상 깊었던 것은 희망과 꿈에 대한 많은 설문조사 결과들이었다. 그녀는 많은 여성들의 이상은 백만장자와 결혼하는 것이었다고 말했다. 매우 대조적으로 그리고 실망스럽게도 백만장자가 '되기를' 원한다고 말한 여성은 오히려 적었다. 프라이데이는 진화심리학이 꽃피우기 전에 책을 썼지만 그녀가 받았던 인상은 진화심리학의 전조가 되었다. 남녀 모두 부를 소유하기를 원하고 즐기겠지만 돈을 벌기 위해 필요할 법한 지루한 일, 추한 타협, 더러운 희생에 대해서는 입장이 달랐다. 남성은 돈을 벌 만한 일에 착수하는 것 말고는 다른 방도가 없었다. 여성의 본능적인 충동은 이미 부를 소유한 사람을 유혹할 만큼 매력적인 여성이 되어 그것을 얻는 것이다. 차선책은 돈을 잘 벌 것으로 기대되는 사람과 결혼하는 것이다.

이러한 태도는 양성평등 시대의 도래에도 불구하고 사라지지 않았다. 과거보다 더 많은 여성 백만장자와 예비 여성 백만장자가 있다. 하지만 여전히 많은 여성들은 부자인 남성과 결혼하는 것을 부자가 되는 최고의 방법이라고 여긴다. 최근에 엘리자베스 포드Elizabeth Ford와 다니엘라 드레이크Daniela Drake가 쓴 베스트셀러 『똑똑한 여자는 돈과 결혼한다Smart girls marry money』가 많은 공감을 얻은 이유는 결혼을 통해 부자가 되는 전략을 재확인시키기 때문이다. 이 책의 유일한 소설적 전개는 부자 남편과 이혼하는 여자들에 대한 열렬한 찬사인데, 여기에는 전 남편의 재산을 상당 부분 챙기는 과정이 포함된다.

내 아내가 학생이었을 때 그녀 친구의 오빠가 코넬대에 입학했다. 1학년이 시작될 즈음 가족들은 그의 이사와 기숙사 입소를 돕기 위해 그곳에 갔다. 그의 여동생은 자신이 살던 작은 마을을 벗어난 적이 없었기 때문에 그 여행에서 큰 감명을 받았다. 그녀는 아름다운 캠퍼스부터 사고하고 배우는 면학 분위기에 이르기까지 대학에서 많은 것을 느꼈다. 그녀는 흥분으로 가득 차 돌아왔고, 그 기분을 친구들과 나누었다. 며칠이 지나 그녀는 부모에게 자신도 코넬대에 가고 싶다고 말했다.

그들은 말도 안 된다고 말했다. 코넬의 등록금은 비싸고 자신들은 부자가 아니라고 말이다. 그들은 딸을 그런 대학에 보낼 수 없고, 정 가고 싶으면 버팔로 주 혹은 여타의 지역 대학들을 알아보라고 했다. 최고 우등생이었던 소녀는 이 사건으로 충격을 받아 우울해졌고, 1주일간 학교에 가지 않았다.

나는 그 부모의 결정을 옹호해 줄 수 없다. 소녀가 최고의 교육을 받고 그 보상을 거둘 기회를 거부당한 것은 매우 공정하지 못하다. 최고의 능력을 발휘할 수 있도록 그녀를 교육시키는 것은 사회에 상당한 실질적 이익을 안겨주었을지 모른다. 그녀는 많은 사람들의 삶을 개선시키고 문화를 풍요롭게 해줄 위대한 발견이나 기술혁신을 이루어낼 수 있는 사람이 되었을지도 모른다.

미국의 아이비리그 대학(코넬 포함)들은 세계 최고 수준의 교육을 제공한다. 이러한 명문대학에 다닐 만큼 운 좋은 젊은 남녀는 수많은 방면에서 풍요로운 삶을 누리고 인생의 많은 단계에서 후원을 받을 자격을 얻는다.

아이비리그의 한 최고 대학에서 실시한 설문조사에서 학생들에게 졸업 후 무엇을 하고 싶은지 물었다. 많은 여학생들은 아이와 함께 집에 머물고 싶다거나 혹은 파트타임 정도의 일을 하고 싶다고 대답했다. 본질적으로 그들은 어머니로서의 역할과 자신과 아이들을 부양해 줄 사랑하는 사람과의 결혼에 만족을 느끼는 안락한 삶을 원했다.

이는 우연한 예측의 문제가 아니다. 「타임」지가 2004년에 실시한 전국적인 조사에 의하면, 현재 석박사 학위를 가진 여성의 22%가 전혀 일을 하지 않은 채 아이들과 함께 집에 머물고 있다. 여성 MBA 소지자 3명 중 1명, 남성 MBA 소지자 20명 중 1명이 정규직 일을 하지 않는 것으로 나타났다. 2001년 하버드 비즈니스 스쿨의 조사에 따르면, 여성 졸업자의 3분의 1이 전혀 일을 해본 적이 없으며, 다른 3분의 1은 파트타임 혹은 계약직으로 일하고 있었다. 이 학교 졸업생들은 대체로 사회에서 상당히 인기가 높으므로 이들의 낮은 취업률이 직장을 구할 수 없었기 때문이라는 것은 말이 되지 않는다. 그보다 여성들은 책임이 막중한 직장에 얽매이는 것을 원치 않았을 것이다.

그들을 비난할 수는 없다. 그러나 문화의 관점에서 보자면 배운 것을 사회 발전을 위해 사용하지 않는 사람들을 교육시키는 데 너무 많은 비용이 든다. 분명 코넬대는 학생(정확히 말해 그들의 부모)들에게 비싼 학비를 청구하지만 세계 대부분의 대학들은 더 저렴한 학비를 청구하며 교육비는 정부(간접적으로는 납세자)로부터 나온다. 어느 쪽이든 상당한 비용이다.

이 비용은 단지 돈의 문제가 아니다. 우수한 교수진은 한정되어 있고, 그들의 시간 또한 그렇다. 그 결과 이러한 양질의 교육 경험을 제공하기란 쉽지 않다. 나의 분야 및 유사 분야의 경우 대학원은 현재 연구를 진행 중이거나 교수들과의 일대일 교습으로 이루어져 있기 때문에 교수 1명당 3명 내지 6명의 대학원생들만이 함께할 수 있다. 수업과 세미나도 있지만 소수의 학생들만이 참여하므로 운영비가 상당히 비싸다. 그러므로 각 학생에 대한 투자비용이 상당하다. 전체로서의 문화 시스템은 이런 우수한 교육기회를 제공하고자 애쓰기 때문에 사람들이 이를 취하고도 시스템 내에서 열심히 일하며 사용하지 않으면 어떤 의미에서 투자손실이나 마찬가지다.

내가 좋아하는 동료 중 한 명은 다른 대학에서 일하고 있다. 나는 그녀의 연구가 영향력을 발휘하기 시작하기 몇 년 전 그녀를 만났다. 우리는 동갑내기였고 서로의 경력, 학생들, 논문, 학계 생활이 갖는 장단점에 대해 비교하기를 즐겼다. 언젠가 그녀는 자신을 가장 좌절하게 만드는 것 중 하나가 많은 여성 대학원생들의 패턴이라고 말했다. 그녀는 남자 교수가 여자 교수보다 많기에 여학생과의 공동연구에 특별한 책임감을 느꼈고, 자신이 롤모델이 되어야 한다고 생각했단다. 자신이 이를 잘 해낸다면 학계에 더 많은 여교수를 양산할 수 있으리라 생각했다.

그녀는 신청서를 잘 살펴 재능 있는 학생들을 찾아내려 했다. 훌륭한 자격을 지닌 많은 여학생들이 있었다. 그녀는 가장 촉망받는 여학생을 뽑고, 그녀를 실험실로 데려가 성공을 위한 기술과 방법들을 가르치고, 그녀의 학위논문을 지도했다. 종종 그들은 함께 연구 발표도 했다. 그녀는 이 여학생이 자신의 기량을 충분히 발휘하여 조교수로 임용될 수 있도록 도와주었다. 이 모든 것은 교수의 막대한 시간과 에너지를 필요로 하기에 교수는 극소수의 학생들에게만 이를 지원할 수 있다.

그러나 이 사이클 중도에 많은 유능한 여학생들이 찾아와 결혼을 한다거나 남편과 다른 곳으로 떠나야 하기 때문에 연구를 잠시 보류해야 한다고 말한다는 것이다. 그것은 대개 영원한 보류로 끝난다. 이 여학생들은 연구를 재개하거나 자신과의 약속을 지키기 위해 다시 돌아오지 않는다. 학생들에게 아낌없는 시간과 에너지를 쏟았던 동료는 모든 게 낭비였다고 느끼게 되었다.

무엇이 사회에 가장 유용한 것인가? 이 질문은 무엇이 공정하고 올바른 것인지를 묻는 것과는 다르다. 여성에게 성취하고 경쟁할 기회를 주지 않는 것은 매우 불공정한 것이다. 그러나 교육처럼 특권이 있는 장소와 자원을 취하고 이를 활용하지 않는 것 또한 사회에 많은 비용을 안기는 것이다.

나는 딸의 코넬대 학비 지원을 거부한 부모의 결정도, 단지 수년간의 교육을 마친 뒤 학계를 떠날 확률이 남성보다 높다고 해서 여학생과 일하기를 거부하는 것도 옹호하지 않는다. 그러나 왜 문화가 그런 방침을 가진 사람들을 양산하는지는 이해할 수 있다. 냉정한 시스템의 관점에서 보면, 여학생의 교육기회를 제한하는 데는 그만한 이유가 있기 때문일 수 있다.

또한 나는 이런 여성들을 비난하지 않는다. 위대함을 위해 노력하는 것은 최종적으로 볼 때 대개 바보 같은 헛고생이며, 실패할 확률도 높은 길고 험한 싸움이다. 정상에 다다른 사람이나 거의 정상까지 갔지만 결국 실패한 사람들 모두 비싼 대가를 치른다. 그들은 매년, 매일, 오랜 시간을 열심히 일해야만 했다. 자녀의 성장을 지켜보지 못했다고 애석해하는 성공한 남성들의 후회에는 현실이 담겨 있다. 그리고 그들이 놓친 건 그것만이 아니다.

오늘날의 경쟁적인 미국 사회에서 위대해지기 위해서는 엄청난 희생과 위험을 감수해야 한다. 어떻게 보면 거의 비이성적이거나 병적인 수준의 투자를 요구한다. 일부 남성들(간혹 여성들)은 이런 초인적인 노력을 하며 사회를 이롭게 하지만 그들을 훌륭한 삶의 표본으로 삼을 수 있을지는 모르겠다.

사람들은 대개 위대함을 추구하기 위한 희생이 과하다고 생각한다. 그러므로 많은 여성과 남성들이 낮은 확률을 뚫고 위대한 성취를 달성하는 데 그들의 삶을 바치지 않는다는 것은 그리 놀라운 사실이 아니다. 오히려 그토록 많은 사람들이 다소 비합리적인 이런 노력을 계속하고 있다는 사실에 놀라워해야 한다.

왜 그렇게 많은 남성들이 그토록 열심히 일하는가? 다음 섹션은 그 대답의 중심 부분, 즉 남성의 자존심에 대해 다룰 것이다. 그 이유의 깊숙한 그리고 여성과 관련된 부분은 생물학적 경쟁에 뿌리를 두고 있다. 왜냐하면 아주 옛날에는 정상에 오른 남성만이 섹스를 할 수 있었고, 남성들은 진정으로 섹스를 원했기 때문이다. 많은 남성에게 있어 성공과 섹스는 맞물려 있다.

젊은 남성들은 자신들이 할 수 있는 것보다 더 많은 섹스를 희망하고 시도하는 데 많은 시간을 보낸다. 그들이 일과 성취의 시스템 구조에 장단을 맞추는 한 가지 이유는 성공했을 때 여성들을 차지할 수 있고, 그들과 섹스를 할 수 있다는 암묵적 가능성 때문이다.

대부분의 성공한 남성들에게도 그들이 젊은 날에 가졌던 환상(성공이 수많은 섹스 기회를 가져다주리라는 기대)은 실현되지 않았을 것이다. 그러나 그들의 생각이 완전히 틀렸다고는 볼 수 없다. 여성들은 실패자, 평범한 남성, 그 외 나머지 남성들보다는 성공한 남성을 좋아하기 때문이다.

이 책의 여러 부분에서 나는 성공한 남성이 나머지 남성들보다 자식이 많다는 진화적 사실을 지적했다. 사실이기는 하지만 그렇다고 야심만만한 젊은이들이 이 생각을 의식적으로 하는 것은 아니다. 그들은 한 배 가득 채울 자식을 원하는 것이 아니다. 그들의 목적이자 관심사는 섹스다. 그들은 성공하게 되면 섹스 라이프가 나아질 거라는, 어느 정도 근거 있는 생각을 하며 산다. 접근 가능한 여성들이 가지고 있는 이런 선호 때문에 남성은 결국 위대함을 추구하게 된다.

이 역시 남성에 국한된 것이다. 높은 직업적 성공을 달성한 여성이 다른 여성보다 더 많은 양질의 섹스를 한다는 증거는 거의 없다. 설령 그렇다 할지라도 이것이 여성으로 하여금 직업적 성공을 달성하기 위해 더 열심히 일하고 더 많은 희생을 감수하게 만드는 주된 동기라고 보기는 어렵다. 여성은 남성만큼 섹스를 갈구하지 않는데, 가장 큰 이유는 그들은 자신이 원할 때 섹스를 할 수 있기 때문이다. 하지만 남성이 위대함을 추구하는 이유 중 하나는 이것이 충만한 섹스에 대한 환상으로 이어지기 때문이다.

다시 한 번 말하지만 우리는 남녀를 적수로 바라보는 관점에서 벗어나야 한다. 남성의 시각에서 볼 때 여성은 경쟁자도 아니고 적도 아니다. 중요한 의미에서 여성은 그들에게 보상이다.

남성들에게 나타나는 효과: 남성 자존심

성공의 피라미드는 가파르며, 정상에 오르기 위해 치러야 할 희생 또한 만만치 않다. 그럼에도 왜 그렇게 많은 남성들이 시도하는 것일까? 그들의 의욕은 왜 꺾이지 않는 것일까?

이 문제는 현대 미국 문화에만 국한된 것이 아니며, 다른 종의 수컷에게도 똑같이 적용된다. 우리가 성에 관련해 가장 과소평가된 사실에서 언급했던 야생마도 같은 문제에 직면해 있다. 젊은 수컷들은 우두머리에게 도전하기 위한 자신감이 필요하다. 자신감이 결여된 수컷들은 번식을 하지 못했다. 분명히 충만한 (그러나 근거 없는) 자신감으로 도전했다가 패배한 녀석들이 있으며, 이들 역시 번식에는 실패했다. 자신감만으로는 충분치 않다. 하지만 자신감 없이는 성공도 없다.

이러한 진화적 압력은 점차 남성 심리에 지나친 자신감을 새겨 놓았다. 자신감 없는 수컷은 실제로는 싸움에서 이겼을 수 있을지 언정 도전에 실패했고, 따라서 후손을 남기지 못했다. 지나치게 자신만만한 수컷은 실제로는 이길 수 있을 만큼 강하지 못했지만 도전을 했다. 비록 대부분은 패하여 섹스를 못했지만 간혹 운 좋은 녀석은 우두머리가 지쳤거나 부상을 입었거나 싸우는 도중 실수로 발을 헛디뎌 다리가 부러졌거나 하여 이겼을 것이다. 따라서 남성에게 있어 과도한 자신감은 부족한 자신감보다 이득을 주었을 것이다.

남성의 자존심은 대부분의 남성이 도달하는 궁극적 종말 때문에 생긴 자연스러운 현상이다. 이것은 남성 개인으로 하여금 자신만큼은 남과 다르며, 그저 평균 수준의 패배자 무리 중 한 명이 되지 않겠노라 다짐하게끔 만든다.

그러나 재생산을 못하는 남성의 허무감은 유전자에 깊이 박혀 있지 않다. 왜냐하면 우리는 승리자, 정복자, 우두머리의 후손들이기 때문이다. 최근에서야 비로소 섹스와 결혼이 민주화되고, 특히 일부다처제를 확실히 법으로 금지하면서 낙오했을 남성들도 승자들처럼 남편과 아빠가 될 수 있게 되었다. 보다 긴 시간 동안 우리의 선조가 된 사람들은 스스로 최고가 될 수 있다고 생각하고, 또 실제로 최고였던 자들이었다.

야망이 우리의 관심사이긴 하지만 사실 야망보다 더 필요한 것은 자신감이다. 자신감은 섹스 그 자체를 위해서도 필수적이다. 인간의 짝짓기에서 오늘날까지 남성은 주도권을 갖도록 요구된다. 인류가 만일 여성이 섹스를 시작하기를 기다렸다면 번식을 할수나 있었을지 의문이다. 현대사회의 술집, 친목회, 아파트에서 남성은 청하고, 또 숱한 거절을 견뎌내고 있다.

남성으로 살고자 했던 노라 빈센트는 여성들과 데이트하는 것이 자신의 비밀스러운 삶 가운데 가장 즐거운 부분 중 하나일 것이라 생각했다고 말했다. 레즈비언으로서 그녀는 이미 여성들과 데이트를 경험했지만 이제 더 많은 여성들을 만날 수 있을 것으로 기대했다. 하지만 그녀는 정신이 번쩍 들고 맥이 빠졌다. 남성으로서 그녀는 술집에서 여성들에게 말을 걸기 위해 접근하곤 했으며, 대개 즉각적이고 불쾌한(때로는 더할 수 없이 굴욕적인) 거절을 당했다. 이내 용기가 없어졌고, 실험 때문에 해야 하는 일이 아니었다면 포기했을 거라고 말했다. 그녀는 남성들이 어떻게 그것을 해내고, 인내하고, 대부분 거절당할 것임에도 불구하고 여성에게 접근하기 위해 용기를 내는지 궁금했다. 그녀는 자신을 보여줄 기회도 주지 않은 채 단번에 거절하는 여성과 두어 번의 데이트를 통해 어느 정도 서로를 알고 난 뒤 거절하는 여성 중 어느 쪽이 더 나쁜지 모르겠다고 말했다.

대안은 그리 많지 않다. 자연에서 섹스라는 행위 없이 번식은 있을 수 없다. 명백한 생물학적 이유로 인해 여성들은 까다롭다. 여성은 겨우 몇 명의 아이밖에 가질 수 없으며, 자식을 위한 그녀의 최선은 훌륭한 유전자를 지닌 아빠를 선택하는 것이다. 이는 남성들에게 선택받고자 노력해야 하는 과제를 남겼다. '청할' 자신감이 부족한 남성들은 유전자를 남기는 데 실패한 다수에 속하게 될 것이다.

오늘날의 남성들은 '청했던' 자들의 후손이다. 그 결과 그들은 자신감 넘치고 주도적인 정신을 물려받았다.

남성이 섹스를 청할 때 성공률은 그가 어느 정도의 지위를 얻게 됨에 따라 훨씬 높아진다. 남성들은 이를 잘 알고 있다. 고로 남성은 야망을 품는다.

남성의 자존심이 어디까지가 고정관념과 선전이고, 어디까지가 진짜인지는 확신하기 어렵다. 설문 연구에 의하면 남성의 자존감과 자기애 점수는 여성보다 약간 높을 뿐 아니라 이러한 남녀 차이는 배우자 및 지위를 놓고 경쟁하는 (추가적인 자신감이 가장 필요한 때) 청소년기와 성인기 초기에 가장 두드러진 것으로 보인다.

남성의 자존심이 대인적 맥락에서 더 높음을 보여주는 연구들을 보면, 그것이 마음속 확신이라기보다 과시일 가능성이 있음을 피력한다. 이 또한 이해할 만하다. 남성의 자존심은 내재적 필요에 의한 것보다 그들이 직면하고 있는 거친 세상을 헤쳐 나가는 방법에 더 가깝다. 다른 남성에게 도전할 때 유약함이나 두려움을 보이지 않는 것은 중요하지만 만일 숨길 수만 있다면 이를 실제로 느껴도 상관없을 것이다. 즉 어쩌면 자신감 넘치게 '행동하는 것'이 실제로 자신감을 '느끼는 것'보다 중요할지 모른다.

사실 남성 자존심의 일부는 그가 이미 위대하다는 실제 믿음보다는 위대하고자 하는 열망으로 이루어져 있다. 동기와 믿음 사이의 줄다리기는 자기애 성향(높은 자존감의 공격적이거나 불쾌한 형태)을 가진 사람들에게서 두드러진다. 자아도취에 빠진 사람들은 스스로를 좋게 생각하거나 적어도 그렇다고 주장하는 특징을 보인다. 이들은 다른 모든 사람들도 자신을 칭찬해 주길 바란다. 존경받고자 하는 그들의 바람은 자기애의 가장 보편적이고 잘 알려진 모습 중 하나다. 자기애는 존중감 중독의 한 종류로도 볼 수 있다.

살펴보았듯이 자연은 위대함을 추구하지 않는 남성들을 별로 필요로 하지 않으며, 야망이 없는 대부분의 남성들은 결국 생식의 종말을 맞이했다. 이는 자연선택이 자존심 있는 남성들을 선호했음을 뜻한다. 위대함을 추구하려는 욕구와 이를 시도할 수 있게 하는 (그리고 성공하도록 돕는) 자신감 모두를 가진 남성들이 바로 오늘날 남자아이들의 조상이다.

그러나 자연보다는 문화가 우리의 관심사다. 자연이 마련해 놓은 것을 문화가 이용한다. 살펴보았듯이 대부분의 문화는 많은 남성들이 경쟁하고 성취하길 원한다. 남성의 자부심을 향한 자연적 선호는 문화를 이롭게 하는 조건으로 최고를 향한 보편적 갈망을 만들어내기 위해 이용될 수 있다.

문화 속에서 사는 남성들이 큰 집단에서 제대로 기능하기 위해서는 자부심이 필요하다. 그들은 집단에 유용하고 가급적 대체되기 어려운 특별한 재능과 특성들을 통해 입지를 다질 수 있는 자아가 필요하다. 그들은 탐나는 지위를 놓고 다툴 만큼 자신감 넘치는 자아가 필요하다. 그들은 다른 남성들을 앞지르고 서열의 꼭대기(여성이 자신의 짝을 고르는, 따라서 남성에게는 최고의 섹스 기회가 있는 곳)를 향해 오르고 싶게끔 만드는 자아가 필요하다.

어쩌면 모두를 위한 최적의 시스템은 최고로 유능한 남성들만 위대함을 성취하기 위해 필요한 노력과 희생을 겪게끔 하는 것일지도 모른다. 그러면 나머지들은 쉬엄쉬엄 할 수 있다. 하지만 문화는 누가 가장 유능한 남성인지 알지 못하기 때문에 가장 효과적인 (낭비적이기는 하지만) 시스템은 모든 혹은 대부분의 남성들로 하여금 그런 노력과 희생을 치르게 하여 최고를 가리는 것이다. 이러한 시스템이 효과를 보기 위해서는 과도한 자신감이 남성들 사이에 전반적으로 퍼져 있어야 한다. 요약하자면 문화가 실제로 재능 있고 유능한 소수의 남성들로부터 이익을 얻기 위해서는 본질적으로 모든 남성이 스스로 재능 있고 유능한 사람 중 한 명인 듯 굴어야 한다.

적극적 주체로서의 남성

남성의 자존심에 대한 대부분의 고정관념들은 부정적이다. 이와 관련은 있지만 덜 논쟁적인 남성 심리, 일명 주체성(행위의 주체가 되는 것)에 대해 이야기해 보자. 전문가들의 의견과 연구들에 의하면 행동을 취하고, 주도하고, 책임을 지고, 수동적이기보다 적극적으로 대응하는 성향은 일반적으로 남성과 관련된 핵심 특성 중 하나다. 여성보다 남성이 이런 특성들을 다소 더 지니고 있다.

이번 장의 주제는 남자다움은 획득해야 한다는 특성에 대한 것이다. 주체성은 남자다움을 얻는 데 있어 유용한 그리고 아마도 필수적인 특성일 것이다. 따라서 자연이 주체적인 남성들을 선호, 선택했으며 문화가 이 특성들을 강화하고 활용했다는 것이 놀랍지 않다.

남성의 사회생활에 요구되는 것들은 그들의 주체성에 대한 풍부한 설명을 해준다. 획득된 지위와 부여된 지위 간의 기본적 구분조차 이를 기초로 한다. 남자다움은 획득되어야 하며, 따라서 무언가를 성취하고 스스로를 입증하기 위해서는 주도권을 가져야 한다. 여자다움은 젊은 아가씨가 무언가를 해야 할 필요 없이 부여되며, 따라서 그녀는 주도적이어야 할 필요가 덜하다.

로맨스 역시 마찬가지다. 사랑과 섹스를 주도하는 것은 남성의 몫이다. 심지어 오늘날에도 여성과의 관계에 있어 성공적이려면 남성은 자존심이 주는 자신감(이전 섹션을 참고하라)이 있어야 하는 것 못지않게 주도적이어야 한다. 아마 그의 자신감은 주로 연애의 주도권을 잡는 데 유용할 것이다.

나는 마치 사회적 환경이 먼저이고, 남자다움의 주도적 측면이 부수적인 결과인 것처럼 기술하고 있지만 사실 이 둘은 긴밀하게 맞물려 있다. 자연은 남성들로 하여금 얼마 안 되는 섹스와 재생산의 기회가 있는, 서열의 꼭대기에 위치한 극소수를 위한 자리에 도달할 수 있게 경쟁할 것을 요구했다. 그리고 가장 주체성이 높은 남성들은 다음 세대 남자아이들의 아버지가 되었다.

인류문화는 이러한 남성의 특징을 활용하고 최대한 발현되도록 부추겼다. 예컨대 만약 자연에 먹거리가 풍부해 남성들이 수동적이었다면, 또한 여성들이 수동적이고 조용하고 야심도 없는 남성들을 자신의 상대로 더 선호했더라면 문화는 소년들에게 적극적으로 여러 위업들을 달성해야만 남자로 인정된다는 메시지를 주지 않았을 것이다.

나는 남성이 여성보다 덜 선호되고 덜 사랑받는 한 가지 이유가 주체성의 나쁜 면과 관련되어 있다고 추측한다. 확실히 많은 남성들이 으스대고, 군림하고, 고집이 세며, 시끄럽다. 일부 여성들도 해당되겠지만 아마 이런 특성들은 남성들에게서 더 보편적일 것이다. 물론 이러한 것들은 책임을 떠맡고, 실패에도 좌절하지 않고, 지도자의 역할을 하고, 남들보다 앞서가며, 솔선수범하여 몸소 보여주는 것과 마찬가지로 남성의 성공에 밑거름이 되는 특징들을 확장한 것에 지나지 않는다. 단호하게 인내하는 사람과 고집불통인 사람과의 차이는 우리가 그 사람의 목표에 수긍하느냐 아니냐에 달려 있다.

문화는 어떻게 원하는 것을 얻는가

자존심과 주체성을 둘 다 갖춘 남성은 자신들이 형성한 사회적 네트워크를 경영하기에 적합하며 그럴 준비가 되어 있다. 어떤 의미에서 이는 문화가 필요로 하는 인간 원자재들이다. 이제 문화가 어떻게 이를 활용하도록 적응했는지 살펴보도록 하자.

남성들은 '남자'의 자격을 얻기 위해 스스로를 증명해야 한다. 문화는 남자다움을 성취하는 조건을 정할 수 있다. 본질적으로 문화는 남성들이 어떻게 스스로를 입증할지 규정함으로써 자신에게 가장 유용한 방식대로 남성들이 탁월함과 성취를 위해 노력하게끔 이끌 수 있다. 적들에 둘러싸인 힘없는 신생 부족에서는 남자다움의 시험으로 용맹함과 전쟁터의 영웅들이 강조될 것이며, 식량이 부족한 고립된 부족에서는 사냥이 그 방법이 될 것이고, 선진 산업 민주주의에서는 결국 막대한 부를 축적하는 것을 의미할 것이다.

문화는 남자가 되는 기준을 정했듯이 위대함의 정의 또한 내릴 수 있다. 위대함은 사실 남자다움을 증명하는 데 필요한 것들을 보다 더 많이, 더 탁월하게 해내는 것이다. 만일 남자다움을 증명하는 데 성공적인 사냥 기술이 요구된다면 오랜 시간에 걸친 우수한 사냥 성과가 곧 위대함의 자격이 될 것이다.

위대함의 수학에는 극단값이 필요하다. 모든 성인 남성들은 스스로가 남자임을 입증할 수 있지만 '위대함'이라는 정의 자체가 이를 소수 정예로 제한한다. 만일 평균 성취수준이 올라가면 위대함의 요건도 같이 올라갈 것이다.

기준을 정하는 것이 문화가 영향력을 행사하는 유일한 방법은 아니다. 문화는 위대한 업적을 보상하고 축하해 줌으로써 이를 다른 남성들로 하여금 똑같은 열망을 갖도록 자극하는 본보기로 삼을 수 있다.

　우리는 위대함을 추구하는 경쟁에서 개인의 이득과 그가 속한 문화의 이득이 반드시 일치하지는 않는다는 것을 익히 봐왔다. 많은 남성들이 몸과 마음을 바쳐 자신이 속한 문화를 위해 노력하고, 스스로 위대함을 추구한다면 이들의 노력이 많은 경우 실패로 돌아가더라도 문화에는 이로울 것이다. 따라서 성공한 문화가 되기 위해서는 남성들이 적절한 수준 이상으로 일하고, 위험을 감수하는 희생을 하도록 동기부여를 해야 한다. '적절하고 타당한 수준' 이상이라 함은 아버지가 자식들이 커가는 중요한 순간순간에 함께하지 못할 정도로 가족과의 시간을 희생하는 것에서부터 전선의 최전방 철옹성 뒤에서 방어하는 적군을 향해 과감히 돌격하는 것에 이르기까지 실로 범위가 넓다.

　이제 현대의 삶을 돌아보자. 현대사회는 남성들이 모든 일을 다 해내기를 바란다. 다시 한 번 규정하자면 '일'이란 사람들이 내재적으로 하고자 하는 어떤 것이 아니다. 따라서 급여와 같은 보상은 동기를 부여하는 대표적인 방법이다. 하지만 더 나아가 문화는 사람들이 관심을 갖는 것과 '일'을 연계시킴으로써 남성에게 보다 큰 동기를 부여한다.

　이론가들은 일에 대한 태도를 크게 직업·소명·경력의 세 가지로 구분한 바 있다. 본질적으로 직업이란 보수나 다른 외적 보상을 위해 일을 수행하는 것이며, 자아가 많이 개입될 필요가 없다. '소명'이라는 용어는 원래 사제나 목사와 관련되어 사용된 것이었으나, 더 최근에는 개인의 내재적 적성과 운명감에 근거한 것과 관련된다. 예술가, 의사, 작가 그리고 다른 이들은 자신의 일을 소명으로 생각하며 아마 급여대비 더 많은 노력을 기울일 것이다. 소명은 남성으로 하여금 매우 열심히 일하게 하는 효과적인 방법일 수 있지만 내재적 동기에 근거하기 때문에 (비록 이것이 절대적 권력이나 다른 외재적 자극들로 인한 것일지라도) 문화가 이를 통제하기는 어렵다.

경력은 상대적으로 현대판 일에 해당한다. 이것의 초점은 성취, 지위, 성공의 이력을 쌓는 데 있다. 본질적으로 경력주의자는 그/그녀가 이력서에 넣을 수 있는 것에 의해 동기부여된다. 일 자체가 반드시 즐거운 것은 아니지만 그렇다고 오직 돈을 벌기 위한 것도 아니다. 경력 위주의 마음가짐은 일이 스스로를 빛내줄 방편이라 여긴다. 이는 사람들로 하여금 만족스럽지 않아도 열심히 일하도록 하기 때문에 문화에 있어서는 매우 유용한 태도일 수 있다. 문화는 경력 위주의 마음가짐을 통해 남성의 자존심을 동기 유발의 방향으로 바꾸어 놓는다. 이들은 승진, 수상 그리고 다른 가시적이거나 상징적인 성취의 이력을 쌓기 위해 일한다.

존경의 결핍

많은 문화가 남성들을 자극하고 활용하는 결정적인 방법은 존경의 결핍을 유지하는 것이다. 남성의 자존심과 다른 요인들을 고려했을 때 남성들은 존경받고 싶어 하고, 존경받을 수 있는 일들을 하고자 한다. 다른 보상들과 마찬가지로 존경의 가치는 희소할수록 높아진다. 따라서 문화 시스템의 입장에서는 사람들에게 돌아갈 존경이 충분치 않아서 남성들이 그것에 목말라하고, 이를 위해 치열하게 싸워야만 하는 환경을 유지하는 것이 유용하다.

우리는 위대함 자체가 필연적으로 소수에게만 한정되어야 하며, 이것이 존경을 제한하는 한 측면임을 이미 살펴보았다. 하지만 이 전략은 좀 더 광범위하게 적용될 수 있다. 많은 남성조직들에서 모든 존경은 공급 부족에 있을 것이다. 이는 신입사원의 신고식을 하고, 모욕감을 주고, 욕을 하고, 안 어울리는 옷을 입도록 하는 등의 형태를 띨 수 있다. 이는 직함과 복장에서 드러날 것이다(도대체 누가 최소한 20년 이상의 교육을 거쳐 박사학위를 취득했으며, 다른 교수들과 똑같이 전일제 근무를 하고 있는 사람을 일컫는 '조교수'라는 암울한 직함을 만들었을까?). 이는 언어적 비하의 형태를 띨 수도 있다.

언어적 비하는 남성들끼리의 화법에서 흔히 볼 수 있는 특징이다. 나는 이것이 많은 조직에서 일반적이었던 때를 기억한다. 사실 나의 지도교수는 이런 류의 대화를 즐겼으며, 언어적 비하는 저명하고 영향력 있는 남성에게 있어 약자를 괴롭히는 이점을 가지는 듯 보인다. 왜냐하면 학생들은 그 교수에게 똑같은 말투로 대답하기 어렵기 때문이다.

언어적 비하는 전형적으로 유머러스한 모욕의 형태를 띤다. 비하의 대상은 무례를 어느 정도 너그럽게 받아들이도록 기대된다. 동료들 사이에서는 자기만의 재치 있는 공격으로 응수하는 것이 보통이다. 이것이 상사에 의한 것일 경우 효과적인 유일한 방법은 스스로 자신을 깎아내리는 농담을 하며 이에 가담하는 것이다. 따라서 '농담' 부분을 구체화함으로써 모욕적 내용을 약화시킬 수 있다. 그럼에도 어쨌든 이런 류의 응답은 남성으로 하여금 남들에게 자신에 대한 부정적인 것들을 말하도록 강요한다.

그러나 만일 상대가 불쾌해하거나 적절치 않은 말을 하는 등 '제대로' 응수하는 데 실패하면 언어폭력은 더 심해진다. 무례한 말에 대해 당황하거나 언짢은 티를 내는 것은 보통 심각한 체면의 손실이자 다른 이들의 조롱을 부채질하는 것이다. 그런 모욕적 대우에 만약 울기라도 한다면, 이 일은 남성의 머리에서 수년이 지나도 지워지지 않을 것이다. 사실 그토록 불쾌한 말을 면전에서 듣고 운다는 것이 완전히 충격적이거나 비합리적인 반응은 아닌데도 말이다. 웃자고 한 말에 남성이 울음을 터트린다는 것은 그가 너무 나약하거나 제대로 된 경쟁을 할 만한 인물이 못 된다는 뜻으로 해석된다.

이 모든 것들이 여성에게는 상당히 생소하다. 한번은 아내가 남성들 테이블 가장자리에 앉아 서로 이런 식으로 대화하는 것을 듣고 놀랐다고 내게 말한 적이 있다. 왜냐하면 여성들은 이런 식으로 이야기하면 곧장 절교를 할 것이기 때문이다.

사실 나는 이 차이가 소송이나 해고와 같은 심각한 결과들로 이어지기도 하는 직장 내 남녀 간 오해의 많은 부분을 야기하고 있다고 추측한다. 언어적 비하를 하는 사람들은 상대의 취약한 면을 찾아 이를 이용한다. 여성이 입사하면 남성은 이들을 어떻게 대해야 할지 모르며, 그들 중 일부는 남성과 똑같이 대해 달라는 (자유로운) 여성의 요구를 곧이곧대로 받아들인다. 그래서 자신들의 불친절하고 모욕적인 농담 일부를 여성에게 한다. 그들은 여성이 오해의 빌미를 준 일에 대해 조롱한다든지, 통상적으로 허용된다고 판단되는 농담들을 늘어놓는다. 하지만 여성에게 있어 이것은 특정 성에 국한된 성희롱처럼 여겨지며, 법적 청문회에서 내용을 뜯어보면 여성의 주장대로 여성을 기분 나쁘게 하는 것으로 해석된다. 하지만 그 동기는 종종 남성들이 다른 남성들을 아주 오랫동안 다루었던 모습과 크게 다르지 않다.

개인적으로 나는 남을 희생시키는 무례한 농담 경쟁을 좋아하지 않는다. 이런 모습이 남녀가 함께 일하는 직장들에서 조금씩 사라져가고 있다는 것은 다행스럽다. 하지만 나는 왜 언어적 비하가 그토록 여러 곳에서 번성했으며, 혹시 이를 지속시키는 기능이 있지는 않은지 수년 동안 궁금해했다.

추측하건대 답은 그것이 존경의 결핍을 유지하는 문화 시스템의 일부라는 것이다. 그것은 남성들 개인에게는 부담이 될지 모르지만 시스템을 이롭게 한다. 그런 사소한 매일, 매 시간의 자잘한 잽jabs들은 남성으로 하여금 무시당하는 것이 어떤 기분인지를 상기시키고, 넓은 관점에서는 무례를 참지 않아도 되는 단계까지 오르기 위해 더 열심히 노력하도록 자극한다.

다시 말해 존경이 주는 기쁨과 혜택만으로는 최대의 효과를 낼 수 없다. 부정적인 것은 긍정적인 것보다 강력하다. 존경과 아무 것도 아닌 것(중립적 대우 같은) 간의 선택을 하게 된다면 남성들은 그렇게 오랜 기간 힘들게 일하고 위험을 무릅쓰면서까지 존경을 얻으려고 하지 않을 수 있다. 한마디로 그렇게까지 노력할 만한 가치가 있는 보상이라고 생각하지 않을 수 있다. 하지만 중립적인 대우를 평상시의 무례한 대우로 바꾼다면 존경의 가치는 상향 조정된다. 자신의 가치를 증명하기 전까지는 모욕적인 대우를 견뎌야 하는 취약한 상태에 놓이며, 그 취약성은 매일 반농담조로 이루어진다.

게다가 스스로를 입증하는 것은 일회적이거나 전부 또는 아무 것도 아닌 양자택일의 문제가 아니라 연속적 특성을 가진다. 남성이 견뎌야 하는 무례하거나 굴욕적인 대우는 급여가 오르거나 승진이 될 때마다 이에 비례하여 줄어든다. 그렇다고 그런 대우가 전적으로 사라지는 것은 아닐 것이다(일례로 조지 W. 부시 전 대통령은 자신의 최측근 정치 참모를 '소똥 더미에서 피어난 꽃'을 의미하는 'Turd Blossom' 이란 별명으로 부르곤 했나).

남성이 출세의 사다리를 끊임없이 올라가 위대함을 이루려는 노력을 게을리한다면, 다시 말해 문화가 가치 있게 여기는 것들을 만들어내려는 노력을 소홀히 한다면 그에게 갖은 비하와 독설이 퍼부어진다. 이것은 남들의 존경을 충분히 받지 못하는 위치에 있는 것이 얼마나 불쾌한지 실감하게 만든다.

언어적 비하는 비교적 비공식적이고 유머러스한 버전에 속한다. 거의 같은 기능을 수행하지만 존경은 훨씬 더 심각한 형태로 유지된다. 우리는 이것이 결투를 통해 어떻게 나타나는지 이미 다루었다. 밑바탕에 깔려 있는 이야기는 모두 동일하다. 자신이 존경받을 만한 가치가 있는 사람임을 입증하는 것.

존경받을 가치가 있다는 건 명예의 중요한 차원이다. 명예에 관심을 가지도록 사회화되면서 남성들은 문화의 규범에 따라 살고 그 기준에서 탁월하고자 노력하는 법을 배운다.

어쩌면 존경은 성취만큼이나 혹은 그보다 더 도덕성과 관련되어 있었다. 이는 사회적 이동이 덜했던 옛날에 특히 중요했다. 도덕적으로 올바른 행동이 사회에 도움이 되었기 때문이다.

10

결혼과 성관계를
이용한 남성 착취

1978년 아카데미 시상식에서는 영화 〈애니홀^Annie Hall〉
이 최우수 영화상과 최우수 감독상을 비롯해
그해의 주요 상을 4개나 휩쓸었다. 나는 당시 박사논문 준비로 바
빠 보지 못했지만 수년 후에 봐도 전혀 손색이 없는 주옥같은 교
훈과 유머가 가득했다.

이 영화에는 지금까지도 많은 사람들이 공감하는 유명한 장면
이 등장한다. 바로 주인공 애니(다이앤 키턴)와 애니의 연인(우디 앨
런)의 심리상담 장면인데, 이들의 개인상담 장면이 교차 편집되어
재미를 더한다. 여기에서 심리상담가는 애니와 연인 각자에게 얼
마나 자주 섹스를 하는지 동일한 질문을 던진다. 두 사람 모두 똑

같은 사실에 대해 불평했지만 이유는 전혀 달랐다. 남성의 대답은 "거의 안 해요. 아마 1주일에 세 번 정도?"였던 반면 여성은 "계속해요. 1주일에 세 번 정도 되겠네요"라고 대답했다.

설문을 통해 알려진 바로는 혈기왕성한 젊은 커플들에게 1주일에 세 번 정도의 섹스는 꽤 일반적이다. 하지만 이 문제를 남성과 여성은 다르게 받아들이는 것 같다. 긴 결혼생활 동안 많은 경우 섹스의 빈도는 무언가 상의하기도 애매하고 어려운 문제다. 이런 어려움은 이 영화가 시사하듯 남성이 여성보다 섹스를 더 많이 원한다는 기본적 사실에 기초한다.

남성의 성적 욕구는 그저 자연발생적인 사실이다. 하지만 문화의 입장에서 보면, 남성의 성욕은 문제와 기회를 한꺼번에 선사하는 사실이기도 하다. 이번 장에서는 어떻게 문화가 남성의 성적 욕망을 활용할 수 있는지 살펴볼 것이다.

짐승을 오해하다

"남성들에게는 분노가 많다. 특히 여성에 대한 분노." 여성학자들은 남성의 성적 성향을 연구할 때 늘 이런 식으로 결론짓는다. 성적 판타지에 대한 수많은 책을 엮어냈던 낸시 프라이데이는 남성의 성적 판타지에는 격렬한 분노가 담겨 있다고 강조했다. 앞서 소개했던 레즈비언 페미니스트 노라 빈센트도 남성으로 위장해

스트립클럽의 대기실에 잠입한 경험 이후 근본적으로 같은 이야기를 했다.

분노라면 도대체 어떤 분노를 말하는 것인가?

이들의 결론은 여러 차례 나를 당혹스럽게 했다. 나는 프라이데이가 제시한 이 분노라는 결론이 상당히 놀라웠다. 그녀가 책에 인용한 어떤 이야기에서도 분노를 찾아볼 수 없었기 때문이다. 나는 실제로 스트립클럽이 남성들의 분노로 가득하다거나 자신의 클럽 방문에 대해 분노하는 남성들은 본 적이 없다. 종종 바가지를 씌운다거나 사기를 치는 것 같다는 맥락을 제외하면 말이다.

이건 분노가 아니다. 여성의 입장에서는 남성의 성욕이 얼마나 강한지 가늠조차 할 수 없다. 남성들은 성욕이 강한 만큼 그것이 좌절되었을 때 받는 상심 또한 엄청나다. 이런 것들은 남성의 삶에 있어 상상 이상으로 많은 부분을 차지한다.

여성학자들의 잘못된 결론에 대해 온전히 이 학자들만을 탓할 수는 없다. 페미니스트들은 꽤나 단정적으로 여성의 성욕이 남성 못지않게 강하다고 말한다. 일반 대중들은 꽤 오래전부터 남성이 섹스를 더 원한다는 것을 기본적인 상식처럼 알고 있었지만 페미니스트들은 이런 생각에 대해 분노하며 비난했다. 남성이 여성을 억압한다는 음모론에 대해 보였던 분노와 비슷했다. 이들은 오히려 여성의 성욕이 남성에 비해 더 강하다고 주장했고, 심지어 인간의 섹슈얼리티를 다룬 몇몇 교과서에서는 이런 주장을 마치 정설인 양 소개하기도 한다.

하지만 이건 너무 터무니없다. 부부 치료를 받으러 온 커플들이 자신들의 성생활에 대해 상담한다고 생각해 보자. 어느 배우자가 더 섹스하고 싶어 할까? 아내가 원하는 만큼 자주 혹은 다양한 방법으로 섹스하길 거부하는 남성은 없다고 봐도 과언이 아니다. 대부분의 경우 아내보다 남편이 더 섹스를 원하기 때문이다.

한 연구에서는 결혼한 지 수년이 지난 부부들을 대상으로 행복한 결혼생활의 이상적인 성관계 횟수가 어느 정도라고 생각하는지 물어보았다. 그리고 실제 성관계 횟수도 함께 물었다. 아내들의 경우 이상적인 성관계 횟수와 실제 성관계 횟수가 완벽히 일치한다고 보고했다. 이 여성들에게 부부관계는 기본적으로 완벽하고, 이상적이며, 최적화된 것이었다.

반면 남편들이 생각하는 이상적인 성관계 횟수는 실제 횟수보다 50% 더 많았다. 이들은 행복한 결혼생활을 하고 있는 중년 남성들로, 성욕이 가장 왕성한 시기를 이미 지난 사람들이다. 하지만 그들에게도 섹스는 여전히 결핍과 좌절을 경험하는 원천으로 남아 있었다. 정확히 자신이 원하는 수준만큼의 섹스를 하고 있는 여성들과 달리 남성들은 원하는 수준보다 상당히 낮은 빈도의 섹스만을 하고 있는 것이다.

앞서 이야기한 영화 〈애니홀〉에서 본 두 캐릭터처럼 커플들은 실제 섹스 빈도에 대해서는 동의하고 있지만 이상적인 섹스 빈도에 대해서는 동의하지 못하고 있다. 이는 남성이 여성에 비해 훨씬 더 섹스를 원하기 때문이다.

여성도 남성만큼 섹스를 원한다는 페미니스트의 주장은 수많은 오해들을 양산했다. 많은 여성들이 포르노와 성애물에 대해 반대한다. 이런 반대는 미디어의 성적 묘사가 여성의 입장에서 다소 적대적이라는 것을 바탕으로 하는데, 사실 불확실한 가정이다. 왜 섹스 장면이 여성에게는 비하되는 반면 남성에게는 그렇지 않은지 분석해 보면 이런 주장의 허점을 쉽게 발견할 수 있을 뿐 아니라 여성들이 이런 생각을 가지게 된 이유도 이해할 수 있다.

지적 호기심을 가진 여성 한 명이 포르노물을 보고 싶어 하는 남성에 대해 의문을 가진다. "나는 별로 보고 싶지 않은 포르노물을 남성들은 왜 보고 싶어 할까?" 그리고 페미니스트 주장을 기반으로 생각한다. "남녀의 성욕수준은 거의 비슷하니까 이 현상을 남성들의 성욕이 더 강하기 때문이라고 보기는 어려워. 그렇다면 포르노물엔 내가 모르는 무언가 여성 억압적이고 혐오스러운 것이 있을지도 몰라."

그녀는 포르노물에 단순한 섹스 사진이나 장면 이상의 무언가가 있을 것이라고 생각한다. 하지만 포르노물은 그 이상도 이하도 아니다. 그녀는 남성들이 포르노물에 시간과 노력, 금전을 쏟는 이유를 단순히 섹스에 대한 필사적이고 한없는 갈망 때문이라고는 상상하지 못한다. 하지만 바로 그 이유 때문이다. 섹스에 대한 갈망이 남성들의 이런 행동의 바탕이 된다.

페미니스트들은 이 부분에 대해 필요 이상으로 복잡한 이론들을 만들어냈다. 남성이 포르노를 보며 자위하는 것이 여성억압과 맞물려 있다고 하지만 이런 이론들은 모두 페미니스트적 분석의 허점을 메우기 위한 시도일 뿐이다. 이런 이론들은 근본적으로 거짓 가정, 바로 여성이 남성만큼 섹스를 원한다는 것에서부터 출발한다. 그러나 이 거짓 가정을 진실로 받아들인 보통 사람들은 남성의 성욕이 더 크다는 명백한 사실을 이제 어떻게 설명해야 할지 난감할 수밖에 없었다.

성욕에 대한 몇 가지 사실들

내가 수년 전 경험한 흥미로운 사건을 보면, 남성의 성욕이 얼마나 강한지에 대해 사람들이 제대로 모른다는 점을 간파할 수 있다. 당시 나는 문화적·사회적 요소들이 성적 행동에 영향을 미치며, 이 영향력이 일관적으로 남성보다는 여성에게 더 크게 작용한다는 내용의 논문을 쓰고 있었다.

과학에서는 어떤 유의미한 차이가 관찰되면 왜 이런 일이 일어나는지에 대한 의문을 던지기 마련이다. 우리는 가능한 여러 설명들을 생각해 봐야 했고, 그중 한 가지 설명은 여성이 남성보다 성욕이 약하다는 것이었다. 여성은 남성만큼은 강한 충동이나 열망에 휩쓸리지 않기 때문에 지역적 규범과 맥락, 다양한 상황들에 자신의 성적 취향을 기꺼이 맞추려 할 가능성이 있기 때문이다.

내가 논문에서 이 가능성에 대해 언급하자 논문 검토위원들은 부정적인 반응을 보였다. 그들은 남성이 여성보다 성욕이 강하다는 것은 구시대적 발상이며, 여성억압적인 고정관념일 수 있다고 생각했다. 내 주장을 계속하기 위해서는 어떤 근거가 필요했고, 검토위원들은 그 근거를 찾을 수 있을지 의심스러워했다.

나는 우선 섹슈얼리티, 즉 성적 성향에 대한 주요 교과서들을 살펴보았지만 그중 어디에도 일반적으로 여성이 남성에 비해 성적 욕구가 떨어진다고 설명한 경우는 없었다. 어떤 교과서에서는 이런 생각이 잘못된 것이라 분명히 언급되어 있었고, 자넷 시블리 하이드와 리처드 드러메이터[Richard DeLamater]의 교과서에서는 오히려 내 생각과 반대로 공공연히 여성이 남성보다 성욕이 더 강할 것이라고 설명하기도 했다.

나와 동료 2명은 출판된 모든 연구를 찾아 여기에 대한 관련 정보를 모았다. 이를 위해서는 성적 행동에 대한 과학적 연구를 보고하는 수백 개의 과학저널 논문들과 긴 시간 고군분투해야 했다. 동료 중 하나였던 캐슬린 캐터네즈[Kathleen Catanese](현 미드웨스턴 칼리지 심리학과 교수)는 연구 검토를 시작할 당시 페미니스트의 기본적인 믿음인 성욕에는 남녀 차이가 없다는 입장을 가지고 있었다. 다른 동료 캐슬린 D. 보스[Kathleen D. Vohs](현 마케팅 교수)는 그 당시 어떤 방향도 결정하지 못한 상태였다. 나는 직감적으로 남성이 여성보다 성욕이 강하다고 생각하고 있었다. 이렇게 우리도 애초부터 모두 다른 관점을 가지고 있었다. 하지만 우리는 데이터가 보여주는 결과를 따르기로 했다.

작업량은 상당했다. 때론 우리가 너무 당연한 내용을 살펴보고 있어서 아무도 이 연구를 출판하려 들지 않았을 거란 두려움이 생기기도 했다. 우리가 남성이 여성보다 섹스를 더 원하는지 알아보기 위해 문헌들을 검토한다는 이야기를 듣고 한 동료는 비꼬아 말했다. "남성의 성욕이 더 강하다는 건 너무 당연해. 섹스를 해본 모든 사람들이 아는 사실이야. 음, 섹슈얼리티 연구자들과 교과서 저자들만 제외하면."

성욕을 직접 잴 수 있는 유일하고 확실한 척도는 없다. 그래서 우리는 이렇게 접근하기로 했다. 2명의 여성 혹은 남성이 있다고 생각하고, 그중 한 명이 실제 더 성욕이 강하다고 가정해 보자. 그럼 두 사람 사이에 어떤 선호나 행동의 차이를 관찰할 수 있지 않을까?

예를 들어 성욕이 더 강한 사람은 아마도 섹스에 대한 생각을 더 많이 하고, 성적 판타지나 욕구가 더 많고, 실제 성관계가 더 빈번하고, 섹스 파트너가 더 많고, 자위행위도 더 자주 하며, 다른 활동에 비해 섹스에 더 많은 노력을 쏟아부을 것이다. 성욕이 강한 사람이 이와 반대되는 경향을 보이기는 어려울 것이다. 예컨대 성욕이 약한 여성이 성욕이 강한 여성에 비해 성적 판타지를 더 자주 떠올린다고 예상하긴 어려울 것이다.

그래서 우리는 이런 관련 행동들에 대해 남녀를 비교하는 연구들을 찾아보았다.

수개월에 걸쳐 연구 결과들을 살펴본 후 분명한 답을 찾았다.

성욕에 대한 남녀 차이는 상당하며, 남성이 여성보다 훨씬 강한 성욕을 가지고 있다는 것이었다. 정확하게 말하자면, 이와 다른 경향을 보이는 남성들도 소수 있지만 평균적으로는 남성이 여성보다 섹스를 더 원했다. 우리가 생각할 수 있는 지표가 되는 행동이나 선호들은 모두 같은 결론에 부합되었다. 남성은 여성보다 섹스에 대해 더 자주 생각한다. 남성은 더 많은 성적 판타지를 가지고 있고, 이런 현상은 다양한 성적 행위와 파트너 수를 추구하는 등 다양한 지표들에 아울러 나타난다.

남성은 여성에 비해 자위행위를 훨씬 더 많이 한다. 섹스 연구자들에게 있어 자위행위는 성욕을 측정하는 가장 직접적인 척도 중 하나로 여겨진다. 파트너도 필요 없고 임신이나 질병에 대한 위험도 없는, 외부 요인의 제약이 없는 성적 행동이기 때문이다. 여성이 자위행위에 대한 죄책감을 느낀다는 의견도 있지만 데이터를 살펴보면 오늘날에는 더 이상 그렇지 않은 것 같다. 오히려 자위를 하지 않는 소수 남성의 경우에 자위행위가 죄책감과 연결되어 있는 경우가 있었다. 자위를 하지 않는 여성은 주로 자위를 하고 싶다는 느낌이 별로 없다고 말한다. 이들은 자위에 대한 충동 자체가 없기 때문에 이 충동에 대한 죄책감을 가질 필요도 없는 것이다.

다른 사실들도 많이 밝혀졌다. 남성은 섹스를 위해 더 많은 위험을 감당하거나 비용을 감수하기도 한다(미국의 클린턴 전 대통령을 떠올려 보자!). 남성은 여성보다 더 자주 섹스를 원하는데, 이는 젊은 커플에서나 40년 이상 결혼생활을 한 부부에서나 동일하게 나타났다. 남성은 여성에 비해 다른 파트너를 원하는 경향도 더 강하고, 훨씬 다양한 종류의 성행위들을 좋아한다.

남성은 자주 섹스를 시작하도록 유도하고, 상대가 섹스를 유도해도 거부하는 일이 거의 없다. 여성이 섹스를 유도하는 경우는 남성에 비해 훨씬 드물고, 상대가 이런 시도를 해오면 남성보다 거절하는 경우가 훨씬 많다. 섹스할 기회가 생기면 남성은 즉각 그 기회에 뛰어드는 반면 여성은 "노"라고 말하는 것이다.

이를 증명하는 대표적인 연구가 하나 있다. 이 연구에서는 연구보조원들이 대학 캠퍼스의 매력적인 이성에게 임의로 접근해 섹스를 제안했다. "매력적인 당신이 눈에 띄더군요. 오늘밤 나와 잘래요?" 이 제안에 남성의 4분의 3 이상이 승낙했다. 반면 이런 제안을 받은 여성은 단 한 명도 승낙하지 않았다.

여성은 남성에 비해 섹스 없는 데이트를 어려워하지 않는다. 성인 여성은 사귀는 사람이 있어도 몇 개월 혹은 가끔은 몇 년 동안도 섹스 생각이 거의 없거나 섹스가 없는 것에 대해 별로 불편해하지 않을 수 있다. 남성은 섹스가 없으면 거의 "미쳐버린다."(적어도 몇몇 사람은 그렇다) 여자친구와 헤어진 남성은 많은 경우 헤어진 다음날 혹은 그다음 날부터 자위를 시작한다.

육체적 순결에 대한 성스런 맹세도 남성이 여성보다 훨씬 지키기 힘들어 한다. 가톨릭에서는 신부와 수녀 모두가 하나의 완벽한 금욕 기준에 부합하기 위해 전념한다. 이들이 가장 중요하게 여기는 종교적 믿음과 가치라는 맥락에서 이루어지는 노력이다. 하지만 신부들은 수녀들에 비해 성적활동을 훨씬 더 많이 한다.

　요약하자면 거의 모든 연구와 측정치에서 남성이 여성보다 섹스를 더 원한다는 점을 공통적으로 보여주고 있다. 이제는 확실히 말할 수 있다. 남성이 여성보다 섹스를 더 갈망한다고.

짐승과 함께 사는 것

어느 날 TV 채널을 돌리다가 빌 메이어[Bill Maher]의 〈정치적으로 부적절한[Politically Incorrect]〉을 보고 있었다. "멋진 섹스가 없다면 내게 그날은 헛된 하루다"라는 말에 청중들은 폭소했다. 하지만 나는 이 말이 무슨 뜻인지 알아듣고 공감했다. 적어도 내가 50대가 되고, 내 안의 짐승 같은 성욕이 조금 잠잠해지기 전까지 내가 성인 남성으로 지낸 수십 년 동안은 적어도 그런 마음이었다. 대부분의 남성들도 이런 생각에 공감할 거라 생각한다.

　바로 섹스에 대한 관심수준을 보여주는 것이다. 사랑에 빠진 남성은 자신의 연인이라는 구체적 대상에게 성적 욕구를 느끼기 마련이다. 하지만 남성들 대부분이 불특정 다수의 매력적인 여성들에게 상당한 수준의 막연한 성적 흥미를 느낀다. 여기에서 말하는 매력적인 여성은 말하자면 20대에서의 매력수준이 최하위 10% 정도만 넘으면 되는 여성쯤으로 생각할 수 있다. 그는 마음 한구

석에서 그녀를 원하고 그녀의 몸을 보고 싶다는 생각을 떨쳐낼 수 없다. 마음 같아서는 그러고 싶지만 그럴 수 없다는 것도 알고 있다. 고정적인 섹스 파트너가 있다는 사실은 다른 대상들에 대한 욕구를 약간 낮출 뿐이다. 이것은 정상적이다.

운 좋게 높은 지위에 있게 된 남성들(왕이나 연예인, 잘나가는 운동선수 등)은 원하는 종류의 섹스 라이프를 뭐든 누릴 수 있는 위치에 있다. 이렇게 제약이 없는 상황에서는 순수하게 그들이 선택하는 것이 무엇인지 드러난다. 일반적으로 이들은 아내와 같은 가장 좋아하는 파트너 이외에도 정부, 여성 팬, 숨겨둔 아내 등 다양한 사람들을 주변에 둔다. 오늘날 이런 남성들은 높은 사회적 지위에도 불구하고(혹은 그 지위 때문에) 한 사람에게 정착해 그녀에게 충실해야 한다는 압박을 느끼기도 한다. 하지만 이들은 그 와중에도 다른 여성들과 즐기기 위한 다른 방법들을 잘도 찾아낸다. 만약 이들이 사회적 시선에서 자유롭고 다른 외부적 영향을 받지 않는다면 다양한 섹스 파트너를 추구하는 모습은 더욱 적나라하게 나타날 것이다.

앞에서 설명했던 심리 실험을 다시 살펴보자. 이 실험에서 여성 연구보조원들은 캠퍼스에 돌아다니는 매력적인 남성들에게 다가가 그날 저녁 잠자리를 제안했다. 연구보조원들은 평균적인 수준의 매력을 가진 여성들이었기 때문에 그들이 다가갔던 남성들은 그들보다 외모가 더 출중한 이들이었다고 볼 수 있다(남성의 매력도가 더 높기 때문에 많은 남성들이 제안을 거절하리라 예상해 볼 수도 있다). 그 제안은 갑작스레 이루어졌고, 대부분의 남성들은 이미 그날 저녁 계획이 있었을 것이다. 하지만 남성의 4분의 3이 그 제안을 승낙했다. 그들은 처음 보는 평범한 매력을 가진 여성과 섹스할 기회를 잡기 위해 다른 계획들을 기꺼이 취소하려 했다. 심지어 제안을 거절한 남성들조차도 무언가 마음이 불편한 것 같아 보였다. 그들은 사과하거나 거절할 수밖에 없었던 이유를 설명하거나("난 여자친구가 있어요") 혹은 다른 시간이 어떻겠냐고 제안하기도 했다 ("제가 오늘밤은 절대 안 되는데 대신 내일은 어떤가요?").

이런 현상은 젊은 남성의 마음 안에 섹스의 우선순위가 높다는 것을 보여준다. 이 매력적인 남성들은 보통 수준의 외모를 가진 여성과 섹스하기 위해 대부분의 계획과 활동을 기꺼이 취소하려 했다. 섹스에 있어 여성은 남성과 다른 태도를 보인다. 남녀 역할을 바꿔 이 실험을 진행했을 때 어떤 여성도 제안에 승낙하지 않았다. 정중히 다가가 그날 저녁 섹스를 제안한 보통 외모를 가진 낯선 남성들은 모두 거절당했다. 반대로 대부분의 남성들은 낯선 여성의 제안을 승낙했고, 실제 거절했던 남성들 대부분도 사실은 승낙하고 싶어 했다.

순하디 순한 어린 소년에게도 예외는 아니다. 예의 바르고 잘 교육받은 이 소년도 10대가 되면 어느 순간 자기 안에 '짐승' 같은 성욕이 꿈틀거림을 느끼게 된다. 같은 반 귀여운 소녀를 보며 어렴풋이 품었던 낭만적 생각들도 이 시기가 되면 남에겐 말할 수 없는 끝없는 욕망과 상상들로 돌변한다. 공부에 집중하려고 이런 생각들을 삼키려 노력하지만 섹스에 대한 생각을 절대 떨쳐버릴 수는 없다. 이 소년이 느끼는 성욕은 상당히 강력해서 갑자기 침실로 초대하는 여성이 있다면 주저 없이 따라갈지도 모른다.

그는 이런 성적 바람을 다른 방식으로 해결하고자 한다. 그는 매력적인 여성이 자신의 섹스 제안에 어렵지 않게 응할 거라 생각하지만 실제는 그렇지 않다. 그는 아마 섹스를 목적으로 한 어설픈 접근부터 꽃다발을 선사하는 낭만적인 구애까지 생각할 수 있는 모든 걸 시도할 것이다.

양성평등에 익숙한 현대 젊은 남성들의 입장에서는 왜 여성들이 이런 밀고 당기는 줄다리기를 해놓고 끝에 가서는 자신의 제안을 거절하는지 이해할 수 없다. 남성은 여성이 자신만큼 섹스를 원하지 않는다는 사실을 받아들이기 어렵다. 그러나 남녀 욕구의 차이를 본능적으로 이해한다고 해도 남녀가 평등하고 동일하다는 사회적 통념과는 꽤 거리가 있다는 점에 혼란스러워 한다.

남성으로 살아본 몇 달 동안 노라 빈센트는 놀랍고도 흥미로운 사실을 관찰했다. 그녀는 남성들과 섹스에 대해 터놓고 대화하는 과정을 통해 대부분의 남성이 자신의 성욕 때문에 말 못할 행동을 한 적이 있다는 걸 알게 되었다. 지금 돌아보면 부끄럽고 민망한 행동들이었다. 이 행동들이 무엇인지 그녀도 구체적으로 설명하지 않았고, 그 남성들이 그녀에게 구체적으로 털어놓았는지도 확실치 않다. 나도 섹슈얼리티 연구들을 방대하게 살펴보았지만 이런 행동에 대한 체계적인 데이터를 본 적은 없었다. 하지만 그녀의 주장이 맞다고 가정해 보자. 그렇다면 이 사실은 무엇을 보여 주는가?

뉴스를 보면 사회적으로 존경받고, 명성이 있고, 성공한 남성들조차도 민망한 성적 행동을 한 경험이 있다는 걸 알 수 있다. 우리는 대통령이나 대통령 후보들이 성적 외도를 시인해 커리어에 타격을 입는 것을 목격한 바 있다. 또한 정치가들이 공중화장실이나 사무실에서 했던 민망한 일들을 시인함으로써 웃음거리로 전락하는 것도 목격했다. 이들이 다른 남성들과 특별히 다른 것일까? 이런 사건들은 빙산의 일각에 불과하다. 이 남성들은 매체들이 사생활 보도에 열을 올리는 공인들이기 때문에 일반적인 남성보다 이런 사건이 더 많이 포착되었을 뿐이다.

남성들이 말하는 민망한 성적 행동이란 다양하게 생각해 볼 수 있다. 부적절한 사람과의 섹스를 말할 수도 있지만 어떤 여성에게 성적으로 부적절하게 (언어적으로나 신체적으로) 접근했던 것을 이야기할 수도 있다. 섹스를 하기 위해 그녀를 사랑하는 것처럼 헷갈리게 행동했을 수도 있고, 거절한 여성에게 다시 접근했을 수도 있다.

남성들을 가망 없는 죄인으로 몰기 전에 끊임없이 애써도 자신의 욕망을 채울 수 없는 이들이 어떤 면에선 안쓰럽기도 하다. 많은 남성들이 이미 자신을 그런 '죄인'으로 생각하기도 한다. 적어도 자신 안의 성적 '짐승'이 시키는 대로 했던 행동들을 반성할 때는 그렇다. 그는 클럽에서 술에 취해 춤을 추다가 어떤 여성을 만져보고 싶은 충동을 이겨낸 경험이 있을 수도 있다. 그는 껴안고 애무하던 여성이 갑자기 그만하라고 이야기하면 아무 일도 없었다는 듯 모든 걸 그만둬야 한 적도 있을 것이다(연구들은 대부분의 여성이 가끔은 좋은 경우에도 '싫다'라고 이야기한다고 말한다. 이 사실은 대부분의 선량한 젊은 남성들에게 혼란을 가중시킨다).

그는 자신의 욕구를 억누르는 순간마다 고군분투하며 희생을 치르고 있지만 여기에 대해서는 어떤 보상도 받지 못한다. 그는 자신의 일부이기도 한 짐승 같은 성욕과 매일 몸싸움을 벌이고, 대부분의 경우 그 '짐승'을 통제해 낸다. 하지만 자기 안의 '짐승'이 원하던 섹스를 하면 잔인하게도 그는 이전엔 느낄 수 없었던 수준의 더없는 쾌락을 느끼는 절정을 맛보게 된다. 그는 자신을 저지하는 데 대부분 성공하지만 매 순간 수천 번 자신을 부인하고, 마음 가는 대로 행동하려는 자신을 막아내야 한다. 한두 번 실수를 저지르면 이 끊임없는 노력은 물거품이 되고, 순식간에 손가락질을 받게 된다. 이런 실수가 수치심과 당황스러움 혹은 죄책감 정도로 끝난다면 오히려 다행이다. 잘못하면 그의 삶을 망칠 수도 있다. 커리어와 결혼생활, 행복, 심지어 자유를 희생하는 대가를 치르게 되는 것이다.

확실히 서구의 현대 청년들에게는 이전과는 비교할 수 없을 정도로 섹스를 할 수 있는 기회들이 많다. 혼전 성관계가 상당히 일반화되었고, 오히려 당연히 여겨지기도 한다. 남성들은 여전히 그들이 원하는 만큼의 섹스를 할 수는 없지만 이전 사회들에 비해 기회도 훨씬 더 많고 감당해야 할 위험부담도 적다. 역사를 살펴보면 대개 젊은 남성에게는 섹스할 기회가 없었다. 은밀하고 드물게 기회를 잡더라도 임신(남성을 결혼이라는 굴레에 가두는)이나 질병이라는 적지 않은 리스크가 동반되었다. 심지어 결혼한 남성들조차도 그렇게 섹스를 많이 하지는 못했다. 당시 오럴섹스는 일반적인 섹스를 대체하는 행위로 쉽게 받아들여지지 않았다. 일반적인 삽입 성교는 임신으로 이어졌기 때문에 아내는 많은 시간 임신 중이거나(섹스 횟수가 자연스럽게 줄어드는 기간) 그렇지 않으면 임신을 피하기 위해 둘 중 한 사람은 자제해야 했다.

그렇다. 현대 남성은 상대적으로 성적으로 풍요로운 시대에 살고 있다. 하지만 완전한 성적 충족은 여전히 달성하기 어려운 것으로 남아 있다. 자연은 남성이 느끼는 성적 만족감이 오래가지 못하도록 했을 것이다. 이미 가진 성적 기회에 만족하기보다는 늘 성적 결핍감을 느꼈던 자들의 후손이 바로 오늘날의 남성들이다. 오늘날의 남성들은 섹스할 수 있는 모든 기회를 끊임없이 추구하는 자들, 그리고 더 많은 섹스 기회를 얻을 수 있는 최고의 자리에 오르기 위해 삶을 바쳤던 남성들의 후손인 것이다.

섹스는 유용할 수 있다

섹스는 많은 사람들의 열렬한 관심사다. 이것은 열정과 황홀경,

비참함, 위험부담, 불행, 갈망, 걱정 등 다양한 감정의 원천이다. 하지만 인간적 관점은 잠시 제쳐두고 문화 시스템의 냉정하고 탈도덕적인 관점에서 섹스를 바라보자.

섹스는 도전과 기회 모두를 포함한다. 섹스는 사람들로 하여금 비합리적이고 폭력적인 행동을 하게 하고, 부모 없는 아기들이 태어나게 하며, 병과 적을 만들기도 하는 등 문화에 많은 문제를 야기한다. 이런 이유로 문화에 있어서 섹스를 조절하는 것은 필수적이다. 세상에 알려진 모든 문화들에 성적 행동에 대한 규칙과 규제가 존재한다는 것은 어찌 보면 당연한 일이다.

긍정적인 면을 살펴보면 섹스를 합리적으로 잘 관리하는 것은 문화에 있어 매우 중요하고, 다방면으로 이로울 수 있다. 가장 확실한 것은 섹스는 다음 세대를 구성할 아기들을 탄생시키고, 문화가 존속하도록 해준다는 것이다. 게다가 문화는 부분적으로 인구수로 경쟁하기 때문에 대부분의 문명화된 문화권에서는 보통 아기가 많이 태어나는 것을 긍정적인 것으로 여긴다.

남성들이 보이는 강한 성적 충동은 확실히 자연적 산물이지 문화적 산물은 아니다. 문화는 이런 자연적 산물에 약간의 수정을 가할 뿐이다. 문화는 자연적 패턴의 강약을 조절할 순 있지만 패턴 자체를 쉽게 뒤집을 수는 없다. 지구상에 여성이 남성보다 더 섹스를 원한다고 알려진 문화는 거의 없는 것이 사실이고, 만약 있다면 가장 특이한 문화일 것이다.

많은 문화권에서는 문화 자체적으로나 부모 개별적으로도 소년들이 섹스에 광적으로 몰입하지 않도록 양육하고자 노력해 왔다. 이런 양육방식으로 남성의 성적 충동을 억제할 수는 있지만 성욕 자체를 완전히 제거할 수는 없다. 같은 맥락에서 어떤 문화에서도 여성이 남성보다 섹스를 더 원하도록 양육하지는 않는다.

남성의 성적 충동을 통제하는 가장 좋은 전략은 자극이 될 수 있는 것들에 노출되지 않도록 하는 것이었다. 여성의 몸을 옷으로 완전히 가려서 가급적이면 살갗이 보이지 않도록 하는 것이 대표적인 방법이다. 특정 문화권에서는 특히 여성들을 머리부터 발끝까지 형태가 보이지 않게 가리는 것을 선호하는데, 이 풍습은 성적 충동을 통제하려는 동기를 바탕으로 한 것일 수도 있다. 이를 두고 가상 페미니스트는 여성을 지배하기 위한 계략이라 말할 것이다. 그보다는 여성의 신체 굴곡과 피부를 가려서 남성들의 성적 흥분을 막기 위해 고안된 것이라고 보는 게 맞을 것이다.

어쨌든 이런 자연스러운 현상을 문화가 왜 뒤집으려고 하겠는가? 문화는 라이벌 간에서 우세를 차지하기 위해 자연의 법칙을 뒤집기보다는 오히려 이 성향을 역이용하고자 할 것이다.

남성의 성욕은 동기부여에 이용될 수 있다. 남성이라면 섹스에 필요한 일은 뭐든 할 것이라는 점은 거의 보편적인 사실이다. 여성은 성공하고 부유한 남성에게 매력을 느끼기 때문에 이 특성을 바탕으로 해서 문화는 남성들이 어떻게 해야 부유해지고 성공할 수 있는지 규칙들을 만들어낼 수 있다. 이런 방법으로 문화는 남성들이 문화에 필요한 것들을 생산해 내도록 한다.

지금 제시된 것이 섹스의 유용함에 대한 전부는 아니다. 섹스는 광고에서 다양한 상품을 파는 데 도움이 된다. 섹스는 대화와 농담의 소재를 제공하고, 서로에 대한 애정과 관계의 공고함을 표현하는 데 도움을 준다. 섹스 자체는 상품으로 사고 팔 수도 있다. 나의 핵심은 이렇게 많은 기능을 가지고 있는 섹스를 문화가 지배한다는 것이다. 다양한 종교와 문화들(특히 미국의 청교도)을 보면 섹스를 무조건 통제하는 듯한 인상을 주기도 하지만 섹스에 관련된 성적 규범들이 섹스를 전혀 즐기지 못하게 하려고 고안된 것만은 아니다.

따라서 섹스는 대체로 문화에 유용하다. 섹스와 관련하여 문화가 남성을 어떤 면에서 유용하다고 보는지 살펴보자.

누군가는 시작해야 한다

남성의 성적 충동을 이용하는 복잡하고 흥미로운 방법을 살펴보기 전에 우선 가장 확실한 것부터 시작해 보자. 문화가 살아남기위해 아기를 출산하는 데 있어 섹스는 필수적이다. 누군가는 섹스라는 행위를 시작하도록 유도해야 했고, 이 역할은 보통 남성들에게 맡겨졌다.

많은 연구들에서 레즈비언 커플들은 다른 커플들에 비해 섹스 빈도가 더 낮다는 것을 발견했다. 이런 현상은 강렬한 열정으로 가득한 연애 초반이 지나고 나면 더욱 두드러진다. 이 현상은 보통 '레즈비언 베드 데스$^{lesbian\ bed\ death}$'라는 별로 매력적이지 못한 이름으로 자주 지칭되기도 했다.

여성들 스스로는 섹스에 흥미가 없다고 말하기를 꺼리는 대신 섹스의 시작 자체가 어렵다고 말한다. 그들은 '자연스럽게' 섹스가 시작되길 원한다. 여기에서 '자연스럽다'라는 것은 두 사람 중 하나가 섹스를 유도해야 한다거나 섹스 요청에 대한 상대의 거부를 감당해야 하는 부담감이 없는 상태에서 섹스가 이루어져야 한다는 것을 세련되게 돌려 표현한 것이다.

많은 연구자들은 아무도 섹스의 시작을 이끄는 역할을 맡고 싶어 하지 않는 이런 현상을 레즈비언 섹스의 난제라고 본다. 왜냐하면 이것은 보통 남성의 역할이며, 레즈비언 관계에는 분명 남성이 없기 때문이다.

남성이 섹스 행위를 시작하는 이유는 다양한 방법으로 설명되어 왔다. 문화와 사회화된 역할을 적용해 설명하기도 했다. 사회화 과정의 영향도 있겠지만 이런 성향은 본능을 기반으로 만들어진 것이라 생각한다. 남성은 여성보다 훨씬 자주 섹스하길 원하기 때문에 섹스의 시작을 이끄는 역할은 불가피하게 남성이 맡게 될 것이다. 섹스를 더 많이 원하기 때문에 먼저 요청하는 사람이 되는 것이다. 이런 남성의 요청이 일상이 되어버리면 섹스를 시작하는 남성의 성향을 바탕으로 문화가 형성될 것이고, 이것을 남성의 역할이라고 정의하게 될 것이다.

남성의 성욕이 섹스를 위한 것만은 아니다

남성은 종을 영속시키기 위해 필요한 수준 이상으로 섹스에 대한 욕구를 가지고 있다. 왜 그럴까? 이것은 수천 개의 도토리를 만들어내는 참나무처럼 단지 자연이 만들어낸 잉여일 뿐일까? 왜 여성은 시도 때도 없이 자신들을 자꾸 만지고 하루에 두 번씩 섹스하길 원하는 남성을 싫어하지 않았을까? 그랬다면 진화적으로 성선택의 주체인 여성에 의해 성욕이 낮은 남성들이 살아남았을 텐데 말이다.

이는 남성의 성욕이 섹스만을 위한 것이 아니라는 가능성을 보여준다. 남성의 성욕은 섹스를 위해 남성들이 행하는 모든 용감무쌍하고 위험한 행동을 할 수 있는 동기를 유발한다.

성욕수준의 차이는 부분적으로 테스토스테론이라는 호르몬에 기인한다. 남성은 여성에 비해 이 호르몬이 10배쯤 더 많다. 같은 성별 안에서도 테스토스테론 수치가 높다는 것은 성욕이 강하다는 것을 예측하게 한다. 사람들은 성욕을 높이기 위해 때때로 테스토스테론 주사를 맞기도 한다.

하지만 테스토스테론은 섹스에 대한 갈망에 불을 지피는 것 이상의 역할을 한다. 이 호르몬은 어쨌든 우리가 남자다움과 연관시키는 대부분의 행동들에 관여한다. 높은 테스토스테론 수치를 가진 남성들은 다른 이들에 비해 싸움을 더 많이 한다. 이들은 위험을 부담하는 기회를 노리고 보다 열심히 경쟁한다. 이들은 차분히 있지 못하고 호기심 때문에 스릴 넘치는 새로운 경험을 찾는 경향이 더 강하다.

짐 댑스[Jim Dabbs] 교수는 테스토스테론의 심리적 영향을 과학적으로 이해하는 데 기여하는 다양한 연구를 해온 학자다. 그에 의하면, 한 가지 재미있는 현상은 테스토스테론 수치가 높은 참가자들은 가만히 앉아 있는 것을 싫어해서 다른 참가자들과 달리 설문을 끝내자마자 일어나서 실험실 주변을 돌아다닌다는 것이다. 테스토스테론 주사를 맞은 여성들의 경우에도 비슷한 패턴을 보였다.

다른 동물들의 경우 남성 개체의 성욕은 주로 집단의 패권 다툼과 위험부담이 큰 섹스(우두머리 수컷이 안 보는 사이 그의 여러 암컷 중 한 마리를 취하려는 것과 같은)를 부추긴다. 그러나 문화는 남성의 이런 성적 절박함을 다양한 곳에 이용한다. 남성들은 성적인 보상이 약속되는 한 문화가 원하는 모든 종류의 일들을 하려고 할 것이다. 그리고 여성은 남성의 지위에 반응하기 때문에 문화는 사회적 지위에 따라 여성을 남성에게 넘겨주게 된다.

확실히 남성은 종을 영속시키기 위해 필요한 만큼의 수준보다 훨씬 강한 성욕을 가지고 있는 게 분명하다. 왜일까? 자연은 왜 그 많은 젊은이들을 채워지지 않는 갈망에 끊임없이 시달리게 만드는, 짐승 같은 무시무시한 성욕을 만들어냈을까?

그 대답은 아마도 우리가 앞에서 살펴보았던 남녀에 있어 가장 제대로 고려되지 않은 사실에서부터 출발할 수 있을 것이다.

지구상에 생존했던 대부분의 남성들은 유전자를 후대에 전달하지 못했다. 이 낮은 번식 성공률은 각 남성 개체들의 입장에서 굉장히 불리하다. 번식에 성공하기 위해 남성은 이에 대한 동기가 충만해야 한다. 이는 끈질기게 섹스를 원해야 한다는 것을 의미하기 때문에 그들은 번식의 가능성이 있다면 어떤 기회라도 잡아야 한다. 또한 정상에 오르기 위해서라면 어떠한 어렵고 위험한 길도 마다하지 않고, 위험을 감당하며 싸워 쟁취해야 한다는 것을 의미한다. 그렇게 올라간 정상에서는 여성들이 미소로 반길 것이기 때문이다.

우리는 정상에 오르기 위한 길에서 분투했던 남성들의 후손이다. 그들은 이 과정에서 다른 남성들을 능가해야만 했다. 섹스에 대한 욕망은 남성들이 그렇게 하도록 동기부여하는 역할을 했던 것이다.

문화와 섹스

따라서 지금까지의 요점은 남성이 여성보다 훨씬 더 섹스를 원한다는 것이다. 자연은 적어도 이 한 가지에 있어서만은 남녀를 다르게 만든 것 같다. 그렇다면 문화는 이 사실을 어떻게 이용할 수 있을까?

앞서 6장에서 이야기했던 문화가 필요로 하는 것들로 다시 돌아가 보자. 일반적으로 문화는 그 문화에 속한 인구가 늘어나길 원한다. 왜냐하면 군사적으로든 경제적으로든 더 큰 집단이 작은 집단을 지배하기 때문이다. 섹스는 아기를 만들어낸다는 점에서는 유용하지만 이런 기능만으로는 문화의 요구를 충족시킬 수 없다. 문화의 입장에서 아기들은 먹이고, 돌보고, 키우고, 교육과 사회화를 통해 유용한 시민으로 양육해야 하는 대상이다. 하지만 부양해 줄 부모가 없는 몇몇 아기들이 불가피하게 태어날 것이고, 문화는 그 아기들을 유용한 어른으로 양육할 책임을 떠안아야 한다.

따라서 섹스는 아기들이 태어나게 하는 데엔 유용하지만 문화는 섹스를 단속하고, 주변에 규칙들을 세워 섹스로 태어난 아기들이 생산적인 시민이 되는 데 필요한 것들을 확보해야 한다.

또한 문화에는 꽤 많은 질서가 필요하다. 혼란은 문화에 해롭다. 혼란으로 가득 찬 문화는 경쟁하는 다른 문화를 지배할 수 없거나 이전 문화를 대체해 나가는 데도 훨씬 불리하다. 이 점에 있어서 섹스는 잠재적 위험성을 가지고 있다. 섹스는 가족을 파괴하고, 친구들이 갈등하게 하며, 심지어 폭력과 살인을 유발하기도 한다. 통제되지 않은 섹스는 부양가족이 없는 아기들을 만들고, 폭력이나 질병과 같은 모든 종류의 사회문제들을 야기한다.

문화는 유산과 부를 다음 세대로 전하는 방법을 관리할 필요가 있다. 섹스는 이런 문화의 유산과 부를 상속받을 다음 세대들을 만들어낸다. 하지만 섹스가 제한 없이 이루어지면 누가 누구의 후손이고, 누가 누구로부터 무엇을 물려받아야 하는지에 대한 혼란을 야기할 수 있다. 특히 많은 사회에서는 그동안 남성들이 대부분의 부를 창출해 왔지만 아이의 생물학적 아버지가 누구인지 확신할 수 없었기 때문에 더욱 그랬다. 최근엔 DNA 유전자 테스트가 발명되긴 했지만 말이다.

지금까지 우리는 섹스를 통제하기 위해 문화가 어떤 일을 해야 하는지에 초점을 맞추었다. 하지만 규제만이 능사는 아니다. 문화의 입장에서 볼 때 섹스에는 많은 기회들이 존재하기 때문이다. 문화는 남성의 성적 충동을 적절히 단속해 문화적으로 가치 있는 행동들을 더 많이 만들어낼 수 있다.

근본적으로 남성들은 할 수 있는 건 뭐든 다 할 정도로 섹스를 간절히 원한다. 남성의 이런 성향 덕분에 문화는 남성이 더 생산적으로 행동할 수 있도록 만들 수 있다. 다시 말해 문화는 어쩌면 잠재적으로 섹스를 인센티브로 사용해 남성을 제어할지도 모른다. 예를 들어 대부분의 문화에서는 부의 생산에 가치를 두기 때문에 부유한 남성이 다른 이들에 비해 더 많은 여성과의 섹스를 얻게 되면 부의 생산을 위해 분투할 것이다.

오늘날의 미국은 엔터테인먼트 산업으로부터 상당한 부를 얻었다. 미국의 스포츠, 영화, 음악 산업은 세계 전역에 걸쳐 소비되고 전 세계 사람들이 즐긴다. 남성들이 이런 분야에 뛰어드는 이유는 금전적인 것과 함께 섹스도 그 이유가 될 수 있다. 뮤지션들과 영화배우, 잘나가는 운동선수들의 섹스 라이프는 다른 남성들의 부러움을 사는 것이 사실이다. 운동선수들이 독신주의자로 남아야만 했다면 운동선수의 재능을 가진 인재 풀은 지금보다 상당히 작았을 것이다.

돈과 여성 그리고 아이들

살펴보았듯이 문화는 부의 생산으로 혜택을 얻는다. 그리고 역사를 통틀어 대부분의 부는 남성에 의해 창조되었다.

문화는 이 창조된 부의 일부를 여성들에게 지급하는데, 특히 그 문화의 미래를 대표할 아이들을 지원하는 데 보내진다. 어떤 남성들은 자연스럽게 자신의 자녀를 돌보는 데 돈을 쓰는 경향이 있고, 그렇지 않은 남성들도 있다.

함께 사는 동안에는 자녀를 위해 기꺼이 돈을 썼던 남성들도 관계가 종료되면 전 부인이나 다른 파트너에게 자녀 양육비를 보내고 싶은 마음이 사라질 수 있다. 특히 양육비가 정확히 자녀들에게 돌아가지 않고, 전 부인이 그 돈을 마음대로 유용할 수 있는 상황이라면 더욱 그럴 것이다. 이에 관련된 도덕적 이슈는 꽤나 복잡하다. 우리는 여기에서 어떤 입장을 취하기보다는 문화의 실용적인 관점으로 이 현상을 바라보고자 한다. 문화 시스템은 아이들에 대한 지원을 보장할 필요가 있다.

가장 효율적인 방법은 아버지들이 각자 자기 자녀의 양육비를 지불하는 방법이다. 그렇지 않으면 문화 전체적으로 보았을 때 이 아이에 대한 양육비를 대기 위해서 전혀 연관 없는 다른 남성이 돈을 벌어야만 한다.

결혼제도는 많은 기능을 수행하지만 그중 가장 확실한 기능 하나는 남성이 번 돈을 여성과 아이들에게 전달하는 것이다.

섹스의 경제학

여성보다 남성이 섹스를 더 원한다는 점은 일상의 불편에서 그치지 않는다. 이 사실은 남녀 간의 정치적 관계와 남녀 상호작용의 큰 원동력이 된다. 더불어 이것은 시장의 기초를 만든다. 남성들이 여성의 애정을 놓고 경쟁하고, 섹스에 관심을 가지도록 유도하는 기반이 되는 것이다.

많은 문화에서 부는 주로 남성들에 의해 창출되지만 여성들과 공유해야 한다. 부는 의식주를 비롯해 다른 필수품과 사치품을 살 수 있게 한다. 어떤 문화에서도 남성들이 부를 모두 틀어쥔 채 여성들이 굶주리고 추위에 떠는 것을 두고 보지 않는다. 남성으로부터 그 문화의 부를 여성으로 전달하는 어떤 메커니즘이 존재하기 때문이다.

부는 무역과 교환을 통해 증대된다. 많은 남성들이 무역을 통해 큰돈을 벌어들였다. 부가 남성에서 여성으로 이동되려면 교환 형태가 유용한 메커니즘이었을 것이다. 사실 문화는 아무 대가 없이 남성의 부를 여성에게로 이동시킬 수도 있다. 많은 현대사회에서는 남성에게 부과된 세금을 여성에게 투자한다(돈을 버는 여성에게도 세금을 부과하기는 하지만 전 세계 모든 사회에서 남성이 더 많이 일하고 번다는 이유로 남성에게 세금을 더 많이 부과하는 편이다). 하지만 이런 방법은 집행 과정도 복잡하고, 분배를 위한 시스템도 구성해야 한다. 그보다는 직접적인 교환이 훨씬 잘 운영된다. 이 교환문제를 개인들이 스스로 처리할 것이기 때문이다.

그렇다면 여성은 남성의 부를 대신해 무엇을 그들에게 제공해야 할까? 특히 직업도 없고, 돈이 되는 기술도 없는 여성이라면 어떻게 해야 할까? 문화는 이런 여성과 아이들이 돈을 받을 수 있는 시스템을 찾아야 했다.

여성은 남성이 원하는 무엇을 가지고 있을까?

한 가지 답은 섹스다. 물론 전혀 낭만적이거나 이상적이지 않은 관점이다. 나도 인정한다. 앞으로 간략히 설명하려는 이 이론은 절대 로맨틱하지 않다고 비난받을 수 있다. 하지만 정말 많은 근거들이 이 이론을 뒷받침한다. 오해를 피하고자 말한다면, 나 또한 개인적으로 로맨스와 사랑의 마법이 존재한다고 믿는 사람이다. 하지만 이런 달콤하고 과장된 감정과 동시에 성적 시장의 압박도 사람들의 선택에 영향을 준다.

섹스경제학 이론은 남성이 여성보다 더 섹스를 원한다는 사실을 바탕으로 한다. 이런 성욕의 차이로 인해 남성들은 섹스에 있어서 약자의 위치를 점하게 된다. 남성은 여성이 섹스에 참여하도록 유도하기 위해 그녀에게 섹스 이상의 무언가를 제공해야 한다. 섹스에 대한 남성의 욕망은 여성이 원하는 것을 알아내고, 그걸 여성에게 줄 방법을 찾아야 한다는 압박을 주는 것이다.

여기에서 교환과 시장이 형성된다. 여성과 남성 모두는 상대에게 원하는 바가 있고, 상대가 원하는 것도 가지고 있다. 남성들은 물질적·문화적 자원을 가지고 있고, 여성은 섹스에 대한 제어권이 있다.

매춘이 한 예지만 이것만을 말하는 것은 아니다. 매춘은 가장 오랜 역사를 가진 직업이자 분명히 노골적인 섹스의 거래다. 매춘이 모든 문화와 환경에 걸쳐 전 세계적으로 발견된다는 사실은 이런 거래가 상당히 보편적인 관심을 받았다는 것을 증명한다. 남성과 여성 모두 어느 정도 이해할 수 있는 부분이다. 이 거래에서 성역할은 놀라울 정도로 안정적이어서 주로 남성이 돈을 지불한다. 여성이 남성에게 섹스를 대가로 돈을 지불하는 문화권은 찾아보기 어렵다. 찾더라도 매우 드물고, 이런 예가 존재하는 문화권에서도 일반적인 형태는 남성이 돈을 지불하는 경우다.

보다 보편적으로 전 세계의 결혼과 이성관계에 대해 이야기해보자. 우리가 살고 있는 가장 현대적이고 진보적인 사회에서는 양성평등을 지향하고 있다. 하지만 지금 이 논의에서 이상적인 관점에 호도되어서는 안 된다. 문화와 인류의 대부분의 역사를 통틀어 보면, 결혼은 남성이 부를 비롯한 다른 자원들을 제공하는 대신 여성은 섹스와 다른 서비스(요리나 육아 등)를 제공하는 계약으로 이루어져 있다.

　물론 섹스를 할 때마다 현금교환을 하는 것은 아니다. 그보다는 남성 스스로 오랜 기간 부부로서 상대에 대한 물질적 지원에 전념하는 모습을 보이면 남녀 간에 섹스가 시작된다(이것이 결혼관계의 핵심이다). 많은 경우 남성들은 데이트 비용이나 비싼 선물을 통해 원하는 수익을 얻기 전부터 투자를 한다.

　진보적인 현대사회도 남녀관계에서 이루어지는 이런 교환 개념이 적용된다. 사람들은 여자친구를 위한 밸런타인데이 선물로 무엇을 해야 하는지, 데이트 비용은 누가 지불해야 하는지 고민한다. 여성들은 모두 남녀 간 교환에 대한 특정 기준들을 이미 알고 있는 것만 같다. 예를 들면 약혼반지는 남성의 두 달 치 임금과 맞먹는 가격쯤이라는 것 같은 기준 말이다.

　양성평등이라는 측면에서 페미니스트들은 왜 이런 점들에 대해서는 항의하지 않는 걸까? 왜 이들은 여성도 남성에게 상대적으로 비싼 선물을 해야 한다는 주장은 하지 않는 것일까?

　우리가 매춘, 데이트, 결혼과 같이 남녀 간에 이루어지는 합의들에 관해 이야기할 때 여성은 남성의 섹스에 대한 대가는 지불하지 않는다. 여성은 섹스의 대가를 지불할 필요가 없다. 여성은 대가 없이 섹스할 수 있지만 남성들 대부분은 그렇지 않다. 더 정확히 말하면 여성은 자신이 원하는 만큼 쉽게 섹스할 수 있지만 남성은 자신이 원하는 만큼 하기 어렵다.

　남성의 성性은 가치가 없다. 하지만 같은 맥락에서 여성의 성性

은 가치가 있다. 예를 들면 어떤 문화들에서는 여성의 순결을 매우 소중히 여겨 지키기 위해 열심인 반면, 남성의 동정은 아무도 귀하게 여기지 않는다. 어떤 남성이 부채를 처분하기 위해 여성들에게 섹스를 제공해 돈을 벌고자 한다고 생각해 보자. 과연 이 방법으로 이 남성이 제대로 부채를 청산할 수 있을까? 마찬가지로 어떤 남성이 여성들에게 섹스를 제공해 직장 승진이나 좋은 학점, 특별대우 같은 이득을 얻고자 한다면 실패할 확률이 매우 높을 것이다.

남녀 모두 유명인과의 섹스에 대한 환상이 있겠지만 실제로 실행에 옮길 수 있는 건 여성뿐이다. 여성 팬의 섹스 제안은 남성 유명인들이 가끔 그 제안을 받아들일 정도로 충분한 가치가 있다. 반대로 남성 팬이 여성 유명인에게 섹스를 제안한다면 아마도 성추행 등으로 고소당하게 될 것이다. 남성의 성은 유명한 누군가의 관심이나 시간과 맞바꿀 만큼 가치 있는 것이 못 된다.

대부분의 문화는 결혼과 같은 사회관습을 통해 섹스에 대한 대가를 교환한다는 점을 바탕으로 한다. 문화의 입장에서는 돈을 남성에게서 여성에게로 이동시킬 필요가 있기 때문이다. 따라서 남성의 성욕은 문화에 의해 남성에서 여성으로 금전을 이동시키는 데 사용될 수 있는 것이다.

이혼법과 그 판례들은 흥미로운 사실을 보여준다. 문화를 추상적 시스템으로 바라보면 이혼은 문화에 다음과 같은 문제를 가져올 수 있다. 결혼제도는 돈을 남성에서 여성으로 이동시키는 효율적인 수단이고, 섹스는 남성이 이 계약을 성사시키고자 하는 주요 동기로 작용한다. 하지만 결혼관계가 악화되거나 아내가 성적 욕구나 흥미를 잃어버리면 남성은 이 계약이 만족스럽지 못하다고 생각하게 된다. 그는 (새로운 섹스도 포함한) 새로운 파트너와의 새로운 계약을 원하게 될 수도 있다. 하지만 그가 떠나면 아내는 스스로를 부양할 수 있을까? 특히 그가 자녀들을 떠나면 누가 이들을 부양하게 될까? 이 아이들이 건강하고 생산적인 시민으로 자라나려면 누군가의 부양이 필요하다.

어떤 문화들은 이혼을 금지하는 방법으로 이런 문제를 해결해 왔다. 이런 결혼생활을 유지하는 것은 장기적인 불행이라는 분명한 단점이 있다. 하지만 문화는 사람들 개개인이 행복한지에 대해서는 그다지 관심이 없다는 걸 기억해야 한다. 하지만 너무 불행해지면 개인들은 여기에 대해 반발할 수도 있다.

다른 문화에서는 일부다처제를 허용하는 방법으로 이 문제를 해결해 왔다. 남성은 금전적 여유가 된다면 자신의 성적 욕구를 만족시켜줄 새로운 아내를 맞아들일 수 있다. 하지만 기존의 아내와 아이들에게 계속 재정적으로 지원해야 한다.

일부일처제는 까다로운 문제들을 만들어낸다. 남성은 기존의 아내와 이혼할 때까지 새로운 아내와 결혼할 수 없다. 남편과 아내 모두 젊고, 아이도 없고, 새로운 파트너를 찾을 수 있는 경우에는 이런 시스템으로 문제를 잘 해결해 낼 수 있다. 하지만 기존의 아내가 새로운 파트너를 쉽게 찾을 수 없을 가능성도 존재한다. 그녀는 성적 매력이 많이 떨어졌을지도 모르고, 자녀가 많아 미래의 남편이 이 아이들을 책임지고 싶어 하지 않을 수도 있다. 또한 그녀의 나이 때에 가능성 있는 배우자 후보가 충분치 않을 수도 있다.

대부분의 현대문화가 내놓은 해결 방법은 이혼하더라도 남성이 계속 전처와 자녀들에게 자신의 부를 전달하도록 요구하는 것이었다. 남성이 전처와 새로운 아내 모두를 재정적으로 지원할 경제적 능력이 있는 경우 이것은 일부다처제와 비슷하게 작동한다. 남편으로서 전처에게 가졌던 권리만을 상실하게 되는 것이다.

진보적이고 평등한 사회에서도 이혼 위자료와 자녀 양육비는 주로 남성이 여성에게 지불해야 하는 것으로 남아 있다. 나의 핵심은 불평등을 한탄하려는 게 아니라 이 관행이 문화 시스템의 실질적인 작동방식을 보여준다는 것이다. 결혼제도는 금전을 남성에게서 여성으로 전달하는 데 목적이 있고, 이혼 후에도 이런 금전 이동이 계속되도록 확실히 하는 데 유용한 제도다. 여성 스스로 자신과 자녀를 온전히 부양할 수 있는 경우에만 문화는 이전 남편이 이 의무를 면할 수 있도록 한다. 하지만 이마저도 언제나 성립되는 것은 아니다.

현대사회에서는 사랑의 힘과 가치에 대해 극찬한다. 노래, 영화, 책을 비롯한 많은 매체들은 사랑이 영원히 계속될 거라는 테마를 한없이 반복한다. 좀 이상한 것이 사실이다. 대부분의 연구들에서 밝혀진 열정적이고 로맨틱한 형태의 사랑은 몇 달에서 길어야 한두 해 후엔 가라앉는 일시적 현상이다.

하지만 영원한 사랑에 대한 허구는 중요하다. 문화 시스템은 사람들이 결혼생활을 유지할 때 가장 잘 기능한다. 한 남성이 특정 여성을 향한 성적 욕구로 가득한 자신의 감정이 머지않아 가라앉는 일시적인 것임을 깨달았다고 가정해 보자. 이 남성은 자신의 수입을 그녀와 영원히 공유하는 장기적 관계 계약서에 서명하기를 망설일 것이다. 문화는 남성들에게 결혼이라는 계약의 동의를 얻어내기 위해 그의 사랑이 남은 일생 동안 강렬하고 열정적으로 타오를 것이라는 믿음을 고취시킨다. 그가 사랑에 취해 이 계약을 맺는 순간에는 이 멋진 기분(더불어 섹스)을 위해 자신의 수입을 평생 공유하는 것이 합리적이라고 생각하게 된다. 하지만 그는 이때 관계를 위해 지불하는 의무가 사랑의 열정보다 훨씬 오래갈 것이라는 걸 깨닫지 못한다.

많은 문화권에서 결혼제도가 상당히 효율적인 시스템이라는 것이 증명되었다. 강한 열정이 식자마자 자신이 매우 값비싼 거래를 했다는 것을 깨닫게 되는 남성들에게는 유감스러운 일이지만.

관계 전념에 대한 두려움

최근 수년간 결혼 시기가 점차 늦어지는 경향이 나타나고 있다. 1950~1960년대 초에는 성인 남성들이 20대 초반에 결혼하는 것이 일반적이었지만 지금은 20대 후반에서 30대 초반 결혼이 더 흔해졌다. 일시적이든 독신주의든 결혼을 꺼리는 남성이 점차 늘어나고 있다. 결혼을 미루는 사회적 양상 덕분에 결혼관계에 전념하길 두려워하는 남성은 현대 남성의 전형적인 모습이 되어버렸다. 여성 중심적인 토크쇼나 상담 칼럼 같은 매체를 접하다 보면 관계 정착을 꺼리는 남성에 대한 불만 토로를 흔히 들을 수 있다. 건전한 애정관계를 두려워한다는 것이 남성의 또 다른 '나쁜 점'으로 더해지게 된다.

결혼에 대해 할지 말지, 빨리 할지 혹은 나중에 할지 등등 다양한 이야기들이 오갈 수 있다. 결혼에 대한 담론은 여성들이 지배하기 때문에 여성의 눈으로 이런 담론들을 보게 된다. 여기에서 남성의 태도는 대부분 왜곡되기 마련이다.

논의를 위해 남성들이 실제로 관계 전념을 꺼린다고 가정해 보자. 여성들은 이런 현상을 '관계 전념에 대한 두려움'이라고 부를 수도 있다. 이런 성향은 남성에게 흔히 나타나는 단점으로 취급받을 것이다.

하지만 누군가는 이 현상을 완전히 다르게 바라볼 수도 있다. 남성에게 나타나는 어떤 성향을 무조건 단섬으로 보는 것은 편향되고 불공정할 가능성이 있다. 하지만 완전히 다른 시각으로 바라볼 수도 있다. 다른 이 시각 또한 편향되고 불공정한 관점이라고 말할 수 있겠지만 어차피 편향을 담고 있기는 서로 마찬가지다.

다른 시각은 여성이 스스로의 이익에 반하는 선택을 하도록 남성을 유인한다고 보는 것이다. 그 순간 남성은 자신들이 여성에게 이용당한다고 느끼고, 속도를 늦추고 쉬어가는 걸 선호하게 된다. 이렇게 보면 남성들이 관계 전념을 꺼리는 이유는 합리적인 것이다. 착취에 대한 저항으로 볼 수도 있기 때문이다.

우리는 사실 여성이 섹스를 미루는 것에 대해 매체들이 불평하는 것을 들어본 적이 없다. 이른바 '스킨십 진도'는 남성이 여성에 비해 서두르는 편이다. 하지만 여성이 섹스를 늦추려는 건 합리적인 이유가 있다. 마찬가지로 남성이 자신의 평생 수입과 연관된 관계 전념 문제를 신중하게 생각하는 것도 이유가 있다. 이 부분에서는 여성이 남성보다 서두르고 있는 것이다. 남성이 관계 전념을 미루는 현상 역시 일리가 있다고 볼 수 있다.

결국 여기에서 쟁점은 재촉해서 지금 결혼할 것인가 아니면 좀더 기다릴 것인가이다. 남녀 중 누가 더 서둘려야 할지는 명백해 보인다. 결혼은 여성에게 더 급하다. 소위 생물학적 시간이 중요한 요소이긴 하다. 많은 여성들은 30세나 35세 이전에 아기를 가져야 한다고 생각하는 반면 남성들은 이 나이가 지나서도 수십 년간 아빠가 될 수 있는 기회가 있다.

하지만 이 사실을 넘어 여성이 남성보다 결혼을 더 서둘러야 하는 또 다른 이유가 있다. 섹스경제학 이론에서는 남녀 커플을 남성이 돈과 다른 자원들을 가져오고, 여성은 섹스를 제공하는 교환관계로 설명한다. 여성에 대한 성적 선호도는 어느 정도 그녀의 외모를 바탕으로 한다. 여성이 가진 이런 자원들은 시간이 지남에 따라 여성에게 불리한 방향으로 변화된다. 즉 그녀가 가진 자원들은 시간이 갈수록 가치가 감소된다. 한 남성과 여성이 5년을 기다린다고 한다면 지금 결혼하는 것과 비교했을 때 남녀의 상황은 반대 방향으로 변해간다. 그동안 남성의 임금과 은행 잔고는 늘어날 가능성이 높다. 하지만 일반적으로 여성의 신체적 매력은 이전에 비해 점차 감소될 것이다. 결혼시장에서 이 남녀가 5년 뒤 다시 만날 때 남성의 매력과 조건들은 증대되지만 그에 반해 여성의 매력과 조건들은 감소된다.

남성의 계약조건은 시간이 지남에 따라 유리해지는 반면 여성의 계약조건은 불리해진다. 여성이 처한 이런 곤경에 대해 안타깝긴 하지만 여기에서 이 부분에 대해 논의하려는 것은 아니다. 우리의 관심은 남성이 빨리 결혼하기를 꺼려하는 것이 그의 어떤 인격적 결함 때문인지, 아니면 아주 분별 있고 합리적인 전략 때문인지를 판단해 보자는 것이다. 이렇게 보면 그는 서두를 필요가 없다.

다시 보면 이것은 섹스에 대한 결정에서 남녀가 뒤바뀐 것과 같은 상황이다. 여성은 섹스를 하는 단계로 넘어가기 전에 남성이 관계에 대한 헌신의지를 더 강하게 증명할 때까지 기다릴 여유가 있다. 서두르는 쪽은 남성이다. 그는 그녀가 섹스를 꺼리는 이유를 어느 정도 이해할 수 있다. 여성의 입장에서 단순하고 합리적으로 생각해 보면 여성들은 섹스를 쉽게 시작함으로써 성적으로 착취당할 수 있다는 두려움이 있을 수 있고, 약간 그 시작을 늦춰도 특별히 손해 볼 것이 없기 때문이다.

많은 남성들은 젊은 시절 데이트 줄다리기에선 자신이 불리하고, 여성이 모든 권력과 이점을 가지고 있는 듯하다고 느낀다. 하지만 시간이 지나면 어느 순간 판도가 뒤바뀐다. 젊은 여성은 젊은 남성을 상대로 모든 카드를 쥐고 있다. 하지만 30세를 전후로 더 많은 카드를 손에 쥐는 건 남성 쪽이 된다. 이때 여성들은 평균적으로 이 계약을 마무리하지 못할까 봐 점점 긴장하게 된다. 이런 현상은 짝짓기 시장에서 남녀 각자가 자신의 매력에 대해 합리적으로 계산하고, 가장 좋은 조건으로 계약하려 한다는 가정을 바탕으로 한다. 당연히 다른 요소들도 관련되어 있다. 하지만 남녀관계에 대해 이런 식의 이성적인 계산은 어느 정도 이 게임의 양상을 바꾸어 놓는다.

남성들이 관계 전념에 공포를 느낀다는 것을 다르게 바라볼 수도 있다. 시간이 없다며 구매를 부추기는 홈쇼핑과 비슷하다. 당장 서두르세요! 지금 결제하세요! 판매자들은 구매를 재촉한다. 판매자들은 다음 주면 가격이 심하게 떨어지리란 걸 알고 있기 때문에 가능한 한 빨리 팔고 싶어 한다. 사실 구매자의 입장에선 판매자가 서두르는 이유도 잘 모르고, 실제로 서두를 필요도 없다. 판매자가 이미 판매가 되어서 남은 상품이 얼마 없다며 빨리 사지 않으면 놓칠 것이라고 이야기한다. 몇몇 구매자들은 이런 경고에 구매를 서두르지만 구매자들은 사실 다음 주까지 기다려도 된다. 다음 주가 되면 아직 팔지 못한 판매자들이 가격을 내릴 것이고,

새로운 판매자들도 시장에 들어오고, 구매자 스스로도 재정적으로 더 나아질 것이기 때문이다.

상황이 이렇게 돌아갈 때 문화가 원하는 것은 무엇일까? 시간이 갈수록 자신에게 유리해진다는 걸 남성들이 알게 내버려두는 것은 문화의 입장에서는 최선이 아닐 것이다. 많은 문화권에서는 남성들이 창출한 부의 상당 부분을 여성들에게 넘겨줘야 하고, 그 일부는 자녀 양육에도 사용될 것이다. 문화의 입장에서는 남성이 빨리 결혼해서 가족을 부양하기 시작하는 게 좋다. 남성이 늦게 결혼하면 가족 구성원이 더 적어져 다음 세대의 규모가 작아질 수 있다. 따라서 문화의 관심은 대부분 여성의 목표를 지지한다.

문화와 여성은 이 부분에서 서로 협력할 필요가 있다. 남성이 열정적인 사랑의 최고치에 있을 때 문화와 여성은 남성의 착각이 유지되도록 해야 한다. 이 소중한 사랑이 영원할 거라는 착각 덕분에 남성은 기꺼이 영구적인 재정적 지원을 약속하기 때문이다. 그렇게 착각에 사로잡힌 남성은 소울메이트라 느껴지는 이 여성을 놓치면 그가 행복해질 수 있는 유일한 최고의 기회를 영영 잃게 된다는 절박함을 느끼게 되는 것이다.

가상 페미니스트를 비롯해 실제 많은 페미니스트들은 로맨스와 사랑에 대한 근거 없는 사회적 믿음이 여성을 속이고 착취하는 것을 목적으로 한다고 주장해 왔다. 그럴지도 모른다. 하지만 이것들은 남성을 겨냥한 것일 수도 있다. 로맨틱한 신화의 제물로 이끌리는 건 남성들이다. 그렇게 설득된 남성들은 결혼이라는 과정에 들어서 자신의 돈으로 한 여성과 자녀들을 꽤 오랜 시간 동안 부양하게 될 것이다. 그 여성과의 관계가 마냥 행복하기만 할 거라는 낙관적인 믿음과 함께.

불가능한 약속

오래전 과거에는 몇 명의 행운아만 결혼할 수 있었지만 현대사회에서는 대부분 결혼을 한다. 결혼식에서 신랑과 신부는 서로에게 충실할 것을 약속한다. 이 약속은 다시는 다른 사람과 섹스를 하지 않겠다는 맹세와 같다.

그런데 이것이 합리적인 약속일까? 자신의 배우자가 다른 사람과 섹스를 했다는 사실을 알고 사람들이 충격을 받고 상처 입는 모습을 우리는 자주 목격한다. 이런 일은 흔히 일어난다. 이렇게 자주 일어나는 일인데 왜 모든 사람이 배우자에게 충실하겠다는 약속을 해야 하는 것일까?

실제 외도의 빈도는 여러 방법으로 주장할 수 있다. 가장 일반적인 데이터에 따르면, 매년 평균 90%를 웃도는 남성들이 그의 아내들에게 외도 없이 충실한 모습을 보인다. 이런 면에서 보면 외도는 흔치 않아 보인다. 하지만 한 사람의 일생 전체로 보면 절반에 가까운 남편들이 자신의 아내가 아닌 누군가와 결국 섹스를 하게 된다. 남편들은 유혹을 피하고 저항하지만 결국 많은 이들이

한 번 이상 그 유혹을 떨쳐내지 못한다. 모든 것에 틈이 있듯이 충실한 결혼생활에 대한 약속에도 분명히 빈틈이 있을 것이다. 이런 것을 보면 영구적이고 완벽한 충실에 대한 약속에 의문을 제기하는 것이 그리 터무니없는 것은 아니다.

서양문화의 결혼제도는 인류의 수명이 상당히 짧았던 옛날에 만들어졌다. 그래서 당시 대부분의 결혼은 15~20년 정도 지속되는 관계였다. 하지만 오늘날은 이야기가 다르다.

25세 정도 된 2명의 젊은이가 '죽음이 우리를 갈라놓을 때까지' 서로에게 진실할 것을 약속한다고 생각해 보자. 오늘날에는 평균 수명의 변화로 인해 두 사람이 적어도 80세까지는 산다는 점을 고려하면 이들은 이제 55년간 관계 전념을 해야 하는 것이다. 맙소사! 어떤 사람이 제정신으로 55년 동안 지켜야 할 약속을 하겠는가? 열렬한 사랑에 사로잡힌 사람들은 제정신이 아닌 게 분명하다. 문화는 이 열렬한 사랑의 광기로부터 이득을 취해 사람들이 가족에 대한 영원한 충실함을 약속하도록 만든다. 만취가 되어 지울 수 없는 문신을 새기는 것과 어딘가 비슷한 면이 있다.

적어도 남편과 아내가 같은 약속을 한다는 점에서는 공평하다.

잠깐, 이것은 남녀가 동일하다는 전제 하에서만 공평한 이야기다. 문제는 섹스의 측면에서 남녀는 분명히 동일하지 않다는 것이다. 살펴보았듯이 남성과 여성은 섹스에 대한 욕구가 심각하게 다르다. 성적 순결에 대한 약속은 여성보다 남성에게 지키기 훨씬 어려운 것이다. 가톨릭 사제들과 수녀들의 경우를 기억해 보

자. 사제와 수녀 모두에게는 동일한 기준이 있고, 모두 신에 대한 진지한 충실함을 바탕으로 진심을 다해 약속한다. 하지만 어떤 측정치를 살펴봐도 남성은 여성에 비해 이런 약속을 훨씬 잘 지키지 못한다.

이것이 바로 결혼서약에 대한 첫 번째 사실이다. 아내와 평생 동안의 성적 신뢰를 약속한 남성은 아내보다 이 약속을 훨씬 지키기 힘들어 한다.

무엇이 어떻게 돌아가고 있는 것일까?

자연은 남성에게 비열한 속임수를 쓰고, 문화는 이를 더 복잡하게 만든다. 남성들은 영원한 성적 신뢰를 약속하는 속임수에 넘어간다. 그들은 착각과 결혼한다. 사랑에 빠진 여성들은 보통 성적 욕구가 높다. 여성이 남성과 이런 약속을 원할 때 그녀는 사실상 변신하는 것이나 다름없다. 교활하게 누군가를 조종하기 위해서라기보다 그녀도 감정에 휩쓸려서 앞으로는 다시 경험하지 못할 만큼의 강한 성욕을 일시적으로 느끼게 된다. 많은 남성들은 이런 여성을 보고 자신의 성적 욕구와 잘 맞는 성적 소울메이트를 찾았다고 생각한다. 하지만 한두 해가 지나고 연애의 열정이 식으면 남녀의 성욕은 굉장히 다른 원래의 기준치로 돌아가게 된다. 대부분의 남편은 아내가 자신보다 섹스를 훨씬 덜 원한다는 사실을 깨닫게 된다.

여성들도 속기는 마찬가지다. 그녀는 자신의 남편이 될 이 남성이 섹스를 자주 원한다는 것도 알고 있고, 자신도 이 점을 좋아해 잘 맞는다고 생각한다. 하지만 감정이 점차 식어가면서 자신이 원하는 수준 이상으로 섹스를 하고자 압박하는 파트너에게 묶여 있음을 알게 된다. 과거에는 남편의 성적 욕구를 채워주는 것을 아내의 의무 중 하나로 생각하기도 했다. 하지만 요즘에는 여성이 이런 식으로 생각하는 경우가 드문 편이다.

가상 페미니스트들은 여성들이 진짜 원하는 섹스가 아니면 해선 안 된다고 말한다. 결혼생활에서도 마찬가지다. 따라서 남편들은 자신의 아내가 섹스를 원할 때까지 기다려야 한다. 예의 있고 신사다운 남성이라면 그렇게 해야 한다.

남편은 1주일에 네 번의 섹스를 원하고, 아내는 한 달에 두 번을 원하는 경우 안타까운 상황이 벌어진다. 남성은 성적 욕망을 채우지 못한 상태로 삶의 대부분을 보낼 것이다. 그의 감정과 바람, 욕구는 고려되지 않는다. 그는 자기도 모르게 동의했다. 하지만 아직도 이런 바람과 희망, 욕구를 버리기가 쉽지 않다.

문제는 아이가 생겼을 때 더 심해진다. 많은 여성들이 출산 후 성욕이 급격히 줄어든다고 알려져 있다. 엄마는 아이에게 초점이 맞춰져 있다. 밤에도 일어나 아이를 돌보느라 잠을 충분히 자지 못해 보통 지쳐 있다. 그녀는 청소하고, 젖을 물리고, 기저귀를 갈면서 하루를 보내는 데 질리고 힘들어서 그날 저녁 남편과 섹스하고 싶은 생각이 없어진다. 그녀는 아이들이 하루 종일 그녀에게 매달리고 더듬어서 아무도 그녀를 건드리지 않는 조용한 저녁을 보내고 싶을 뿐이다.

이유가 무엇이든 이 패턴은 공통적이다. 대부분의 연구에서 남편은 아내보다 더 섹스를 원한다. 앞에서 인용했던, 결혼생활을 오래한 부부들에게 결혼생활의 이상적인 섹스 빈도와 실제 섹스 빈도를 물었던 연구를 떠올려 보자. 아내들은 이 두 가지 질문에 거의 동일하게 답했다. 이들은 결혼생활에서 필요한 만큼의 섹스 빈도에 딱 맞는 최적화된 밸런스를 맞췄다고 볼 수 있다. 하지만 남편들은 실제보다 2배 많은 섹스를 원한다고 보고했다. 따라서 남편들은 아내가 준비될 때까지 기다려 줘야 한다는 페미니스트들의 이상을 대부분 존중한다고 볼 수 있다. 아내들은 남편들만큼 자주 섹스할 마음의 준비가 되지 않는 것이다.

또 다른 연구에서는 부부 치료를 받는 커플들의 성문제들을 기록했다. 많은 사람들이 섹스에 대해 논쟁했다. 일반적으로 남편이 아내보다 섹스를 더 원한다는 점이 문제의 핵심이었고, 구체적으로는 섹스의 빈도나 방법의 다양성 등과 연관되어 있었다. 이런 경향은 모든 부부들에게서 나타났고, 이 연구에 사용된 샘플에서는 아내가 남편보다 더 섹스를 원하는 경우는 없었다. 그런 경우도 가끔 있겠지만 매우 드물 것이라 확신한다. 일반적으로 섹스에 대한 부부싸움은 아내보다 남편이 섹스를 더 원한다는 점을 나타낸다.

그래서 결혼한 남성은 곤경에 처하게 된다. 그는 아내 이외의 사람과는 섹스하지 않겠다는 약속을 했지만 이제 그녀는 그를 그렇게 자주 원하지 않기 때문이다.

다른 가능성을 생각해 보자. 그녀를 원하는 그의 마음이 점점 줄어든다고 가정해 보자. 여성들은 대개 나이가 들수록 몸무게가 늘어난다. 결혼식에서 신랑은 신부를 제외한 어떤 사람과도 절대 섹스하지 않을 거라고 약속했다. 그는 아내의 몸무게가 2배가 되고 더 이상 매력적으로 보이지 않더라도 이 약속을 지켜야 한다는 사실을 알고 있을까?

내가 사는 곳의 지역신문 칼럼에서는 최근 수주 동안 혼전합의서에 대한 독자편지가 연재되었다. 혼전합의서에는 체중조절에 대한 조항이 포함되었는데, 두 여성 칼럼니스트들은 예상대로 이 법적 요구에 분개했다. 그녀들은 결혼생활에서 상대의 체중을 조절하려는 노력은 터무니없는 것이라 여겼고, 혼전합의서 자체에 회의적인 시각을 가지고 있는 것 같았다.

여성들은 이해할 수 있는 시각이다. 체중이 늘어났다고 상대와 이혼하는 것은 비합리적일지도 모른다. 하지만 다른 사람과 섹스했다는 이유로 상대와 이혼하겠다고 하면 사람들은 이혼해야 마땅하다고 생각할 것이다. 이 두 가지가 관련이 있다면 왜 하나는 사회적으로 허용되는 규범이고, 다른 하나는 비합리적인 것일까?

패션 산업과 대중매체는 날씬한 여성을 성적으로 매력적인 이상형으로 강조한다. 이런 이상형이 보통의 여성들에게 얼마나 힘들고 비극적인 영향을 주는지는 너무도 많이 알려져 있다. 이런 보통 여성들의 남편들에 대해 안타까워하는 글은 아직까지 보지 못했다. 하지만 남성도 여성과 똑같이 이런 매력적인 모델들이 나오는 광고를 보기 때문에 미디어가 만든 마른 여성에 대한 이상향이 남성들에게도 영향을 끼친다. 이런 매체는 남편들이 처지고 몸이 불어난 그의 아내들을 원하는 걸 방해한다. 남성들은 이 변화를 알아차리지 못한다고 생각하는가?

체중 자체가 죄목은 아니다. 25세의 자신보다 35세나 45세에 더 멋져 보이는 여성은 흔치 않다. 대부분은 성적 매력도 조금 떨어진다. 성적 욕망에 휩싸인 한 남성은 자기 앞에 하얀 드레스를 입은 매우 사랑스럽고 날씬한 신부를 지켜보며 지금부터 영원히 그녀에게 충실하겠다고 맹세할 수 있다. 그는 사실 나이 많은 여성들도 살펴봐야 한다. 신부 쪽에 나이 지긋한 친척이나 일반적인 중년여성들을 보며 나이가 들면 체중도 늘고, 주름도 생기고, 살도 처지는 피할 수 없는 노화가 일어날 거라는 걸 알아야 한다.

결혼제도가 살아남기 위해서는 노화를 자연스러운 현상으로 수용해야 한다. 식어가는 섹스 또한 받아들여야 하는 현실이다. 신랑은 그의 아내만을 원할 거라고 약속하지만 이것은 두 가지 면에서 힘든, 비현실적인 약속이다. 그녀만을 계속 원하는 것도 어렵고, 다른 사람을 원하는 걸 피하는 것 또한 당연히 어렵다.

40대 기혼 남성에 대한 한 가지 고정관념은 중년의 위기를 겪는 과정에서 이 남성들은 값비싼 차를 사거나 미모의 젊은 여성과 연애한다는 것이다. 사회적인 통념은 이것이 남성의 불안정함과 미성숙을 보여주는 것이라고 말한다. 이 남성은 나이 드는 것을 받아들이지 못하고 이런 바보 같은 짓을 한다는 것이다.

이들은 실제로 어리석고 미성숙할지 모른다. 하지만 이런 것은 문화의 힘으로 만들어진 가치판단이다. 사실 어느 시점에 많은 기혼 남성들이 성욕에 따라 행동한다고 생각하는 문화적 기반이 생기면 이 현상들은 그리 놀라운 일로 보이지 않게 된다. 모두 문화가 형성한 가치판단인 것이다.

다른 문제는 출산현장에 아빠가 함께하길 기대하는 최근의 관행에서 비롯된다. 남성들이 출산 과정을 얼마나 도와야 하는지에 대해서는 논쟁의 여지가 있다. 산모에게 도움이 되는 면이 있다면 남성이 출산 과정에 참여하는 이점도 분명 있을 것이다. 하지만 한편으로는 많은 남성들이 아내가 출산하는 장면을 목격하면서 본능적으로 굉장한 역겨움을 느끼기도 한다는 점을 생각해야 한다. 이 경험이 아내에 대한 성적 욕구수준을 영구적으로 떨어뜨리는 것 같다고 말하는 남성도 여럿 보았다. 한 남성은 나에게 "아내의 출산 장면을 본 후 아내와의 오럴섹스는 더 이상 상상할 수 없게 되었다"라고 고백했다. 심지어 TV 시트콤에서도 출산 과정에서 태반을 보고 나서 아내에 대한 성욕이 줄었다는 걸 농담 소재로 사용하기도 한다.

역겨움은 강력한 성욕 해소제다. 강간을 물리친 경험적 사례들을 보면 강간을 시도하는 사람에게 여성이 구토를 하여 성공적으로 자신을 방어한 경우를 많이 발견할 수 있다. 예를 들어 한 사례에서는 강간범이 때리자 여성이 구토했고, 강간범은 공격을 멈추고 토사물을 보고는 바로 도망쳤다. 섹스를 저지하고 싶을 때

역겨움은 정말 효과적이다. 하지만 안타깝게도 출산현장을 목격하는 자상한 아빠들에게도 역겨움은 비슷한 효과를 발휘한다.

물론 많은 경우 남편들은 계속 아내를 사랑하고 그녀에게 전념할 것이다. 그녀는 아마도 꽤 괜찮은 아내이자 아이에게도 좋은 엄마가 될 것이다. 그는 그녀를 떠나고 싶지 않을 것이다. 하지만 그는 그녀에 대한 성적 욕구를 잃어버렸을지도 모른다.

그녀에 대한 성욕을 잃는다는 것이 섹스에 대한 관심이 완전히 사라진다는 걸 뜻하진 않는다. 이것이 비참한 부분이다. 그는 아직도 성적 욕구를 가진 한 남성이다. 그는 섹스를 원한다. 단지 아내와 하고 싶지 않을 뿐이다. 노력만으로 그녀를 원하게 되지는 않는다.

그는 이제 어떻게 해야 할까?

섹스에 대해 연구해 본 적 없는 도덕주의자들은 아마 많은 남성들이 결국 자신의 아내 이외의 여성과 섹스한다는 사실에 놀라워할지도 모른다. 흔히 쓰이는 말로 하면 그들은 '바람을 피운 것'이다. 굉장히 가치평가적인 말이다. 사회는 이 남성들을 비난한다. 많은 설문을 통해 기혼남의 절반이 이미 배우자 이외의 사람과 섹스를 한 적이 있다고 밝혔고, 실제는 이보다 더 많은 숫자일 가능성도 있다. 어떤 전문가들은 이 비율이 그다지 높지 않다며 놀라기도 한다. 솔직한 응답이 아닐 수도 있다는 걸 감안하면 실제로는 그 비율이 더 높을 수도 있다.

이 부분에 있어 남성들은 여성들의 공감을 전혀 얻지 못할 것이다. 이 장의 앞부분에서 언급했듯이 대부분의 여성은 남성이 얼마나 섹스를 원하는지 상상이 불가능하다. 여기에 대해 비유를 들어 설명해 보자.

한 여성에게 자신의 아이와의 만남이 단 10분씩 한 달에 세 번만 허락된다고 가정해 보자. 대부분의 사람들은 이 처사가 여성에게 너무 잔인하다고 생각할 것이다. 사람들이 느끼는 이런 비통한 감정은 이혼 시 아이에 대한 양육권이 여성에게 돌아가는 부분적 이유가 되기도 한다. 이때 아이에 대한 아빠의 바람과 감정은 무시되기 일쑤다. 많은 기혼 남성들이 겪는 한없는 섹스 결핍으로 인한 좌절감은 아이와 함께하지 못하는 엄마의 비통함과 사실 다를 바가 없다. 하지만 사람들은 이 두 가지 상황이 주는 어려움이 유사하다는 것을 잘 모르는 것 같다.

그렇다면 미래에는 어떤 변화가 일어날까? 사실 상황이 극심하게 악화될 수도 있다. 예상할 수 있는 한 가지는 부부 모두가 맞벌이를 하고 출장을 다니기 때문에 결혼생활 이외의 섹스 기회가 늘어날 것이라는 점이다. 배우자와 물리적으로 멀어진 상태에서는 새로운 잠재적 파트너를 만날 가능성이 높아진다.

미래에는 부부 간의 믿음을 지키기에 불리한 방향으로 사람들의 성향이 변화할 수도 있다. 최근 현대사회에서는 높은 자존감을 강조하는 양육 방법으로 인해 이전 세대에서는 볼 수 없는 강한 자기애를 가진 젊은이들이 양산되었다. 덕분에 이 젊은이들은 자신만의 의미를 중시하고, 이기심과 함께 원하는 것을 가질 자격이 있다고 생각하게 되었다. 엄격한 훈육은 옛것이 되어버리고, 과거에 비해 자기절제도 약해졌을 것이다. 결과적으로 모든 조건이 같더라도 현대의 젊은 남성들은 이전 세대에 비해 결혼생활의 안정을 위해 자신의 성적 만족과 욕구를 희생할 의지를 보일 가능성이 적을 것이다.

이 문제를 더 어렵게 하는 것이 있다. 이제는 혼전 섹스가 보다 일반적인 것이 되고, 결혼하기까지의 기간도 점점 길어지고 있다는 것이다.

여기 20세에 첫 섹스를 경험한 남성이 있다. 그는 10년에서 15년 동안 다양한 여성들과 성적 교감을 해왔을 가능성이 있고, 그 중 일부는 섹스만 한 관계일 수도 있다. 시간이 좀 지나자 그는 자신이 정착해야 하고, 결혼을 통해 앞으로 60년 동안 단 한 명의 여성과 섹스해야 한다고 스스로를 설득한다. 그의 성욕은 변함이 없는 반면 그의 아내는 나이 들고, 살찌고, 매력이 떨어지면서 동시에 그녀의 성적 욕구도 상당히 시들해진다. 후에 그는 일이나 취미활동을 통해 만난 젊고 아름다운 여성들에 둘러싸이고, 그 여성들 중 일부는 기꺼이 그와 섹스할 의향을 보인다. 쉽게 예측되는 미래의 모습이다. 어떻게 될까?

나는 앞으로의 사회 변화는 두 가지 방향으로 이루어질 것이라고 본다. 하나는 결혼의 안정성이 더 떨어지는 것이다. 남편들의 결혼생활 이외의 연애, 즉 외도가 더 많아질 것이고 아내들은 그들을 내쫓게 되면서 더 많은 아이들이 자신의 아버지와 함께 살지 못하게 될 것이다. 다른 방향으로도 생각해 볼 수 있다. 결혼생활에서 남성의 성적 욕망을 잘 수용해 낼 수 있는 새로운 방법들이 출현하여 남편들을 만성적인 섹스 결핍에서 해방시키고, 그들이 아내 곁에서 긴 결혼생활을 유지해 낼 수 있게 할지도 모른다.

내가 말하고 싶은 것은 남성들이 지킬 확신이 없는 것에 대해 생각 없이 쉽게 약속해서는 안 된다는 것이다. 주변의 모든 것들이 젊은 남성들로 하여금 성적으로 영원히 충실할 것을 약속하도록 부추기고 꼬여낸다. 실제로 이 약속을 지켜내는 건 비교적 소수의 남성뿐이라는 걸 엄청나게 많은 증거들이 보여준다.

누군가와의 결혼을 고려할 때 젊은 남성은 자기기만에서 벗어나 자신에게 솔직하게 물어봐야 한다. 앞으로 5년, 10년 혹은 20년 후 그의 아내가 그와 한 달에 한 번 이상의 섹스를 원하지 않거나 그가 아내가 아닌 사람과의 섹스를 원할 때 자신이 어떻게 대처해야 할지 스스로에게 물어봐야 한다. 이런 경우 유일한 해결책은 큰 비용을 감당해 그녀와 이혼하고, 다른 젊은 여성과 다시 시작하는 것일까? 고민이 필요한 문제다.

11

그다음은 무엇인가

11

$\vdots$

이 책은 "남성이어서 좋은 점이 있는가"라는 질문으로 시작
되었다. 그리고 곧 남성이 특히 다른 시스템들과 경쟁하는
대규모 문화 시스템의 측면에서 어떤 쓸모가 있는지에 대한 질문
으로 옮겨갔다. 우리는 많은 대답들을 살펴보았다. 이는 이야기
의 전부는 아닐지라도 큰 부분을 차지한다.

　나는 마치 두 성이 서로의 경쟁자 혹은 적인 것처럼 남녀를 대
립시키는 견해에 반대한다는 주장을 반복해 왔다. 나에게 다방면
으로 영향을 준 선구적 사상가 데이비드 버스^{David Buss}는 심지어 '반
대 성'이라는 용어에도 이의를 제기한다. 남성과 여성은 정반대가
아니기 때문이다. '상호보완적 성'이 더 나은 표현일 것이다. 남성

과 여성은 서로 다르지만 여기에는 그럴 만한 이유가 있으며, 남녀 모두 그 차이로 인해 더 잘 살아간다.

나는 한쪽 성을 다른 성보다 우월하게 묘사하려는 시도에 반대해 왔다. 한쪽 성이 다른 성보다 더 잘 지낸다는 주장 또한 의심스럽다. 사실 수많은 일상의 장면들은 이와 일치하지 않는다. 분명 성에 관련된 불이익들은 여기저기 넘쳐난다. 예를 들어 타이타닉호에서 남성이라는 것은 엄청나게 불리했으며, 아무리 많은 부와 지위 또는 남성의 특권도 그것을 상쇄시키지 못했을 것이다. 하지만 그해 어떤 학생이 하버드나 프린스턴에서 공부하고 싶어 했다면 여성이라는 이유로 그 가능성은 배제되었을 것이다.

그럼에도 불구하고 우리는 문화가 대체로 여성과 그들의 공헌보다 남성과 그들이 하는 일을 더 가치 있게 여기는 경향이 있음을 인정해야 한다. 일부 현대 서구사회들은 반대로 여성에게 우호적인 편견을 만들려 애를 쓰기로 작정한 듯 보이지만 결국에는 남성을 두둔하는 문화적 편견이 완전히 사라지지는 않을 것 같다. 문화는 대체로 남성에 의해 형성되었으며, 여성보다는 남성이 더 선호하는 대규모 집단활동, 정교한 시스템, 큰 관계망을 필요로 한다. 분명 문화가 남성을 가치 있게 여기는 건 일정 부분 그들을 소모품으로 보기 때문이며, 수많은 남성들 개개인은 문화에 의해 혹사당하고 있음을 깨닫게 될 것이다. 이 책의 첫 번째 장에서도 설명했듯이 남성은 사회의 '최상'뿐 아니라 '최하'층에서도 여성보다 많다. 그것이 바뀔 것이라고는 기대하지 마라.

문화의 남성스러움은 자연의 여성스러움과 견주어 생각해 볼 수 있다. 모성의 자연과 부성의 문화의 공존이다. 앞서 살펴보았듯이 자연은 여러모로 여성에게 우호적이다. 인류역사(그리고 선사시대)를 통틀어 그리고 유구한 진화의 역사를 거슬러 여성은 남성에 비해 자손을 남길 가능성이 훨씬 높았다. 물론 운 좋은 일부 남성은 대부분의 여성이 얻을 수 있는 특혜와 성공 그 이상을 누렸지만 그렇지 않은 대부분의 남성은 희박한 확률, 궁극적인 생물학적 실패에 맞서 치열한 경쟁을 하는 험난한 삶을 맞이한다.

자연은 다른 면에서도 여성을 선호한다. 여성은 남성보다 더 많은 오르가슴을 느낄 수 있다. 비록 모든 여성이 이 혜택을 누릴 수 있는 것은 아니지만 말이다. 또한 남성들의 스트레스를 증가시킨 문화 발전 때문인지 몰라도 오늘날 여성은 남성보다 더 오래 산다. 스트레스를 많이 받는 중책의 직업들은 여성에게도 열려 있기 때문에 이 여성들도 남성 동료들에 비해 더 오래 사는지 지켜볼 수 있을 것이다. 아마 어느 정도는 스트레스가 영향을 미치겠지만 그 차이를 완전히 없애지는 못할 것이다. 어쨌든 현재는 여성이 남성보다 오래 살며, 이는 어떻게 해석을 해도 생물학적 승리라는 것이다.

오늘날 여성들이 누리는 장수는 출산 생존율의 증가를 포함하여 남성에 의한 과학적 연구, 의학 발전, 공중보건 개선의 결과다. 남성에게도 똑같이 유익한, 남성의 수명을 늘려줄 무언가를 여성들이 집단적으로 할 수 있다면 좋겠지만 기대는 하지 마라.

여성들은 대규모 집단 혹은 네트워크에서 함께 일하지 않으며, 남성의 유익을 위해서는 더더욱 아니다. 하지만 무수히 많은 여성 개개인은 남성 개개인의 삶을 더 좋게, 행복하게 그리고 아마 더 길고 안전하게까지 만드는 데 많은 기여를 했다. 그것이 여성들이 개인, 일대일 차원에서 일하는 방식이자 여성의 멋진 점들 중 하나다. 그것은 또한 여성들이 큰 문화체계 내에서 항상 가장 뛰어난 동업자였던 이유 중 하나다.

분명 자연은 모든 여성에게 우호적이지 않을뿐더러 문화도 모든 남성에게 우호적이지는 않다. 살펴보았듯이 사실 문화는 수많은 남성들을 무자비하고 파괴적인 방식으로 이용한다. 자연과 문화 모두 여성보다 남성을 더 소모품으로 여긴다. 남성은 천부적 재능에서뿐만 아니라 문화적 활동에 있어서도 극단적이다. 여성보다 더 많은 남성이 막대한 부를 형성하지만 마찬가지로 더 많은 남성이 결국 감옥에 가거나 처형당한다.

평균적으로 문화는 여성보다 남성의 활동에 더 많은 가치를 부여하는 반면 자연은 남성보다 더 많은 여성이 생존하고 번식하도록 한다.

남자 없는 세상?

나는 도입부에서 남성이 완전히 없어질 수 있는지를 다루는 최근 책과 기사들의 추세를 언급한 바 있다. 이들 중 일부는 작가들 자신의 반-남성적 편견을 표출하기 위한 수단에 지나지 않는다. 따라서 그들은 이를 계속할 것으로 예상된다. 그러나 아직 그 누구도 고집불통 여성들을 질책하지는 않고 있다.

최근 페미니스트 동료 한 명이 내게 페미니스트 만화책을 보여 주었다. 대개 유머는 빠진 채 신랄함만을 담고 있었지만 마지막 만화에 매우 재미있는 캡션이 달려 있었다. 그것은 다음과 같다. "남자 없는 세상을 상상해 보아라. 범죄 없는, 뚱뚱하고 행복한 여성들이 많은……."

정말 그렇다. 오늘날은 다르다고 해도 최근까지의 세상에는 빈 공간이 많았다. 만일 여성들이 정말로 남성 없이 행복했을 거였다면 그들은 이런 세상의 빈 공간들을 찾아다니며 가게들을 열었을 것이다. 여성들은 이 만화나 여타 책들이 그리듯이 남자 없는 멋진 유토피아를 창조할 수 있었다. 하지만 그들은 그러지 않았다. 이것만으로도 그런 주장이 신빙성이 없다는 것을 말해 준다. 여성들이 거주하는 곳이 그들의 뜻을 나타낸다면 결론은 분명하다. 여성들은 늘 남성들 곁에 있고 싶어 했다.

나는 최근 미래세계에 대한 토론에 참석했다. 몇몇 여성들은 만약 여성이 세상을 이끈다면 전쟁은 없을 것이라고 주장했다. 아마도 과장된 말이겠지만 그럼에도 여성이 모든 곳에서 책임을 맡는다면 대체로 전쟁과 폭력이 덜할 것이라고 추측하는 것은 꽤 지당하고 합리적으로 여겨진다. 그러나 이것은 가상 페미니스트들의 유토피아적인 환상이다.

　그 밖의 것들도 없어질 것이다. 여성이 아닌 남성이 창조한 것들을 보아라. 만일 남성 없는 세상을 상상해 보고 싶다면 당신은 폭력보다 많은 것들을 빼야 할 것이다. 전기·컴퓨터·자동차들을 빼고, 대학과 수세식 화장실도 빼고, 병원과 남성들이 창출한 모든 의학 지식들도 빼라. 이 목록은 계속된다. 여성들이 남성들 가까이에 머무는 건 당연하다.

　미국 정부 통계에 따르면, 우리 사회의 새로운 제품들을 소개하는 특허의 90% 이상을 남성들이 담당하고 있다. 그들은 또한 직장에서 목숨을 잃는 사람들 전체의 90% 이상을 차지한다. (겉으로) 행복해 보이는 여성들 무리가 위험한 일에 목숨을 걸고, 혁신에 대한 보장이 없는 새로운 아이디어를 위해 오랜 시간 일하는 데 인생을 바칠 준비가 되기 전까지 우리는 이를 모두 남성에게 의지해야 한다.

　남성들은 다른, 아마도 덜 중요한 방식으로 공헌한다. 웃음에 대한 최근 연구에 의하면 전 세계적으로 남성이 여성보다 농담을 더 많이 하고, 여성이 남성보다 더 많이 웃는다. 최근 여성 코미디언이 급증하고 있지만 그들 중 다수는 남성에 대한 농담에 의존한다. 남성이 없는 세상에는 웃음이 훨씬 적을 것이다. 음악도 마찬가지다. 음악은 웃음처럼 여성의 마음을 끌지만 대부분 남성에 의해 만들어진다. 여성은 남성이 작곡한 음악을, 남성이 고안하고 만든 악기로 연주할 수 있다. 하지만 남성이 없는 세상에서는 아마도 몇 안 되는 노래만이 존재할 것이다.

아마도 남성 없는 세상에서 사라질 혹은 대부분 사라질 법한 가장 큰 한 가지는 진보일 것이다. 그것이 선사시대에는 대등하게 시작되었음에도 불구하고, 전 세계적으로 여성들 세력이 남성들에게 계속해서 밀리는 궁극적인 이유다. 진보는 남성들이 하는 일에 달려 있다. 경쟁하고, 기회를 잡고, 쇄신하고, 발전시키고, 큰 것을 창조하는. 만일 세계사에서 모계 중심, 여성이 지배하는 사회에서 일어난 일을 확인할 수만 있다면 추측하건대 처음에는 성공적으로 시작했다가 진보의 부족으로 인해 경쟁 문화에 뒤처졌을 것이다.

일반적으로 남성 없는 세상에 대한 발상은 어리석고 무의미하다. 남녀 모두 다른 성과의 교류가 있는 세상에서 사는 것을 더 선호한다. 많은 징후들 중 하나로, 한쪽 성만을 위한 대학들이 빠른 속도로 문을 닫고 있다. 남성만 다닐 수 있는 대학들은 정부 명령에 의해 대부분 없어졌지만 그전부터 이미 인기가 떨어지고 있었다. 여성 전용 대학들은 지속적으로 허가를 받았지만 점점 더 적은 학생들을 유치하고 있다. 더 넓게 보면 여성들은 그 어떤 주요 문화 시스템도 형성했던 적이 거의 없다.

남성들은 소수의 남성 전용 문화들을 만들어왔지만 위험과 어려움 때문에 여성들은 그곳으로 들어오지 않았다. 그러나 남성들은 여성들이 그곳으로 들어오길 원했고, 이들을 가능한 빨리 합류시키기 위해 노력했다. 그뿐 아니라 모든 남성들에게 여성이 있을 수 있도록 일부일처제를 고안했다. 이것은 남성들이 진정 여성들 없이 살고 싶어 하지 않았다는 또 하나의 지표다.

사회과학자들이 남성 없는 삶을 고찰하는 또 하나의 방법은 개별 가계들을 살펴보는 것이다(포착하기 어려운 여성만 있는 공동체를 찾기보다는). 최근 우리 사회는 여성 호주를 장려하는 것이 유행이다. 그럼에도 불구하고 이는 대체로 남성이 있는 가계만큼 유복하지 않다. 물론 매우 성공한 미혼의 직장 여성들과 같은 예외도 있지만 대체로 남성이 없는 가정은 있는 가정에 비해 더 빈곤하고 궁핍하다.

앞서 살펴보았듯이 많은 여성들, 특히 젊은 엄마들은 직장에서 일하는 것을 내켜하지 않는다. 기혼 여성들은 가능하지만 미혼들은 대개 정부나 다른 기관으로부터의 보조금을 필요로 한다. 아빠 없는 아이들이 그렇지 않은 아이들만큼 잘 성장할 수 있다는 정치적 공식 입장은 점점 더 유해한 허구로 드러나고 있다. 평균적으로 아빠가 없는 아이들은 있는 아이들만큼 잘 자라지 못한다. 또한 여성 동성애자 커플은 남성 동성애자 커플에 비해 빈곤한 경향이 있다. 이처럼 모든 면에서 보았을 때 여성은 남성 없이는 잘 살아가지 못한다.

그러니 이런 사이비 유토피아적인 단일 성 발상은 차치하고 현실적으로 생각하자. 남녀는 함께 있고 싶어 한다. 긍정적인 이유로 말이다. 사회집단은 남녀 모두의 활동으로부터 혜택을 얻을 수 있는 문화 시스템을 보유할 때 번성할 가능성이 더 높다.

상징으로서의 남성

나는 특별한 이유에서 이 장의 제목에 '그다음은'을 붙였다. 이전 장들은 문화가 남성을 유용하다고 보는 몇 가지 이유들을 중점적으로 다루었다. 하지만 이것이 전부는 아니다.

문화가 남성을 여성보다 더 자주 이용하는 또 다른 이유는 상징주의 때문이다. 문화는 가치를 지니며, 개개인이나 사건들을 내세워 그 상징들을 표현한다. 특히 이는 문화가 옳고 선하다고 여기는 바를 모두에게 상기시킴으로써 문화의 성공을 효과적으로 도울 수 있다.

상징으로 사용되는 것은 좋을 수도 나쁠 수도 있다. 한 개이이 상징화되는 경우, 이는 그에게 일어나는 일들을 더욱 극화시키는 결과를 낳는다. 살펴보았듯이 문화는 여성보다 남성을 극단으로 모는데, 이는 부분적으로 남성들이 스스로를 극단으로 내던지기 때문이다.

상징이 됨으로써 남성은 대통령 집무실뿐 아니라 감옥에 들어갈 가능성 또한 높인다. 상징이 된 남성들 일부는 양 극단 모두를 경험해 왔다. 넬슨 만델라는 문화에 의해 약 25년 동안 수감되어 있었지만 석방 이후 대통령에 당선되었다. 그는 거대한 상징이었다. 사담 후세인도 이와 마찬가지로 양 극단 모두에 처했었지만 순서는 반대였다. 그는 수십 년 동안 이라크를 통치했지만 이후 사회는 그를 감옥에 가두고 교수형에 처했다.

상징주의의 역할은 올리버 크롬웰의 이력에 잘 나타나 있다. 그는 영국 시민전쟁의 승자 편 장군이었다. 승리 후 그는 왕을 살해하는 데 가담했다. 물론 이는 강력한 상징이었다. 크롬웰은 자신을 왕으로 추대하는 제안은 거절했지만 왕이 없는 나라를 다스리는 호민관이라는 칭호를 받아들였다. 그는 죽기 전까지 이를 그대로 유지했으며, 이로 인해 선왕들과 유사하게 명예롭게 묻혔다. 그러나 그가 죽은 뒤 공화국 정부는 무너졌다. 왕정주의자들이 다시 정권을 잡았으며, 죽은 왕의 아들을 복귀시켜 왕위에 오르게 함으로써 군주제를 부활시켰다.

새로운 왕은 크롬웰의 시체를 파내도록 지시했다. 그는 먼저 시체를 공개 교수형에 처해 모든 이로부터 모욕과 수모를 당하게 했다. 그리고 나서 대중들의 구경거리로 그의 목을 잘랐다.

시체의 목을 자르는 것이 무슨 소용인가? 크롬웰이 죽은 지 이미 2년여가 흘렀다. 실질적으로 그는 이 형벌로 아무런 고통도 받지 않는다. 하지만 중요한 상징적 의미가 있었다. 조금 늦었을지라도 왕과 그의 신하들은 전 국민들에게 참수형이 반역 및 국왕 살해에 대한 마땅한 처벌임을 보여주고, 젊은이들에게 경고를 한 것이었다. 그 처벌은 과거 못지않게 미래를 겨냥한 것이었다.

정치인생은 상징에 달려 있다. 사소한 과실은 용서되고 잊힐 수도 있지만 눈덩이처럼 커져서 경력을 끝내는 상징적 사건이 될 수도 있다. 최근 기억에 남는 두 미국 대통령들은 역사를 통틀어 무수히 많은 통치자들이 저질러왔던 것과 비교하면 매우 사소하게 보이는 '남성의 잘못된 행실'에 의해 심각한 영향을 받았다.

첫 번째는 이미 닉슨 쪽으로 기울고 있던 선거에서 야당 후보에 대한 정보를 빼내려는 무의미한 시도를 한 몇몇 부하들의 졸렬하고 쓸데없는 절도에 관련된 워터게이트 사건이다. 닉슨은 그 어이없는 절도의 도움 없이도 압도적 승리를 거둘 수 있었다. 그러나 이 사건과 이를 은폐하려 했던 시도가 드러나면서 그의 신뢰성은 타격을 입었으며 결국 사임해야 했다.

두 번째 사건은 부하직원과의 십여 차례에 걸친 부적절한 만남에 관한 클린턴의 성추문 사건으로, 제대로 된 성관계도 거의 없었다. 이 스캔들(역시 이를 은폐하려는 시도와 함께)은 탄핵으로 이어졌고, 비록 성사되지는 않았으나 이후 그는 두 번 다시 대통령직을 제대로 수행하지 못했다.

우리는 남성들의 상징적 희생이 연루된 스캔들에 익숙해지고 있다. 그렇다면 여성들은 어떤가?

내가 이 책의 집필을 위해 연구하고 있을 때 영국에서 흥미로운 사건이 발생했다. 여기에는 테사 조엘 문화부 장관이 연루되어 있었다. 그녀의 남편은 몇몇 불법거래에 관여해 왔고, 그녀의 장관직으로부터 이익을 얻었을 법한 투자에도 관련되어 있었다. 그녀는 이해관계 및 자신이 이득을 취했던 거래들 일부를 법적 의무에도 불구하고 은폐 혹은 밝히지 않았다. 몇 주 동안 뉴스는 늘어나는 폭로들로 가득했다. 대부분의 전문가들은 이 사건이 그녀의 해임으로 마무리될 것이라고 예측했다. 시사잡지는 "변덕스러운 언론신들을 달래기 위해 수상의 머리를 제물로 바치는 것으로 끝나는 의식적 절차"라고 표현했다. 이런 의식적 절차 혹은 각본은 많은 전례들에서 찾을 수 있지만 대부분의 경우 남성을 상징적 희생양으로 출연시켰다.

그리고 나서 일은 엉뚱하게 전개되었다. 「데일리 메일」은 "테사가 얼마나 더 견딜 수 있을까"를 묻는 기사를 1면에 실었다. 갑자기 그녀는 추악한 부정행위자 대신 고통에 빠진 여성이자 가혹하고 부당한 대우의 희생양으로 비춰졌다. 그녀의 이름을 사용한 것은 동정심을 유발했다. 그녀의 해임을 주장했던 동료들은 한 발 물러섰으며, 몇몇 다른 이들은 그녀를 옹호하고 나섰다.

그녀를 감면시킨 건 새로운 사실이 발견되어서가 아니라 단지 연민과 감성의 변화 때문이었다. 누구도 불쌍한 여성을 괴롭히는 사람으로 보이고 싶어 하지 않았다. 그녀는 직장을 보존했으며, 심지어 보상으로 남녀 간 임금격차를 감소시키는 업무를 담당하는 새로운 보직을 얻었다.

테사가 남성이었다면 그녀의 경력이 끝났을 것이라는 느낌을 지우기 어렵다. 그녀는 잘못을 저지르고 이를 은폐했으며, 언론은 이를 적발했다. 이 '의식적 절차'는 이전에도 수없이 목격되었다. 차이점은 이 언론괴물이 발톱으로 남성이 아닌 여성을 붙잡은 뒤에는 먹이를 집어삼키겠다는 식욕을 잃었다는 것이다. 눈앞에 놓인 여성이 갑자기 인생과 경력이 끝날 상황에 처한 한 인간으로 보였던 것이다.

이 사건만이 아니다. 워렌 파렐은 그의 책『남성 권력의 신화』를 통해 집필 준비 중 발생했던 두 사건들 간의 유사점과 차이점을 다루었다. 한 사건에서 엑슨 발데즈호의 선장(남성)은 실수로 원유를 쏟았다. 이 남성의 이름은 세상에 알려졌고, 투나잇 쇼에서 웃음거리가 되었다. 그의 명성은 땅에 떨어졌고 경력은 훼손되었다. 그는 재판에 회부되고, 벌금을 물었으며, 수감되었다. 갑작스러운 일정 변경으로 그와 선원들이 모두 탈진 상태에서 작업을 할 수밖에 없었다는 사실조차도 그에 대한 동정심을 유발시키지 못했다.

또 다른 사건에서는 여성 항공교통관제사의 실수로 비행기 충돌사고가 일어났다. 이번에는 엑슨 발데즈호의 경우와 달리 야생생물이 아닌 사람이 죽었으며, 피해도 수십 명에 달했다. 그녀의 동료들은 그녀를 언론으로부터 보호하기 위해 호텔로 몰래 피신시켰으며, 그녀의 이름조차 밝혀지지 않았다. 재판과 구금 대신 그녀는 고용주(궁극적으로는 납세자들)의 금전적 지원 하에 치료를 받았다.

사실 내가 이 책을 준비하는 동안 우리 동네에는 두 가지 사건이 있었다. 하나는 딸아이의 학교 선생님이 무언가로 조사를 받았는데, 그의 집 컴퓨터에서 그가 다운로드받은 아동의 나체사진 몇 장이 발견되었다. 이는 아동 성보호법에 저촉되는 것이었다. 그 남성의 경력은 끝났으며, 감옥에서 15년을 보내는 무거운 형을 선고받고 연방교도소에 수감되었다. 물론 우리는 성적 학대로부터 아이들을 보호해야 하지만 그는 어떤 아동도 학대한 적이 없다. 사실 그는 수년 간 모범적으로 가르쳐 왔고, 내 딸을 포함한 많은 아이들로 하여금 과학자를 꿈꾸도록 영감을 주었다.

반면 근처 학교에서는 한 여성이 그 학교 남학생 중 한 명과 성관계를 맺는 것이 발각되었다. 그녀는 지역교도소에서 고작 한 달가량을 보내고 집행유예를 선고받았다. 그게 전부다. 사진 몇 장을 가지고 있었던 남성과 달리 그녀는 아동과 실제로 성관계를 맺었다는 점을 기억해 보라.

어떤 이는 이 예들이 남성에 대한 편견을 보여준다고 생각할 지 모른다. 그러나 나는 이 예들을 통해 여성이 상징보다는 실제 인물로 다루어지는 경향이 있음을 말하고자 한다. 다른 문화들과 마찬가지로 우리 문화는 상징적 의미를 위해 남성의 인생을 망치거나 끝내는 것에 대해 별로 거리낌이 없다. 웬일인지 여성은 그렇게 쉽게 상징주의의 희생양이 되지 않는다.

장편의 사망 기사들은 여성보다 남성을 더 자주 다룬다. 이미 마감된 생의 의미를 논하는 이런 류의 기사들은 죽은 당사자에게는 별로 도움이 안 된다. 하지만 이는 문화로 하여금 그 사람의 삶이 가진 상징적 의미를 인식하도록 돕는다.

저명한 하버드대 교수 하비 맨스필드Harvey Mansfield는 그의 책『남자다움Manliness』에서 남성이 여성보다 무언가를 대표할 가능성이 더 높다고 결론지었다. 남자다움이란 스스로 더 큰 상징적 의미를 받아들이는 것을 의미한다. 거시적 시스템을 지향하는 성향으로 인

해 남성은 어쩌면 여성보다 더 쉽게 자신의 존재와 삶을 그런 상
징적 용도로 사용되게끔 한다.

상징인 것이 좋은가? 내가 든 예들은 그것이 좋거나 나쁘거나
보통일 수 있음을 보여주기에 충분할 것이다. 상징이 되는 것은
당신을 성공시킬 수도 무너뜨릴 수도 있다. 당신이 죽은 후에 상
징이 되는 것은 실질적으로 당신에게 아무런 영향도 미치지 않는
다. 그것은 문화가 시스템과 살아 있는 자들을 위해 하는 것이자
미래를 겨냥한 것이다.

좋든 나쁘든 문화는 여성보다 남성을 상징으로 더 많이 사용한
다. 남성이 더 유용하게 쓰이는 또 다른 용도가 바로 이것이다.

큰 것을 창조하다

2007년의 눈에 띄는 부고 중 하나는 뛰어난 패션디자이너 리즈
클레이본의 사망에 대한 것이었다. 그녀의 업적은 화려했다. 그
중 그녀의 회사 ㈜리즈클레이본은 「포춘」지가 선정한 미국 내 가
장 성공한(얼마나 많은 돈을 벌었는지에 근거한) 500대 기업에 속한, 여
성이 설립한 최초의 회사였다. 회사는 1986년 순위에 진입한 후
그녀가 사망했을 당시의 440위를 지금까지도 유지하고 있다. 그
녀 자신은 포춘 500대 기업 최초의 여성 CEO이기도 했다.

그녀의 사망 기사들이 기리듯이 클레이본의 성공은 여성이 사

업에서 실로 최고 수준으로 성공할 수 있다는 것을 증명했다. 그가 누구든 회사를 설립하고 그것을 포춘 500대 기업으로 일구어낸 사람은 엄청난 성공으로 인정받을 만한 자격이 있으며, 바로 그녀가 그랬다.

그러나 그녀의 성공은 다른 시각에서 볼 수 있다. 만일 여성들이 그 정도 수준을 성취할 수 있다면 왜 그들은 좀 더 자주 그러지 않았을까? 가상 페미니스트들은 억압이라고 말할 테지만 그 주장은 설득력이 부족하다. 매장의 고객이 여성이 설립한 회사에서 만들어졌다는 이유만으로 물건 구매를 거부하는 경우가 과연 있을까? 1986년까지 여성에 의해 설립된 어떤 회사도 포춘 500대 기업에 오르지 못했다고 말하는 것은 다소 창피한 일이다.

살펴보았듯이 이 차이는 차별, '유리천장' 혹은 다른 장벽들보다는 여성들 자신의 야망이나 노력과 더 많은 관련이 있다. 여성들은 사실 남성보다 많은 사업체를 세웠지만 이를 커다란, 성공적인 기업들로 변모시키지는 않았다.

요지는 현재의 목적을 위해 문화는 이를 해낼 남성이 필요하다는 것이다. 현대문화의 생명선 중 많은 부분은 커다란 회사들과 각종 기관들(대학, 은행 등)에 의존하고 있다. 다양한 혜택과 격려가 주어졌음에도 이를 만들어내는 여성은 드물다. 틀림없이 몇 가지 이유들이 있겠지만 나는 가장 강력한 이유는 여성들이 거대한 시스템과 대규모 사회집단보다 친밀한 일대일 관계를 더 선호하는 데 있다고 생각한다.

그러므로 문화는 커다란 사회구조를 형성할 남성들을 몹시 필요로 한다. 간간이 리즈 클레이본 같은 뛰어난 여성은 이를 달성하기 위한 역량과 욕구(그리고 아마도 다른 몇몇 자질들)를 모두 지녔을 것이다. 그럼에도 불구하고 대체로 이는 남성들의 몫이다. 당분간 문화는 남성에게 의존하여 이러한 조직들을 구성할 것이다.

여성을 부양하는 남성

이 책의 한 가지 주제는 거의 모든 문화가 남성에게서 여성으로 부가 이동될 필요성에 대해 인식하고 있다는 것이다. 좋든 싫든 부의 창출은 무역업에 종사하든, 사업체를 설립하든, 새로운 지식과 제품을 창조하든 뭐든 간에 대부분 남성의 몫이었다.

우리 사회의 미래를 얼마나 계속해서 남성에게 의지해야 하는지에 대해서는 논란의 여지가 있다. 지금 여성들은 그 어느 때보다 훨씬 사업 및 연구에서 활발히 활동 중이어서 부의 창출에 상당히 기여하고 있다. 반면 살펴보았듯이 부의 창출을 위해 가장 절실히 필요한 위험한 도약들은 여전히 여성보다 남성에 의해 훨씬 더 많이 이루어진다. 여성들을 빨리 양성하려는 정책적 노력들(이 과정에서 여성들의 업적이 과대평가되기도 한다)에도 불구하고 남성들은 대다수의 특허권과 주요 혁신에 대한 상을 받는다. 비록 여성들이 많은 소규모 사업체들을 설립, 운영하긴 하지만 남성들은 여전히 큰 기업들의 대부분을 설립, 개발하고 있다.

게다가 남성은 여성보다 더 많은 소득을 올리며, 이는 당분간 크게 달라지지 않을 것이다. 설령 우리가 직장에서의 임금격차를 해소할 극단적 대책(다음 한 가지 제안을 참조)을 채택한다고 해도 여전히 자녀들과 함께 시간을 보내고 싶어 하는 여성이 많을 것이며, 그들은 아마 스스로를 부양할 만큼 충분한 돈을 벌지 못할 것이다. 그들은 어딘가에서, 아마도 남성들(이들이 현재 또는 전 남편이든 고소득 납세자든 관계없이)로부터 지원을 받아야 한다.

그러므로 미래 정책의 바탕을 남성들이 부의 대부분을 창출한다는 가정에 두고, 사회가 이를 여성들에게 재분배해야 하는지에 대해서는 논쟁의 여지가 있다. 논쟁의 여지가 덜한 것은 아마도 다수의 여성들이 경제적 지원을 필요로 한다는 사실일 것이다. 문화의 관점에서 보면 누군가는 다음 세대를 형성하고 문화 자체를 존속시킬 자녀를 양육할 비용을 지불해야만 한다. 자녀를 양육할 수 있을 만큼 돈을 벌지 않는 부모의 범주를 살펴보면 이는 대부분 여성일 것이다.

뿐만 아니라 우리가 설령 개인은 마음대로 살게 하고, 납세자들에게 양육비를 청구한다고 치자. 이때도 돈은 여전히 남성에서 여성으로 이동한다. 미국에서는 소수의 납세자가 부담의 대부분을 떠안는다. 최근 한 보고서는 정부가 매년 걷는 소득세 중 40%가 단 1%(!)의 납세 신고자들로부터 온다고 추정했다.

이 사람들은 누구인가? 비록 미국 납세자의 성별에 따라 살펴보지는 못했지만 호주의 최근 보고서는 흥미로운 사실을 보여준다. 호주의 세법은 회사들로 하여금 가장 돈을 많이 버는 근로자 5명의 명단을 적도록 하고 있다. 이를 살펴본 결과, 당신이 짐작했듯이 대부분 남성이었다. 전 회사에 걸쳐 최상위 소득자의 89%가 남성이었으며, 대기업들만 집중적으로 살펴보면 최상위 소득자의 93%가 남성이었다.

따라서 이러한 사회에서 최고 소득자들에게 부과되는 세금은 주로 남성들에게서 나온다.

나는 우리가 남성을 가엾게 여겨야 한다고 말하는 것이 아니다. 단칸방에서 다이어트 음료와 땅콩버터를 먹으며 연명하는 남성이 그렇게 많지는 않을 것이다. 하지만 1주일에 60시간의 고된 업무로 번 돈 대부분이 전처와 세금징수관의 호주머니로 들어가고 있는 남성의 경우 자기연민은 어느 정도 정당한 것이다.

정의와 공평의 문제는 접어두고 핵심은 문화 시스템이 이런 남성들을 돈의 중요한 원천으로 삼는다는 점이다. 나는 9장에서 남성으로 산다는 것은 소비하는 것 이상을 생산함을 뜻한다는 스티븐 L. 녹의 표현을 인용한 바 있다. 이러한 최고 생산자들 속에서 문화는 잉여의 많은 부분을 획득하고, 그중 일부가 많은 여성에게로 이동되게끔 하는 방법을 찾는다.

결국 남성으로부터 여성에게로 돈을 움직이는 것은 문화의 지속적인 목표로 남을 것이다. 결혼은 이를 위한 가장 효율적인 방법 중 하나이며, 결혼을 장려하는 것은 문화에 이득이 된다. 남성이 결국 결혼을 하기만 하면 늦게 결혼하는 최근의 추세가 꼭 문제라고 할 수는 없다. 하지만 이는 위험부담을 내포한다.

나이가 많은 남성들은 어린 남성들보다 돈이 더 많고, 아마 분별력도 더 높을 것이므로 그들은 이혼할 경우 재산의 많은 몫을 가져갈 수 있도록 신중히 마련된 혼전합의서가 있어야만 결혼할 가능성이 높다. 문화로서는 그러한 관례를 그만두게 하는 것이 가장 이익이다.

문화 시스템은 이혼하는 부모들로 하여금 자녀 양육에 필요한 돈을 어떻게 마련할 것인가를 고민하게 만든다. 여성들은 종종 (갈라서는 남편에 비해) 서툰 기량 및 자질을 가지고 있거나 아예 일을 하고 싶어 하지 않는다. 만약 전 남편이 돈을 지불하지 않으면 납세자가 개입해야 하는데, 이는 비효율적인데다가 아동의 안녕을 정부 예산과 정치인들의 의사결정에 의존하도록 만드는 문제점들이 생긴다. 그러므로 문화는 아이를 키우는 여성들을 부양하기 위해 계속해서 남성들로부터 돈을 얻을 필요가 있다.

아이가 없는 여성의 경우 상황은 좀 애매해진다. 원칙적으로 결혼은 두 사람으로 하여금 서로 다른 역할을 수행하도록 하고, 그중 한 사람이 상대방의 돈에 의지해서 살게끔 한다. 그러나 실제 대부분의 남성은 아내의 경제적 수입에 의지해서 사는 것이 비현실적이라고 생각하며, 따라서 결혼으로 인한 경제적 이득을 누릴 수 있는 것은 주로 여성들이다.

요즘 남학생들: 소년을 소녀처럼 키우기

내가 기억하는 한 미국 학교들에 대한 우려는 이전부터 항상 있었다. 최근 많은 국제시험에서 미국이 많은 다른 나라들에 비해 뒤처지는 것으로 나타남에 따라 이는 더욱 절박해졌다. 미국 대학들은 분명한 하락세에도 불구하고 여전히 세계 최고 중 하나다. 미국 고등교육을 명문 반열에 올려놓은 국·사립대학들 간의 경쟁 체제를 도입하겠다는 정치적 의지가 다른 국가에는 없어 보인다. 그러나 유치원부터 고등학교에 이르기까지의 교육에 있어서 미국은 더 이상 세계 최고가 아니다.

최근 몇 해 고조된 또 다른 주제는 남학생들이 학교에서 점점 더 공부를 못한다는 것이다. 대외적 관심의 초점은 여전히 여학생들에게 맞춰져 있기 때문에 남학생들의 문제는 어쩌다 슬그머니 언급되곤 한다. 여학생들이 교육제도를 포함한 시스템의 희생양이라는 시각은 1970년대에 들어 우세해졌고, 여성−희생양 스토리는 모든 것이 남학생들의 혜택을 위해 만들어졌다는 가정에 기초하기 때문에 시스템이 남학생들에게 나쁜지 여부를 묻는 것조차 정치적으로 옳지 않게 되었다.

그러나 자료는 점점 늘어나고 있다. 남학생들은 여학생들보다 학점이 낮고, 중퇴를 더 많이 하는 경향이 있고, 문제학생을 위한 특수교육 및 수업을 들으며, 최대 10배 이상의 징계를 받고 있다. 또한 리탈린(주의력 결핍 장애에 쓰이는 약)을 비롯하여 다른 행동통제

약물들을 훨씬 많이 복용한다.

그러나 사람들은 이 통계 수치들이 문제를 반영하고 있다는 사실을 외면하고 있다. 많은 이들이 그것이 여학생들의 타고난 우월함을 보여주는 것이라 여기고 싶어 한다. 가상 페미니스트들은 학교가 여학생에 대해 편견을 가지고 있으며, 여학생이 남학생보다 공부를 잘하는 것은 여학생이 남학생을 옹호하는 사악한 음모가 약해지는 동안 역경을 이겨낸 우월한 존재임을 보여주는 뚜렷한 증거라고 계속 주장한다.

이러한 관점의 편견을 인식하기 위해서는 만일 성이 반대였다면 사람들이 뭐라고 말했을지 상상해 보는 것이 도움이 된다. 낮은 학점, 높은 중퇴율, 징계·처벌 등에 대한 통계들이 뒤바뀌어 여학생들이 더 엉망으로 드러났다고 가정해 보자. 모든 사람들이 들고 일어나 시스템의 즉각적 변화를 단호히 요구할 것이다.

1970년대 즈음 학교들은 여학생들이 불리한 입장에 놓여 있다는 생각을 받아들이기 시작했다. 그들은 공정함을 지키기 위해 남학생과 여학생을 정확히 동등하게 대우해야 한다는 원칙을 내세웠다. 그러자 남학생과 여학생에게 각각 더 잘 맞는 교육 방법, 훈육, 정책이 무엇인지를 선택해야 하는 상황이 벌어졌다. 여기에는 작문 과제의 주제를 전투 준비로 잡을지 혹은 저녁식사 준비로 잡을지와 같은 매우 일상적인 것들도 포함되었다.

어떤 일이 발생했을 것 같은가? 그러한 의사결정에 직면할 때마다 여학생보다 남학생에게 최선인 일을 하는 것은 어쩐지 성차별주의자가 되는 것 같은 생각이 들었을 것이다. 따라서 시간이 지날수록 학교는 여학생들에게 최선인 방식대로 일을 하게 되었다. 개별 의사결정자들이 논리적으로 내린 결론이었다고 생각하겠지만 이는 분명 남학생들보다 여학생을 대변해 주는 목소리가 많았다는 사실로부터 영향을 받았을 것이다.

페미니스트 감시 단체들은 정책들이 여성 친화적인지 확인하고자 감시하고 살피지만 남학생들을 위해 그런 일을 하는 단체는 존재하지 않는다. 대부분의 선생님과 학교 관리자들은 여성이기 때문에 여학생들에게 무엇이 최선인지를 파악하고 그들에게 잘 맞는 시스템의 필요성에 공감하는 것이 더 쉽다. 이에 더하여 특히 하위 계층의 경우 대부분의 모범생은 보다 빨리 성숙하는 여학생들이기 때문에 시스템을 여학생들에게 맞출 경우 보다 즉각적인 보상을 가져온다.

따라서 시간이 흐르면서 학교는 여학생들에게 가장 효과적이고 적합한 방식으로 모두를 대하도록 개편되어왔다. 그러므로 오늘날 여학생들이 학교에서 남학생들보다 우수한 성과를 내는 것은 그리 놀라운 일이 아니다.

재생산 가능성의 큰 차이로 인해 남녀의 기본 욕구들이 상당히 다르다는 생각으로 돌아가 보자. 구체적으로 남성이 여성보다 위대함을 추구하려는 더 강한 욕구를 가지고 있다는 점을 고려해 보자. 자신이 그것을 해낼 수 있다는 건방진 자신감과 더불어 다른 사람들을 능가하는 무언가를 성취하려는 경쟁적 욕구는 여학생보다 남학생이 더 강할 것이다.

　오늘날 학교들은 어떠한가? 활발하게 논의되어온 한 가지 주제는 성적 인플레이션이다. 요즘 교사들은 똑같은 수준의 과제에 과거보다 더 높은 성적을 준다. 따라서 많은 학생들이 A를 받는다. 우리는 이를 남성이 여성보다 능력에 있어 더 극단적인 모습을 보인다는 사실과 관련지어 논한 바 있다. 하지만 성적 인플레이션의 어두운 그림자 중 하나는 위대함을 인정해 주지 않는다는 것, 심지어 그럴 기회조차 없다는 것이다. 성적 인플레이션은 최고가 되고자 하는 소년들의 욕구를 저하시킨다.

　월등한 성취를 통해 세상에 우뚝 서고자 하는 열망이 소녀보다 소년에게 더 강렬하다는 사실을 좀 더 진지하게 받아들여 보자. 아마 소녀는 다른 많은 학생들과 함께 A를 받는다 해도 자신이 A를 받는 것에 적당히 흡족해할 것이다. 그러나 소년에게 있어 다른 학생들과 똑같이 A를 받는 것은 덜 매력적이다. 따라서 성적 인플레이션은 남성의 '위대함 추구'에 잘 들어맞지 않으며, 뛰어나고자 하는 소년들의 열망을 이용하는 데 실패하게 된다.

　1970년대 이후 미국 학교의 또 다른 큰 변화는 자존감 운동이다. 부분적으로 이는 사춘기 여학생들이 자존감 위기를 겪고 있으며, 이를 위한 과감한 개입이 필요함을 주장하는 과장된 통계치와 무책임한 오해에 기인한다. 따라서 학교들은 자존감을 고취시킬 프로그램들을 운영하기 시작했다. 축구경기에서 득점을 계산하지 않는 것, 모든 이에게 상을 주는 것, 보고서에서 잘못된 부분을 표시할 때 빨간색 잉크를 사용하지 않는 것, 그리고 성적 인플레이션과 같은 많은 정책들 역시 아마도 자존감, 특히 소녀들의 자존감 유지에 관한 검증되지 않은 우려에 의해 장려되었다.

여학생의 자존감에 대한 걱정은 사춘기 소녀들이 낮은 자존감으로 고통받는다는 미국여성대학협회에 의해 주장된 연구로부터 주로 촉발되었다. 그러나 그 보고서는 출판된 적이 없으며, 따라서 과학적인 심사를 거친 적이 없다(이는 그 연구가 올바르게 이루어졌는지 알 수 없음을 의미한다. 대부분의 전문가들은 미 출판된 연구를 거의 신뢰하지 않는다). 이 보고서는 심지어 공개되지도 않았다. 대신 미국여성대학협회는 언론으로 하여금 온통 소녀들의 위기에 대해 떠들게 만든 보도자료를 배포했다.

크리스티나 호프 소머즈는 상당한 어려움을 거쳐 그 보고서의 사본을 입수했다. 그녀는 언론에 보도되지 않은 내용이 많다고 말했다. 그렇다. 백인 소녀들은 백인 소년들보다 자존감이 낮지만 그 차이는 크지 않으며, 이는 소녀들의 낮은 자존감뿐 아니라 사춘기 소년들의 우쭐댐으로도 해석될 수 있다. 그녀는 또한 흑인 소녀들이 백인 소년들보다 자존감이 높다는 것을 알게 되었다. 게다가 전체 중 가장 높은 자존감을 보인 집단은 흑인 소년들이었다. 언론은 이러한 인종 간 차이 혹은 백인 소년들보다 높은 자존감을 가진 흑인 소녀들에 대해서는 언급하지 않았다.

결정적으로 섬머스는 소녀들이 자존감 향상에 있어 도움을 필요로 한다는 주장 이면에 심각한 논리적 결함이 있음을 지적했다. 만약 학업 성적의 순서를 살펴보면 자존감 순서와 정확히 반대일 것이라는 점이다. 백인 소녀가 가장 우수하며, 그 뒤로 백인 소년과 흑인 소녀 순이며, 흑인 소년이 가장 불량하다. 그녀는 왜 모두들 백인 소녀의 자존감을 북돋아주기 위해 제도가 바뀌어야 한다고 생각하는지 묻는다. 그보다는 오히려 학업성취에 근거해 다른 집단들을 백인 소녀들처럼 만드는 게 이치에 맞는 방책일 것으로 보인다. 설사 이것이 그들의 자존감을 한 단계 낮아지게 만들 수 있어도 말이다.

좋든 나쁘든 학교는 모두의 자존감을 증진시켜야 한다는 생각을 받아들여 왔다. 나는 이것이 나쁜 쪽에 해당한다고 생각한다. 싹트는 자존심과 사춘기의 허영을 충족시켜줌으로써 소년들에게는 매력적으로 여겨질지 모르나 이는 그들로 하여금 최선을 다하지 않게 만들 것이다. 위대함에 대한 소년의 욕망을 자극하고 그에게 갈 길이 멀다고, 훌륭한 성과를 냈을지언정 겸손하고 더 열심히 해야 한다고 말해야 능력을 최대한 발휘하게 만들 수 있다. 소년에게 다른 모든 학우들이 그렇듯 너는 이미 훌륭하다고 말하는 것은 열심히 공부할 의향을 망치는 완벽한 비결로 보인다.

나는 대체로 비디오 게임과 인터넷 모두에 호의적이지만 내가 느끼기엔 비디오 게임과 인터넷의 보급은 이 문제에 한몫했다. 하지만 잠시 1950년대와 1960년대 소년 시절이 어떠했을지 돌이켜 생각해 보자. 위대함을 추구할 수 있는 어떤 방법이 있었는가? 물론 지금도 그렇듯 운동경기가 있었다. 하지만 운동과 공부에서 두각을 나타내는 학생들은 다소 차이가 있다. 운동선수들은 동시에 우수 학생도 될 수 있는 이들이 아니었다. 조용하고, 마른 몸매의 모범생들은 절대 미식축구에서 활약하는 선수가 될 수 없었기 때문에 대개 그들이 선택할 수 있는 건 학업에서 두각을 나타내는 것이었다.

그러나 오늘날 그런 소년들은 비디오 게임에서 두각을 나타낼 수 있다. 그들은 친구들이 이 게임을 얼마나 많이 하는지, 점수가 어떤지도 안다. 우리 사회가 (성적 인플레이션으로 인해) 학업을 통해 위대함을 추구할 길을 없앤 바로 그때, 비디오 게임에서의 영웅적 업적은 소년들에게 즐거움을 느낄 대안을 제공했다. 나도 그 맛을 안다. 나 역시 비디오 게임을 즐겨왔고, 더 높은 단계로 올라간 뒤의 성취에서 오는 희열을 느껴보았다. 그것을 해내기 위해서는 몇 시간이고 연습이 필요하지만 최고가 되기 위해 기꺼이 많은 시간을 투자하는 것이 소년들의 특징이다(그런데 혹시 소년들의 자존감이 비디오 게임 중 맞닥뜨리는 많은 실패들에 의해 무너지지 않는다는 것을 발견한 사람은 없는가?).

결과적으로 똑똑하고 재능 있는 우리의 남학생들은 학교보다는 비디오 게임 문화에서 그들의 욕구와 동기들을 찾는다. 오히려 학교는 그 목적에 상반되게 돌아가고 있는 듯 보인다. 요컨대 우리는 비디오 게임 시장이 소년들의 우수한 자질을 발산하는 주요 수단이 되게 내버려두는 동시에 남학생들을 여학생처럼 키우려 애쓰고 있다. 그다지 좋은 상황이 아니다.

남성들의 수준이 낮아졌는가

우리 사회가 이전 시대보다 수준이 떨어지는 남성들을 양산하고 있는가? 어쩌면 우리 문화가 다른 경쟁 문화들에 비해 수준이 떨어지는 남성들을 양산하고 있는 것은 아닌가? 물어야 한다. 있음직한 위험들을 암시한다는 점에서 두 번째 질문이 더 중요하다. 만일 우리 문화가 다른 문화에 의해 패배하고, 교체되고, 대체된다면 어떤 일이 발생할까?

우리 문화는 지난 수십 년간 여성에게 더 알맞고 적합하게끔 모든 제도들을 개혁하는 데 있는 힘을 다해 노력해 왔다. 이는 분명 남성에게 다소 덜 우호적이게끔 만드는 것을 포함한다. 이 정책들이 어느 정도 성공을 거두었다고 가정하면 오늘날 여성들은 그들의 할머니들보다 더 강하고 유능하고 우월할 것이며, 오늘날 남성들은 그들의 할아버지들보다 심리적으로 더 유약하고 덜 유능하며 열등할 것이라고 추측하는 게 이치에 맞을 것이다.

학교의 변화(이전 섹션을 참고하라)가 주요 원인 중 하나일 것이다. 여자아이들을 최대한 활용하기 위해서는 그들의 자존감을 높이고 올바로 행동하게끔 하는 죄책감에 기대야 한다. 여자아이들의 통제력을 높이기 위해서는 약간의 죄책감만 있으면 된다. 여자아이들이 대체로 반사회적 충동이나 욕구로 가득 차 있지 않다는 점을 고려해 보면, 죄책감은 여자아이들에게 효과적인 경향이 있다.

하지만 모든 아이들을 동등하게 대우하겠다는 약속 덕분에 사회는 이제 남자아이들에게도 똑같은 전략을 사용하고자 한다. 그러나 남자아이들은 다르다. 좋든 싫든 그들은 선천적으로 여자아이들보다 더 자기중심적이기 때문에 자존감을 높여주는 것은 자아도취를 낳는다.

진 트웬지^{Jean Twenge}와 키스 켐벨^{Keith Campbell} 교수의 면밀한 연구에 따르면, 나르시시즘은 근래 놀랄 만큼 증가하고 있는 것으로 확인되었다. 따라서 남자아이들은 점차 현실에 안주하고 자기중심적이며, 실로 그저 이기적으로 되어간다. 남자아이에게는 여자아이에게만큼 죄책감의 효과가 크지 않다. 자기애적 성향이 그들로 하여금 실패와 잘못에 대한 책임을 지기 싫어하도록 만들기 때문이다. 따라서 이들은 대신 다른 사람을 탓한다.

남자아이들은 여자아이들보다 반사회적이며 더 강한 충동과 욕구를 지닌다. 따라서 이들에게 훌륭하다고 말해 주는 것은 자기통제력을 약화시킨다. 무엇이든 원하는 대로 할 권리를 주는 것은 이들로 하여금 그런 충동에 빠지게 만드는 위험한 방책인 듯 보인다. 어쩌면 우리는 남성의 온갖 못된 짓을 보다 많이 보게 될지도 모른다.

동시에 위대함을 향한 남성의 노력은 여성 지향적 시스템으로 인해 간과되었다. 그렇다고 이것이 남성 심리에서 사라지지는 않겠지만 어쩌면 문화 시스템에서는 제대로 기능하지 못할 수 있고, 무의미하거나 심지어 불미스러운 방향으로 나가게 될 수도 있다. 자아도취적인 남성은 이미 자신이 훌륭하다고 생각하기 때문에 위대함을 성취하기 위해 수년간 힘들게 일하고 싶어 하지 않을 것이다. 어쩌면 그저 자신이 이미 위대한 사람인 양 대우받기를 기대할지도 모른다.

이런 효과들은 우리 사회 전반으로 서서히 퍼질 것이다. 성인 남성들은 점점 더 전통적 남성들의 몫이었던 부담과 책임을 떠맡기 싫어하게 될지 모른다. 갈수록 비현실적인 미국 젊은이들의 첫 직장에 대한 기대를 다룬 최근 보고들은 자존감 고양에 집중한 학교들이 양산한 결과물(남성들)이 수십 년의 노력을 통해 정상에 오르고자 하지 않는다는 것을 보여준다. 그들은 매우 단시간에 정상에 오를 수 있는 쉬운 길을 원한다. 기술의 향상이 이를 상쇄시킬 수 있다고 해도 실제 직장에 대한 불만은 증가하고, 생산성은 저하될 것이다.

결혼과 가정의 장기적 부담은 오늘날 우리가 만들어내고 있는 자아도취적이고 통제불능인 남성들과 잘 어울리지 않을 것이다. 나르시시스트들은 자기희생에 관심이 없다. 그들은 더 오래 결혼을 미룰 것이며, 일단 결혼을 하면 자기를 충족시킬 기회가 희박해 보이자마자 달아날 준비가 되어 있을 것이다.

남성들을 양산하는 현대의 방식은 젊은 청년들에게 남자다움을 획득하게끔 요하는 문화와 궁극적으로 갈등을 빚을 것이다. 나는 "남자답게 굴어"라는 관용구가 유행에 뒤떨어지고 있다는 것을 언급한 바 있다. 이처럼 인기가 시들해지는 이유는 아마 오늘날 남성들이 남자다움을 획득하고자 하지 않기 때문일 것이다. 칭찬, 자존감, 관용으로 키워진 이들은 자동적으로 남자로 칭송받길 기대한다.

나는 이전 장에서 "남자답게 굴어"라는 요구가 종종 감정이나 선호에 관계없이 해야 할 일을 하는 것을 의미한다고 설명했다. 위험한 침입자와 싸우고 싶어 하거나, 추운 밤에 일어나 아래층에서 나는 이상한 소리를 확인하러 가거나, 징그러운 벌레들을 죽이거나, 지저분한 일을 하고 싶어 하는 사람은 아무도 없다. 이것이 대부분의 사회가 남성들로 하여금 감정을 억누르도록, 그럼으로써 감정이 일을 하는 데 방해가 되지 않도록 가르치는 이유다. 그러나 오늘날 미국에서는 자신의 감정을 살피고 공유하도록 권장하는 것을 비롯하여 소년들을 소녀처럼 키운다. 그렇게 자라난 소년들은 필요한 일을 하기 위해 자신의 감정을 제쳐두는 '남자'가 되지 않을지도 모른다.

하지만 이런 주장은 추측임을 상기하기 바란다. 다른 것들이 이에 대응되거나 혹은 상쇄시킬 것이다. 학교교육은 큰 문제가 아닐 가능성도 전적으로 존재한다. 따라서 소년들은 성장하면 언제나처럼 도전에 직면하고 받아들이면서 상황에 잘 대처해 나갈 것이며, 늘 그래왔듯이 사회를 위해 자기 본분을 다하는 남성으로 변모할 것이다.

어쩌면 최악의 결과는 교육 시스템이 갈수록 더 많은 남자아이들을 낙제시킴에 따라 문화 내에 고등교육을 받은 남성들이 점차 줄어들 것이라는 데 있다. 여성들은 한 단계 더 발전할 것이며,

과거 고등교육을 받은 남성들이 했던 일들 다수를 인계받을 가능성도 높다. 문화는 고학력 업무가 남성 대신 여성에 의해 수행된다고 해도 과도하게 고통받지 않을 것이다. 실은 어쩌면 전혀.

성 정치

저만큼 뒤로 물러서서 남녀가 최근 어떤 모습으로 서로와 관계하는지 살펴보자. 이런 논쟁에 관심을 갖는 대부분의 사람들은 아주 특정한 어떤 부분에 집착하며 날카로운 설전을 벌인다. 예컨대 여성이 남성보다 돈을 적게 번다거나 남성은 생식에 관한 어떤 권리도 가지지 못한다는 것 등이다. 그러나 편파적이고 특정한 견해 대신 큰 그림을 한번 보자. 트레이드오프 말이다. 남녀 모두 무언가를 포기하고 다른 무언가를 얻었다.

지금 여성들은 사회의 큰 기관들에서 상당한 혜택을 누리고 있다. 법도 여성들을 지지한다. 일부 법학자들이 지적한 대로 성별과 관련된 신규 법령들은 여성에게 해를 끼치거나 불이익을 주지는 않는지 많은 개인과 이익단체에 의해 면밀히 검토되고 있다. 하지만 남성들에게 해악한 법인지에는 아무도 관심이 없다.

마찬가지로 기업, 대학 그리고 많은 사람을 고용하는 기타 대규모 조직에는 여성을 보호하고 그들의 이익을 도모하기 위한 많은 정책이 존재한다. 대부분의 조직이 여성의 요구와 이익을 감독하는 부서를 갖추고 있지만 남성을 위한 부서는 없다. 여성들만의 단체 및 조직들은 많지만 남성들만의 단체 및 조직들은 금지된다. 중요한 직책을 뽑거나 상을 수여할 때 자격이 되는 여성이 고려 대상이 되게끔 보장하는 정책적 노력도 기울인다. 나는 응시자 중에 우수한 남성 후보자가 포함되어 있는지 혹은 최고의 남성에게 공정한 대우를 해줘야 한다는 것과 같은 말을 들어본 적이 없다(내가 몸담은 대학의 교수 모집 광고에서도 대부분의 광고와 마찬가지로 여성의 지원을 명백히 장려하고 있다. 이미 남성보다 여성이 더 많은 나의 집단에 공석이 생겼을 때 나는 장난으로 광고에서 '여성' 옆에 '그리고 남성'이라는 말을 넣었지만 대학본부에서 이를 재빨리 삭제했다!).

남성은 무엇을 얻었는가? 섹스다. 즉 성적 행위에 있어서는 지난 반세기 동안의 변화가 주로 남성에게 유리한 듯하다. 공식 발표들은 섹스혁명이 다분히 여성들을 위한 것이었다고 계속 말하지만 사실상 남성들이 원하는 방향으로 훨씬 많이 간 듯 보인다.

오늘날의 젊은 남성들은 역사상 지금까지는 상상하기 어려울 정도의 자유로운 섹스 라이프를 경험한다. 그는 10대에 섹스를 시작할 수 있고, 어떤 사회에서는 심지어 10대 초반에도 할 수 있다. 그는 10대 및 20대를 거치면서 끊임없이 새로운 파트너들과 섹스를 계속할 수 있으며, 만약 결혼을 미룬다면 더 오래도 가능하다.

더욱이 이러한 뷔페식 섹스를 남성이 전통적으로 지불해야 했던 비용을 치르지 않고도 즐길 수 있는 것이다. 그는 장기적인 헌신을 할 필요도 없게 되었다. 몇 번의 데이트 후에도 섹스를 할 수 있고, 그가 까다롭지 않고 운이 좋다면 때로는 술을 몇 모금 마신 후에 할 수도 있다. 그리고 인류역사의 대부분 시간과 달리 임신을 막는 좋은 방법들도 있다. 만약 임신을 한다면 금방 지울 수 있으며, 여성이 아이를 낳기 원한다 해도 그는 도덕적·법적·경제적 의무를 질 필요 없이 빠져나갈 수 있다. 또한 인터넷에서 사진을 보는 것에서부터 스리섬, 가학피학증 등등 많은 다양한 성적 모험들을 시도해 볼 수 있다.

오늘날 젊은 남성의 풍요롭고 다양한 섹스 라이프는 확실히 결혼 및 장기적 충실성을 준비하는 데 전혀 도움이 되지 않는다. 젊은 시절 수십 명의 파트너들과 이미 즐긴 후 새로운 사랑에 빠지는 남성은 지금 눈앞의 여성이 자신의 가슴을 오랫동안 뛰게 할 것이라고 믿고 싶어 한다. 하지만 장기간의 탐닉이 한순간에 금욕으로 변신하긴 어렵다. 다른 욕망들이 넘쳐나는 동안 한 파트너에게 족쇄가 채워져 있는 자신을 발견하게 될지라도 현대 서구 남성들은 그의 선조들보다 더 많은 선택권을 가진다. 아무데서나 구할 수 있는 성애물, 수많은 불륜 기회, 그리고 이혼과 함께 활짝 열린 독신 세상으로의 재진입 등. 이혼한 남성은 점차 나이가 들고 부가 쌓여가면서 기회들이 어느 정도 자신에게 유리해짐을 깨닫게 된다.

남성이 나이 든 아내를 새롭고 더 젊고 더 날씬한 여성으로 바꿀 수 있는 기회는 여권운동이 남성에게 준, 의도하지 않았던 혜택이다. 과연 여기에서 여성 또한 이득을 얻는지는 말하기 어렵다. 많은 페미니스트들은 남성을 적으로 생각함에 따라 이혼을 자유화하도록 추진했다. 이것은 아마도 여성을 폭력적 관계에서 벗어나게 한다는 명목 하에 이루어졌을 것이다. 그것이 얼마나 도움이 되었는지에는 논란이 많다. 미국 여성은 이미 1970년 훨씬 이전부터 폭력적인 남편과 이혼할 수 있었다. 새로워진 것은 단지 오래된 배우자에게 싫증이 나서 혹은 다른 새롭고 괜찮은 배우자를 얻기 위한 과실 없는 이혼의 등장이다.

페미니스트들은 이혼의 자유화가 단지 여성을 남성과의 관계에서 구해낼 수 있기 때문에 좋다고 믿었다. 그런 주장에는 근거가 있을 것이다. 특히 여성이 남성에 귀속되는 것보다 홀로 서는 것이 일반적으로 더 낫다는 전제를 당신이 받아들인다면 말이다. 그러나 모든 여성이 이런 식으로 생각하지는 않는다. 많은 여성은 나머지 인생을 홀로 사느니 변변치 않아도 남성과 결혼한 상태로 사는 것이 더 낫다고 여길 것이다.

대다수의 이혼녀들은 재혼하지 않는다. 이혼한 남성은 여성보다 훨씬 더 재혼할 확률이 높다. 단지 개인적인 기호 차이에서 생기는 현상으로 보기는 어렵다. 그리하여 커다란 거래가 발생했는데 여성은 직업적 이점과 혜택을, 남성은 더 많은 섹스 기회를 얻게 된 것이다.

이 거래에서 누가 더 많은 것을 얻었을까? 쉽게 답하기는 어렵다. 어떤 의미에서는 남녀 모두 그들이 가장 원하는 것을 얻었다.

그 어떤 목표보다 섹스를 우위에 두는 많은 젊은 남성들은 더 많은 섹스를 위한 약간의 직업적 불이익을 흔쾌히 받아들일 것이다. 반면 여성에게는 다양한 조직에 참여하고 특별대우를 받는 것이 큰 이익이므로 남성의 섹스 욕구에 장단을 맞추며 생기는 희생이 완전히 무의미하다고는 볼 수 없다.

어떤 이들은 여성도 그들의 할머니와는 달리 많은 섹스를 할 수 있으며, 역사상 성적으로 활발했던 미혼 여성들을 괴롭혔던 불명예와 원치 않는 임신 등과 같은 대가를 치르지 않아도 되기에 잃은 게 없다고 주장할지도 모른다. 하지만 현대의 섹스 규범은 여러모로 남성에 유리하며, 많은 여성들은 그들이 원하는 관계를 구축하기 위해 이상적으로 여기는 수준보다 더 많은 다른 남성들과 더 많은 섹스를 해야 한다.

앞을 내다보면 여성의 이득이 남성보다 다소 덜 확실해 보인다. 섹스의 자유가 판도를 크게 뒤집을 것 같지는 않다.

과거 수 세기 동안 섹스의 자유로부터 보다 엄격한 규범으로의 전환이 일어났지만 이는 대개 극단적인 종교적 운동에 의한 것이었으며, 이러한 추세가 곧 서구문명을 휩쓸 것이라고 예상하기는 어렵다. 더욱이 고학력과 같은 사회 상류층에 속한 여성 수가 곧 남성을 넘어설 것이며, 이런 여초 현상은 대개 성적 도덕성을 느슨하게 하는 데 기여하게 될 것이다.

이에 반해 직장 내 여성들의 구조적 혜택들은 아마도 사라질 위기에 처해 있다. 현재 그러한 혜택들은 조직이 여성을 차별하고 있으며 이를 극복하기 위해 차별철폐 조치 및 기타 정책들이 필요하다는 거대한 오해를 기반으로 한다. 머지않아 진실은 밝혀질 것이며, 그때는 아마 다른 여러 가지 일들이 벌어질 것이다.

적게 일하고 똑같이 받는다면

한 가지 가능성은 여성들에게 특별대우를 해주도록 요구하는 법과 정책이 바뀌는 것이다. 사회는 여성들의 저소득이 압박과 차별에 의한 것이 아니라 그들의 선택에 의한 것임을 깨닫게 될 것이다. 그 결과 이를 시정하기 위한 정책이 필요치 않다고 결론 내릴 것이다. 여성들, 특히 페미니스트 대변인들이 성정책 토론을 지배하고 있는 한 이는 아직 먼 이야기지만 말이다. 그들은 아마 남성의 억압과 가부장적 음모가 여성들을 짓누르고 있다는 그릇된 신념을 당분간 유지할 것이다. 그러나 추측하건대 이런 편리한 허구를 영원히 유지하는 것은 불가능하다. 지금으로부터 100년 후에도 여전히 여성의 수입이 남성보다 적다면 그때도 사람들이 남성들의 음모에 의한 것이라고 주장할까?

또 다른 가능성은 논쟁의 초점을 바꾸는 것이다. 내 생각에 여성의 복리를 위한 핵심은 더 적게 일하고 균등한 급여를 받는 원칙을 사회가 포용하도록 설득하는 것이다. 다시 말해 여성에게 남성과 대체로 동일한 급여를 주도록 하는 법을 통과시키는 것이다. 일부 법과 정책들이 제안되었으나 오늘날에는 차별과 억압에 대한 미사여구에 가려져 있다. 차별 없는 미래의 자유시장에서도 여성의 수입은 여전히 평균적으로 남성보다 적을 것이라는 점을 인정할 필요가 있다. 문화는 이 차이를 없애려는 가치를 포용할 수 있다.

그것이 궁극적으로 가는 방향이라는 게 이미 드러난 곳들이 있다. 캐서린 하킴Catherine Hakim의 연구에 의하면, 미국 제약 산업은 만성적인 노동력 부족으로 인해 본질적으로 성차별 및 기타 다른 형태의 차별이 존재하지 않는 분야다. 약사들은 어떤 경력이든 선택할 수 있다. 남녀 모두 장애물 없이 이 분야에 진입하지만 일단 진입하고 나면 상이한 선택을 한다. 남성보다 많은 여성들은 규칙적이고 편리한 업무시간대의, 압박이 적고 가정 친화적인 자리를 선택한다. 반면에 여성보다 많은 남성들은 부담은 크지만 승진 기회와 급여가 더 높은 야망찬 자리를 선택한다.

이것이 미래 직장세계의 축소판으로, 남성이 여성보다 더 열심히 일하므로 결국 더 많은 돈을 버는 것으로 귀결된다(다시 한 번 말하지만 모든 남성과 여성이 다 그렇다는 것은 아니다. 다만 불평등을 영구화시키기에는 충분하다).

더 적은 노동에 대해 동일한 급여를 제공하는 정책은 다양한 장점이 있다. 이는 남성을 악랄하다고 비난할 필요 없이 문화가 남성으로부터 여성에게로 금전을 이동시키게끔 한다. 남성은 부의 생성에 대한 존경을 받게 되고, 여성 또한 수중에 더 많은 돈이 생긴다. 이 방법은 지속적이고 장기적인 합의를 형성할 것이며, 이는 남성들의 압박과 차별이라는 잘못된 주장을 근거로 한 현재의 합의와는 다른 것이다.

최고의 남성들과 동일한 수준으로 성취하고 앞서가는 여성들도 존재한다. 실로 그들은 차별철폐 조치나 기타 정책들을 필요로 하지 않는다. 그들의 업무는 남성보다 적지 않다. 더 적은 노동에 대해서도 균등한 급여를 주는 정책은 그들의 능력을 다소 퇴색시킬 수 있다. 그러나 그들에게도 할 만한 가치가 있을 것이다. 이러한 여성들은 분명 조직의 여성우대 정책으로부터 이익을 얻고 있다. 이를 달리 가장 잘 표현한다면 남성이 정상에 오르기 위해서는 아주 유능할 뿐 아니라 운도 상당히 따라야 하다. 조직들이 뛰어난 여성을 특별히 더 배려하고 있음을 고려해 볼 때, 이러한 우수 여성들은 그만큼 운이 필요하지 않다. 유능하기만 하면 충분하다. 그들은 응분의 보상을 받는다. 하지만 많은 우수한 남성들은 그들이 마땅히 받아야 할 보상을 받지 못한다.

그럼에도 여전히 우수한 여성들에게 추가적인 혜택을 아낌없이 퍼주는 것이 사회에 이롭다고 주장하는 이가 있을 수 있다. 이러한 여성들은 어쩌면 그들의 남성 동료들보다 더 우수할 수 있다. 사회가 인재들의 재능을 최대한 활용하고자 한다면 남녀 모두를 양성할 필요가 있으며, 일반적으로 남성이 여성보다 더 경력에 대한 동기가 높기 때문에 추가적인 격려와 인정은 여성의 재능을 배양하는 데 일조할 것이다. 또한 남녀는 각각 다른 종류의 통찰력을 발휘할 수 있기에 남녀 모두의 공헌을 이끌어내는 조직이 번성할 가능성이 가장 높다.

다시 말하지만 뛰어난 여성의 업적은 남성에 비해 드물기 때문에 더 많은 격려가 유용할 것이다. 즉 우수한 여성들은 문화와 사회의 특별한 보물이므로 그들에 대한 후한 보상은 그만큼 득이 될 것이다.

적은 노동에 대한 균등한 급여정책의 유일한 단점은 회사의 이윤이 다소 감소한다는 것이다. 이는 본질적으로 생산성 높은 직원들의 급여가 보다 덜 생산적인 직원의 급여로 이동한다는 것을 뜻하며, 회사의 경쟁력을 저하시킬 수 있다. 만약 전국적으로 이러한 원칙을 받아들인다면 경쟁력 약화는 국가 수준에서만 드러날 테지만 다른 나라들도 이 같은 원칙을 채택하게 되면 아무에게도 문제가 되지 않을 것이다.

전투, 아기, 과학

남녀 중 누가 더 나은지를 묻는 것은 흥미로운 지적 게임이다. 마찬가지로 미래에 누가 우위를 차지할지 추측하는 것도 흥미로울 것이다. 그러나 나는 첫 번째 장에서 항상 제3자를 고려해야 한다고 말했다. 문화 시스템 말이다. 남녀 모두의 안녕은 문화의 마법이 모두에게 혜택을 제공하는 기능을 발휘할 때만 가능하다.

일이 제대로만 처리된다면 시스템 입장에서는 남녀 중 누가 그 일을 하든 중요치 않다. 개인의 입장에서 정책들은 공정하지 않다. 여성으로 하여금 아이를 돌보게 하고, 남성으로 하여금 전투에서 목숨을 잃거나 팔다리가 잘리는 위험을 무릅쓰게 하기도 한다. 하지만 시스템은 도덕적 존재가 아니다. 시스템은 아이들을 먹이고 돌보고, 전사들이 적들로부터 지켜내기만 하면 유지될 것이며 원칙적으로 누가 그 일을 해내는지는 중요하지 않다.

만약 중요한 일을 의지나 능력이 없는 사람에게 맡긴다면 문화는 곤경에 처할 수 있다. 오랜 역사에 걸쳐 군대의 전투느 창과 검으로 싸우는 것을 의미했다. 남성의 강한 상체 힘은 여기에 여성보다 유리하게 작용했다. 여성들에게 이러한 전투를 강요했던 문화는 너무 많이 패전하여 살아남지 못했을 것이다. 하지만 오늘날 전쟁의 기술집약적 특성은 더 이상 상체 힘에 의존하는 싸움을 요구하지 않는다.

현재 이러한 견해에서 나온 가장 흥미로운 논쟁은 '타이틀 나인'(1972년 6월 23일 닉슨 대통령에 의해 통과된 법안으로, 미국의 어느 누구도 공공기금을 지원받는 교육 프로그램이나 활동의 참여에서 제외되거나 그로 인한 이득을 못 받거나 차별되어서는 안 된다는 남녀차별 금지 내용을 담고 있다) 과학 수업의 등용에 관한 것이다. 많은 사람들이 미국이 대학 스포츠에 적용하고 있는 것을 과학에도 똑같이 적용해야 한다고 주장하고 있다. 즉 남성이 여성보다 무언가를 더 많이 하지 못하도록 하는 법이나 정책을 통과시켜야 한다는 것이다. 이는 성평등에 대한 페미니스트의 주장에 기반한 몇몇 단체들을 통해 열렬히 추진되고 있다. 언제나처럼 주장의 핵심은 여성 성공의 부재가 남성의 책략과 억압에 기인하기 때문에 가상의 차별을 막기 위해 엄한 법이 필요하다는 것이다.

대학 스포츠에 이러한 법을 적용한 결과, 남성 스포츠팀의 광범위한 축소 및 해체가 이어졌다. 이러한 법과 정책에는 여성도 남성만큼 스포츠를 즐기길 원하므로 대학이 남녀를 동등하게 대우한다면 남녀 모두 원하는 스포츠를 즐길 수 있는 기회를 가지게될 거라는 가정이 깔려 있다. 물론 그 생각은 잘못되었다. 남성이 여성보다 더 스포츠를 즐긴다. 따라서 기회를 균등하게 만드는 유일한 방법은 남성들을 위한 기회를 없애는 것이다.

그러나 정작 스포츠는 중요하지 않다. 문화는 대학 스포츠의 양과 질이 저하된다고 해도 여전히 잘 유지되고 기능할 것이다. 이것이 많은 스포츠팬들에게 이단적임을 인정하지만 구기경기에 실로 중대한 것이 걸려 있지는 않다.

남성의 스포츠 참여를 여성 수준으로 낮추기 위해 그들의 스포츠팀을 없애는 것이 불공평한가에 대한 도덕적 논쟁을 할 수도 있다. 하지만 문화에 끼치는 영향 면에서 보자면 그 조치는 근본적으로 대학 스포츠의 질과 양을 약간 떨어뜨릴 뿐 이것이 실로 우리 문화에 어떤 심각한 영향을 줄 것이라고 보기는 어렵다. 국내총생산GDP도, 적으로부터 국가를 지켜낼 수 있는 국가의 능력도, 기술혁신의 속도도, 사회의 안녕에 대한 여타 수치들도 변화할 것 같지는 않다.

과학은 좀 다르다. 과학은 미국이 세계적으로 가지는 서너 개의 주요 명성 중 하나로 국가의 발전과 번영을 도모해 왔다. 만일 우리가 대학 스포츠에서 남성을 쫓아낸 비율과 동일하게 과학에서도 남성을 쫓아낸다면 문화의 안녕은 남성들의 자리를 차지한 여성들에게 달려 있게 된다. 아직 그런 일이 발생할 조짐은 없으며, 많은 증거들은 이 가능성이 희박함을 보여준다. 앞서 말했듯이 모든 증거들은 과학계의 여성 부족 현상이 주로 이 일에 대한 여성들의 관심 부족에 기인한다는 것을 시사한다.

우리 사회는 이미 과학자 부족 현상에 직면하고 있다. 그러므로 과학계에서 일하고자 하는 많은 젊은 남성들을 쫓아내는 제안은 위험해 보인다. 이러한 정책을 옹호하는 사람들은 남성을 쫓아내는 것이 여성을 위한 자리를 만들어낼 거라 주장한다. 나는 이미 많은 자리가 여성들에게 열려 있지만 많은 여성들이 그것을 원하고 있지 않다고 생각한다. 만일 과학계에서 정말 여성이 남성을 대신할 수 있다면 문화는 아무 문제 없이 지속될 것이다. 만약 그렇지 않다면 그들은 미국의 과학이 후퇴할 것으로 본다.

세계역사상 어느 곳에서도 과학적 연구의 대다수가 여성에 의해 이루어진 경우는 없다. 어쩌면 미국이 처음이 될 수도 있지만 국가의 미래 경쟁력을 그러한 가능성에 맡기는 것은 위험한 도박이다. 젊은 남성들이 과학에 별 매력을 느끼지 않도록 시스템을 개조하는 것은 심각한 대가를 치르게 할 수 있다.

세계역사상 거의 모든 문화에서 성별은 사람들의 인생행로에 큰 영향을 미쳤다. 남성 혹은 여성으로 태어났는지가 그가 하게 될 일의 종류, 받게 될 교육의 종류와 양, 전투에 보내질지 여부, 다양한 공예와 기술을 배우게 될지 여부, 결혼 결정에서 가지는 발언권 및 기타 많은 것들을 지정했다. 이런 대부분의 문화와 달리 현대 서구문명은 성차를 의미 없는 요인으로 만들고자 노력해 왔으며, 이에 따라 남녀 모두에게 모든 행로가 열리게 된다.

그러나 여전히 오늘날 남성은 여성과는 조금 다른 인생행로를 선택하게 되며, 이 차이는 앞으로도 지속될 것 같다. 인생행로 중 일부에서는 남성보다 여성에게 더 많은 선택권을 주지만 최소 하나의 영역만큼은 여성보다 남성에게 더 많은 선택권을 준다.

직장생활과 결혼의 혼합에 있어 현대 여성들은 계획만 잘 세운다면 그들이 선택하는 거의 모든 것을 가질 수 있다. 나는 세 가지 주요 인생행로(직업 우선, 가정 우선 혹은 균형 상태)를 다룬 캐서린 하킴의 연구를 언급한 바 있다. 여성의 선호는 세 가지 모두로 갈린다. 더욱 중요하게는 여성들의 실제 삶 또한 그 세 가지로 갈린다. 극단적으로 어떤 여성들은 가정을 내팽개치고 중책의 직업을 추구하며, 다른 여성들은 직업에 거의 혹은 전혀 신경을 쓰지 않은 채 가정에 헌신한다.

이와 대조적으로 현대 남성들에게 주어진 거의 유일한 선택은 직업 우선의 삶이다. 반대의 선택, 즉 주로 가정을 돌보는 일은 원하는 남성이 거의 없기도 하지만 실로 선택안이 아니다(만약 정말로 선택 가능하다면 몇몇 남성은 이를 선택할 텐데 아직 그런 증거를 거의 찾을 수 없다). 하킴은 많은 남성들이 균형 상태를 선택하고 싶어 한다는 것을 알았다. 이런 경우 가정에 보다 전념하기 위해서는 권한이 적은 비정규직을 추구해야 하는데, 실제로 이를 실행에 옮길 수 있는 남성은 거의 없다.

그리하여 문화는 남성들에게 일을 통해 남자다움을 얻게끔 한다. 대부분의 남성은 이를 받아들이고, 일을 자기 삶의 토대로 삼는다. 문화는 여성은 집에 머무르며 아이들을 양육하고, 남편 혹은 정부의 세금을 통한 경제적 지원을 받으며 살 자격이 있다고 여긴다. 우리 문화가 남성도 이와 같은 삶을 살 자격이 있다고 생각할 날이 언제 올지는 모르겠지만 분명 가까운 시일 내에 그렇게 되지는 않을 것이다. 이런 측면에서는 남성보다 여성의 선택권이 더 낫다고 할 수 있다.

반면 여성들에게는 여전히 해당되지 않지만 적어도 몇몇 남성들에게서 가능한 듯 보이는, 두 가지 모두를 얻을 수 있는 방법이 하나 있다. 남성들은 중책의 업무로 삶을 꾸리면서도 번영하는 가정을 가진다. 이와 달리 빡빡한 직업을 갖고자 하는 대부분의 여성들은 이를 자녀 양육과 병행하는 것이 어렵다는 것을 알게 된다. 많은 성공적인(직업적 차원에서) 여성들은 자녀가 없으며, 다른 여성들은 직업에서 제대로 자리를 잡을 때까지 오래 기다렸다가

한 명 혹은 기껏해야 두 명의 자녀를 갖는다. 그들조차도 이를 고된 삶이라고 부르곤 한다.

남녀의 다른 직업선택 행로가 여기에서 비롯되는 것이다. 두 가지 모두(즉 높은 지위의 직업과 더불어 풍요로운 가정생활)를 갖는다는 것은 가정과 가족에 대한 책임을 대부분 짊어질 누군가와 결혼하느냐에 달려 있다. '누군가'는 대체로 여성들이다. 몇몇 여성들과 극소수의 남성들만이 직업을 뒤로 하고 가족만을 위한 삶을 꾸릴 수 있기 때문에 남성은 그런 파트너를 찾을 수 있는 반면 여성은 그럴 수 없다. 어떤 여성은 아예 다른 여성과 짝을 맺어 이런 일을 해결한다. 혹은 그런 여성의 역할을 대체할 남성을 찾는 경우도 있지만 이는 매우 드물다.

현재와 미래의 젊은이들

마치기 전에 오늘날 미국에서 태어나는 평균적인 남자아이들을 생각해 보자. 미래는 그들에게 무엇을 약속하는가? 그들이 인생의 단계들을 밟아가게 될 향후 수십 년간 미국 남성들의 전망은 어떠한가?

어떤 측면에서 이는 훌륭하다. 지금 시점에 미국에서 태어난다는 것은 구체적 상황들에 관계없이 세계역사상 다른 어떤 시대 및 장소보다 커다란 축복이다. 기회와 선택은 엄청나다. 이 남자아이가 그의 아버지를 포함해 역사 속 다른 수많은 젊은 남성들이 맞닥뜨렸던 상황(그의 의지에 반해 징집되고, 희망 없는 명분 속에서 조국을 위해 죽음 속으로 행진하는)에 처할 가능성은 매우 낮다. 아늑한 집과 꽤 괜찮은 직장, 가정 그리고 갖가지 종류의 즐거움으로 가득한 여가시간으로 즐겁고 편안한 인생을 누릴 가능성이 매우 높다. 그 어린 신사가 교육을 그럭저럭 마칠 수만 있다면 말이다. 그는 아마 병원 분만실 옆에 누워 있는 여자아이만큼 오래 살 수는 없겠지만 세계역사상 어느 장소 어느 시기에 살았던 대부분의 남성들보다는 오래 살 것이다.

그는 또한 기쁘게도 젊은이의 최대 관심사인 섹스의 기회가 그 어느 때보다도 풍족하게 마련되었음을 알게 될 것이다. 그는 10대에 섹스를 시작할 수 있고, 파트너를 계속 찾을 수 있다. 계획에 없던 임신과 그로 인한 강제 결혼의 위험도 상당 부분 줄어들었다. 큰 실수들만 조심하면 된다. 가령 성병에 걸린다거나 충동적으로 이상한 사람과 결혼하거나(특히 이런 결혼이 이혼의 황폐함만을 안겨준다면) 성적 악행이 들통 나 명성에 먹칠을 하는 것과 같은 실수를 경계해야 한다.

하지만 다른 면에 있어서는 문제와 위험들이 도사린다. 사회는 그를 억지로 죽음으로 내몰지는 않겠지만 그의 쓰임새를 염두에 두고 있다. '남성으로서의' 그를 대하는 사회의 태도는 다소 양면적이라고 할 수 있다. 그는 학교, 회사, 여타 기관 등 여성과 소녀들을 우선시하는 정책을 공식적으로 따르는 모든 곳에서 일이 미묘하게 자신에게 불리하게 돌아가는 것을 발견하게 될 것이다.

수 세기 동안 남성들이 추구했던 핵심인 존경은 현대 남성들에게 일정치 않게 분배되었다. 그는 한편으로는 조직들이 사람은 누구나 존경받을 자격이 있다고 주장하며 공짜로 모든 사람에게 조금씩 나누어 주는 평가 절하된 존경을 나누어 갖는다. 그러나 다른 한편으로 그는 남성으로서는 존경받지 못한다. 그는 사람들의 사적인 편견, 법률 시스템, 뉴스 및 오락 매체에 이르기까지 모두 여성이 남성보다 우월하다는 메시지를 전하는 사회에서 산다. 그가 만약 아버지가 됨으로써 남성의 역할을 지속하게 된다면 더욱더 다양한 무례함들을 맛보게 된다.

더욱이 그는 원래 그의 몫보다 큰 비난을 짊어져야 할 것으로 보인다. 아주 기묘하게도 일부 여성들의 낮은 성취에 대해 남성이 죄의식을 가지고 책임을 지게끔 만들어 놓았다. 예를 들어 여성은 남성보다 돈을 적게 번다. 그런데 왜 이러한 사실로 인해 남성이 자랑스러운 게 아니라 기분이 안 좋아야 하는가? 7장에서는 남성에 의한 부의 형성이 성 불평등의 주요 원인으로 인용되었다. 그러나 소수의 영향력 있는 여성들은 절묘하게도 이런 위대한 업적에 대해 남성들이 자랑스럽게 여기는 대신 죄의식을 느끼게끔 만들어 놓았다.

그 결과 미래의 남성들은 모순적이고 혼란스러운 상황에 빠지게 될 것이다. 성취하지 않고도 주어지는 싸구려 존경은 누구에게나 주어질 것이다. 그러나 그들이 분투하여 존경을 얻는다고 해도 그것에 대한 보상과 인정이 일정치 않다는 것을 알게 된다. 성공은 존경보다는 죄의식을 가져다주며, 인구의 증가로 피라미드의 꼭대기에 도달하는 것은 예전보다 훨씬 어려워진다.

사회가 남성을 옆으로 밀어내고 여성 및 소수 단체에게 지도자의 자리를 양도하는데도 과연 차세대 남성들이 사회문제들을 제대로 해결해 나갈 수 있을까? 남성은 가상 페미니스트들이 생각하는 것처럼 그저 성공을 얻는 게 아니라 오랫동안 이를 위해 열심히 투쟁해야 한다는 것을 기억해야 한다. 그래서 앞서 언급한 우울한 조짐들은 남성들에게 그런 노력을 할 만한 가치가 없다는 생각을 주입시킬지도 모른다. 모든 사람이 동일한 가치를 지닌다고 남성들에게 말하면서도 여성들이 피하는 결정적이고도 위험한 일들을 남성들이 계속 처리해 주리라는 기대를 할 수 있을까?

아버지라는 직함이 인생 실패자나 바보들에게나 어울린다는 비웃음을 미디어를 통해 양산하면서도 남성이 여전히 아이들을 위해 희생할 것이라는 기대를 하는 것이 옳을까? 마찬가지로 남성들의 다양한 권리를 박탈하면서도 사회는 그들이 아버지로서의 책임을 다하기를 기대한다. 가령 남성들에게 아이를 낳을지 아니면 중절해야 하는지에 대한 결정에 일조할 권리나 특정 아이가 생물학적으로 그와 관련이 없다는 의학적 증거를 알 권리(아이 엄마의 주장과는 무관한)를 주지도 않고, 또 이혼 시 아이를 양육할 정당한 기회도 주지 않으면서 말이다.

남성들이 열심히 일해서 얻은 자신의 성공을 어떤 유리한 편향으로 얻어낸 횡재라고 계속 믿을 것이라고 보는가? 또 그들로 하여금 다른 사람의 실패에 책임이 있기 때문에 보다 적은 보상을 받아들여야 한다고 계속 생각하게 만들 수 있을까?

우리가 보아온 한 가지 역설은 문화가 여성보다 남성의 활동에 더 가치를 부여하지만 개별적으로는 여성보다 남성을 더 소모적으로 취급한다는 것이다. 문화는 남성들에 의해 형성되었으며, 여기에는 그럴 만한 이유가 있는 것이다. 그것은 남성의 노력과 그들이 만들어내는 사회적 네트워크에 기반한다. 그러나 또한 문화는 필요에 따라 남성을 가차 없이 희생시키는 비정한 방법들을 사용하며 발전해 왔다. 남성이 문화에 유용한 큰 이유 중 하나는 소모성 때문이다.

평생 동안 남성은 우리 대부분에게 이미 친숙한 메시지를 듣게 될 것이다. 사회는 그에게 남성은 바보이자 돼지이며, 대인관계에 서투르고, 불공정한 이득을 누리는 사악한 억압자이며, 폭력성과 기타 바람직하지 않은 욕망들로 가득 찬 위험하고 아마도 쓸모없는 창조물이며, 수많은 작은 부분들에서 여성보다 열등하다고 말할 것이다. 사회는 그에게 자신의 자산과 인생이 다른 사람, 특히 여성과 아이들의 것보다 덜 소중하며 보다 소모적임을 상기시킬 것이다. 그런 뒤 사회는 그가 분투하고, 위험을 무릅쓰고, 성취하고, 생산하고, 제공하고, 보호하는 역할을 하기 위해 필요하다는 것을 떠올릴 것이다. 남성은 특정한 문제들을 해결하고, 책임을 지며, 부를 생성하여 다른 사람들과 나누기 위해 필요하다. 다른 남성들(여성들도 포함)과 협력하기 위해 그리고 문화의 발전을 위해 다른 남성들과 경쟁하기 위해서도 남성이 필요하다. 즉 사회는 그가 남성이 될 것을 요구한다.

그가 이 장단에 스스로를 맞출까? 문화의 미래는 그의 대답에 달려 있다. 많은 중요한 측면에서 문화는 다른 어떤 이들, 심지어 여성 및 아이들보다도 남성들에게 의존한다.

보다 나은 미래를 향해

나는 대학신문을 읽지 않은 지 오래되었지만 교내 행사에서 지루한 기다림을 견뎌야 할 때면 종종 수중에 들어온 신문을 휙휙 넘겨보곤 한다. 2년쯤 전 마지막으로 보았을 때는 신문 한 면 전체가 독자들에게 남성과 여성 룸메이트 중 누구를 더 선호하는지를 묻는 여론조사에 할애되어 있었다. 그러나 설문의 선한 의도와는 달리 대부분의 응답은 전 룸메이트의 부끄러운 결점들을 열거하기에 바빴고, 문제의 원인을 성별로 돌리는 경우가 많았다.

이 같은 성별 공격이 만연한 와중에 눈에 띄는 편지가 하나 있었다. 그 편지는 문법적인 오류 하나 없이 말하고자 하는 바를 차분하고 예의 바르게 표현하고 있었다. 편지를 작성한 여성은 남성과도, 여성과도 동거해 본 적이 있다면서 남녀 모두 같이 살기에 좋았다고 했다. 물론 차이는 있지만 일장일단이 있다는 것이다.

여성과 함께 살면 집 안이 깔끔하게 정리정돈되어서 좋고, 남성과 함께 살면 끊임없는 감정의 굴곡을 경험하지 않아도 되니 편하다는 것이다.

사람들은 종종 남녀 간에는 차이가 거의 없다고 이야기하지만 "차이 만세!$^{vive\ le\ difference!}$" 이 말과 그 뒤에 숨겨진 정서는 한참 유행이 지난 것이다. 오늘날에는 차이가 있음을 부인하는, 있더라도 이를 가치 있게 여기기보다는 지우고 없애야 한다는 강한 이념적 압박이 존재한다.

이를 다시 가볍게 생각해 보자. 실제로 남녀 간에는 어느 정도 차이가 존재하며, 앞서 말했듯이 능력보다는 욕구나 선호와 더 관련되어 있다. 남녀로 하여금 그들이 원하는 대로 하게 내버려두자. 그들이 원하는 것 가운데 하나는 서로다. 문제가 있다면 서로 알아서 잘 해결할 것이다. 늘 그래왔다.

대부분의 인류역사에서 남녀는 함께 살고, 함께 일해 왔다. 파트너로서 그들 각자는 인류의 번영에 중요한 공헌을 해왔다. 약간의 분업화는 동업에 가장 이상적이다. 그것이 남녀를 다르게 만든 궁극적 이유다.

남녀가 지금과 다른 무엇을 하길 기대하기보다 그들이 하는 일의 가치를 자연스럽게 깨닫게 되는 날이 언젠가 오길 바란다. 남성과 여성, 서로에게 감사하게 될 것이다. 그것은 아마도 꽤 멋진 장면이 될 것 같다.

참고 자료와 문헌

이 책은 학술서적이 아니라 에세이다. 책을 쓰기에 앞서 관련 도서들을 찾아 읽으면서 과거 발표된 서적들이 다루고 있는 학문적 분야가 너무나 광범위하고 다양하다는 점에 좌절하지 않을 수 없었다. 어떤 작가들은 자신과 다른 관점을 다루기도 했으며, 다른 작가들은 참고 문헌을 다양하게 인용하긴 했으나 너무 수박 겉핥기식이라 진지한 학문적 태도를 찾아보기 힘들었다.

이 책이 미치는 영향력을 볼 때 진지한 학문과 겉보기에만 그럴듯한 학문, 존재하지 않는 학문 간에 이렇다 할 차이가 없어 보인다는 점에서 나는 다시 한 번 좌절하지 않을 수 없었다. 그러므로 내가 평소에 학술서적이나 과학서적에서 하는 것처럼 이 책에서 전문적인 연구 결과를 잔뜩 인용하는 것은 별로 쓸모없는 일일 것이다.

그래도 오래된 버릇을 하루아침에 완전히 버릴 수는 없는 법. 더욱이 책에 수록된 중요한 발언이나 통계 수치 등의 원문을 찾아

보고자 하는 독자들도 많을 것이라 생각된다. 아울러 독자들은 교수가 쓴 책이니 다른 어떤 서적보다 학문적 내용을 더 많이 담고 있으리라 기대할 수도 있을 것이다.

따라서 이 책에 언급된 구체적인 발언들을 뒷받침하는 참고 문헌들을 제공하고자 한다. 그중 일부는 본문에서 언급되었으니 여기에서 나는 그것을 찾아보려는 이들이 참고할 수 있도록 문헌의 정보를 제공한다. 참고 문헌의 제목을 구체적으로 거론하지 않은 경우에는 참고한 자료가 무엇이며, 어디에서 원문을 찾을 수 있는지 암시해 놓았다.

관심 있는 독자들은 이 책을 읽은 후 내가 주장하는 바에 대한 근거를 좀 더 찾아보기 바란다. 아울러 참고 문헌들을 읽고 주제에 대해 더 깊이 있는 독서를 할 것을 권장하는 바이다.

Chapter 1

Patai, D., & Koertge, N. (2003). *Professing feminism: Education and indoctrination in Women's Studies.* New York: Lexington Books.

Sommers, C. H. (1994). *Who stole feminism? How women have betrayed women.* New York: Simon & Schuster.

On salary differences, see Shackleton, J. R. (2008). *Should we mind the gap? Gender pay differentials and public policy.* London: Institute of Economic Affairs. (Available for download on the Internet.). Another good source is Furchgott-Roth, D., & Stolba, C. (1999). *Women's figures: An illustrated guide to the economic progress of women in America.* Washington, DC: AEI Press. (Online see http://www.aei.org/book/292). On difference in negotiation, see Balcock, L., & Laschever, S. (2003). *Women don't ask: Negotiation and the gender divide.* Princeton, NJ: Princeton University Press.

On numbers of women in Senate, Congress, etc., this information is readily available online anywhere from dozens of sources.

On imprisonment, see the site of the US Bureau of Justice Statistics: http://www.ojp.usdoj.gov/bjs/gcorpop.htm#CorrPopGender.

On anti-male bias in the justice system, such as men getting longer sentences for identical crimes, see Warren Farrell (1993). *The myth of male power*, Part III, especially Chapter 11. New York: Berkley Books.

On death on the job, there are multiple publications by the US Department of Labor with relevant statistics. See "Women experience fewer job-related injuries and deaths than men," the title of which says plenty. Also "Occupational injuries, illnesses, and fatalities among women" (Anne B. Hoskins for U.S. Dept of Labor). There are also breakdowns by years, but the pattern does not seem to change much.

On deaths in battle, the 2,938 to 62 difference was much in the news and official reports when the 3,000th death was tallied. The ratio stayed about the same at 4,000, in other words 98% male and 2% female, as reported in *USA Today*, March 18, 2009. Note that these tallies involve all deaths of American service personnel in Iraq, including many killed in ordinary traffic accidents (which should be an equalizing force). About one-fifth of the deaths were from non-hostile causes.

Vincent, N. (2006). *Self-made man: One woman's journey into manhood and back again.* New York: Viking/Penguin.

Chapter 2

Stephenson, J. (1993). *Men are not cost-effective*. New York: HarperCollins.

Dowd, M. (2005). *Are men necessary?* New York: Putnam.

Fendrich, L. (2009). Who needs men? *Chronicle of Higher Education* (July 16). Accessed online at http://careernetwork.com/blogPost/Who-Needs-Men-/7034/.

Several quotations taken from *The Economist*, April 15, 2006, A guide to womenomics, pp. 73–74.

The designation of the "WAW effect" (short for "women are wonderful") was mentioned by Dr. Eagly in her talks during the 1990s, as possibly her in-house designation. A good example of the data on which that designation was based can be found in Eagly, A. H., & Mladinic, A. (1989), Gender stereotypes and attitudes toward women and men. *Personality and Social Psychology Bulletin, 15*, 543–558. See also: Also Eagly, A. H., & Mladinic, A. (1994). Are people prejudiced against women? Some answers from research on attitudes, gender stereotypes, and judgments of competence. In W. Stroebe & M. Hewstone (Eds.), *European Review of Social Psychology* (Vol 5, pp. 1–35). New York: John Wiley & Sons.

On persistence of false statistics in feminist writings, see C. H. Sommers, "Persistent myths in feminist scholarship," *Chronicle of Higher f Chronicle Review*, June 29, 2009. Online version at http://chronicle.com/article/Persistent-Myths-in-Feminis/46965.

Farrell, W. (1993). *The myth of male power*. New York: Berkley Books.

Brizendine, L. (2006). *The female brain*. New York: Random House.

The gender difference in variability of IQ scores has been found many times. For an early source, see Roberts, J. A. F. (1945). On the difference between the sexes in dispersion of intelligence. *British Medical Journal, 1*, 727–730; for discussion and overview, Jensen, A. R. (1998). *The g factor*. Westwood, CT: Praeger; also Lehrke, R. (1997). *Sex linkage of intelligence: The X-factor*. Westport, CT: Praeger. For one of the most dramatic studies on it, based on giving an IQ test to almost everyone born in Scotland in 1921, see Deary, I. J., Thorpe, G., Wilson, V., Starr, J. M., & Whalley, L. J. (2003). Population sex differences in IQ at age 11: The Scottish mental survey 1932. *Intelligence, 31*, 533–542.

On accuracy of stereotypes, an impressive review of the literature is available here: Jussim, L., Cain, T. R., Crawford, J. T., Harber, K., & Cohen, F. (in press). The unbearable accuracy of stereotypes. In T. Nelson (Ed.), *Handbook of prejudice, stereotyping, and discrimination*. Mahwah, NJ: Erlbaum. Another useful source is Jussim, L., & Harber, K. D. Teacher expectations and self-fulfilling prophecies: Knowns and unknowns, resolved and unresolved controversies. *Personality and Social Psychology Review*, 9(2), 131–155.

Chapter 3

Maccoby, E., & Jacklin, C. (1974). *The psychology of sex differences*. Palo Alto, CA: Stanford University Press.

One influential application of meta-analysis to gender differences was by Aries, E. (1996). *Men and women in interaction: Reconsidering the differences*. New York: Oxford University Press. The quotation is from page 6.

Tannen, D. (1990). *You just don't understand*. New York: William Morrow.

Gray, J. (1993). *Men are from Mars, women are from Venus*. New York: HarperCollins.

Hyde, J.S. (2005). The gender similarities hypothesis. *American Psychologist*, 60, 581–592.

My point that modern America has made men and women relatively similar, as compared to other societies, is a common-sense argument but is not a proven fact. Indeed, there is a contrary suggestion in recent work by Schmitt et al. (2008), who found that men and women's personalities were relatively more different in advanced cultures where women presumably had more opportunities than in traditional societies with more fixed gender roles. This finding has inspired some controversy and plain puzzlement, partly because there is no very satisfying explanation for it, and it may be linked to the particular traits and measured featured in that study, but it remains a throught-provoking challenge to common sense and something for future research to tackle. See Schmitt, D.P., Realo, A., Voracek, M., & Allik, J. (2008). Why can't a man be more like a woman? Sex differences in Big Five personality traits across 55 cultures. *Journal of Personality and Social Psychology*, 95, 181–196.

For quotations by Hausman, these are taken from: Hausman, P. (2000). A tale of two hormones. Presented at the National Academy of Engineering SE Regional Meeting, Atlanta Georgia, April 26.

Eccles's work has been published in many places. My source was the overview she gave here: Eccles, J. (2007). Motivated behavioral choices. Presented at the American Psychological Society 19th Annual Convention, Washington, DC, May 25.

For the recent and authoritative overview on women and science, see Ceci, S.J., Williams, W.M., & Barnett, S.M. (2009). Women's under-representation in science: Sociocultural and biological considerations. *Psychological Bulletin*, 135, 218–261. There are a couple other issues worth mentioning here to anyone interested in delving deep into the topic. These authors noted (as have others) that, first, more men than women score in the top levels of math ability and, second, among those in the top range of math ability, the women are more likely than men to be good at many other things (e.g., high verbal ability). This enables the math-talented women to choose non-math careers, which they seem to prefer anyway. That finding also suggests that being good specifically at math is a male thing. Women who are good at math are good at it because they are all-around brilliant. Some men fit that description too, but the surplus of men at the top may be due to men (but not usually women) being specifically good at math.

One other point, this article did not have much to say about women being steered away from math or the field being prejudiced against them, but they did note some evidence that women with children had lower promotion rates in some math-oriented fields. That pattern could obviously be explained in multiple ways.

On people overestimating their own work relative to a partner's, the classic source is Ross, M., & Sicoly, F. (1979). Egocentric biases in availability and attribution. *Journal of Personality and Social Psychology*, 37, 322–336.

The survey indicating inflated self-reports of work: Robinson, J.P., & Godbey, G. (1997). *Time for life: The surprising ways Americans use their time*. Pennsylvania State University Press.

On the preponderance of men among people who work long hours, see "Stress: Never a dull moment," in *The Economist*, August 28, 2004. It was on page 29 of the European version of the magazine. The specific finding quoted was "'four out of five of those working 48 hours or more per week are male."

Machlowitz, M. (1980). *Workaholics*. Reading, MA: Addison-Wesley.

On the pharmacy industry, including the figue of 27% pay gap, see Hakim, Catherine. (2006). Women, careers, and work-life preferences. *British Journal of Guidance and Counselling.* 34, 279–294. That paper is also a useful overview of male-female differences in career attitudes and preferences.

On salary differences, see Shackleton, J.R. (2008). *Should we mind the gap? Gender pay differentials and public policy*. London, England: Institute of Economic Affairs. (Available for download on internet.). Another good source is Furchgott-Roth, D., & Stolba, C. (1999). *Women's figures: An illustrated guide to the economic progress of women in America*. Washington, DC: AEI Press. On difference in negotiation, see Balcock, L., & Laschever, S. (2003). *Women don't ask: Negotiation and the gender divide*. Princeton, NJ: Princeton University Press.

Chapter 4

The wild horses story is standard stuff. I do not recall where I first read this, but there is a nice account of life among bighorn sheep that makes the same points, see Gould, J. L., & Gould, C. G. (1997). *Sexual selection: Mate choice and courtship in nature*. New York: Freeman/Scientific American.

The DNA studies on how today's human population is descended from twice as many women as men have been the most requested sources from my earlier talks on this. The work is by Jason Wilder and his colleagues. I list here some sources in the mass media, which may be more accessible to laypersons than the highly technical journal articles, but for the specialists I list those also.

For a highly readable introduction, you can Google the article "Ancient Man Spread the Love Around," which was published September, 20, 2004 and is still available (last I checked) online. There were plenty of other stories in the media at about this time, when the research findings first came out. In "Medical News Today," (www.medicalnewstoday.com), on the same date in 2004, a story under "Genes expose secrets of sex on the side" covered much the same material.

If you want the original sources, read Wilder, J. A., Mobasher, Z., & Hammer, M. F. (2004). Genetic evidence for unequal effective population sizes of human females and males. *Molecular Biology and Evolution,* 21, 2047–2057. If that went down well, you might try Wilder, J. A., Kingan, S. B., Mobasher, Z., Pilkington, M. M., & Hammer, M. F. (2004). Global patterns of human mitochondrial DNA and Y-chromosome structure are not influenced by higher migration rates of females versus males. *Nature Genetics,* 36, 1122–1125. That one was over my head, I admit. A more readable source on these is Shriver, M. D. (2005), Female migration rate might not be greater than male rate. *European Journal of Human Genetics,* 13, 131–132. Shriver raises another intriguing hypothesis that could have contributed to the greater preponderance of females in our ancestors: Because couples mate such that the man is older, the generational intervals are smaller for females (i.e., baby's age is closer to mother's than to father's). As for the 90% to 20% differential in other species, that I believe is standard information in biology, which I first heard in one of the lectures on testosterone by the late James Dabbs, whose book *Heroes, Rogues, and Lovers* remains an authoritative source on the topic.

On Genghis Khan, see Weatherford, J. (2004) *Genghis Khan and the making of the modern world.* New York: Three Rivers Press/Random House.

The many modern descendants were mentioned by Wilder, J. A., Mobasher, Z., & Hammer, M. F. (2004). Genetic evidence for unequal effective population sizes of human females and males. *Molecular Biology and Evolution,* 21, 2047–2057.

On the Crusades, a thorough and highly readable account, albeit hardly the most recent, is by Runciman, S. (1951–1954). *A history of the Crusades* (3 vols.) New York: Cambridge University Press. Also highly worth reading, Maalouf, A. (1987). *The Crusades through Arab eyes.* New York: Schocken.

Chapter 5

The specific finding that interacting with a woman had a carryover effect to produce positive mood for the rest of the day and perhaps the next day, whereas interacting with a man had no such effect, I recall from a presentation by Harry Reis at the Society for Experimental Social

Psychology conference in the 1980s. I have not been able to find that specific source, including from contacts with Dr. Reis. Still, similar findings are available. Wheeler, L. & Nezlek, J. (1977). Sex differences in social participation. *Journal of Personality and Social Psychology,* 35, 742–754, report that men find opposite-sex interactions more satisfying than same-sex ones, whereas for women the difference is considerably smaller.

Hopkins, J. (2006: August 24). "More women of color take lead on path to entrepreneurship." *USA Today,* 3B.

"Researchers identify 'male warrior effect'," *Yahoo! News,* September 8. 2006.

See the journal article also: Van Vugt, M., De Cremer, D., & Janssen, D. P. (2007). Gender differences in cooperation and competition: The male-warrior hypothesis. *Psychological Science,* 18, 19–23.

On empathy differences being found mainly with self-report measures, see Eisenberg, N., & Lennon, R. (1983). Sex differences in empathy and related capacities. *Psychological Bulletin,* 94, 100–131.

See Baron-Cohen, S. (2002). The extreme male brain theory of autism. *Trends in Cognitive Sciences,* 6, 248–254.

Cross, S. E., & Madson, L. (1997). Models of the self: Self-construals and gender. *Psychological Bulletin,* 122, 5–37.

Need to belong: Baumeister, R. F., & Leary, M. R. (1995). The need to belong: Desire for interpersonal attachments as a fundamental human motivation. *Psychological Bulletin,* 117, 497–529.

Baumeister, R. F., & Sommer, K. L. (1997). What do men want? Gender differences and two spheres of belongingness: Comment on Cross and Madson (1997). *Psychological Bulletin,* 122, 38–44.

On female aggression in close relationships, there are important early findings reviewed in Baumeister & Sommer (1997), but the definitive review of the literature came out a few years later: Archer, J. (2000). Sex differences in aggression between heterosexual partners: A meta-analytic review. *Psychological Bulletin,* 126, 697–702.

Subsequent work: See Gabriel, S. & Gardner, W. L. (1999). Are there "his" and "her" types of interdependence? The implications of gender differences in collective and relational interdependence for affect, behavior, and cognition. *Journal of Personality and Social Psychology,* 75, 642–655. Also see Benenson, J. F., & Heath, A. (2006). Boys withdraw more in one-on-one interactions, whereas girls withdraw more in groups. *Developmental Psychology, 42,* 272–282.

There have been many studies indicating higher emotional expressiveness and empathic responding in women. One particularly compelling investigation showed that women report stronger emotions than men in an empathic context (i.e., witnessing emotionally evocative films), but on physiological measures of responding there was no difference: Kring, A. M., & Gordon, A. H. (1998). Sex differences in emotion: Expression, experience, and physiology. *Journal of Personality and Social Psychology, 74,* 686–703.

Benefits of anger in negotiations:

Van Dijk, E., Van Kleef, G. A., Steinel, W., & Van Beest, I. (2008). A social functional approach to emotions in bargaining: When communicating anger pays and when it backfires. *JPSP,* 84, 600–614.

Van Kleef, G. A., De Dreu, C. K. W., & Manstead, A. S. R. (2004a). The interpersonal effects of anger and happiness in negotiations. *JPSP,* 86, 57–76.

Van Kleef, G. A., De Dreu, C. K. W., & Manstead, A. S. R. (2004b). The interpersonal effects of emtions in negotiations: A motivated information-processing approach. *JPSP,* 87, 510–528.

Tannen, D. (1990). *You just don't understand.* New York: William Morrow.

The example of requesting more water was taken from Vincent, N. (2006). *Self-made man: One woman's journey into manhood and back again.* New York: Viking/Penguin.

The finding here from the research literature is well summarized in the first few sentences of Major, B., & Adams, J. R. (1984). Situational moderators of gender differences in reward allocations. *Sex Roles,* 11, 869–880.

They cite, for systematic reviews, Major, B., & Deaux, K. (1982) Individual differences in justice behavior. In J. Greenberg & R. Cohen (Eds.), *Equity and justice in social behavior.* New York Academic Press. Also Kahn, A., Nelson, R. E., & Gaeddert, W. P. (1980). Sex of subject and sex composition of the group as determinants of reward allocation. *Journal of Personality and Social Psychology, 38,* 737–750; Kahn, A., Lamm, H., Krulewitz, J. E., & O'Leary, V. E. (1980). Equity and equality: Male and female means to a just end. *Basic and Applied Social Psychology,* 1, 173–197.

On hierarchy, my colleague and friend Jetse Sprey remarked to me once that equality is inherently problematic for sociological theory, because it leaves no easy way of making decisions and controlling actions. The idea that hierarchy is natural and equality had a bit more of a struggle to emerge is discussed at length in Boehm, C. (1999), *Hierarchy in the forest: The evolution of egalitarian behavior.* Cambridge, MA: Harvard. Boehm's thesis, however, is that the historical record is not one of hierarchy being found everywhere. He notes that hunter-gatherers (especially the men) were far more egalitarian than what came after. This argument does however link hierarchy to cultural progress, which is the crux of my argument.

On gender differences in personality traits, including assertiveness (higher in men) and nurturance (higher in women), see Feingold, A. (1994). Gender differences in personality: A meta-analysis. *Psychological Bulletin,* 116, 429–456. The difference in agency and communion has become such a standard finding and assumption that it is difficult to list a single source, though Feingold's meta-analysis says his more detailed findings are quite consistent with the characterization of males as agentic (also instrumental) and females more communal (also nurturant). The original distinction is generally attributed to Bakan, D. (1966). *The duality of human existence: An essay on psychology and religion.* Chicago, IL: Rand McNally.

On moral reasoning:

Gilligan, C. (1982). In a different voice: Psychological theory and women's development. Cambridge, MA: Harvard University Press.

There are many sources on Kohlberg's work. Try Kohlberg, L., Levine, L., & Hewer, A. (1983). *Moral stages: A current fomulation and response to critics.* New York: Karger.

The definitive review of research subsequent to Gilligan's book was by Jaffee, S., & Hyde, J. S. (2000). Gender differences in moral orientation: A meta-analysis. *Psychological Bulletin,* 126, 703–726.

They concluded that most studies found no significant gender differences in moral reasoning. If results from large numbers of studies are combined, a significant but small effect emerged, indicating that women think more in terms of caring and men more in terms of justice. But the small size and rarity of such differences induced these researchers to conclude that "although distinct moral orientations may exist, these orientations are not strongly associated with gender" (p. 719).

On different brain reactions to norm violators, see Singer, T., Seymour, B., O'Doherty, J. P., Stephan, K. E., Dolan, R., & Frith, C.D. (2006). Empathic neural responses are modulated by the perceived fairness of others. *Nature (Letters)*, 439, 466–469.

Chapter 6

The potato washing story has been widely repeated. I have it from De Waal, F. (2001). *The ape and the sushi master: Cultural reflections of a primatologist*. New York: Basic Books. He cites as the best known original source, Kawai, M. (1965). Newly acquired pre-cultural behavior of the natural troop of Japanese monkeys on Koshima islet. *Primates*, 6, 1–30.

On traits required for culture, see Baumeister, R. (2005). *The cultural animal: Human nature, meaning, and social life*. New York: Oxford University Press.

For a highly readable introduction to Zulu history, featuring the life of Shake, see Morris, D. R. (1965). *The washing of the spears: The rise and fall of the Zulu nation*. New York: Simon & Schuster.

On systematizing versus empathizing as emphasis in brain design, see Baron-Cohen, S. (2002). The extreme male brain theory of autism. *Trends in Cognitive Sciences*, 6, 248–254.

McNeill, W. H. (1982). *The pursuit of power*. Chicago, IL: University of Chicago Press.

For the Pew surveys about luxuries versus necessities, see http://pewsocialtrends.org/pubs/733/luxury-necessity-recession-era-reevaluations

http://pewresearch.org/pubs/323/luxury-or-necessity.

Chapter 7

On gender equality in prehistoric societies, there are many sources, and recent work has (as usual) focused more on variation and complexities than the overall pattern. But for influential sources, see Cashdon, E. A. (1980). Egalitarian among hunters and gatherers.

American Anthropologist, 82, 116–120; also Woodburn, J. (1982) *Egalitarian societies, Man*, 17, 431–451.

There are also many sources on the relative caloric contributions of men and women, but for one good and fairly recent study, see Marlowe, F. 2001. Male contribution to diet and female reproductive success among foragers. *Current Anthropology*, 42, 755–760.

On reproductive dangers, see Cott, N. F. (1977). *The bonds of womanhood.* New Haven, CT: Yale University Press. Also the highly readable works by Shorter, E. (1975). *The making of the modern family.* New York: Basic Books, and Shorter, E. (1982). *A history of women's bodies.* New York: Basic Books.

For the data on patents, see *Buttons to Biotech: U.S. Patenting by Women, 1977 to 1996.* It is readily available from the U.S. Patent Office to anyone who wants a copy.

On the investment banking, see Sapienza, P., Zingales, L., & Maestripieri, D. (2009). Gender differences in financial risk aversion and career choices are affected by testosterone. *Proceedings of the National Academy of Sciences,* early edition online publication August, 2009. Doi: 10.1073/pnas.0907352106.

The quotation by John Putnam is taken from Cott, N. F. (1977). *The bonds of womanhood.* New Haven, CT: Yale University Press. See p. 109 of her book.

Patai, D., & Koertge, N. (2003). Professing feminism: Education and indoctrination in Women's Studies. New York: Lexington Books.

The comparison to master-slave relationships was from Farrell, W. (1993). *The myth of male power.* New York: Berkley.

Systematizing brain, see Baron-Cohen, S. (2002). The extreme male brain theory of autism. *Trends in Cognitive Sciences,* 6, 248–254.

Chapter 8

The information on the British mining laws and so on is standard stuff. I first read this in some pop history sources. Wikipedia and other online sources confirm the facts.

See Summers, C. H. (1994). *Who stole feminism? How women have betrayed women.* New York: Simon & Schuster. She quotes Steinem, G. (1992), *Revolution from within: A book of self-esteem.* Boston: Little, Brown, and Wolf, N. (1992) *The beauty myth: How images of beauty are used against women*. New York: Doubleday. Summers said she contacted Wolf about the error, and Wolf said she would correct the false statistic in subsequent editions of her book.

The statistic about the discrepancy in execution rates in the German Wehrmacht in the Second as opposed to the First World War came from a lecture by Martin Irle at the University of Mannheim in 1991.

On the Russian army, Merridale, C. (2006). *Ivan's war: Life and death in the Red Army, 1939–1945*. New York: Holt/Metropolitan.

The Horatio Nelson story is from Toll, I. W. (206). *Six frigates: The epic history of the founding of the U.S. Navy*. New York: Norton.

On unrequited love, see Baumeister, R. F., & Wotman, S. R. (1992). *Breaking hearts: The two sides of unrequited love*. New York: Guilford Press.

Also see Baumeister, R. F., Wotman, S. R., & Stillwell, A. M. (1993). Unrequited love: On heartbreak, anger, guilt, scriptlessness, and humiliation. *Journal of Personality and Social Psychology*, 64, 377–394.

Vincent, N. (2006). Self-made man: One woman's journey into manhood and back again. New York: Viking/Penguin.

The insurance study: Bernheim, B. D., Forni, L., Gokhale, J., & Kotlikoff, L. J. (2003). The mismatch between life insurance holdings and financial vulnerabilities: Evidence from the health and retirement study. *American Economic Review*, 93, 354–365.

Scarry, E. (1985). *The body in pain: The making and unmaking of the world*. New York: Oxford University Press.

Okun, A. M. (1975). *Equality and efficiency: The big tradeoff*. Washington, DC: Brokkings Institution.

Chapter 9

On the so-called but mostly illusory double standard, see Smith, T. (1994). Attitudes toward sexual permissiveness: Trends, correlates, and behavioral connections. In A. S. Rossi (Ed), *Sexuality across the life course* (pp. 63–97). Chicago: University of Chicago Press; Sprecher, S. (1989). Premarital sexual standards for different categories of individuals. *Journal of Sex Research*, 26, 232–248; Handy, B. (1998: Aug. 31). How we really feel about fidelity. *Time*, 152 (9), 52–53; on reverse double standard, see Sprecher, S., McKinney, K., & Orbuch, T. L. (1991).

The effect of current sexual behavior on friendship, dating, and marriage desirability. *Journal of Sex Research,* 28, 387–408; on greater support from women than from men for conventional double standard, see Oliver, M. B., & Hyde, J. S. (1993). Gender differences in sexuality: A meta-analysis. *Psychological Bulletin,* 114, 29–51.

Many cultures require boys to do stuff before they are men. See Gilmore, D. D. (1990). Manhood in the making: Cultural concepts of masculinity. New Haven, CT: Yale University Press.

For laboratory tests, see Vandello, J. A., Bosson, J. K., Cohen, D., Burnaford, R. M., & Weaver, J. R. (2008). Precarious manhood. *Journal of Personality and Social Psychology,* 95, 1325–1339.

On dueling, including the duels of Alexander Hamilton: Freeman, J. B. (2001). *Affairs of honor: National politics in the new republic.* New Haven, CT: Yale University Press. See also Kiernan, V. G. (1989). *The duel in European history.* Oxford: Oxford University Press.

Vincent, N. (2006). Self-made man: One woman's journey into manhood and back again. New York: Viking/Penguin.

Nock, S. L. (1998). *Marriage in men's lives.* New York: Oxford University Press.

Unemployment increases erectile dysfunction: see Morokoff, P. J., & Gillilland, R. (1993). Stress, sexual functioning, and marital satisfaction. *Journal of Sex Research,* 30, 43–53.

Friday, N. (1977). *My mother, my self:* The daughter's search for identity. New York: Dell.

On Ivy League educated women opting for part-time work or for not working at all, see Story, L. (2005: September 20), Many women at elite colleges set career path to motherhood. *New York Times* (accessed June, 2006 and July, 2009 at nytimes.com). http://www.nytimes.com/2005/09/20/national/20women.html.

Regarding the *Time* magazine survey, my source was O'Beirne, K. (2006), *Women who make the world worse,* New York: Sentinel/Penguin. She cites "The case for staying home" in *Time,* March 22, 2004.

Ford, E., & Drake, D. (2009). *Smart girls marry money.* Philadelphia: Running Press.

There is a large literature on narcissism. For excellent discussion of the motivational aspect, see Morf, C. C., & Rhodewalt, F. (2001). Unraveling the paradoxes of narcissism: A dynamic self-regulatory processing model. *Psychological Inquiry, 1 2, 1 7 7 – 1 9 6.* For the point about addiction to esteem, see Baumeister, R. F., & Vohs, K. D. (2001). Narcissism as addiction to esteem. *Psychological Inquiry, 1 2, 2 0 6 – 2 1 0.*

The difference regarding agency was discussed in Chapter 5; see the sources cited there, with Bakan as the original theorist, and Feingold's meta-analysis being one authoritative confirmation of it.

On the three meanings of work as job, calling, and career, see Bellah, R. N., Madsen, R., Sullivan, W. M., Swidler, A., & Tipton, S. M. (1 9 8 5). *Habits of the heart: Individualism and commitment in American life.* Berkeley, CA: University of California Press.

Bad is stronger than good: See review article, Baumeister, R. F., Bratslavsky, E., Finkenauer, C., & Vohs, K. (2 0 0 1). Bad is stronger than good. *Review of General Psychology, 5, 3 2 3 – 3 7 0.*

Chapter 10

On rage, see Friday, N. (1 9 8 0). Men in love: The triumph of love over rage. New York: Dell. Also Vincent, N. (2 0 0 6). Self-made man: One woman's journey into manhood and back again. New York: Viking/Penguin.

The study that compared ideal to actual marital sex lives by gender was by Ard, B. N. (1 9 7 7). Sex in lasting marriages: A longitudinal study. *Journal of Sex Research, 1 3, 2 7 4 – 2 8 5.*

A substantial amount of research is covered in this chapter. Readers interested in the question of gender differences in sex drive are referred to my review of the scientific literature: Baumeister, R. F., Catanese, K. R., & Vohs, K. D. (2 0 0 1). Is there a gender difference in strength of sex drive? Theoretical views, conceptual distinctions, and a review of relevant evidence. *Personality and Social Psychology Review, 5, 2 4 2 – 2 7 3.* Essentially all the work discussed is covered in that article.

The famous study in which research assistants approached random (but attractive) strangers on campus and offered to have sex with them that night was by Clark, R. D. & Hatfield, E. (1 9 8 9). Gender differences in receptivity to sexual offers. *Journal of Psychology and Human Sexuality, 2,* 3 9 – 5 5.

The finding that many women say no to sex when they mean yes was this: Muehlenhard, C. L., & Hallabaugh, L. C. (1 9 8 8). Do women sometimes say no when they mean yes? The prevalence and correlates of women's token resistance to sex. *Journal of Personality and Social Psychology, 54*, 872–879.

On the shortage of sex in lesbian couples and the idea that one cause is the lack of a man to initiate sex, see Blumstein, P., & Schwartz, P. (1983). *American couples.* New York: Morrow.

On testosterone, see Dabbs, J. M. (2000). *Heroes, rogues, and lovers: Testosterone and behavior.* New York: McGraw-Hill.

Ford, E., & Drake, D. (2009). *Smart girls marry money.* Philadelphia: Running Press.

Meanwhile, for the theory of sexual economics, including an extensive review of research relevant to that, see the following article: Baumeister, R. F., & Vohs, K. D. (2004). Sexual economics: Sex as female resource for social exchange in heterosexual interactions. *Personality and Social Psychology Review.* 8, 339–363.

There was a reference to the textbook by Hyde, J. S., & DeLamater, J. (1997). *Understanding human sexuality* (6th ed.). Boston: McGraw-Hill. It is possible that they have revised their statements in light of our work, and I would hope they have.

The idea that women lose little but gain something by delaying sex, whereas contingencies differ for men, was well articulated in this article: Haselton, M. G., & Buss, D. M. (2000). Error management theory: A new perspective on biases in cross-sex mind reading. *Journal of Personality and Social Psychology, 78,* 81–91.

There are many sources on adultery and extramarital sex. The best available data are in Laumann, E. O., Gagnon, J. H., Michael, R. T., & Michaels, S. (1994). *The social organization of sexuality: Sexual practices in the United States.* Chicago, IL: University of Chicago Press. For an older, but thoughtful and readable introduction, see Lawson, A. (1988). *Adultery: An analysis of love and betrayal.* New York: Basic Books.

On duration of marriage, I have simplified the rather chaotic history here. For excellent historical sources, see the following: Stone, L. (1977) *The family, sex and marriage in England* 1500–1800. New York: Harper & Row; Shorter, E. (1975). *The making of the modern family.* New York: Basic Books; Macfarlane, A. (1986). *Marriage and love in England: Modes of Reproduction* 1300–1840. Oxford: Basil Blackwell.

On marriage, the Nock book cited earlier is useful, as is Wilson, J. Q. (2002). *The marriage problem*. New York: HarperCollins.

Chapter 11

Cartoon quoted from R. Warren (1991) (Ed.), *Women's glib: A collection of women's humor*. Freedom, CA: Crossing Press. Page 74. Original may have been by Nicole Hollander.

On gender differences in laughter: Provine, R. R. (2004). Laughing, tickling, and the evolution of speech and self. *Current Directions in Psychological Science, 13*, 215–218.

On the Tessa Jowell case, see Bagehot, *Tessa's not (yet) for burning*, *The Economist*, March 9, 2006. That magazine, like most British-based media, ran several other stories on the case, but that one captures the gist.

Farrell, W. (1993). *The myth of male power*. New York: Berkley Books, pp. 209-210.

Mansfield, H. C. (2006). *Manliness*. New Haven, CT: Yale University Press.

Claiborne's obituary in *The Economist* was how I learned about her career, but the same information is readily available from multiple sources, including Wikipedia.

On top earners and the taxes they pay. The gender distribution of top earners was from *Gender income distribution of top earners in ASX200 companies: 2006 EOWA census of women in leadership*. Published 2008 by Australian Government, Equal Opportunity for Women in the Workplace Agency.

On the finding that 1% of US taxpayers pay 40.4% of all taxes in 2007, up from 39.9% the previous years, see page 4 of *The Kiplinger Tax Letter*, 84(16), August 7, 2009. It notes that those folks earned 22% of all the income, which is pretty hefty too, and so paying 40% of the taxes should be seen in that context.

Much has been written about how badly boys are doing these days. Gurian, M. (2005). *The minds of boys: Saving our sons from falling behind in school and life*. San Francisco, CA: Jossey-Bass/Wiley. Sax, L. (2007). *Boys adrift: The five factors driving the growing epidemic of unmotivated bys and underachieving young men*. New York: Basic Books.

Sommers, C. H. (1994). *Who stole feminism? How women have betrayed women.* New York: Simon & Schuster.

On the self-esteem movement, see Sommers, C. H. (1994). *Who stole feminism? How women have betrayed women.* New York: Simon & Schuster.

On increase in narcissism, Twenge and Campbell have published a series of studies in the research journals. For most readers, the most easily accessible source will be their recent book: Twenge, J. M., & Campbell, W. K. (2009), *The Narcissism epidemic: Living in the age of entitlement.* New York: Free Press.

Hakim, C. (2006). Women, careers, and work-life preferences. *British Journal of Guidance and Counselling.* 34, 279–294.

On the movement to "Title IX" American science, there are several excellent recent articles on it. See C.H. Sommers, "A threat in Title IX," *Washington Post*, April 14, 2009 (and easily available on the web) for recent version. The original article, which anyone who cares about American science and America's future prosperity would find of interest, was C.H. Sommers, "Why can't a woman be more like a man?" *The American*, March/April 2008 issue. Again, easy to find online.